古代歷史文化研究輯刊

三二編

王明蓀 主編

第 **16** 冊

兩《唐書》本紀、列傳比較研究

郭慧如 著

國家圖書館出版品預行編目資料

兩《唐書》本紀、列傳比較研究／郭慧如 著 -- 初版 -- 新北市：
花木蘭文化事業有限公司，2024〔民 113〕
目 4+264 面；19×26 公分
（古代歷史文化研究輯刊 三二編；第 16 冊）
ISBN 978-626-344-879-7（精裝）
1.CST：舊唐書 2.CST：新唐書 3.CST：比較研究
618   113009485

ISBN-978-626-344-879-7

9 786263 448797

古代歷史文化研究輯刊
三二編 第十六冊   ISBN：978-626-344-879-7

兩《唐書》本紀、列傳比較研究

作　　者　郭慧如
主　　編　王明蓀
總 編 輯　杜潔祥
副總編輯　楊嘉樂
編輯主任　許郁翎
編　　輯　潘玟靜、蔡正宣　美術編輯　陳逸婷
出　　版　花木蘭文化事業有限公司
發 行 人　高小娟
聯絡地址　235 新北市中和區中安街七二號十三樓
　　　　　電話：02-2923-1455／傳真：02-2923-1452
網　　址　http://www.huamulan.tw 信箱 service@huamulans.com
印　　刷　普羅文化出版廣告事業
初　　版　2024 年 9 月
定　　價　三二編 28 冊（精裝）新台幣 84,000 元

讀《昌言》本紀、列傳任職辨系

鄭羅如　著

作者簡介

郭慧如，臺灣私立銘傳大學應用中文學系碩士，國立高雄師範大學國文學系博士畢業。現職為澎湖縣吉貝國中教導主任。研究方向為《史記》、《漢書》及兩《唐書》。著有碩論《《史記》、《漢書》合傳比較研究》、博論《兩《唐書》本紀、列傳比較研究》。

提　　要

　　中國歷史淵遠流長，記錄各朝事跡的史書典籍繁多。二十四史中，惟有唐朝及五代史，有新舊兩部之別，然既記錄同一朝代之事，史書何須重出？其後出者必有不滿前書者，故而重新撰錄，此即顯露二書作者群史識之異，且相較於新舊《五代史》為同時代作品，又有官修、私修之分，所表露者為同時代的群體與個人價值觀的差異性，兩《唐書》則是不同時代的作品，且均為官修，所展露者則為不同時代的士人群體價值觀，亦即本論文所亟欲探究者。

　　本論文架構分為七章。首章為緒論，闡明研究動機、研究範圍與對象，及當前相關研究成果。再則依次由本紀與列傳中的單傳、合傳、類傳、四夷及藩鎮列傳等體例分作五章探討：以本紀見作者群對唐代君王的評價，旁及君臣觀、興衰觀；以單傳見作者群對個別人物的品評，表露時代價值觀之異；以合傳見二書合傳關注方向異同，並探究合傳人數繁多是否有益意旨的傳達；以類傳見作者群對人物特質剪裁之異，並由群體編次見二書價值觀；以四夷及藩鎮列傳見二書對周邊國家的看法，及關注焦點之異。最末則為結論，總括上述五章，為兩《唐書》作者群價值觀的異同，作要點式歸納，期以本論文為兩《唐書》研究方面作一點貢獻。

謝　辭

　　攻讀博士學位是一段人生難忘的經驗，也是一段漫長的過程。碩班畢業後，因深覺讀書有味、研究有趣，故進而報考大學母校博班。同時因工作繁忙，每周往返臺澎兩地，費時三年修完學分後，方確認研究方向，開始撰寫論文。而今終能畢業，實感雀躍。

　　本論文的完成，首先要感謝校內外的指導教授蔡信發教授及林晉士院長。此期間的諄諄教誨與勉勵、鞭策，俱使學生感念在心，不能或忘。於此謹致上心中最誠摯的敬謝之意。

　　其次，感謝李威熊教授、黃聖松教授、蘇珊玉教授及姜龍翔教授撥冗審查本論文，給予許多寶貴的建議，使之能據以改進，更臻完善。同時亦感謝讀博期間所遇師長的期勉與鼓勵、家人的支持、同儕的各種支援，使人心生暖意。

　　此期間的遭遇曲折，及所生種種憂怖愛懼，都是生命中難得的歷練，打磨了心志。如今回首前塵，才發現當初的疑懼多半是庸人自擾，以至於憂愁困頓，而解決的方法只有認定目標，持續前行，才能使人生不斷前進。

　　最後，謹獻此論文予默默支持我的雙親與家人，以及眾多親師友朋，願本論文能使之滿意。

中華民國一〇九年七月　郭慧如　謹誌於澎湖

目

次

第壹章　緒　論

第一節　研究動機與目的

　　中國歷史源遠流長，典籍之多，浩如煙海，記錄歷朝歷代奇人軼事的各式史籍史料，也多不勝數，有以年繫月者如《春秋》，有以人繫事者如《史記》，或記言如《尚書》，或記事如《資治通鑑》，皆欲誌過往以為殷鑒，期後世之不蹈覆轍。這些經典多是以後人寫前事，或史家獨力鉅作，苦心造詣，耗費數十年，甚至數代人心力集結，方能功成，或上承旨意，糾集眾人，分頭著述，再由主事者統領編成，從容上奏成書。其中因遭逢亂世，困難成書，甚而難以成書者，亦有不少，往往待世道平穩、政治安定時，便會提出修整前朝史事，作為本朝文治成果，《舊唐書》與《新唐書》便為此類代表。

　　《舊唐書》的編纂，始於五代晉高祖（892～942）天福六年（941），高祖詔張昭遠、賈緯（？～952）、趙熙、鄭受益、李為光修唐史，以宰臣趙瑩（885～951）監修。甫一開始，即困於史料缺失、四處求索的窘境。最後於晉出帝開運二年（945）六月，由劉昫（888～946）上奏進書，前後僅用了五年的時間。清人趙翼（1727～1814）《廿二史劄記》中有「舊唐書前半全用實錄國史舊本」條，稱「觀舊書迴護之多，可見其全用實錄國史而不暇訂正也」〔註1〕，指出《舊唐書》對唐室多方迴護，不似後人寫前代，應是因成書匆促，直接沿用前朝實錄而造成。其往往於行文中出現「今上」等前人口氣，本紀各篇多有

〔註1〕見〔清〕趙翼：《廿二史劄記》。北京市：中國書店。1990年4月初版二刷。
　　　　頁214。下引《廿二史劄記》版本相同。

此情形，以致前後篇中語氣的時代感不相符，造成全書閱讀上的矛盾。宋人曾公亮（998～1078）〈進唐書表〉亦同樣指出唐代史料闕漏的問題，以為《舊唐書》缺失在「紀次無法，詳略失中，文采不明，事實零落」〔註2〕，更批評《舊唐書》的作者們：

> 衰世之士，氣力卑弱，言淺意陋，不足以起其文，而使明君賢臣、儁功偉烈，與夫昏虐賊亂、禍根罪首，皆不得暴其善惡以動人耳目，誠不可以垂勸戒，示久遠，甚可嘆也！（《唐書·進唐書表》，頁1上左）

曾公亮認為《舊唐書》為文淺陋，故使明君、功臣與禍亂賊首的善惡不彰、褒貶不顯，不足以訓誡後人，以警來世。同時讚美《新唐書》糾集的學者皆一時之選，且發用祕府藏書，前後耗費十七年而成，更稱：

> 其事則增於前，其文則省於舊。至於名篇著目，有革有因，立傳紀實，或增或損，義類凡例，皆有據依。纖悉綱條，具載別錄。（《唐書·進唐書表》，頁1下右）

以之說明《新唐書》的優點是增補史料、裁減繁雜舊文，各種義類凡例的設定，皆有理可循。其以為全書綱舉目張，條理分明，可「得以發揮幽沬，補緝闕亡，黜正偽繆，克備一家之史，以為萬世之傳」〔註3〕，對其推崇倍至。

同一時期的吳縝（1280～1354）卻於《新唐書糾謬》中，批評《新唐書》有八種缺失：

> 推本厥咎，蓋修書之初，其失有八：一曰責任不專、二曰課程不立、三曰初無義例、四曰終無審覆、五曰多採小說，而不精擇、六曰務因舊文，而不推考、七曰刊修者不知刊修之要，而各徇私好、八曰校勘者不舉校勘之職，而惟務苟容。（《新唐書糾謬·序》，頁1）

其以為一開始修史時，不能專人專任，亦無制定進度時程，導致文中事件記載前後不一，且使得「紀有失而傳不知」〔註4〕、「傳有誤而紀不見」〔註5〕。編纂前期進度太慢，後期則因朝廷督促而倉卒編成，義例時有出入，可見成書上奏之後，未再委官複審。又批評《新唐書》內容多採用筆記小說，雜入虛誕故

〔註2〕見〔宋〕宋祁、歐陽脩：《唐書》。臺北市：藝文印書館。1972年。頁1上右。下引《唐書》版本相同。

〔註3〕見〔宋〕宋祁、歐陽脩：《唐書》，頁1上右。

〔註4〕見〔宋〕吳縝：《新唐書糾謬·序》，頁2。

〔註5〕見〔宋〕吳縝：《新唐書糾謬·序》，頁2。

事〔註6〕，沿用舊文時亦未考證，不知史書刊修的要務是要事必有據，言必可信。吳縝認為「若乃事實未明，而徒以褒貶文采為事，則是既不成書而又失為史之意矣。新書之病，正在於此」〔註7〕，感嘆付梓前的校勘人員亦未善盡職責，因循故舊，致使訛文謬事具存，是《新唐書》的一大遺憾。《四庫總目提要》則稱吳縝撰《新唐書糾謬》二十卷，是因為自己無法加入修書作者群，故憤而指摘其瑕疵，「今觀其書，實不免有意掊擊」〔註8〕，但「縝自序中所舉八失，原亦深中其病，不可謂無裨史學也」〔註9〕。由此可知，吳縝之評其來有自，所標舉者亦中其弊。

史書的編輯者往往帶有沉重的使命感，自孔子（551B.C.～479B.C.）刪訂《春秋》「而亂臣賊子懼」〔註10〕、司馬遷（145B.C.～？）欲藉《史記》「以究天人之際，通古今之變，成一家之言」〔註11〕始，史書的作者們都期望藉由史事來展現褒貶，以作為當世資政參考，自動肩負起朝代興衰變亂的責任。因此，史書的用字、體例的編排、人物的分合等，無一不表露其匠心獨運。

又，紀傳體是以人物為主角，所載錄者皆圍繞人物來開展，史家不免有所評述，故史書中數量龐大的紀傳論贊或序例可以最大量展現作者的觀點。然而作者們「識有通塞，神有晦明，毀譽以之不同，愛憎由其各異」〔註12〕，會因為個人好惡而影響其判斷及結論，將造成「行之者偽成其事，受之者信以為然，故使見咎一時，取怨千載」〔註13〕，使史事及歷史人物未能得到公正評價。

〔註6〕 吳縝批評道：「何謂多採小說而不精擇？蓋唐人小說類多虛誕，而修書之初但期博取，故其所載或全篇乖牾，豈非多採小說而不精擇之故歟！」見〔宋〕吳縝：《新唐書糾謬・序》，頁3。

〔註7〕 見〔宋〕吳縝：《新唐書糾謬・序》，頁3。

〔註8〕 見〔清〕永瑢：《四庫總目提要・史部・正史類二》，《萬有文庫薈要》。冊十（全四十冊）。臺北市：臺灣商務印書館。1965年。頁35。下引《四庫總目提要》版本相同。

〔註9〕 見〔清〕永瑢：《四庫總目提要・史部・正史類二》，頁35。

〔註10〕 見〔戰國〕孟軻著，〔漢〕趙岐注，〔宋〕孫奭疏，〔清〕阮元校勘：《孟子正義・滕文公下》，《十三經注疏》第八冊（全八冊）。臺北市：藝文印書館。1965年6月三版。頁118上右。

〔註11〕 見〔漢〕班固著，〔清〕王先謙注：《漢書補注・列傳第三十二・司馬遷列傳》。臺北市：藝文印書館。1972年初版。頁1257下左。

〔註12〕 見〔唐〕劉知幾著，〔清〕浦起龍釋：《史通通釋・內篇・鑒識第二十六》。臺北市：里仁書局。1980年9月初版。頁204。

〔註13〕 見〔唐〕劉知幾著，〔清〕浦起龍釋：《史通通釋・外篇・暗惑第十二》。臺北市：里仁書局。1980年9月初版。頁571。

　　史家心中的評判標準、各種觀點的形成與變化，與其生長遭遇、社會背景息息相關。因為「價值觀念不是與生俱有的，而是人們後天的長期生活、實踐磨練的結果，是在特定的家庭教育、學校教育及周圍環境的耳濡目染中形成的」〔註14〕。這些無形的價值觀深刻在史家心中，從而表現於史書之上，透過對史事的搜採、裁剪與編纂流露出來。《舊唐書》與《新唐書》分別成書於五代後晉、北宋時期，所記錄的卻是同一時代對象。其中，取材的出入、分合的標準、褒貶的異同，或有史家個人的好惡無意間表露其中，卻無一不在展現兩個時期的士人主流觀點，值得細細品味。

　　此外，《舊唐書》的編修時間不足五年，史料的缺失、時間的倉促導致其在志、表體例的表現上，遠不如《新唐書》的完備與精彩。因此，本論文以《舊唐書》相對完善的本紀、列傳與《新唐書》相較，欲藉由對二書本紀、列傳的論贊褒貶、人物分合、取材剪裁等方面的探析，以了解唐代至後晉、北宋初期兩個時間段的價值觀念，明其異同，彰顯其別。

第二節　研究對象與方法

　　本論文研究對象為《舊唐書》與《新唐書》的本紀與列傳，引用版本為臺灣藝文印書館於1972年出版的《二十五史》，其所根據者為清乾隆年間校刊刻印的武英殿本。乾隆時期對《十三經注疏》、《二十四史》的校勘，及《四庫全書》的編纂，是清代古籍文獻整理的重大舉措。由朝廷下詔，搜羅當時所能見的各種古籍，並集結當世最優秀的學者群，進行質量並重的編輯，使得這些書籍成為精善的版本，至今仍為各項典籍的參照本，足以作為引用。研究過程中，同時輔以中華書局出版的《二十五史》標點本，除了對照文本出入外，對文句的解讀亦頗有幫助。

　　《舊唐書》與《新唐書》的成書時代與作者群不同，雖然記錄同一朝代，但最終成果仍會受到編纂時期的社會主流觀點、學者個人好惡的影響。因此，欲了解此二書展現的價值觀變遷，必須先界定其代表的時間節段，了解作者群的組成。次則明晰各篇紀傳的人物組合異同、傳序與論贊的有否等，將之分門別類，才能開始進行紀傳的比較與分析。

〔註14〕見徐玲：〈價值取向及其在價值觀念形成和轉變中的作用〉，《中共浙江省委黨校學報》，1999年第3期。頁24。

　　本論文研究方法主要採用歷史比較分析法〔註 15〕，目的是為對同為記錄唐代的兩《唐書》作橫向比對。本論文以篇旨的異同、人物的評價異同、事件的載錄與否、人物組合的差異等方面為發論起點，藉由對本紀、列傳內文的比較與歸納，了解二書篇章與人物評價的差異，以分析並歸結出作者群的價值觀點。

　　此外，還有些許的計量數據分析〔註 16〕，如透過計算雙方交戰次數，解析《新唐書》四夷列傳排序的脈絡，或如統計〈孝友列傳〉的奇聞軼事、〈列女列傳〉的血腥描寫，從而察知《新唐書》作者群的好奇心理等。

　　首章為緒論，闡明本論文的創作動機與目的，由此確認研究對象、劃定研究範圍，設計研究方法與步驟、分析研究資料，並檢視此前相關研究成果，作為論文的發端。

　　次章為兩《唐書》本紀比較，主要分為二節進行論述：二書本紀篇章重合者、本紀單傳改為合傳且重新配置者。經由篇章剪裁、論贊觀點的分析與探討，了解兩書作者對唐代歷史興衰的看法異同，以及對唐代列位皇帝評價的出入。

　　第參章至第陸章進入列傳比較的部分，分別由單傳、合傳、類傳、四夷傳等四大類切入，透過比較二書的篇章編排、人物配置，探討其傳次先後、人物分合、論贊褒貶背後的價值觀變化，以期深入了解兩代士人價值觀點的異同。

　　第柒章則為結論，總結前面五章的紀傳比較分析，並結合五代、北宋的社會發展背景，探究兩代價值觀異同的根本原因，同時附上參考文獻出處，以資來者。

　　本論文因研究對象為兩《唐書》的紀傳，所括範圍乃是全唐兩百九十年間的歷史事件，故有為篇幅、主題、研究時間所限或礙於筆力不及之處。如蒐羅現今各版善本《唐書》，一一加以校對，並論其增刪文字之際所展露的時代價

〔註 15〕所謂歷史比較分析法，「在中國學者的表述中，大致包含了這樣的意思：即歷史比較分析法是通過對不同時間、不同空間條件下的各種歷史現象進行縱向或橫向的比較，分析異同，探索歷史發展的一般規律性或特殊性的一種史學分析方法」。見馬衛東主編：《歷史學理論與方法》。北京市：北京師範大學出版社。2009 年 3 月初版。頁 142。

〔註 16〕計量數據分析所指即為歷史計量分析方法，「是指運用數學方法、統計學方法和電子計算機技術，通過各種數據關係，揭示和認識歷史的一種方法」。見馬衛東主編：《歷史學理論與方法》，頁 146。

值觀。又如論本紀時未及談論本紀篇章數量的代表意義，或深究《新唐書》作者群尊崇《春秋》、仿擬《春秋》之處。或如論合傳時，未能全盤指出《新唐書》襲改《舊唐書》的種種痕跡。再如論類傳時，未及探討后妃、宗室等類，與分析〈儒學列傳〉時，未及探討五代及宋代的經學思潮對人物入傳標準的影響性等。凡此種種，均是本論文尚可補充之處，亦為本論文的缺憾，只能留待將來另開篇幅探討之。

再者，本論文因大量援引兩《唐書》的史料，為求註解簡練，則獨立引文時，不論所引者何，均作隨文註。其餘部分為免行文語氣中斷，則以當頁註作註。若所引之文於同頁再次出現則不另加註，隔頁則加註，方便查找、閱讀。論文中所引人物首次出現則於其名前標明朝代，名後附生卒年，生年、卒年若二者缺其一，仍附列之，而若二者皆不知，則不列。再次出現亦不列。

第三節　文獻探討

中國紀傳體正史中，《舊唐書》與《新唐書》並非是記錄同一歷史時期的唯一對照組，《史記》、《漢書》與《舊五代史》、《新五代史》，也同樣是記錄時代出現重合的著作。其中，《史記》與《漢書》的體例不同，一為通史，一為斷代史，紀錄重合的時間與事件，僅有陳勝起義至漢武帝太初年間，約一百零八年間發生之事，且《史記》是司馬遷獨立完成，直至其身後由外孫楊惲（？～54B.C.）獻書才現世，而《漢書》集合班彪（3～54）、班固（32～92）、班昭、馬續等四人之力，並在朝廷的關注下成書，兩者看待歷史事件的出發點及立足點皆不盡同。《舊五代史》與《新五代史》則一為官修，一為私撰，成書於同一時代，其相異處是同時期的主流集體意識與個人觀點的碰撞。《舊唐書》與《新唐書》則是不同時期的史家群體對同一歷史人物、歷史事件的觀點展現。

歷來關注於二書的學者頗多。其中，有著眼於其一者，如宋人吳縝《新唐書糾謬》〔註17〕、清人沈德潛（1673～1769）《舊唐書考證》〔註18〕；有兼顧二書者，如明人李東陽（1447～1516）《新舊唐書雜論》〔註19〕、清人趙紹祖

〔註17〕見〔宋〕吳縝：《新唐書糾謬‧序》，頁1。

〔註18〕〔清〕沈德潛：《舊唐書考證》，《國立中央圖書館善本圖書微捲》。臺北市：國立中央圖書館。據鳥絲闌舊鈔本製作。1975年。

〔註19〕〔明〕李東陽：《新舊唐書雜論》，《叢書集成初編》。北京市：中華書局。1985年北京新一版。

《新舊唐書互證》〔註20〕、清人沈炳震（1679～1737）《唐書合鈔》〔註21〕；
亦有在讀史札記中條列對二書的見解、比較其異同者，如清人王鳴盛（1722～
1797）《十七史商榷》〔註22〕、清人趙翼《廿二史劄記》〔註23〕、《陔餘叢考》
〔註24〕等，多偏重於考證史實、校正謬誤，以供後來學者研究的基礎。

近來專書提及二書比較者，有向燕南、李峰主編的《新舊唐書與新舊五代
史研究》〔註25〕。本書是集結眾多學者的單篇論文成書，內容涉及修纂經過、
體例優劣、史料考證、思想傾向等各方面，可惜每篇論文的篇幅較短，往往點
到即止，舉例較少，使人讀後有意猶未盡之感。對本論文而言，此書具有啟迪
靈感、激發思考的作用。

在博、碩士論文方面，臺灣地區目前僅有楊果霖《新舊唐書藝文志研究》
〔註26〕、郝至祥《兩《唐書》書法暨筆法比較研究——兼論《新唐書》闢佛刪
史》〔註27〕、林綬傑《《舊唐書・文苑傳》研究》〔註28〕等三本碩士論文。楊
氏論文以〈藝文志〉為中心，探討唐代目錄學的發展，並比較《隋書・經籍志》、
《舊唐書・經籍志》與《新唐書・藝文志》之間的演變及差異，論述細緻，成
果極佳。郝氏論文針對兩《唐書》編修筆法及特色進行論證，並因歐陽脩闢佛
思想，述及兩《唐書》因果報應觀，對本論文頗有啟發。林氏論文則專門討論
《舊唐書・文苑傳》，旁及編撰過程、正統觀念、載文入史現象、人文化成觀
念等，皆足供本論文參考。

〔註20〕 〔清〕趙紹祖：《新舊唐書互證》，《叢書集成初編》（全四冊）。北京市：中華
　　　　書局。1985 年北京新一版。
〔註21〕 〔清〕沈炳震：《唐書合鈔》，《續修四庫全書・史部・正史類》（冊 285～289）。
　　　　上海市：上海古籍出版社。1995 年。
〔註22〕 〔清〕王鳴盛：《十七史商榷》，《叢書集成初編》（全十二冊）。北京市：中華
　　　　書局。1985 年北京新一版。下引《十七史商榷》版本皆同。
〔註23〕 〔清〕趙翼：《廿二史劄記》。北京市：中國書店。1990 年 4 月初版二刷。下
　　　　引《廿二史劄記》版本皆同。
〔註24〕 〔清〕趙翼：《陔餘叢考》。新北市：華世出版社。1975 年 10 月初版。
〔註25〕 向燕南、李峰編：《新舊唐書與新舊五代史研究》，《20 世紀二十四史研究叢書・
　　　　第七卷》。北京：中國大百科全書出版社。2009 年 1 月初版 1 刷。
〔註26〕 見楊果霖：《新舊唐書藝文志研究》，私立中國文化大學中國文學研究所碩士
　　　　論文，王三慶教授指導，1994 年出版。
〔註27〕 見郝至祥：《兩《唐書》書法暨筆法比較研究——兼論《新唐書》闢佛刪史》，
　　　　私立逢甲大學中國文學系碩士班碩士論文，李時銘教授指導，2001 年出版。
〔註28〕 見林綬傑：《《舊唐書・文苑傳》研究》，國立政治大學中國文學研究所碩士論
　　　　文，曾守正教授指導，2011 年出版。

　　此外，以「舊唐書」、「新唐書」、「唐書」等詞組為檢索條件，搜尋中國博士學位論文全文數據庫、中國優秀碩士學位論文全文數據庫，可發現相關博士論文有四本：柳卓霞《《新唐書》列傳敘事研究》〔註29〕、田恩銘《兩《唐書》中的中唐文學家傳記研究》〔註30〕、劉傳鴻《兩《唐書》列傳部分詞彙比較研究》〔註31〕，及孫曉暉的《兩《唐書》樂志研究》〔註32〕。雖與本論文研究方向不相符合，部分資料仍具參考價值，尤其是田氏論文中探討兩《唐書》史臣的文學史觀差異、書寫中心的轉移等研究思路，對啟發本論文思索方向頗有幫助。碩士論文部分，大陸地區的學術研究成果十分豐碩，或針對單書單篇進行研究，或取二書同一群體人物進行比較，或關注其史料來源、文字詞彙等，用力頗多，然可大致看出二書之中，研究傾向較偏重《新唐書》，以其為研究對象成論者較多。其中與本論文較為相關者，有彭菊媛《《新唐書》「本紀」研究》〔註33〕、王吉清《兩《唐書》詩人傳記研究》〔註34〕、唐鳳霞《《新唐書》的編纂及其學術成就》〔註35〕、王繼新《兩《唐書‧忠義傳》比較研究》〔註36〕等論文，皆有助本論文之研究。

　　由臺灣、大陸地區學術論文研究成果觀之，可發現關於兩《唐書》紀傳的研究，多著眼於單篇、單群體的研究，尚無全本或全面分析的成果。因此，本論文欲以此入手，透過對兩《唐書》紀傳的對比整理、探索分析，冀其能在前賢研究成果基礎上，再進一步。

　　於期刊論文方面，檢索臺灣期刊論文索引系統，有關兩《唐書》的部分多

〔註29〕 見柳卓霞：《《新唐書》列傳敘事研究》，上海大學中國古代文學專業博士論文，董乃斌教授指導，2010 年 6 月出版。

〔註30〕 見田恩銘：《兩《唐書》中的中唐文學家傳記研究》，陝西師範大學中國古代文學專業博士論文，霍松林教授指導，2008 年 5 月出版。

〔註31〕 見劉傳鴻：《兩《唐書》列傳部分詞彙比較研究》，南京師範大學語言文字學專業博士論文，董志翹教授指導，2006 年 4 月出版。

〔註32〕 見孫曉暉：《兩《唐書》樂志研究》，揚州大學中國古代文學專業博士論文，王小盾教授指導，2001 年 10 月出版。

〔註33〕 見彭菊媛：《《新唐書》「本紀」研究》，吉林大學歷史文獻學專業碩士論文，張固也教授指導，2008 年 4 月出版。

〔註34〕 見王吉清：《兩《唐書》詩人傳記研究》，陝西師範大學中國古代文學專業碩士論文，吳言生教授指導，2009 年 5 月出版。

〔註35〕 見唐鳳霞：《《新唐書》的編纂及其學術成就》，安徽大學歷史文獻學專業碩士論文，張金銑教授指導，2006 年 4 月出版。

〔註36〕 見王繼新：《兩《唐書‧忠義傳》比較研究》，華中師範大學歷史文獻學專業碩士論文，李曉明教授指導，2013 年 5 月出版。

為史文校正、史實互證糾謬等。與本論文較為相關者，如曾守正〈歷史圖像與
文學評價的疊合——兩《唐書》文學類傳「時變」思想的落差〉〔註37〕，指出
史家的觀點來自己身經驗及社會氛圍兩方面，兩《唐書》展現的文學觀點之
所以不同是因為時代變遷造成的。又如吳彩娥〈兩《唐書》文苑傳之比較〉
〔註38〕、〈兩《唐書》文苑傳之比較——文學觀之部〉〔註39〕，及曾守正〈《舊
唐書・文苑傳》的文學思想〉〔註40〕等篇，討論二書文學觀的差異與演變。
或如柯金木〈兩《唐書》儒學傳儒史雜混之探析〉〔註41〕，認為二書儒學傳
中雜入史家的原因，是肇因於唐人的史鑑意識。此外，尚有唐毓麗〈唐代的貞
節觀及文化建構之探討——以兩《唐書》〈列女傳〉與唐傳奇作品為例〉〔註42〕，
剖析男性史家書寫中展露的女性觀及父權思想，以及黃清連〈兩《唐書》酷吏
傳析論〉〔註43〕，討論唐代酷吏傳記反映出的酷刑文化及報應觀等，均由紀傳
書寫角度契入，探討背後深意，頗具參考價值。

　　於大陸地區期刊論文方面，則以「唐書」為檢索詞組，查詢中國期刊全文
數據庫，可檢索出數百條論文條目，研究內容仍有極大比例為史文補正、史實
考辨等。與本論文主題較為相關者，如李珺平〈《舊唐書》作者群的思想性格
及其他〉〔註44〕，透過分析作者群的學經歷背景，指出《舊唐書》思想多元性
的緣由。又如謝保成〈關於《新唐書》思想傾向的考察〉〔註45〕，點明《新唐

〔註37〕見曾守正：〈歷史圖像與文學評價的疊合——兩《唐書》文學類傳「時變」思想的落差〉，《政大中文學報》第四期，2005年12月。頁29～58。
〔註38〕見吳彩娥：〈兩《唐書》文苑傳之比較〉，《輔仁國文學報》第四期，1988年6月。頁257～275。
〔註39〕見吳彩娥：〈兩《唐書》文苑傳之比較——文學觀之部〉，《輔仁國文學報》第三期，1987年6月。頁315～332。
〔註40〕見曾守正：〈《舊唐書・文苑傳》的文學思想〉，淡江大學《中文學報》第十二期，2005年6月。頁121～144。
〔註41〕見柯金木：〈兩《唐書》儒學傳儒史雜混之探析〉，《孔孟學報》第六十九期，1995年3月。頁91～113。
〔註42〕見唐毓麗：〈唐代的貞節觀及文化建構之探討——以兩《唐書》〈列女傳〉與唐傳奇作品為例〉，《靜宜人文學報》第十五卷第二期，2003年12月。頁83～118。
〔註43〕參見黃清連：〈兩《唐書》酷吏傳析論〉，《輔仁歷史學報》第五期，1993年12月。頁119～166。
〔註44〕參見李珺平：〈《舊唐書》作者群的思想性格及其他〉，《嶺南師範學院學報》第三十七卷第一期，2016年2月。頁42～50。
〔註45〕參見謝保成：〈關於《新唐書》思想傾向的考察〉，《社會科學戰線》，1993年第四期。頁178～183。

書》有暴惡以動人耳目、揚善以垂勸戒、崇韓愈以尊《春秋》、排佛老以明王道等四大思想傾向。或如刑香菊、郭慧麗〈由人物改傳看《新唐書》的尚德傾向〉[註46]，認為《新唐書》將《舊唐書·文苑傳》部分人物歸置到他傳的根本原因是尚德，並分析此傾向的形成源於時代風氣及編撰人本身好惡。此外，尚有許多篇章討論循吏、酷吏、文學家、女性形象等。

　　由兩岸期刊發表的情形，可看出對兩《唐書》的研究大多傾向單篇傳記的比較，尤其是文學家傳記、文學觀的部分，不少學者著墨發論，而其餘部分則猶待後人加以關注。

第四節　兩《唐書》作者群及其內容思想代表性

　　兩《唐書》成書於不同朝代，治亂相異，修纂時所遇困難亦不同。作者群雖皆為當代一時之選，但因時代侷限及史識不同，其編著的內容在史實史事之外，反映的主流價值觀亦不相同，對於人物、史事的看法並不一致。其間差異是本論文研究兩《唐書》比較的動機與目的所在。因此在開展論文正文之前，應先探究兩《唐書》內容思想的代表性，以明確其映射的時代節點。

　　《舊唐書》的編纂時間始於五代晉高祖天福六年（941），迄於晉出帝（914～974）開運二年（945）。其作者群的組成情形，可由《五代會要》「前代史」一條得知：

> 晉天福六年二月，敕有唐遠自高祖下暨明宗，紀傳未分，書誌咸闕，今耳目相接，尚可詢求，若歲月寖深，何由尋討？宜令戶部侍郎張昭（遠）、起居郎賈緯、祕書少監趙熙、吏部郎中鄭受益、左司員外郎李為先等修撰唐史，仍令宰臣趙瑩監修。其年四月，監修國史趙瑩奏敕同撰唐史，起居郎賈緯丁憂，請以刑部侍郎呂琦、侍御史尹拙同修。從之。尋改呂琦為戶部侍郎，尹拙為戶部員外郎，令與張昭（遠）等修唐史……至開運二年六月，史館上新修前朝李氏書，紀志列傳共二百二十卷，並目錄一卷，都計二十帙。賜監修宰臣劉昫、修史官張昭遠、直館王伸等繒綵銀器各有差。（《五代會要·卷十八·前代史》，頁228～231）

[註46] 參見刑香菊、郭慧麗：〈由人物改傳看《新唐書》的尚德傾向〉，《河北工程大學學報》〈社會科學版〉第二十六卷第三期，2009年9月。頁81～83。

初始為張昭遠〔註47〕、賈緯、趙熙、鄭受益、李為光，並以宰臣趙瑩監修，不久趙瑩即加入編修行列。不久又因賈緯丁憂在家，加入呂琦（？～943）、尹拙同修，而由最後獎賞記載可知除了劉昫作為監修之外，王伸同在獎賞之列，亦為編修人員。又據《宋史》張昭遠傳中「以唐史未成，詔與呂琦、崔梲等續成之，別置史院，命昭兼判院事」〔註48〕一則紀事得知，尚有崔梲加入唐史編修。

　　趙翼於《廿二史劄記》「舊唐書源委」一條中，分辨蒐集資料、編纂舊聞等諸工作歸屬，認為：

> 舊唐書之成，監修則趙瑩之功居多，纂修則張昭遠、賈緯、趙熙之功居多，而劉昫傳並不載經畫修書之事，今人但知舊唐書為昫所撰，而不知成之者乃趙瑩、張昭遠、賈緯、趙熙等也〔註49〕。

> 薛、歐二史劉昫傳俱不載其有功於唐書之處，但書其官銜「監修國史」而已。蓋昫為相時，唐書適訖功，遂由昫表上，其實非昫所修也〔註50〕。

趙翼以為在作者群中，劉昫為最後奏表上書者，只是因為監修時適逢成書之際，而真正有功卻名不顯者，乃趙瑩、張昭遠、賈緯、趙熙等四人。趙瑩作為最初監修召集人，曾上奏請求廣羅逸書、搜求舊事，並推薦賢才加入編修團隊。張昭遠採輯舊聞，補綴全無紀錄留下的唐昭宗一朝之事，用力甚深。賈緯收錄傳聞，補錄唐武宗之後舊事六十五卷。趙熙參與編修唐書，能善始善終，亦有功勞。因此，《舊唐書》之成，此四人厥功甚偉，而其餘如鄭受益、李為光等中途另有他任而退出者，或如呂琦、尹拙、崔梲等臨時受命替補者，均為當代飽學之士。李珺平認為「這些人生長於晚唐及唐末，而成熟並任職於五代，是最能代表唐末五代之際文人的精神特點的」〔註51〕。故此，這些參與修纂《舊唐書》的官員們於書中所表露的態度，應能代表五代初期的士人觀點。

〔註47〕張昭、張昭遠，原是同一人。據《宋史・張昭遠傳》所載：「張昭，字潛夫，本名昭遠，避漢祖諱，止稱昭。」可知其人原名張昭遠，因避後漢高祖劉知遠諱，而只稱張昭。為求統一，本論文仍用其原名。引自〔元〕脫脫：《宋史・列傳二十二》。冊八（全十四冊）。臺北市：藝文印書館。1972 年。頁 3429 上右。下引《宋史》版本相同。

〔註48〕見〔元〕脫脫：《宋史・列傳二十二》，頁 3431 下右。

〔註49〕見〔清〕趙翼：《廿二史劄記》，頁 210。

〔註50〕見〔清〕趙翼：《廿二史劄記》，頁 209。

〔註51〕見李珺平：〈《舊唐書》作者群的思想性格及其他〉，頁 43。

　　同時，細查《舊唐書》採用的材料及成書內容，亦可發現唐代史官的身影。趙翼於「《舊唐書》源委」條中點明「唐末播遷，載籍散失，自高祖至代宗尚有紀傳，德宗亦存實錄，武宗以後六代，惟武宗有實錄一卷，餘皆無之」〔註52〕，指出唐代末年戰亂不斷，後期君王的起居錄等實錄史料均已散佚，造成《舊唐書》編修時的困難。又於「《舊唐書》前半全用實錄國史舊本」條中，稱「今細閱舊書文義，知此數朝紀傳多鈔實錄、國史原文也。凡史修於易代之後，考覆既確，未有不據事直書，若實錄、國史修於本朝，必多回護。觀舊書回護之多，可見其全用實錄、國史而不暇訂正也」〔註53〕，隨後更條列不少其認為文內回護之處，佐證所言。以《舊唐書》本紀論贊觀之，〈順宗本紀〉史臣自稱「韓愈」、〈憲宗本紀〉史臣自稱「蔣系」，而此二人皆唐代名臣，亦可證《舊唐書》編修時未及勘正所用史料如唐實錄、唐國史等。是以其論贊觀點即為唐代文臣的看法，《舊唐書》的直接沿用，亦顯示出編修史臣贊同如此說法，其價值觀有承襲之處。由此可知，《舊唐書》中所傳達的價值觀點，總的來說，則應為唐代至五代後晉一脈相承的士人看法。

　　《新唐書》的編修緣起，在《宋史》中並未對前後過程特別說明，僅於參與修書者的個人傳記中提及其曾修《唐書》之事。查詢《宋史》，可知有宋祁（998～1061）、歐陽脩（1007～1072）、呂夏卿（1018～1070）、王堯臣（1003～1058）、梅堯臣（1002～1060）、宋敏求（1019～1079）、劉羲叟（1015～1060）、范鎮（1007～1088）、王疇（1007～1065）等九人與此事有關。其始末則存錄在宋人筆記之中，如葉夢得（1077～1148）《石林燕語》所載：

　　　　慶曆五年，賈文元為相，始建議重修《唐書》。詔以判館閣王文安、宋景文、楊宣懿（察）、趙康靖（概），及張文定、余襄公為史館修撰。刊修未幾，諸人皆以故去，獨景文下筆。已而景文亦補外，乃許以史藁自隨。編修官置局於京師者仍舊，遇有疑義取證則移文於局中，往來迂遠，書久不及成。是時，歐陽文忠公非文元所喜，且方貶出，獨不得預。嘉祐初文忠還，范蜀公為諫官，乃請以紀、志屬文忠。至五年，書始成。（《石林燕語・卷四》，頁4）

又如編修群中的宋敏求亦曾於其筆記《春明退朝錄》中記載：

　　　　慶曆四年，賈魏公建議修《唐書》。始令在館學士人供《唐書》外故

〔註52〕見〔清〕趙翼：《廿二史劄記》，頁209。
〔註53〕見〔清〕趙翼：《廿二史劄記》，頁214。

－12－

事二件。積累既多，乃請曾魯公掌侍郎，唐卿分鼇，附於本傳。五
年夏，命四判館、二修撰刊修。時王文安、宋景文、楊宣懿，今趙
少師判館閣，張尚書、余尚書安道為修撰。又命編修官六人，曾魯
公、趙龍閣周翰、何密直公南、范侍郎景仁、邵龍閣不疑與予，而
魏公為提舉。魏公罷相，陳恭公不肯領，次當宋元憲，而以景文為
嫌，乃用丁文簡。丁公薨，劉丞相代之。劉公罷相，王文安代之。
王公薨，曾魯公代之，遂成書。初，景文修《慶曆編敕》，未暇到局，
而趙少師請守蘇州，王文安丁母憂，張、楊皆出外，後遂景文獨下
筆。久之，歐少師領刊修，遂分作紀、志。魯公始亦以編敕不入局。
周翰亦未嘗至，後辭之。公南過開封幕，不疑以目疾辭去，遂命王
忠簡景彝補其缺。頃之，呂縉叔入局。劉仲更始修天文、曆志，後
充編修官。將卒業，而梅聖俞入局，修方鎮、百官表。嘉祐五年六
月，成書。(《春明退朝錄·卷下》，頁 38～39)

由此二條記事可知《新唐書》修纂過程中的人事更迭，而宋人王應麟（1223～
1296）《玉海》亦提到：

慶曆五年，詔王堯臣、張方平、宋祁等刊修。久而未就。至和初，
乃命歐陽脩撰紀、表、志，宋祁撰列傳，范鎮、王疇、宋敏求、呂夏
卿、劉義叟同編修。凡十有七年，至嘉祐五年而成。(《玉海·卷四
十六·藝文》，頁 914 上左～下右)

由此可知，其編修過程略可分為二個階段。第一階段為慶曆五年（1045）至至
和元年（1054），共十年，此時期參與修史的諸位臣子或因外放、或丁母憂，
皆未動筆，惟宋祁獨自進行編修，之後雖亦外放離京，仍隨身攜帶稿件，持續
修稿。第二階段為至和元年至嘉祐五年（1060），共七年，歐陽脩領旨參與此
事，負責撰寫紀、表、志的部分，而宋祁負責列傳部分。其餘如劉義叟修〈天
文志〉、〈曆志〉，梅堯臣修〈方鎮表〉、〈百官表〉，呂夏卿修諸〈世系表〉[註
54]外，尚有范鎮、王疇、宋敏求等三人參與此中。前後人事雖調動頻繁，然
實際修書者只有宋祁、歐陽脩、劉義叟、梅堯臣、呂夏卿、范鎮、王疇、宋敏
求共八人而已。王堯臣雖領其事，卻未動筆。

〔註54〕據《宋史》呂夏卿本傳言「夏卿學長於史，貫穿唐事，博採傳記雜說數百家，
　　　折衷整比。又通譜學，創為世系諸表，於《新唐書》最有功云」，可知其編修
　　　《新唐書》時負責修各世系表。見〔元〕脫脫：《宋史·列傳第九十》，頁 4196
　　　上右。

　　此八人長於北宋初年較為富足繁盛的階段，正處於宋真宗澶淵之盟（1004）後的與遼休兵時期。當是時，朝廷冗兵、冗官等問題還未浮出檯面，耗損官員從政生命的新舊黨爭事件方才漸露端倪，正是最有自信與精力投注於修史的時期。

　　八人中負責篇幅較多者，為宋祁與歐陽脩。宋祁較為年長，與兄宋庠（996～1066）「俱以文學名擅天下」〔註55〕，而文藻華美又過於其兄，曾參與修正雅樂、修《起居注》等。《宋史》亦收錄其策論，直指當時天下三冗三費〔註56〕的弊端，又收錄其直諫與分析河北重鎮的言論，有〈御戎論〉七篇，而其遺奏懇請早立太子以安人心，足見其對天下時弊、京師外藩乃至周圍外敵的情勢頗有見地。歐陽脩為唐宋古文八大家之一。《宋史》稱其「為文天才自然，豐約中度。其言簡而明，信而通，引物連類，折之於至理，以服人心。超然獨騖，眾莫能及，故天下翕然師尊之。獎引後進，如恐不及，賞識之下，率為聞人」〔註57〕，是當時的文壇領袖，且有拔舉後進的氣度。歐陽脩為人剛正，與人言語無所隱瞞，雖多次遭謗，亦不改其行。本傳中收錄其對朋黨的議論與諫言，及對河東用兵、河北水患、勸劉太后等事件的言論，可見其對民生、朝政的關注。此外，因其嗜好金石遺文，故蒐集注錄而成《集古錄》一書，而於史書部分，除參與編修《新唐書》外，亦自撰《五代史記》，而取《春秋》遺旨為依歸，可見其投注於金石學與史學的心力。二人皆飽學之士，對朝野內外等各大事件都頗有見識，足可作為當代士人的代表。餘者皆為一時之選，如劉羲叟精擅曆算〔註58〕、梅堯臣工於詩作〔註59〕、呂夏卿長於史學及譜學、范鎮善於

〔註55〕見〔元〕脫脫：《宋史‧列傳第四十三》，頁3675上左。

〔註56〕三冗指冗官、冗兵、冗僧，前二者耗費國家財力而無實質效用，後者減少國家稅收及服繇役人口，降低國家生產力；三費指道場齋醮、京師寺觀的鋪張浪費，以及使相節度的過度設置，有害於國家財政。詳見〔元〕脫脫：《宋史‧列傳第四十三》，頁3675下右～3676下右。

〔註57〕見〔元〕脫脫：《宋史‧列傳第七十八》，頁4063上左。

〔註58〕《宋史》本傳稱其「精算術，兼通《大衍》諸曆。及修唐史，令專修〈律曆〉、〈天文〉、〈五行志〉」，又稱「澤人劉羲叟從受曆法，世稱『羲叟曆法』，遠出古今上，有楊雄、張衡所未喻者，實之才授之」，可知其師從李之才，精擅曆算，遠超古今。見〔元〕脫脫：《宋史》〈列傳第一百九十一‧儒林二〉、〈列傳第一百九十‧儒林一〉，頁5257上右、頁5251下右。

〔註59〕《宋史》本傳言其「工為詩，以深遠古淡為意，間出奇巧」「歐陽脩與為詩友，自以為不及。堯臣益刻厲，精思苦學，繇是知名於時。宋興，以詩名家為世所傳如堯臣者，蓋少也」又舉軼事「有人得西南夷布弓衣，其織文乃堯臣詩也，

文〔註60〕、王疇亦善文〔註61〕、宋敏求通唐事及朝廷典故〔註62〕，各有專精，皆有助於修纂《新唐書》，而這些人的價值觀點亦能作為當代知識分子價值觀共識的參考。

　　《舊唐書》編修作者群有趙瑩、張昭遠、賈緯、趙熙、鄭受益、李為光、呂琦、尹拙、崔梲、王伸等人，用力最深者為前四人。該書內容引用唐代國史、實錄的部分，往往直接錄用唐人觀點，此中或有未及刪改、留存更多史料等原因，致使最終書中所呈現的是唐代至五代後晉時期的士人價值觀。《新唐書》的編修群則是以宋祁、歐陽脩為中心，劉羲叟、梅堯臣、呂夏卿、范鎮、王疇、宋敏求等人為輔所組成，眾人皆為當世名儒，可為當時士人的代表。由此可確認《舊唐書》所映照的是唐代至五代後晉的士人價值觀，《新唐書》則對應著北宋初年的士人看法。因此，經由參看二者紀傳編排的異同、傳末論贊的評議，可以窺見兩個不同時段的士人觀點，進一步對二書有更深刻的了解。

名重於時如此」為例，說明其詩才之名聞達天下。見〔元〕脫脫：《宋史》〈列傳第二百二・文苑五〉，頁5377上右～上左、頁5377上左、頁5377下右。

〔註60〕本傳謂其文之高，雖「宋庠兄弟見其文，自謂弗及」，「與為布衣交」，「其學本《六經》，口不道佛、老、申、韓之說。契丹、高麗皆傳誦其文」，可見其文傳播之遠。同時亦收錄其不少諫言，性格剛直，敢直斥朋黨，也無懼皇帝震怒，陳詞無不切中利害，可知其為人之剛及見識之深。見〔元〕脫脫：《宋史・列傳第九十六》，頁4255上右、頁4259上右。

〔註61〕本傳稱其「名臣子，性介特，屬風操，喜言朝廷事。好治容服，坐立嶷然，言必文，未嘗慢戲，吏治審密，文辭嚴麗」，可知其為人作事風格嚴整，文辭嚴密華美。見〔元〕脫脫：《宋史・列傳第五十》，頁3753上左。

〔註62〕本傳言「王堯臣修《唐書》，以敏求習唐事，奏為編修官」，其「家藏書三萬卷，皆略誦習，熟於朝廷典故，士大夫疑議，必就正焉。補唐武宗以下《六世實錄》百四十八卷，它所著書甚多，學者多咨之」。見〔元〕脫脫：《宋史・列傳第五十》，頁3746下右、頁3747上右。

第貳章　兩《唐書》本紀比較研究

　　唐代自高祖李淵（566～635）開國即位（618）起，至哀帝李柷（892～908）被迫禪位（907）止，歷二十三帝〔註1〕，共二百九十年。《舊唐書》本紀在記錄帝王事跡時，將之分為二十本紀，而單獨成篇的有〈高祖本紀〉、〈太宗本紀〉、〈高宗本紀〉、〈則天皇后本紀〉、〈玄宗本紀〉、〈肅宗本紀〉、〈代宗本紀〉、〈德宗本紀〉、〈穆宗本紀〉。其中，太宗、高宗、玄宗、德宗皆是各為一本紀，分為上下二篇本紀記之，共十三紀。相合成一紀者則有〈中宗睿宗本紀〉、〈順宗憲宗本紀〉、〈敬宗文宗本紀〉、〈武宗宣宗本紀〉、〈懿宗僖宗本紀〉、〈昭宗哀帝本紀〉，其中憲宗又分為上下二篇，下篇自成〈本紀第十五〉，共七紀。

　　《新唐書》本紀將《舊唐書》本紀的傳主配置重新編排，並縮減二十本紀為十本紀。單獨成篇的僅有〈高祖本紀〉、〈太宗本紀〉、〈高宗本紀〉三篇，餘者皆為合傳：〈則天皇后中宗本紀〉、〈睿宗玄宗本紀〉、〈肅宗代宗本紀〉、〈德宗順宗憲宗本紀〉、〈穆宗敬宗文宗武宗宣宗本紀〉，以及〈懿宗僖宗本紀〉、〈昭宗哀帝本紀〉，共七本紀。

　　由體例形式來看，自《史記》創立紀傳體後，不論單傳、合傳、類傳之別，每一篇章最末均為該篇論斷，以「太史公曰」來總述其人、因人論事，而《漢

〔註1〕二十三帝分別為高祖李淵、太宗李世民、高宗李治、中宗李顯、睿宗李旦、（周）聖神皇帝武曌、中宗李顯、殤帝李重茂、睿宗李旦、玄宗李隆基、肅宗李亨、代宗李豫、德宗李适、順宗李誦、憲宗李純、穆宗李恒、敬宗李湛、文宗李昂、武宗李炎、宣宗李忱、懿宗李漼、僖宗李儇、昭宗李曄、哀帝李柷。其中武后以太后稱帝且國號為周，然終還政於李氏，不斷唐嗣，故計入；殤帝李重茂在位不滿一個月、昭宗長子德王李裕在位不滿三個月，因其登位與前後帝交替，非同時並立，以政權連續不斷故，雖時間短暫，亦計入之。

書》保留此例，改為「贊曰」。至《後漢書》則有無韻之論、有韻之贊來作為篇章結尾。後世史書皆循此例，然以此觀《舊唐書》本紀，可發現其合傳雖是以人物關係緊密而合，但論贊仍分別而論，如〈中宗睿宗本紀〉裡，撰述中宗事跡之後，先以「史臣曰」評價中宗其人，再續錄睿宗事跡，文末論贊則並述二帝。又如〈順宗憲宗本紀〉中，於順宗事跡後先論順宗，再續接憲宗事跡，文末無論贊，於〈本紀十五〉末尾方有憲宗評論及二帝之贊。〈昭宗哀帝本紀〉則是《舊唐書》本紀合傳的例外，二帝不分論而於篇末合論。由上可知，《舊唐書》本紀合傳雖有合傳之形，然實質上仍如單傳一般，單獨評述其人，而非針對人物間的緊密關係及其影響而論，僅〈昭宗哀帝本紀〉符合一般合傳合而論之的形式，如此則難以窺知合傳人物非合不可之因，其合傳緣由須再深入探究，方可得知。

　　《新唐書》本紀合傳皆一傳一論贊，形式遵循舊例，然論贊內容不全然以人為本，因人發論，且全改《舊唐書》本紀評論，清人王鳴盛（1722～1797）於《十七史商榷》中曾詬病此舉：

> 司馬氏於紀傳世家，每篇綴以評斷，此論體也。……以後史家多遵之，而舊唐亦然。宋人復班式，以散文呼贊，舊論不過文法排儷，稍嫌板實，然評斷精確，自足傳之久遠，新贊盡黜舊文，駕空凌虛，自成偉議，欲以高情遠識，含跨前人，於高祖不說高祖美惡，而統言三百年大勢，此脫題文章也；太宗亦不甚著題，轉尚論三代諸君，高宗則借周幽王為波瀾，此題外生枝也；中宗、睿宗舊雖作一卷，然仍各論，新乃并中宗於武后，睿宗於玄宗，方共為一贊，武后、中宗則先泛說武后之入紀合春秋書法，而中宗直以駕空了之，睿宗、玄宗則但說玄宗，而直略過睿宗，置之不議，其行文多入語助，好用嗚呼，故為紆回頓挫俯仰揖讓之態，其末輒作複句云「可謂難哉」「可不慎哉」，層見疊出，一唱三嘆，欲使讀者咀之有餘味，悠然自得其意於言外，此皆宋人所以求勝舊書者也。窺其意，恨不得盡改舊書為快，但紀傳實事有不能盡改者耳，一遇論贊，遂奮筆全易之。幸舊書未致泯滅，今日平心觀之，舊書何可廢邪！（《十七史商榷》，頁739～740）

王鳴盛認為《舊唐書》之贊雖略嫌制式，但評論精要，有傳世久遠的價值，《新唐書》則全改舊贊，多是凌空發論，非因人而言，且好用感歎句式，故作迂迴

慨歎姿態，其求勝《舊唐書》之心太甚，全改舊贊亦過於決然。由此可知，《新唐書》本紀論贊型式雖符合一傳一論，然內容卻常未落實在人物本身，是其出格之處，而其論是否適切於該傳，則須再進一步探討。

由編排內容來看，同樣的朝代，一樣的皇帝，兩《唐書》在人物分合編排上有著明顯的差異。除卻少數未變動人物配置的〈高祖本紀〉、〈太宗本紀〉、〈高宗本紀〉、〈懿宗僖宗本紀〉、〈昭宗哀帝本紀〉外，《新唐書》重新調整本紀中的合傳人物，將原本單傳的則天皇后、玄宗、肅宗、代宗、德宗、穆宗等六人皆改為合傳，顯示出兩《唐書》編輯群對這些人物的歷史評價之異。合傳人物的變更亦透露出其間的聯結或有不同，應予以深思探究，而那些未曾更動的單傳、合傳人物的歷史看法是否相同，亦值得探查。

今觀察二書本紀的人物分合編排，可將之分為二類：（一）《新唐書》本紀與《舊唐書》篇章重合者；（二）《新唐書》本紀改《舊唐書》單傳為合傳者。其中，第二類中又可分為：（一）拆解合傳人物與單傳相合者；（二）合二單傳為一傳者；（三）將單傳直接併入合傳者。以下分以二節討論之。

第一節　《新唐書》本紀與《舊唐書》篇章重合

《新唐書》本紀與《舊唐書》篇章重合者共有五篇，分別是〈高祖本紀〉、〈太宗本紀〉、〈高宗本紀〉等三篇單傳，及〈懿宗僖宗本紀〉、〈昭宗哀帝本紀〉二篇合傳。高祖李淵（566～635）、太宗李世民（599～649）、高宗李治（628～683）三人於兩《唐書》中，皆為一篇專述一人的單傳，顯見其功勳事跡有特出之處，值得獨為專傳，然由二書對其評價的異同、發論角度切入點等，可窺見其作者群的價值觀點，亦代表兩個時段士人對唐代人事的不同看法。此外，經由探討篇章重合的〈懿宗僖宗本紀〉、〈昭宗哀帝本紀〉二篇人物相合之因、人物論贊等，則可更了解二書觀點的出入之處。以下依序討論：

一、〈高祖本紀〉

高祖李淵，為唐朝開國皇帝，幼襲唐國公爵位，因隋文帝獨孤皇后（544～602）為其姨母，而與文帝親厚，後遭煬帝猜忌，便縱酒納賄以自汙。大業十三年（617）為太原留守，會煬帝遊江南被亂民阻於江都，因而謀舉兵以成大事，於義寧二年（618）受禪為唐皇帝。

　　兩《唐書》對此間過程的描寫不盡相同。於《舊唐書·高祖本紀》中，先有善相人者預言其「骨法非常，必為人主」〔註2〕，且高祖「頗以自負」〔註3〕，顯示其心中對天下主位早有想法。高祖當時雖為人臣，對此言卻毫無畏懼避讓之態，而舉兵的決定是「太宗與晉陽令劉文靜首謀，勸舉義兵」〔註4〕，順勢而募兵舉事。其舉兵發端為「遣開陽府司馬劉政會告威等謀反，即斬之以徇，遂起義兵」〔註5〕，用「遣」字指出所謂王威（？～617）、高君雅（？～617）謀反是誣告，劉政會（？～635年）的告發是受命於高祖，是為了除去心向隋帝的太原實權人物。同時，高祖「遣劉文靜使於突厥始畢可汗，令率兵相應」〔註6〕，顯示其聯合外族來圖謀王朝，野心顯著。率兵西進關中時，途遇大雨不止，更有白衣老人自稱霍山神使來謁見唐皇帝，並指出雨停之時、進兵之路，暗示其舉有神明相助，是上應於天。於文字敘述中，一位野心勃勃欲逐鹿天下的掌兵者躍然紙上，論贊稱此時「高祖審獨夫之運去，知新主之勃興，密運雄圖，未伸龍躍，而屈己求可汗之援，卑辭答李密之書，決神機而速若疾雷，驅豪傑而從如偃草」〔註7〕，其雄才大略、能屈能伸之態，躍然紙上。

　　《新唐書》刪去善相人者言、白衣老人神使事，而高祖決定舉兵起事是被李世民等人半推半就：

> 高祖子世民知隋必亡，陰結豪傑，招納亡命，與晉陽令劉文靜謀舉大事。計已決，而高祖未之知，欲以情告，懼不見聽。高祖留守太原，領晉陽宮監，而所善客裴寂為副監，世民陰與寂謀，寂因選晉陽宮人私侍高祖。高祖過寂飲酒，酒酣從容，寂具以大事告之，高祖大驚。寂曰：「正為宮人奉公，事發當誅，為此爾。」世民因亦入白其事，高祖初陽不許，欲執世民送官，已而許之，曰：「吾愛汝，豈忍告汝邪？」然未有以發。（《唐書·高祖本紀》，頁33下右～下左）

李世民與劉文靜（568～619）謀計已決，恐高祖不許，而暗中與高祖心腹裴寂

〔註2〕見〔後晉〕劉昫：《舊唐書·高祖本紀》。冊一（全五冊）。臺北市：藝文印書館。1972年。頁36上左。下引《舊唐書》版本相同。
〔註3〕見〔後晉〕劉昫：《舊唐書·高祖本紀》，頁36上左。
〔註4〕見〔後晉〕劉昫：《舊唐書·高祖本紀》，頁36下左。
〔註5〕見〔後晉〕劉昫：《舊唐書·高祖本紀》，頁36下左。
〔註6〕見〔後晉〕劉昫：《舊唐書·高祖本紀》，頁36下左～37上右。
〔註7〕見〔後晉〕劉昫：《舊唐書·高祖本紀》，頁44上右。

（570～632）聯合，用隋煬帝行宮宮女服侍高祖，陷其犯上不敬之後再告知其事。高祖一開始不答應舉兵，實際上卻只是佯裝不許。「陽不許」之謂，即暗指其心已然動搖。高祖後來同意裴寂等人的勸說，且稱不忍告發世民，卸責於子，卻又未立即起事。不久，民亂增多，突厥數次襲擊邊界，高祖出兵卻無功而返，煬帝遣使押送高祖至江都問責：

> 所在盜賊益多，突厥數犯邊，高祖兵出無功，煬帝遣使者執高祖詣江都，高祖大懼。世民曰：「事急矣，可舉事！」已而煬帝復馳使者赦止高祖，其事遂已。（《唐書·高祖本紀》，頁 33 下左～34 上右）

李世民因而勸高祖即刻舉兵，但因煬帝隨即改變心意，遣使取消前詔，故舉兵之事又不了了之。兩次謀而未發，顯示高祖對舉兵起事時機的猶豫難斷，及李世民的積極鼓吹。隨後《新唐書》以較多篇幅將當時群雄各地蜂起之狀一一數出，而高祖此時方覺時機已到，藉機除去王威、高君雅：

> 五月甲子，高祖及威、君雅視事，開陽府司馬劉政會告威、君雅反，即坐上執之。丙寅，突厥犯邊，高祖令軍中曰：「人告威、君雅召突厥，今其果然。」遂殺之以起兵。遣劉文靜使突厥，約連和。（《唐書·高祖本紀》，頁 34 下右）

《新唐書》言甲子日因劉政會的告發，當場抓捕王威、高君雅，但直到第三日丙寅時，才藉口突厥犯邊是與王、高二人裡應外合，遍令軍中，殺二人以祭旗起兵，與《舊唐書》「即斬之以徇，遂起義兵」[註8]的說法稍有差異。《新唐書》刪去「遣」字，使劉政會告發之舉是受人指使的線索轉為不明顯，未能凸出其陰謀性質。兩《唐書》記載起兵情狀的不同，所建構的高祖形象即有所差異：《舊唐書》中的高祖野心勃勃，雖是被勸起兵，然實握智珠，步步謀畫；《新唐書》中的高祖則較為優柔寡斷，反凸出李世民積極從事之功。

　　再者，《舊唐書》所載隋帝禪位詔、寺觀沙汰詔，《新唐書》盡皆不錄。前者表一代之終結，意義重大，應錄而存之，而後者不載亦造成紀事上的失誤：

> 新紀：武德九年四月辛巳，廢浮屠、老子法；六月丁巳，復浮屠、老子法。案：舊紀四月作五月，而云以京師寺觀不甚清淨，詔曰云云，以下全載詔文。繹其詞，乃極贊釋迦闡教之妙，因末代猥賤之侶，不遵其法，欲沙汰之，故下此詔。末言……京城留寺三所、觀二所，天下諸州各留一所。觀此詔文，何嘗欲盡廢其法乎！而載畢

〔註8〕見〔後晉〕劉昫：《舊唐書·高祖本紀》，頁 36 下左。

詔文之下，乃又綴云事竟不行，然則此詔為虛下矣，又何嘗既廢而旋復乎！若欲存其實，當如舊書；若欲改而從簡，則當云詔沙汰僧道，既而不果，方合事實，又不然，則竟刪去此一條可也，歐陽子竟改易就己意，以見其能不沿襲前人，何哉！（《十七史商榷》，頁739）

王鳴盛認為依《舊唐書》所載詔文，可知當時僅欲縮減寺觀、汰除不守戒律的僧侶、道士等，根本未曾禁絕佛、道二教，又從何談起恢復？《新唐書》本可全載原文，存其事實，或可簡述其事，甚至可以盡數刪之，然歐陽脩改易為先廢後復，則與事實相乖違。王鳴盛抨擊其為了不沿襲前人，竟隨己意改之。由此觀之，則隋帝禪位詔、寺觀沙汰詔，《新唐書》皆不應刪除。

另，《舊唐書・高祖本紀》記武德元年（618）四月「壬申，命相國長史裴寂等修律令」[註9]；「六月甲戌……廢隋大業律令，頒新格」[註10]；冬十月「癸巳，詔行傅仁均所造戊寅曆」[註11]；十一月「詔頒五十三條格，以約法緩刑」[註12]；武德四年（621）七月「廢五銖錢，行開元通寶錢」[註13]；武德七年（624）「春正月己酉，封高麗王高武為遼東郡王，百濟王扶餘璋為帶方郡王，新羅王金真平為樂浪郡王」[註14]；四月「大赦天下，頒行新律令」[註15]等，均有關國家律令、曆法、經濟、外交等大事。此類國朝制度方面的大事唯皇帝能下詔令推行，亦為皇朝新替、政權一統的象徵，《新唐書》則略而不載，僅存武德七年四月頒布新法之事。餘者須於〈刑法志〉、〈曆志〉、〈食貨志〉、〈東夷列傳〉等處尋覓，年月紀錄又較簡省，反與本紀關聯不大，喪失其象徵意義，是失之太簡。

此外，二書對武德九年（626）玄武門事件的記載也不盡相同。《舊唐書・高祖本紀》言「秦王以皇太子建成與齊王元吉同謀害己，率兵誅之。詔立秦王為皇太子，繼統萬機，大赦天下」[註16]。於〈太宗本紀〉則稱「皇太子建成、齊王元吉謀害太宗。六月四日，太宗率長孫無忌……於玄武門誅之。甲子，立

〔註9〕見〔後晉〕劉昫：《舊唐書・高祖本紀》，頁39上右。
〔註10〕見〔後晉〕劉昫：《舊唐書・高祖本紀》，頁39上右。
〔註11〕見〔後晉〕劉昫：《舊唐書・高祖本紀》，頁39下左。
〔註12〕見〔後晉〕劉昫：《舊唐書・高祖本紀》，頁39下左。
〔註13〕見〔後晉〕劉昫：《舊唐書・高祖本紀》，頁41上左。
〔註14〕見〔後晉〕劉昫：《舊唐書・高祖本紀》，頁42上右～上左。
〔註15〕見〔後晉〕劉昫：《舊唐書・高祖本紀》，頁42上左。
〔註16〕見〔後晉〕劉昫：《舊唐書・高祖本紀》，頁43上左。

為皇太子，庶政皆斷決」〔註17〕，以「誅」字凸顯李世民作為的正當性，事發理由是太子建成與齊王元吉合謀害李世民，隨後李世民即被立為太子，並馬上聽政、斷政。兩個月後高祖即禪位於世民。高祖應對事件之態與皇權立即轉移之因並未明述，而由立太子、禪位的發生時間，可感覺到其間的危急之情。

　　同一事件，於《新唐書・高祖本紀》則載「秦王世民殺皇太子建成、齊王元吉……立秦王世民為皇太子，聽政」〔註18〕，而〈太宗本紀〉記以「太宗功益高，而高祖屢許以為太子。太子建成懼廢，與齊王元吉謀害太宗，未發。……太宗以兵入玄武門，殺太子建成及齊王元吉。高祖大驚，乃以太宗為皇太子」〔註19〕，將事件前因、經過詳細記錄，表示出太子建成與齊王確有合謀，然尚未付諸實行。李世民的先發制人，並無證據可證明其舉是為自保。因此，以「殺」字表太子建成（589～626）與齊王元吉（603～626）的屈死。除此之外，此事件事發突然，且玄武門為皇宮正北門，與主要宮殿群相距不遠，而世民竟能與心腹帶兵伏擊太子建成與齊王，若其有意中宮亦不無可能，無怪乎高祖「大驚」，不得不以其為皇太子，移政於世民。

　　以兩書紀錄相較之，可發現《舊唐書》為李世民隱諱，不言太子與齊王無罪而死，其謀並未發生，且雖載錄參與事件、擁立世民等人之名，卻未提到軍隊進入玄武門之事，故政權立即移轉的緣由則無所著落。因此，時隔僅二月，高祖即禪位於太宗，則更不可解。《新唐書》對此事載之較詳，能清楚知悉其前因後果，並以「大驚」明示高祖駭然之態，較能探知其因由。

　　《舊唐書・高祖本紀》論贊圍繞高祖其人發論。首先，作者群肯定高祖於隋末起兵逐鹿的表現，能屈能伸，決斷如雷而從屬服膺如偃草。再者，評價其治理初期，國家體制漸入佳境：

> 洎謳謠允屬，揖讓受終，刑名大劃於煩苛，爵位不踰於蒩軸。繇是攬金有恥，伏莽知非，人懷漢道之寬平，不責高皇之慢罵。（《舊唐書・高祖本紀》，頁44上右）

《舊唐書》以為高祖登基之後，刪減繁苛的律法，所封賞的爵位亦依循條理，不超封踰制，因此人民知所進退，草莽之徒醒悟其所非是。治下的百姓們心中只懷抱著感激，而不會非議上位者的行事。這些均是其治理上的政績。同時作

〔註17〕見〔後晉〕劉昫：《舊唐書・太宗本紀》，頁50下右～下左。
〔註18〕見〔宋〕宋祁、歐陽脩：《唐書・高祖本紀》，頁41上左。
〔註19〕見〔宋〕宋祁、歐陽脩：《唐書・高祖本紀》，頁44下左。

者群亦針對其缺失作總結：

> 優柔失斷，浸潤得行，誅文靜則議法不從，酬裴寂則曲恩太過。姦
> 佞由之貝錦，嬖幸得以掇蜂。獻公遂間於申生，小白寧懷於召忽。
> 一旦兵交愛子，矢集申孫。匈奴尋犯於便橋，京邑咸憂於左袵。不
> 有聖子，王業殆哉！（《舊唐書・高祖本紀》，頁44上右）

《舊唐書》認為高祖後期決斷優柔失策、賞罰失準，使得一些小缺失影響日漸
擴大，因而姦佞得以用華美文辭，離間父子兄弟，最後竟傷及子孫，且突厥時
常進犯，京師竟長期有淪陷之憂。這些都是高祖未能處理妥當、動搖國本的問
題。最後感歎若非有世民續其後，基業恐怕斷送在突厥手中，肯定李世民處理
邊患的成就。由此論贊可見高祖一生的成敗得失，可謂中的之評。

《新唐書》論贊則由夏、商、周三代切入，探尋得王天下之因，迄及後世
各朝代的興衰，得出「有德則興，無德則絕」[註20]的核心思想。論及唐代之
興時，認為高祖是因時而起，與陳勝、吳廣之輩相類，然後即轉筆言稱唐代能
有天下近三百年，是因隋亂而蒙澤，續以世民之治、制度紀綱之法，才能如此。
通篇論贊僅一言「高祖之興，亦何異因時而特起者歟」[註21]與高祖有關，而
未對其人其事有所評價，猶如議論文體一般，背離紀傳體論贊品評該傳傳主的
本意，未能見為史者對其人的看法，是其與《舊唐書》論贊最大的差異。

二、〈太宗本紀〉

唐太宗李世民，是為高祖第二子，從高祖多方征戰，因功績卓越被封為秦
王。不久後經玄武門事件而被立為太子，隨即受禪登基為帝，在位長達二十三
年（626～649）。《舊唐書》稱「迹其聽斷不惑，從善如流，千載可稱，一人而
已」[註22]，認為太宗果斷不疑、容諫善納，是千年一遇的人物。《新唐書》
則稱「其除隋之亂，比迹湯、武；致治之美，庶幾成、康。自古功德兼隆，由
漢以來，未之有也」[註23]，讚其武功堪比商湯、周武，文治則猶如周朝成康
之治，德功兼備，自漢以來，獨一人而已。二書皆對其功績高度讚揚，雖不諱
言其缺失，卻是高舉輕放，為其迴護：

> 或曰：以太宗之賢，失愛於昆弟，失教於諸子，何也？曰：然，舜

[註20] 見〔宋〕宋祁、歐陽脩：《唐書・高祖本紀》，頁41下左。
[註21] 見〔宋〕宋祁、歐陽脩：《唐書・高祖本紀》，頁41下左。
[註22] 見〔後晉〕劉昫：《舊唐書・太宗本紀》，頁66上右。
[註23] 見〔宋〕宋祁、歐陽脩：《唐書・太宗本紀》，頁52下右。

不能仁四罪，堯不能訓丹朱，斯前志也。當神堯任讒之年，建成忌功之日，苟除畏偪，孰顧分崩，變故之興，間不容髮，方懼毀巢之禍，寧虞尺布之謠？承乾之愚，聖父不能移也。若文皇自定儲於哲嗣，不騁志於高麗，用人如貞觀之初，納諫比魏徵之日。況周發、周成之世襲，我有遺妍；較漢文、漢武之恢弘，彼多慙德。迹其聽斷不惑，從善如流，千載可稱，一人而已！（《舊唐書·太宗本紀》，頁 65 下左～66 上右）

至其牽於多愛，復立浮圖，好大喜功，勤兵於遠，此中材庸主之所常為。然《春秋》之法，常責備於賢者，是以後世君子之欲成人之美者，莫不歎息於斯焉。（《唐書·太宗本紀》，頁 52 下右～下左）

《舊唐書》直指太宗人生中最讓人詬病的問題：兄弟鬩牆、諸子爭立。其自身經歷玄武門事件，死去一兄一弟，才得繼皇位，而數十年後，長子李承乾（618～645）與三子李泰（620～653）雖為同母兄弟，依然陷入爭奪皇位的歷史循環，最後登位的九子李治亦非英主，使人不禁想問：何以太宗能治國而不能齊家？然而《舊唐書》同時亦替太宗辯護，認為即使聖賢如堯、舜，亦有不能仁厚寬宥的罪人，及無法成功教導的子弟。當高祖聽信讒言、太子建成忌憚其功時，變化之際，間不容髮，玄武門事件是扭轉危機的不得不為，是為國家大局著想，至於承乾的愚昧亦非人力所能移。若太宗能立定好的繼承人、不傾兵征戰高麗，能用人如治理之初、納諫如對魏徵（580～643）之言，其功業將更勝一籌，而究其所為，亦已是千古難得的明君。

《新唐書》評點太宗的短處有二。首先是「牽於多愛，復立浮圖」，作者群以為太宗欲彌補殺孽、安撫及廣收民心，所求甚多，故而常建寺廟為陣亡將士祈福。此舉措間接使得佛教風氣盛行，非正道明智之舉。歐陽脩曾於《集古錄跋尾》中表明「牽於多愛」是譏諷之辭：

唐太宗破王世充、竇建德，乃於其戰處建寺，云為陣亡士薦福。唐初用兵破賊多處，大抵皆造寺。自古創業之君，其英雄智略有非常人可及者矣，至其卓然信道而知義，則非積學誠明之士不能到也。太宗，英雄智識，不世之主，而牽惑習俗之弊，猶崇信浮圖，豈以其言浩博無窮而好盡物理為可喜邪？蓋自古文姦言以惑聽者，雖聰明之主，或不能免也。惟其可喜，乃能惑人，故余於〈本紀〉譏其牽於多愛者，謂此也。（《集古錄跋尾·卷五·唐顏師古等慈寺碑》，

頁 17877 下右～下左）

歐陽脩認為太宗雖為難得明君，亦不免惑於流俗，被消惡祈福的動聽言辭所迷，更直指「唐之建寺，外雖託為戰亡之士，其實自贖殺人之咎爾。其撥亂開基有足壯者，及區區於此，不亦陋哉」〔註24〕！其以為太宗建寺是為了自贖以求來世，而不知來世之虛妄，以其開創唐業的果決與智識，竟沉迷於此道，是可歎之處。

再者，是「好大喜功，勤兵於遠」。觀太宗之世，其主動出兵者有九，分別為貞觀三年（629）出兵突厥、貞觀十三年（639）伐高昌、貞觀十八年（644）滅焉耆且親征高麗、貞觀二十年（646）伐薛延陀、貞觀二十一年（647）伐高麗〔註25〕及龜茲、貞觀二十二年（648）擊松外蠻〔註26〕及再伐高麗。又，同年五月王玄策借兵擊帝那伏帝國（今印度北部至中部一帶），並破之。此外，尚有太宗命江南大作舟船欲再攻高麗，因隔年其病卒而未行。由上可知，太宗主動出兵的時間多在其晚年。其早年出兵突厥，是回報其自高祖以來常襲邊界的舉動，以及突厥曾趁太宗登基、時局未穩時襲至便橋，與京城一箭之隔的仇恨。太宗派兵大破突厥後，得西北諸蕃上尊號為「天可汗」，聲威大振，伐薛延陀則「北荒悉平」〔註27〕，平龜茲則「西域震駭」〔註28〕，高昌、焉耆等諸小國則因地鄰唐朝而遭滅，惟一頻伐而功少者為高麗。高麗地處北緯高處，須由水、陸二路攻之，冬季陸路冰寒遙遠而夏季水路難走，常遇風浪，是易守難

〔註24〕 見〔宋〕歐陽脩：《集古錄跋尾・卷五・唐豳州昭仁寺碑》，頁 17877 上左。

〔註25〕 事見《唐書・太宗本紀》記貞觀二十一年三月事及〈東夷列傳〉記「三月，詔左武衛大將軍牛進達為青丘道行軍大總管，右武衛將軍李海岸副之，自萊州度海；李勣為遼東道行軍大總管，右武衛將軍孫貳朗、右屯衛大將軍鄭仁泰副之，率營州都督兵，緣新城道以進。次南蘇、木底，虜兵戰不勝，焚其邪。七月，進達等取石城，進攻積利城，斬級數千，乃皆還」，攻伐經過詳細可見，而《舊唐書》皆未載，恐是疏漏。見〔宋〕宋祁、歐陽脩：《唐書・太宗本紀》，頁 51 下右、〈東夷列傳〉，頁 2524 上右～上左。

〔註26〕 《舊唐書》記之為「右武侯將軍梁建方擊松外蠻，下其部落七十二所」，《新唐書》則記為「松州蠻叛，右武侯將軍梁建方敗之」，二者紀事相伴，前者以「擊」字表示主動出擊，且「松外蠻」所指為松州外部未歸化的部族，後者則先述其叛，再行敗之，屬被動防禦再攻擊，而「松州蠻」應為松州內部未歸化部族，且關於「松外蠻」、「松州蠻」，二書亦僅存此一條紀事，無有參照者，未知何是，存而疑之。見〔後晉〕劉昫：《舊唐書・太宗本紀》，頁 64 下左～65 上右、〔宋〕宋祁、歐陽脩：《唐書・太宗本紀》，頁 52 上右。

〔註27〕 見〔後晉〕劉昫：《舊唐書・太宗本紀》，頁 64 上左。

〔註28〕 見〔後晉〕劉昫：《舊唐書・太宗本紀》，頁 65 上左。

攻之地。此前，隋煬帝曾三征高麗而無功，百姓怨聲載道，是引發隋末民變的誘因，太宗曾親見此苦果，卻仍在短短五年間三伐高麗，並籌備第四次征伐，雖每戰皆略有斬獲，仍不與勞師於遠的成本相符，實為不智。歐陽脩「好大喜功，勤兵於遠」之謂，實應指此。

　　《新唐書》論贊雖指出此二缺點是中材庸主的常見作為，與太宗不世英主之稱不符，然亦用求全責備之說為太宗緩頰，認為後世之人是求好心切，故細究其所為。依其言，對太宗仍是正面評價。

　　因此可知，二書論贊均對太宗整體作為正反論述，而以瑕不掩瑜作核心思想，肯定其奠定唐朝根基的英主定位，然二書切入角度卻不同。《舊唐書》以太宗心性作起，讚其能不究私怨、善用人才，故當其時君臣相得，人才濟濟，接著轉言其兄弟、父子關係之惡，而以斷然應變、頑子難教為其作解，最後稱其從善如流，千載一遇。論贊的首尾皆以其性格優點切入評述所為，未提其缺點。《新唐書》則先細數夏、商、周三代的明主，再肯定唐代君主最可稱者為太宗，讚揚其功業後方究其缺失，並以後人求全責備為其迴護，是全以其功績得失出發，論其政治作為。此為二書論贊不同之處，各有特色，然《舊唐書》掩瑕較多，而《新唐書》論三代的篇幅過半，殊為可惜。

　　二書傳文記載的繁簡程度差異甚大。《舊唐書》原載詔令、災損情形、外邦朝貢往來等，《新唐書》盡刪之，只提詔令後的結果、災損的發生，而外邦往來等條文僅餘四則紀錄，難以窺見太宗對臣子的訴求、天災危害的嚴重，以及外邦漸來朝貢的盛況。此外，貞觀十四年（640）弘化公主歸吐谷渾、翌年文成公主歸吐蕃等和親事條均盡數刪去，因而無由探查太宗對外政策的變化。因此，雖《新唐書》是有意「文省於舊」，然亦太過精簡。王鳴盛曾評點此情形：

> 新唐書本紀較舊書減去十之七，可謂簡極矣，意欲仿班、陳、范也。夫文日趨繁，勢也。作者當隨時變通，不可泥古。紀唐而以班、陳、范之筆行之，於情事必有所不盡。……而其尤不滿人意者，盡削詔令不登，獨不思班紀猶多全載詔令，而唐紀反無詔令，惡乎可？且左史記言，右史記動，全削詔令是記動不記言也。……舊書所載雖少，然尚存其略。（《十七史商榷・卷七十・新紀太簡》，頁735）

其以為文章漸繁是時勢所趨，而《新唐書》意欲簡省，故本紀全不載詔令，因而無法得知事件緣由，及其中透露出的帝王心旨，未足圓滿。《舊唐書》雖因

史料散逸而載之較少，然仍能存其大概，使後人能循之了解其事始末，較為佳善。

查探《新唐書》所刪之詔，可發現其存在的確能解釋事由，且有核心意旨，如貞觀二年（628）六月流放裴虔通詔：

> 上謂侍臣曰：「君雖不君，臣不可以不臣。裴虔通，煬帝舊左右也，而親為亂首。朕方崇獎敬義，豈可猶使宰民訓俗。」詔曰……雖復時經治亂，主或昏明……剖心焚體，赴蹈如歸。夫豈不愛七尺之軀，重百年之命？諒由君臣義重，名教所先……辰州刺史、長蛇縣男裴虔通，昔在隋代，委質晉籓，煬帝以舊邸之情，特相愛幸，遂乃志蔑君親，潛圖弒逆，密伺間隙，招結群醜，長戟流矢，一朝竊發。天下之惡，孰云可忍！宜其夷宗焚首，以彰大戮。但年代異時，累逢赦令，可特免極刑，除名削爵，遷配驩州。（《舊唐書·太宗本紀》，頁53上右～上左）

《舊唐書》於詔令之前，先錄君臣對話，點明此詔用意：非為煬帝抱屈，而是因「君雖不君，臣不可以不臣」，並於詔中表明君主或有昏庸者，然臣子仍應盡其本分，勉力輔佐。因此於詔令中，可見其稱裴虔通背叛煬帝之舉是「天下之惡」，應夷滅宗族以彰其罪，即使因時移世異、屢逢大赦而免除極刑，仍須解職削爵及流放。當時方建國十年，距隋末亂世未久，道德倫理亟需重新恢復秩序，尤其是煬帝末年有太多民亂及藩臣起義，連高祖、太宗本身亦曾為隋朝將臣，故對臣叛君一事十分忌諱，惟恐再度發生，故太宗此詔富有時代特色，是為重整倫理、維護皇權而發，強調為人臣的職分及逆反的罪惡。《新唐書》於此處僅記「辰州刺史裴虔通以弒隋煬帝削爵，流驩州」[註29]，十分簡練，此一現象應是作者群企圖用《春秋》微言大義的筆法般，以單一個「弒」字表達其作為為非，然太宗表示「臣不可以不臣」的態度，及其特布詔令曉諭百姓的刻意，則隱匿不見。

《舊唐書》記錄同年七月流放牛方裕、薛世良等人，以其協助宇文化及（？～619）弒逆煬帝，例依裴虔通，除名且流放嶺表，以及貞觀七年（633）正月詔令宇文化及黨人子孫應宜禁錮，不得錄用為官，稱「雖事是前代，歲月已久，而天下之惡，古今同棄，宜置重典，以勵臣節」[註30]，可見此二詔令的主旨

[註29] 見〔宋〕宋祁、歐陽脩：《唐書·太宗本紀》，頁45下左。
[註30] 見〔後晉〕劉昫：《舊唐書·太宗本紀》，頁57下右。

同為「臣不可以不臣」，是太宗再三強調的思想核心。與之相對的是《舊唐書》錄貞觀十二年（638）事，有「以隋鷹揚郎將堯君素忠於本朝，贈蒲州刺史，仍錄其子孫」〔註31〕一則，是太宗透過褒獎堯君素（？～618）忠義之舉，再度強調「君為臣綱」的中心意旨。《新唐書》刪去詔令內容及褒堯君素事，僅存詔令結果，故未能窺見太宗亟欲布達於臣民的意旨。

又如貞觀四年（630）七月，太宗令大臣直言所布政策時曰：「詔敕不便於時，即宜執奏，不得順旨施行。〔註32〕」並錄此令緣由來自於一場君臣對話：

> 上謂房玄齡、蕭瑀曰：「隋文何等主？」對曰：「克己復禮，勤勞思政，……亦勵精之主也。」上曰：「公得其一，未知其二。此人性至察而心不明。夫心暗則照有不通，至察則多疑於物。自以欺孤寡得之，謂群下不可信任，事皆自決，雖勞神苦形，未能盡合於理。朝臣既知上意，亦復不敢直言，宰相已下，承受而已。朕意不然。以天下之廣，豈可獨斷一人之慮？朕方選天下之才，為天下之務，委任責成，各盡其用，庶幾於理也。」（《舊唐書·太宗本紀》，頁 56 上左～下右）

紀事內容顯現當時君臣閒談的情景，而太宗此言是為其雅納諫言之舉作注，因恐獨斷有失察之嫌，故鼓勵官員上奏陳言。此番表態不僅止於與心腹大臣的談話而已，更下令廣加布達，爾後的行為亦顯示太宗並非故作姿態，而是真能採納嘉言，故《舊唐書》稱其「聽斷不惑，從善如流，千載可稱，一人而已」〔註33〕，是以此做為太宗特出之處。《新唐書》則全刪此段紀事與詔令，論贊亦未提及，而將其有益於政的行為全歸結入「致治之美」一辭，是太過籠統。王鳴盛以為「太宗之美，莫大於納諫。舊紀史臣稱其從善如流，最當。新贊一字不及，非也」〔註34〕，批評《新唐書》竟忽視太宗的政治特色，使其有別於他帝之處湮沒難知，實為失誤。

由上可知，詔令與其相關紀事可為當時帝王心緒、政治環境的變化作指引，使後人可從中獲知訊息，故《新唐書》不應為求達到簡練的目的，而將《舊唐書》所錄詔令一律刪去。

〔註31〕見〔後晉〕劉昫：《舊唐書·太宗本紀》，頁 60 上右。
〔註32〕見〔後晉〕劉昫：《舊唐書·太宗本紀》，頁 56 下右。
〔註33〕見〔後晉〕劉昫：《舊唐書·太宗本紀》，頁 66 上右。
〔註34〕見〔清〕王鳴盛：《十七史商榷·卷七十·太宗從善如流》，頁 744。

　　除詔令外，太宗初年已達到外族聯袂來朝請上尊號「天可汗」的歷史成就，古往今來未有能超之者，然《新唐書》將外邦往來朝貢、外族內附等紀錄刪至賸四條〔註35〕，遂使此特點未能凸顯，甚為可惜。觀《舊唐書·太宗本紀》與外族往來等事例而《新唐書》不載者，最應錄入的是弘化公主、文成公主和親事，可與太宗時期邊疆戰事相參照。由紀事中可窺知太宗對外態度的轉變，而刪之可惜者，尚有：

> （貞觀十三年）秋八月……庚辰，立右武候大將軍、化州都督、懷化郡王李思摩為突厥可汗，率所部建牙於河北。（《舊唐書·太宗本紀》，頁60下右）

> （貞觀十四年）三月戊午，置寧朔大使，以護突厥。（《舊唐書·太宗本紀》，頁61上右）

紀事中指的突厥，為貞觀四年（630）被擊破的東突厥，以與紀中所載「西突厥」相對。由此二則條文可知，隨著時間及與周遭諸國往來漸多，太宗對突厥的態度由嚴厲以對轉變成扶持為藩輔，將歸附內屬的李思摩立為突厥可汗，劃定範圍使其建立部落，更在其附近置使，布署兵力以護其建部。於貞觀十六年（642），在其遭薛延陀攻擊時，太宗亦派遣李勣（594～669）前往馳援，與以往與突厥針鋒相對的情景迥異，故值得記錄。又如貞觀二十年（646）擊破薛延陀後，各部國爭相來朝的情景：

> 鐵勒回紇、拔野古、同羅、僕骨、多濫葛、思結、阿跌、契苾、跌結、渾、斛薛等十一姓各遣使朝貢，奏稱：「延陀可汗不事大國，部落烏散，不知所之。奴等各有分地，不能逐延陀去，歸命天子，乞置漢官。」詔遣會靈州。九月甲辰，鐵勒諸部落俟斤、頡利發等遣使相繼而至靈州者數千人，來貢方物，因請置吏，咸請至尊為可汗。於是北荒悉平，為五言詩勒石以序其事。（《舊唐書·太宗本紀》，頁64上右～上左）

太宗以武力擊破當時北方最強的盤踞勢力薛延陀，震懾各部，故小國紛紛來朝，並託言各有地域範圍，難以協助追討薛延陀，如今願附唐朝，請太宗派遣

〔註35〕即貞觀三年記「是歲，中國人歸自塞外及開四夷為州縣者百二十餘萬人」、貞觀四年記「四月戊戌，西北君長請上號為『天可汗』」、貞觀六年記「是歲，諸羌內屬者三十萬人」，及貞觀二十年記「九月……甲辰，鐵勒諸部請上號為『可汗』」。見〔宋〕宋祁、歐陽脩：《唐書·太宗本紀》，頁46上左～下右、46下右、47上左、51上左。

駐紮官員，建置官署。其驚懼之情，昭然可見，而北境之外的部族至此全面收服。隔年紀事亦補完其後續：

> 是歲，墮婆登、乙利、鼻林送、都播、羊同、石、波斯、康國、吐火羅、阿悉吉等遠夷十九國，並遣使朝貢。又於突厥之北至於回紇部落，置驛六十六所，以通北荒焉。（《舊唐書·太宗本紀》，頁64下右～下左）

由此條紀事可知，太宗威名遠播至中亞地區，且為聯通各地、便於通訊，又於突厥之北往外設置六十六所驛站，期能更快速獲得境外消息，以作為軍政參考。此舉打破了既有疆界，更有視北荒如己地的氣魄。綜觀全唐，有此魄力有此能力者，非太宗者何？而《新唐書》未錄此節，實屬可惜。

餘者如武德三年（620）敢用降將尉遲敬德（585～658）、貞觀元年（627）向諸衛騎兵、統將表達對國力強盛的期望、同年向侍臣表達不信神仙事等，皆能表現太宗其人性格。又如貞觀七年（633）頒布新定五經、貞觀十年（636）魏徵上奏五朝史書、貞觀十一年（637）頒布新律令、同年房玄齡（579～648）等上奏所修五禮等事，均為一朝的文治成績，亦應載錄，而《新唐書》或未曾見錄，或分散各處，竟未能於〈太宗本紀〉中直觀其功績。

《新唐書》亦有補《舊唐書》未錄者，如武德五年（622），高祖欲坑山東十五以上男丁、驅其小弱婦女充實關中，被太宗勸止；又如貞觀元年（627），詔令民男二十、女十五以上未成家者，州縣悉令配娶，惟鰥夫六十、寡婦五十以上與婦人有子守節者可免。此二則皆屬國家人口政策的變動，亦應附入本紀之中，《舊唐書》未載此二則，恐是編纂當時所未見。

兩《唐書》同將太宗列為單傳，且論贊均對其功業讚譽有加、為其缺失委婉迴護，然切入的角度略異，一自個人心性造成的影響切入，一則由其功過得失入手，皆有可取之處。二書載錄紀事時的取捨亦頗有區別，《新唐書》刪去過多條文，使太宗為帝的特色湮沒不見，相當令人惋惜。

三、〈高宗本紀〉

唐高宗李治，是太宗的第九子，為長孫皇后所出，是貞觀十七年（643），太子李承乾被廢、魏王李泰以罪徙居封地後，才被封為太子。其於貞觀二十三年（649）登位，至弘道元年（683）逝世，在位共三十五年。此一期間影響唐代最深遠之舉是立武氏為后，兩《唐書》論贊均與此有關，從中亦透露出二書

對高宗評價之異：

> 大帝往在藩儲，見稱長者；暨昇旒扆，頓異明哉！盧襟似納於觸鱗，
> 下詔無殊於扇暍。既蕩情於惟薄，遂忽怠於基扃。惑麥斛之佞言，
> 中宮被毒；聽趙師之誣說，元舅銜冤。忠良自是脅肩，奸佞於焉得
> 志。卒致盤維盡戮，宗社為墟。古所謂一國為一人興，前賢為後愚
> 廢，信矣哉！（《舊唐書‧高宗本紀》，頁86下左～87上右）

《舊唐書》以為高宗擔任皇太子及初登大位之時，表現良好，虛懷納諫，且政策無一不善，而自其溺愛武氏起，便失顧大局，為之聽信讒言，冤枉良善，雖元后、親舅亦不能免。因此，朝廷內忠良漸退，小人漸起，最終導致宗室幾盡的後果。為此，《舊唐書》評之為「愚」，然觀其言，仍肯定高宗前期有好的一面，以為其前期雖未能有重要大事為證，但所為仍不失為君之道，這一切轉變皆是因縱情溺愛武氏而起，開始私逞己意而不聽諫言。究其根本，是其登基後多欲自負所造成的盲聽盲從。《新唐書》則未給予高宗些許正面評價：

> 〈小雅〉曰：「赫赫宗周，褒姒滅之。」此周幽王之詩也。是時，幽
> 王雖亡，而太子宜臼立，是為平王，而詩人乃言滅之者，以為文、
> 武之業於是蕩盡，東周雖在，不能復興矣。其曰滅者，甚疾之之辭
> 也。武氏之亂，唐之宗室戕殺殆盡，其賢士大夫不免者十八九。以
> 太宗之治，其遺德餘烈在人者未遠，而幾於遂絕，其為惡豈一褒姒
> 之比邪？以太宗之明，昧於知子，廢立之際，不能自決，卒用昏童。
> 高宗溺愛衽席，不戒履霜之漸，而毒流天下，貽禍邦家。嗚呼，父
> 子夫婦之間，可謂難哉！可不慎哉？（《唐書‧高宗本紀》，頁63下
> 右～下左）

《新唐書‧高宗本紀》論贊起首引〈小雅〉詩句，提起西周因褒姒而滅的事件，認為此後周室雖仍延續，然實際上已名存實亡，西周之盛不復再現，再將之類比至高宗寵信武氏所起的人禍。當是時，宗室、賢臣幾近殆絕，爾後唐朝亦不能再現貞觀盛世，作者群因之評論武氏之惡甚於褒姒。其贊末歸結此禍源起於太宗的不知子，不了解高宗的任性不自省，是父子夫婦間不能清楚認知對方，竟交託權柄所造成的。贊中以「昏童」一辭譏刺高宗的愚昧，對其沒有任何正面評價，而全贊主旨在於強調武氏為禍之深，於高宗其人未再多加評述。

由上可知，兩《唐書》皆認為武氏為后是高宗朝最重要的事件，此後朝風丕變，開始走下坡。查看二書紀事，可發現《新唐書》因刪省緣故，將《舊唐

書·高宗本紀》所錄武后相關條文減省大半，以致不能得知高宗因愛重武后竟影響朝堂的具體事例：

> （永徽六年）九月庚午，尚書右僕射、河南郡公褚遂良以諫立武昭儀，貶授潭州都督。（《舊唐書·高宗本紀》，頁71上右）

> （顯慶二年）八月丁卯，侍中、潁川縣公韓瑗左授振州刺史，中書令兼太子詹事、南陽侯來濟左授臺州刺史，皆坐諫立武昭儀為皇后，救褚遂良之貶也。禮部尚書、高陽郡公許敬宗為侍中，以立武后之功也。（《舊唐書·高宗本紀》，頁72上右～上左）

當高宗欲立武氏為后時，褚遂良（596～658）因進諫王皇后不應無罪被廢而遭貶，韓瑗（606～659）、來濟（610～662）因聲援褚遂良而連坐，惟許敬宗（592～672）揣摩上意、進言附和而升官。貶升之際，皆因贊同武氏為后與否，其心緒的偏頗任性已深深影響朝堂運作。《新唐書》只記三人被貶及許敬宗升侍中，不見事由，僅能依賴列傳所錄，是簡略過甚。如若列傳失載，則無可尋覓，難用互見展露事件經過，將會是一大損失。

除此二則紀事，武氏為后第五年，兩《唐書》同載武后宴請親族鄰里故舊於朝堂、會命婦於內殿之事，則透露出武后取得高宗信任後，開始試探高宗與朝臣的容忍度。朝堂是皇帝與百官處理天下事務的地方，原應嚴正肅穆之處卻被用來宴客，顯示出高宗已十分縱容武后。此後，《舊唐書》有所載而《新唐書》不存的紀事亦展現武后逐步涉入朝政的情形：

> （龍朔元年）是日，皇后請禁天下婦人為俳優之戲，詔從之。（《舊唐書·高宗本紀》，頁74上右）

> （上元元年）十二月……壬寅，天后上意見十二條，請王公百僚皆習《老子》，每歲明經一準《孝經》、《論語》例試於有司。又請子父在為母服三年。（《舊唐書·高宗本紀》，頁81上左）

> （上元二年）時帝風疹不能聽朝，政事皆決於天后。自誅上官儀後，上每視朝，天后垂簾於御座後，政事大小皆預聞之，內外稱為「二聖」。帝欲下詔令天后攝國政，中書侍郎郝處俊諫止之。（《舊唐書·高宗本紀》，頁81下右）

由此三條紀事，可發現武后先以婦人事務作為試探，再慢慢探觸官員、考務等後宮后妃原不應關切之事，最終發展至幾近攝政的地步。同時，高宗對武后的縱容與信任亦是逐步地加深，由其遺詔可見其信用之深：

（永淳二年）宣遺詔：「七日而殯，皇太子即位於柩前。園陵制度，
務從節儉。軍國大事有不決者，取天后處分。」（《舊唐書·高宗本
紀》，頁 86 下左）

遺命未提輔政大臣，反委任於武后，顯示高宗深信武后，更甚於他人。《新唐
書》刪去這些紀事及遺詔，使得武后漸掌權柄的過程難以得見，亦使高宗日益
倚重武后的痕跡消失，再難尋覓。

比對二書有關武后的事條，可發現《舊唐書》或因大量援用唐代實錄，未
及修改之故，有為上位者隱的情形，如：

（上元二年）夏四月……辛巳，周王顯妃趙氏以罪幽死。己亥，皇
太子弘薨於合璧宮之綺雲殿。時帝幸合璧宮，是日還東都。五月己
亥，追諡太子弘為孝敬皇帝。（《舊唐書·高宗本紀》，頁 81 下右～
下左）

（上元二年）四月辛巳，天后殺周王顯妃趙氏。……己亥，天后殺
皇太子。五月戊申，追號皇太子為孝敬皇帝。（《唐書·高宗本紀》，
頁 61 上右）

《舊唐書》記周王妃因罪而幽禁致死，不言何罪，以及太子弘（653～675）無
故逝於合璧宮的偏殿，而當時高宗等人正在合璧宮，當日就離開前往洛陽。當
中的留白十分引人深思，然不及《新唐書》直稱二人之死是武后造成，且以
「殺」表二人無罪，而隔月追封太子之舉則更昭示了太子的無辜。《新唐書》
亦有「（永徽六年）十月……己酉，廢皇后為庶人。乙卯，立宸妃武氏為皇
后。……是冬，皇后殺王庶人」[註36]事，足見周王妃及太子弘之死，非武后
首次動手。《舊唐書》則未見此條紀錄，是已隱晦匿之。

再者，高宗喜創首例，如「太子賓客」[註37]、「平章」[註38]等官職稱，
又如：

[註36] 見〔宋〕宋祁、歐陽脩：《唐書·高宗本紀》，頁 56 上右。

[註37] 《舊唐書·高宗本紀》載「（顯慶元年）尚書左僕射兼太子少師、燕國公於志
寧兼太子太傅，侍中韓瑗、中書令來濟、禮部尚書許敬宗，並為太子賓客。始
有賓客也」，由「始有賓客」一語可知此為高宗創例。見〔後晉〕劉昫：《舊唐
書·高宗本紀》，頁 71 上左。

[註38] 《舊唐書·高宗本紀》錄「（永淳元年）黃門侍郎郭待舉……同承受進止平章
事。上謂參知政事崔知溫曰：『待舉等歷任尚淺，且令預聞政事，未可即與卿
等同名稱。』自是外司四品已下知政事者，遂以平章為名」，可見此官稱亦為
高宗始創。見〔後晉〕劉昫：《舊唐書·高宗本紀》，頁 85 下右～下左。

（永淳元年）立皇孫重照為皇太孫，欲開府置僚屬。吏部郎中王方
慶曰：「按周禮，有嫡子無嫡孫。漢、魏已來，皇太子在，不立太孫，
但封王耳。晉立愍懷太子子或為太孫，齊立文惠太子子昭業為太孫，
便居東宮；而皇太子在而立太孫，未有前例。」上曰：「自我作古，
可乎？」曰：「可。」然竟不立府僚。（《舊唐書‧高宗本紀》，頁85
上左～下右）

高宗欲立皇太孫，遭到勸諫，認為太子在而預立太孫者未有先例，更深一層來
說，此舉將造成繼承問題，然高宗卻反問：「自我作古，可乎？」表現出不滿
大臣反對的情緒與自負，側面顯示其性格上的不足。又，高宗政令時有反覆，
如：

（顯慶元年）十二月乙酉，置算學。（《舊唐書‧高宗本紀》，頁71下
左）

（顯慶三年）九月，廢書、算、律學。（《舊唐書‧高宗本紀》，頁72
下右）

（龍朔二年）五月……乙巳，復置律、書、算三學。（《舊唐書‧高
宗本紀》，頁74下左）

由此三則可知，高宗於五年之內置學、廢學又復設。這些事雖是小節，亦透露
出其思慮不周導致朝令夕改的缺點。《新唐書》本紀刪去上述紀事，故較難窺
知高宗性格特點，且多不選錄置學、曆制、幣制、經學、律法、人口遷移等相
關條文，但這些事項均為帝王方能發布的政令及政績，應置於本紀才是。

此外，高宗好改年號，而兩《唐書》於此所採的記錄方式不同。《舊唐書》
先依原年號年數載錄事件，至改元月分方書改元，說明由某改成某，且或併及
原因，次年即依新年號稱二年。《新唐書》則不然，直接以新年號起算，至改
元月分亦只書改元二字，不錄改元緣由。以二書相較，則《新唐書》記錄之法
於閱讀上較令人困擾，若再橫向對應該年改元前所頒布詔令、碑銘，將有齟齬
不合的問題，應以《舊唐書》紀年之法為佳。

高宗於二書中，皆以單傳形式立為本紀，然二者對其評價不一。《舊唐
書》論贊尚書其一二佳處，再將其朝政亂象歸咎於縱情愛信武后，且於紀中
略隱武后行事陰狠處，使人覺其信任不至太過荒唐。《新唐書》的論贊則直指
武后為禍唐代之深，歸責至太宗不知子而高宗昏昧錯信，對其未有正面評語，
而紀事中刪去多則與武后相關的條文，則使其贊「高宗溺愛衽席，不戒履霜

之漸」〔註39〕之語無所倚證，此紀亦更如流水編年，難顯高宗作風。

四、〈懿宗僖宗本紀〉

唐懿宗李漼（833～873）、僖宗李儇（862～888），在兩《唐書》中皆為合傳，然於論贊體例上卻略有出入：《舊唐書》分而論之，猶如單傳，《新唐書》則合而評之，二人共一論，是一般合傳常見形式。合傳之所以為合，是因其中主述人物關係緊密，相合成篇則可彰顯其關聯與篇傳意旨，而何人適宜相合、為何而合，以及篇末的論贊則為史家展現其史識之處。兩《唐書》均以懿宗、僖宗為合，是認為二人有相合的必要，且不適宜再插入他人，然《舊唐書》將二人分別總結，不相牽涉，是該合傳僅名目相合，實則徒具形式而已，更難以得知合傳因由，及史官欲藉此表達的意旨。

探查《舊唐書·懿宗僖宗本紀》傳文及論贊，可發現二人之間的關係除父子相承、同為宦官擁立外，其餘聯繫並不緊密。懿宗生平作為最引人注目者是太過寵幸郭淑妃，致使紊亂朝政、動用國財以供奉佛骨，政治上所遭遇的境況是南蠻寇邊、沙陀崛起、節度使各自專政情勢加劇。僖宗即位時年紀尚輕，朝政為左右把持，政治上遭遇到節度使自專、鎮軍時常嘩變，以及唐代最嚴重的民亂——黃巢之亂（875～884），常須拋下皇帝尊嚴，安撫、請求各地藩鎮協助平亂。於長安第一次被黃巢攻破，僖宗車駕出京後，就常被權宦脅持，輾轉於各地，皇威蕩然無存。皇帝權柄已失，而由朝廷至地方，整個天下徹底成為宦官與藩鎮的角力場。由《舊唐書》論贊來看，其以為懿宗是中庸之材，初期承宣宗遺治，作為尚可，然所親暱者卻是小人與僧侶，即使國家遭遇戰亂動盪，而其所發政令依然隨心所欲，不顧後患，以致耗盡國本：

> 及蒙結蠻陬，奸生戍卒，發五嶺之轉輸，寰海動搖；微二蜀之捍防，
> 蒸人蕩覆。徐寇雖殄，河南幾空，然猶削軍賦而飾伽藍，困民財而
> 修淨業。以諛佞為愛己，謂忠諫為妖言。爭趨險陂之途，罕勵貞方
> 之節。見冢負塗之愛豎，非次寵升；燋頭爛額之輔臣，無辜竄逐。
> 是以干戈布野，蟲旱彌年，佛骨才入於應門，龍輴已泣於蒼野，報
> 應無必，斯其驗歟！土德凌夷，禍階於此。（《舊唐書·懿宗僖宗本
> 紀》，頁380下右～下左）

在耗費大量遠途運輸、調動各處軍隊之後，才終於平定嶺南、安南等地的邊亂，

〔註39〕見〔宋〕宋祁、歐陽脩：《唐書·高宗本紀》，頁63下左。

以及由徐州兵亂起家的龐勛。然而此一期間，懿宗竟不思開源節流、休養生息，反大肆興建佛寺、親迎佛骨，貶斥諫臣，重用私暱，朝政愈發紊亂，加之天災不斷，唐代的衰敗積重難返，至此昭顯無疑。《舊唐書》以為此後「雖有文、景之英繼，難以興焉。自茲龜玉之不昌，固其宜矣」〔註40〕，就算有英明能主繼位，也難以挽救頹勢，而將唐朝敗亡的近因，歸咎至懿宗身上。

至於僖宗，《舊唐書》則認為國家將亡非其過失，一開始就喪失權柄，即使有心作為亦無力回天：

> 恭帝沖年纘曆，政在宦臣，惕勵虔恭，殷憂重慎。屬世道交喪，海縣橫流，赤眉搖蕩於中原，黃屋流離於避狄，黔黎塗炭，宗社丘墟。而猶藩垣多仗義之臣，心腹有盡忠之輔，驅駕豪傑，號令軍戎，終誅伏莽之徒，大雪失邦之恥。而令孜一為謬計，幾喪丕圖，雖如綫之僅存，固棼絲之莫救。茫茫禹迹，空悲文命之艱難；赫赫宗周，竟墜文王之基業。非僖皇失道之過，其土運之窮歟！悲夫！（《舊唐書·懿宗僖宗本紀》，頁402下左）

僖宗之能登大位是由宦官所拱立，當時年方十二，故政權完全被左右近臣、宦官所掌握，且初登大寶兩年，即遭遇王仙芝（？～878）及黃巢（835～884）所引發的民亂。最終，朝廷倚仗各處節度使的兵力才了結動亂，但實際上是節度使間相互傾軋，為自身利益而拚搏弭亂，並非真正聽命於朝廷。對照史實，則可知「藩垣多仗義之臣，心腹有盡忠之輔」一語明顯帶有諷刺意味。平定黃巢之亂後，權宦田令孜（？～893）即與節度使王重榮（？～887）因爭奪稅賦爆發衝突，再起兵禍，此後未能有一刻平息。僖宗一世如提線木偶，實不能有所作為，因而稱「非僖皇失道之過」〔註41〕，而將基業敗毀歸因為世運之窮。

以此觀之，可知《舊唐書》認為懿宗所為過失甚大，其在位時尚能調轉藩鎮、親下旨意，卻是用來肆意爭賦供佛、寵信妃黨，導致民生凋蔽、忠臣見逐，實不可取。至於僖宗，則不能深責，以其未能掌有實權。當時，內宦與外藩的爭鬥加劇、民亂增多且所耗時間與範圍愈加擴大、京師幾度失守，皆是唐亡的前奏，僖宗在此中未能發揮任何作用。由二人經歷來看，懿宗與僖宗間的關係並不緊密，然相較於略前的武宗、宣宗尚能稍事振作，與其後的昭宗、哀帝皆

〔註40〕見〔後晉〕劉昫：《舊唐書·懿宗僖宗本紀》，頁380下左。

〔註41〕見〔後晉〕劉昫：《舊唐書·懿宗僖宗本紀》，頁402下左。

被藩鎮所害，二人事跡亦不適宜與之相合，故《舊唐書》應是以揭開唐亡序幕為由，連結二人，將之合傳。

《新唐書》刪改《舊唐書》時，仍將懿宗、僖宗作為合傳，是同以為二人之間相較於他人來看，關係較為緊密，並於論贊中直接指出其間的聯繫：

> 唐自穆宗以來八世，而為宦官所立者七君。然則唐之衰亡，豈止方
> 鎮之患？蓋朝廷天下之本也，人君者朝廷之本也，始即位者人君之
> 本也。其本始不正，欲以正天下，其可得乎？懿、僖當唐政之始衰，
> 而以昏庸相繼；乾符之際，歲大旱蝗，民悉盜起，其亂遂不可復支，
> 蓋亦天人之會歟！（《唐書·懿宗僖宗本紀》，頁141上左～下右）

其論贊議論自宦官矯立七世繼君起始，指出唐代衰亡之因不僅止於藩鎮謀篡，亦在於君主的立身不正。這是以儒家「其身正，不令而行；其身不正，雖令不從」[註42] 的觀點出發，認為因其根本歪斜，得位不由正道，故無法使天下人信服，更不可能安定整個朝局。其論點忽略人性渴利的慾壑難填，當內宦與外藩漸得權柄之後，雖君王循正道上位，亦難以重掌權勢，此難題非力求身正即可解決。贊中指出懿宗、僖宗二人關係緊密處是「當唐政之始衰，而以昏庸相繼」。作者群以「昏庸」作為二人共同評價，認為其正處於衰敗之初，若懿宗、僖宗皆為明智英主，則尚有挽回頹勢的可能，然二人卻是庸才，不但無所建樹，反加劇衰亡速度。當是時又多發天災、民亂，《新唐書》以為此正是唐運蹇窮、天命將盡的顯象。

透過對兩《唐書·懿宗僖宗本紀》論贊的解析，可發現二書對二人的看法並不相同。《舊唐書》認為懿宗要為唐的衰亡負較大責任，以「禍階於此」一語表達對懿宗的觀感；對僖宗則因其年幼上位，徒為權宦傀儡，而稱唐衰「非僖皇失道之過」，是世運將窮之故。《新唐書》則同樣提到唐運將盡，但卻認為是因懿宗、僖宗二人皆昏庸之輩，且立身不正，導致天人相應，降下災禍，產生民亂，更加速唐亡的腳步。

兩《唐書》雖均將二人相合，然其間脈絡卻不相同。《舊唐書》將二人分開評論，難見其中聯繫，因與前後他帝貼合皆不適宜，其人其事又不足以獨立成傳，而以唐亡序幕為線索勉強相合。《新唐書》則承前書而來，將二人合論，

[註42] 見〔春秋〕孔子門生編撰，〔魏〕何晏注，〔宋〕邢昺疏，〔清〕阮元校勘：《論語注疏·子路第十三》，《十三經注疏》第八冊（全八冊）。臺北市：藝文印書館。1965 年 6 月三版。頁 116 下右。

明確指出二人的關係是「昏庸相繼」，這是因編纂者史識不同之故，因而評價
與立意相異。

　　此外，於傳文記載方面的取捨，二書亦有不同，如《新唐書》於懿宗部分，
刪去郭淑妃、其女同昌公主及駙馬等相關紀事，故難見懿宗溺愛淑妃造成的亂
象，亦難解釋其晚期的人事動盪，其根本是因駙馬韋保衡排除異己所致。又如
懿宗時期，下令以博學宏詞科拔選人才十次，其中遇兵事暫停二次等事，《新
唐書》亦未曾登錄。科舉乃國家選才的要務，開考與停辦皆為大事，理應登載，
《新唐書》一律刪之，他處亦未見，是人為造成的史料闕漏，若《舊唐書》不
傳，則將難以查考，實屬不宜。又如《新唐書》刪去延資庫使上奏戶部拖欠經
費、與藩鎮往來詔令內容等，前者表明懿宗朝國庫空虛，刪去則不能知其此時
仍耗費巨資興佛寺、迎佛骨的荒誕，後者則彰顯藩鎮的無恥要脅及皇帝的安撫
妥協，刪去則難以體會是時藩鎮的囂張與皇帝的無奈，實屬可惜。

　　於僖宗方面，《新唐書》於平黃巢之亂的部分，刪去較多詳細過程，故難
見其間諸節度使的態度反覆。及其亂後，亦刪去宦官脅持皇帝車駕出京與藩鎮
僵持的情形：

> （光啟二年）車駕在鳳翔。李克用旋師河中，與朱玫、王重榮同上
> 表，請駕駐蹕鳳翔，仍數田令孜之罪。……田令孜迫乘輿請幸興
> 元……授刑部尚書孔緯兼御史大夫，令率從官赴行在。時車駕夜出，
> 宰相蕭遘、裴徹、鄭昌圖及文武百僚不之知，扈從不及，故令孔緯
> 促之。蕭遘惡令孜弄權，再亂京國，因邠州奏事判官李松年至鳳翔，
> 乃令亟召朱玫迎奉。癸巳，朱玫引步騎五千至鳳翔。令孜聞邠州軍
> 至，奉帝入散關，令禁軍守靈壁。玫至，禁軍潰散，遂長驅追駕至
> 尊塗驛。嗣襄王熅疾，為玫所得。時興元節度使石君涉聞車駕入關，
> 乃毀徹棧道，柵絕險要，車駕由他道僅達，為邠州軍蹣後，崎嶇危
> 殆者數四。（《舊唐書‧懿宗僖宗本紀》，頁 399 上右～下右）

李克用（856～908）、朱玫（？～886）、王重榮皆為手握重兵的節度使，三人
所針對的田令孜是僖宗身邊的大宦官，然田令孜竟偷偷脅迫僖宗出京，連宰相
蕭遘（？～887）及百官都不知此事。蕭遘亦厭惡宦官弄權，立即請朱玫前往
迎回，逼迫田令孜交出僖宗，而朱玫竟以此為藉口，與石君涉追趕、合圍皇帝
車駕，車駕陷入危境至少四次，可見其情景之凶險。由此亦可知僖宗身家性命
全賴他人，若責其敗毀唐運則實為非戰之罪。

《新唐書》僅將此事記為「戊子，如興元。癸巳，朱玫叛，寇鳳翔」〔註43〕，文字雖十分簡潔，細節卻省略太多，難以解釋後文「朱玫以嗣襄王熅入於京師」〔註44〕一語中，朱玫於何時何地擄獲嗣襄王李熅（？～887）。如此因精簡舊文而導致後文難解者，於《新唐書》中並非孤例。另，《舊唐書·懿宗僖宗本紀》雖紀事較多，然不載諸王薨逝之事，如懿宗及僖宗朝共薨逝十三王，皆未見錄於本紀，《新唐書》則遇必書之，而查《舊唐書》其他本紀，諸王及重要大臣的薨逝時有登載，自武宗以後則未見紀錄，因而〈懿宗僖宗本紀〉未見相關紀事，應是史料闕漏之故，《新唐書》則是見到後出史料，方能補之。

五、〈昭宗哀帝本紀〉

唐昭宗李曄（867～904）在位十七年（888～904），哀帝李柷（892～908）在位四年（904～907），是唐代最後兩任君王。兩《唐書》本紀均以二人相合為一紀，而《舊唐書》更有別於其他本紀，合論二人為贊，而非各有評述，此為其體例自相矛盾處。雖二書紀文繁簡差異甚大，然查其論贊，可知二書是以同樣的原因將二人合傳，《舊唐書》以為：

> 悲哉！土運之將亡也，五常殆盡，百怪斯呈，宇縣瓜分，皇圖瓦解。昭宗皇帝英猷奮發，志憤陵夷，旁求奇傑之才，欲拯淪胥之運，而世途多僻，忠義俱亡，極爵位以待賢豪，罄珍奇而托心腹，殷勤國士之遇，罕有托孤之賢，粢豐而犬豕轉獰，肉飽而虎狼逾暴。五侯九伯，無非問鼎之徒；四岳十連，皆畜無君之迹。……哀帝之時，政由凶族。雖揖讓之令，有類於山陽，而凌逼之權，過逾於侯景。人道寖薄，陰騭難徵，然以此受終，如何延永！（《舊唐書·昭宗哀帝本紀》，頁447上右～下右）

其以為昭宗有意奮起，然而世道陵夷，竟找不到相扶之人。且不提藩鎮與內宦，朝堂內即使是左右重臣，如宰相蕭頊、吏部尚書裴樞（841～905）等，亦均與外藩勾結，昭宗實難覓可信用之臣，而同一時期有心逐鹿、坐擁重兵的藩鎮亦不在少數，故昭宗是有心而無力，欲振國勢卻難以回天，無可怪焉。至於哀帝時，皇帝之稱已名存實亡，更何談延續唐朝命脈。二人最終皆因朱溫（852～912）脅持、謀篡而死，於此同時唐代亦不復存。因而可知，《舊唐書》正是以

〔註43〕見〔宋〕宋祁、歐陽脩：《唐書·懿宗僖宗本紀》，頁140上右。
〔註44〕見〔宋〕宋祁、歐陽脩：《唐書·懿宗僖宗本紀》，頁140上左。

二人相合見唐之被篡，且為二人所面對的局勢歎息，並給予昭宗其人正面的評價。《新唐書》則以為：

> 自古亡國，未必皆愚庸暴虐之君也。其禍亂之來有漸積，及其大勢已去，適丁斯時，故雖有智勇，有不能為者矣，可謂真不幸也，昭宗是已。昭宗為人明儁，初亦有志於興復，而外患已成，內無賢佐，頗亦慨然。思得非常之材，而用匪其人，徒以益亂。自唐之亡也，其遺毒餘酷，更五代五十餘年，至於天下分裂，大壞極亂而後止。跡其禍亂，其漸積豈一朝一夕哉！（《唐書‧昭宗哀帝本紀》，頁151下左～152上右）

其同意《舊唐書》的觀點，同樣給予昭宗正面評價，並認為此時禍患已成，至昭宗之世已難扭轉乾坤，其雖有心復興唐室，卻無人可用，其時命是真不幸。《新唐書》更延伸評論唐因藩鎮而亡後，諸藩鎮割據傾軋的局勢依舊，影響其後五代五十餘年，直至極其壞亂後，遇宋朝一統天下方止。對於哀帝則無一字點評，以其對亂象無力施為，然究其紀文，可知昭宗與哀帝實以唐亡而合。由上可知，兩《唐書》二者對昭宗、哀帝的評價相同，合傳原因亦同。

又，探查二紀內文，繁簡有別，篇幅相差甚大。《舊唐書》將藩鎮間的交往、結盟反覆等情態，及其影響皇帝出幸、任命的情形記錄下來，雖文字繁瑣，卻如在眼前，使人遙想可知當時相互傾軋的混亂局勢。《新唐書》則將藩鎮事跡另列列傳，以精簡本紀內文，如乾寧二年（895）七月，李克用以討伐王行瑜（？～895）、李茂貞（856～924）等人以兵詣闕之罪為由，率十萬大軍渡河，李茂貞黨羽欲挾持昭宗，昭宗因而出逃至南山，追從士庶數十萬死傷近半，而後昭宗心急其軍之緩，令延王宣諭等過程，《新唐書》僅記為「七月丙辰，李克用以兵屯於河中。……李克用為邠寧四面行營招討使」[註45]，而另於〈沙陀列傳〉記此事：

> 王行瑜、韓建、李茂貞連兵南闕下，殺李谿。克用盡調北部兵度河，拔絳州，斬刺史王瑤。次河中，……帝以嗣延王戒丕、嗣丹王允詔克用擊邠、鳳。克用奉詔，屯渭北，……克用請帝還京師，以二千騎衛乘輿。時宮室燼殘，駐尚書省，百官喪馬，克用進乘輿金具裝二駟，又上百乘給從官。進太師、兼中書令、邠寧四面行營都統。……帝悉論幕府官屬及諸子功，封爵之，克用賜號「忠貞平難功臣」，進

─────────────────

[註45] 見〔宋〕宋祁、歐陽脩：《唐書‧昭宗哀帝本紀》，頁146上左～下右。

封晉王。(《唐書·沙陀列傳》，頁 2505 下左～2506 上左)

李克用出身沙陀部族，為唐代末年驍勇善戰的藩鎮之一，幾可與朱溫爭王天下，所涉事件繁多，適宜自立一傳。《新唐書》增設〈沙陀列傳〉，將李克用調兵渡河之因、護衛昭宗的舉動及後續記在此處，十分恰當，然以〈昭宗哀帝本紀〉而言，卻又太過簡略，難顯昭宗王駕之危。昭宗嘗數次因大軍入犯京師而登臨樓坊、城門，親觀敵情以判斷是否立即出逃，《新唐書》皆刪其事，則昭宗惶惶之態消失，而其與他帝有別的情狀亦同樣湮沒。其他如昭宗後期晉封官員時，常有「從克用奏請也」、「從全忠奏也」等語句，顯示其任命的政非己出，《新唐書》則刪去此類語句，使昭宗之舉或出於無奈，或迫於威脅，時有性命之憂的境況隱然不見，脫離當時實境，實屬可惜。

六、小結

經由對兩《唐書》〈高祖本紀〉、〈太宗本紀〉、〈高宗本紀〉、〈懿宗僖宗本紀〉、〈昭宗哀帝本紀〉等五篇本紀的分析，可發現這些本紀雖篇目重合、傳主相同，然二書對立傳的因由、傳主評價、傳主歷史定位等看法卻不盡然一致，而論贊發論的角度亦有差異。高祖開國、太宗奠基、高宗傳續，因其事跡繁多可錄，不宜與他人相合，而立為獨立本紀。《舊唐書》給予高祖前期治道寬平、後期決斷有缺憾的評價，又以為太宗功業偉基，雖有小瑕，尚不掩瑜，而高宗前期表現尚可，後因信用武后而愚聽愚信。《新唐書》則同樣肯定高祖開國之功，但對其人其事未多做評點，亦認同《舊唐書》對太宗的肯定，又同時指出其牽於多愛、好大喜功的缺點並為其迴護。至於高宗，《新唐書》則是直接以「昏童」為評，未有正面評價。

至於〈懿宗僖宗本紀〉，於《舊唐書》中是以唐末序幕為由，將懿宗、僖宗相合，並認為唐的衰亡是自懿宗朝始，而僖宗責任較輕，《新唐書》則以立身不正、昏庸相繼為關鍵，繫合二人，並均予以負面評價。〈昭宗哀帝本紀〉則在兩《唐書》中，皆以唐的篡亡為昭宗、哀帝的相合線索，且對二人評價相同：歎惜昭宗的無力回天及哀帝的名存實亡。

以發論角度而言，《舊唐書》主要是以人為核心，論其性格及作為所造成的影響，《新唐書》則多以俯觀全局、綜連古今的全知視角下筆，且喜自三代發起，再牽連至唐代，使得論贊之中，傳主的存在感反被弱化，成為《新唐書》本紀論贊的常見現象。

第二節　《新唐書》本紀改《舊唐書》單傳為合傳

　　《舊唐書》本紀中，單傳比例偏高，計有九篇。除篇目與《新唐書》重合的〈高祖本紀〉、〈太宗本紀〉、〈高宗本紀〉外，其餘六篇於《新唐書》中，皆更動為合傳。其中，有拆解合傳人物而與單傳傳主合為新篇者，如單傳〈則天皇后本紀〉、〈玄宗本紀〉與合傳〈中宗睿宗本紀〉，於《新唐書》中重新組合為〈則天皇后中宗本紀〉、〈睿宗玄宗本紀〉；有合二單傳為一傳者，如〈肅宗本紀〉、〈代宗本紀〉，合為〈肅宗代宗本紀〉；又有直接將單傳併入合傳者，如〈德宗本紀〉併入〈順宗憲宗本紀〉，成為三人合傳，而〈穆宗本紀〉合入〈敬宗文宗本紀〉、〈武宗宣宗本紀〉，變成五人合傳。

　　此種變動自然是因為編輯者的史識不同所造成的，而欲深入了解其中差異，則須先探究《舊唐書》本紀單傳、合傳的原本立意，以便了解其與新改篇章的立意異同，旁及傳主的評價變化。由此亦可得知其變動是否適宜，以及二書編輯者的觀點異同處。

　　以下則將《新唐書》本紀改《舊唐書》單傳為合傳者，再細分為拆解《舊唐書》本紀合傳人物與單傳相合、合《舊唐書》本紀二單傳為一傳、直接將《舊唐書》本紀單傳併入合傳等三小類，依序探討之：

一、《新唐書》拆解《舊唐書》本紀合傳人物與單傳相合

　　此類共有〈則天皇后中宗本紀〉、〈睿宗玄宗本紀〉二篇，分別是由《舊唐書》〈則天皇后本紀〉與〈中宗睿宗本紀〉的中宗部分相合、〈玄宗本紀〉與〈中宗睿宗本紀〉的睿宗部分相合而成。此類單傳與合傳拆出的傳主貼合的情形，分析時首先要思考的是其新舊立意為何、單傳傳主與合傳拆出的傳主之間關係是否緊密等兩個問題，再者是其人物配置是否恰當、單傳傳主直接併入合傳是否更佳等考量。這些思索方向可使人釐清兩《唐書》本紀傳主在分合之間，何者配置較為適宜、傳旨更寓深意。

（一）〈則天皇后中宗本紀〉

　　則天皇后武曌（624～705），是高宗李治之后，中宗李顯（656～710）、睿宗李旦（662～716）之母，亦是中國歷史上唯一一位自立為帝的女子。於高宗朝晚期，政務已多聽斷於天后，而自中宗即位起開始臨朝稱制，至其以皇帝身分退位時，已實質統治帝國長達二十二年（684～705），是一段不短的時間，其野心與能力同時也彰顯無遺。

　　《舊唐書》稱其「初雖牝雞司晨，終能復子明闢，飛語辯元忠之罪，善言慰仁傑之心，尊時憲而抑幸臣，聽忠言而誅酷吏。有旨哉，有旨哉」〔註46〕，是認為武后雖得位不正，治事卻仍有可稱道之處。其中所舉事例散落於各傳中，非由本紀即可知之。同時，亦於論贊中指出其狠毒之態，恣其情而忠臣被誣、宗室幾盡，此情形直至晚年方有改善。由上述可知，《舊唐書》對武后其人評價是正反相持，且以其雖為女子，竟能乘時得勢，坐制天下，與高宗「一國為一人興，前賢為後愚廢」〔註47〕，以及中宗、睿宗「率情背禮，取樂於身。夷途不履，覆轍攸遵」〔註48〕等有別，事例特出，故將之立為本紀單傳，而因其諡號命其篇為〈則天皇后本紀〉。

　　《新唐書》將之與中宗相貼合，是因中宗「親遭母后之難，而躬自蹈之」〔註49〕，武后奪權致使中宗見逐、宗室蒙難，其得位後然竟不省思警戒，兀自愛重韋后（？～710）與安樂公主（685～710），終使自身被毒而亡。以武后由後宮走入朝政，導致唐室幾絕，中宗為其子，竟使朝堂再遭後宮亂政，因此二人關係密切而合為一紀。中宗其人於《舊唐書》中原本與睿宗相合，是以二人皆耽於逸樂，放任朝堂上納賄獻奇之風，亦均發生近親引發政變之事，經歷作為相似，故合為一處。《舊唐書》曾針對中宗評論道：

> 廉士可以律貪夫，賢臣不能輔孱主。誠以志昏近習，心無遠圖，不知創業之難，唯取當年之樂。孝和皇帝越自負扆，遷於房陵，崎嶇瘴癘之鄉，契闊幽囚之地。所以張漢陽徘徊於克復，狄梁公哽咽以奏論，遂得生還，庸非己力。洎滌除金虎，再握璇衡，不能罪己以謝萬方，而更漫游以隳八政。縱艷妻之煽黨，則聚、橋爭衡；信妖女以撓權，則彝倫失序。桓、敬由之覆族，節愍所以興戈，竟以元首之尊，不免齊眉之禍。比漢、晉之惠、盈輩為優，苟非繼以命世之才，則土德去也。（《舊唐書‧中宗睿宗本紀》，頁105下左～106上右）

其以為中宗遭遇磨難，是依靠忠臣在武后前力保，方得生還繼位，並非以自身才幹上位，卻不知反省蒙難因由、不思進取，而習於享樂，放縱妻女擾亂朝綱，最終以元首之尊再度遭遇近親背叛，可比之如漢惠帝、晉惠帝。若非後繼者如

〔註46〕見〔後晉〕劉昫：《舊唐書‧則天皇后本紀》，頁96下右。
〔註47〕見〔後晉〕劉昫：《舊唐書‧高宗本紀》，頁86下左。
〔註48〕見〔後晉〕劉昫：《舊唐書‧中宗睿宗本紀》，頁111下左。
〔註49〕見〔宋〕宋祁、歐陽修：《唐書‧則天皇后中宗本紀》，頁77下左。

玄宗能坐穩皇位，那唐朝氣運亦將至此終結。由此觀之，《舊唐書》給予中宗負面評價，且認為其處事、經歷與武后相去甚遠，聯繫不深，反與睿宗較為緊密，因而安排與睿宗同紀。

兩《唐書》對武后、中宗本紀的安排不同，透露出作者群對這段歷史的看法相異，而紀中所側重的意旨不同，其所欲傳予後人的警示訓誡亦不同。《舊唐書》將武后立為單傳，是因其事例特出之故，除了慨歎宗室難救是時勢所致與女子妒婦之毒外，亦點評其人正反面的作為。作者群對武后所為於政治上帶來的警示，則可由其贊語見之：

> 龍漦易貌，丙殿昌儲。胡為穹昊，生此變魖？奪攘神器，穢褻皇居。
> 窮妖白首，降鑒何如？（《舊唐書・則天皇后本紀》，頁 96 下右）

《舊唐書》認為其作為是女子禍國，禍害儲君，更稱其為「**變魖**」，比之如神話裡的山中精怪，竟能白日現世，奪取君權，在皇宮中肆虐，眾人更是對其莫可奈何。由此觀之，《舊唐書》作者群感慨後宮干政所致的可怖後果，並希望後世記取此教訓，然比對兩《唐書》紀事，可發現《舊唐書》仍保留為上位者諱的筆法，如文明元年（684）《新唐書》記「殺庶人賢于巴州」〔註50〕，而《舊唐書》記為「庶人賢死于巴州」〔註51〕，一字之差，意義則天壤之別。

又如《新唐書》載武后事跡的文字精省，卻出現「殺」字共六十四次，其中武后授命者為五十九次，名列在冊者有一百三十二人，半數以上為李氏宗室，是以此顯示其殘害宗室之甚。《舊唐書》則僅載錄武后授命之「殺」八次，而以「自是宗室諸王相繼誅死者，殆將盡矣。其子孫年幼者咸配流嶺外，誅其親黨數百餘家」〔註52〕，作為此段歷史的闡述，較不能直觀其行事，感受其間撲面而來的肅殺之氣，進而領受此中訓誡。

《舊唐書》將中宗與睿宗貼合安排，則是以其兄弟二人接連繼位，雖均經歷武后執政時期的磨難，卻未能於得位後力圖振興，反耽於逸樂，使姦偽、朋黨橫行朝堂，造成皇太子李重俊（？～707）帶兵入京剷除朋黨、太平公主（？～713）先天之變等事件。京師震動，國家難安，皆是未盡其職的表現。其篇末論贊稱：

> 夫君人孝愛，錫之以典刑，納之於軌物，俾無僭偪，下絕覬覦，自

〔註50〕見〔宋〕宋祁、歐陽脩：《唐書・則天皇后中宗本紀》，頁 65 下右。
〔註51〕見〔後晉〕劉昫：《舊唐書・則天皇后本紀》，頁 89 下右。
〔註52〕見〔後晉〕劉昫：《舊唐書・則天皇后本紀》，頁 90 下左。

然治道惟新，亂階不作。孝和既已失之，玄真亦未為得。(《舊唐書‧中宗睿宗本紀》，頁111下左)

作者群認為身為君主應順天愛民，用法規紀律來表現，並在日常規範事物上做到，使得上下諧和，無僭越覬覦之事，自然政治風氣日新，不會發生亂象，而由中宗、睿宗的作為來看，卻是皆未能做到。「孝和既已失之，玄真亦未為得」一語所流露出的是一股惋惜之意，冀望後人從中記取教訓，不要重蹈覆轍。

《新唐書》拆散中宗、睿宗的組合，另將武后與中宗、睿宗與玄宗分別貼合，顯示其以為如此安排，所獲立意較佳，而由上述可知，《新唐書‧則天皇后中宗本紀》是以武后、中宗母子合傳，以二人事例警惕後人後宮干政之害，與《舊唐書‧則天皇后本紀》揭示的警訊重合。至於中宗、睿宗分別與他人合傳，及玄宗由單傳變為合傳，這些重組是否適宜，則須再進一步分析《舊唐書‧玄宗本紀》與《新唐書‧睿宗玄宗本紀》。

（二）〈睿宗玄宗本紀〉

睿宗李旦，為高宗與武后之子，中宗之弟，玄宗李隆基（685～762）之父。睿宗與同胞的中宗遭遇相似，曾被武后扶作政治傀儡，後又廢除，亦同樣二度登上皇位，且在位期間朋黨攀附結盟之風盛行，政治並不清明，因而《舊唐書》將其與中宗相合成〈中宗睿宗本紀〉。其贊語稱「孝和、玄真，皆肖先人。率情背禮，取樂於身。夷塗不履，覆轍攸遵。扶持聖嗣，賴有賢臣」〔註53〕，是作者群認為中宗、睿宗皆肖似高宗，率情肆性、下放權力，明明能夠平穩執掌朝政，卻偏偏要重蹈覆轍，走上歷史重演般的毀滅道路，故而毫不留情地予以兩人相同的負面評價。

《新唐書》將二人拆分，於〈則天皇后中宗本紀〉中，評論中宗為「親遭母后之難，而躬自蹈之，所謂下愚之不移者歟」〔註54〕，認為中宗親遭磨難而毫無記取教訓，是最駑鈍、最頑愚之人，評價十分之低。作者群拆出睿宗後，將其改與玄宗相合，評之為「因其子之功，而在位不久，固無可稱者」〔註55〕，是認為其所以能登帝位者，完全憑藉玄宗之力扶持上而成，且時間僅短短三年，並沒有值得稱許的事跡。其表現可謂不功不過、乏善可陳，若於列傳，如此事跡表現僅能作為附傳而已。睿宗之所以能側身於本紀傳主之中，而非為附

〔註53〕見〔後晉〕劉昫：《舊唐書‧中宗睿宗本紀》，頁111下左。
〔註54〕見〔宋〕宋祁、歐陽脩：《唐書‧則天皇后中宗本紀》，頁77下左。
〔註55〕見〔宋〕宋祁、歐陽脩：《唐書‧睿宗玄宗本紀》，頁93上右。

傳者，是因其在帝位傳承中具承上啟下之實，《新唐書》為求齊整而一一列之，且因其能上位的背後支持與玄宗關聯密不可分，故與玄宗合為一紀。更進一步探究《新唐書‧睿宗玄宗本紀》論贊，則可知此本紀主旨盡在玄宗故事，雖名為合傳，其實猶如單傳：

> 睿宗因其子之功，而在位不久，固無可稱者。嗚呼，女子之禍於人者甚矣！自高祖至於中宗，數十年間，再罹女禍，唐祚既絕而復續，中宗不免其身，韋氏遂以滅族。玄宗親平其亂，可以鑒矣，而又敗以女子。方其勵精政事，開元之際，幾致太平，何其盛也！及侈心一動，窮天下之欲不足為其樂，而溺其所甚愛，忘其所可戒，至於竄身失國而不悔。考其始終之異，其性習之相遠也至於如此。可不慎哉！可不慎哉！（《唐書‧睿宗玄宗本紀》，頁93上右～上左）

論贊中先以寥寥數言帶過睿宗事跡，接著慨歎女禍之害甚，自高祖起至中宗，已接連遭逢武后奪權及韋后之亂，隨後的玄宗應誠之以殷鑑，然竟是善始不能善終，晚年又再蹈舊轍，驕寵楊貴妃，不再盡心治理國家，終引發安史之亂（755～763）。京師淪陷，玄宗出奔，整個北方陷入戰亂，人口銳減，使唐代國勢由盛轉衰，埋下藩鎮割據的種子。考察高宗、中宗、玄宗等人的習性與作為皆不相同，竟均因女禍害國，豈可不慎！論贊通篇著重於女禍之甚及侈心縱情之害，而綜觀玄宗一生作為，則可以「靡不有初，鮮克有終」作結，可惜可歎。由上述可知〈睿宗玄宗本紀〉的篇旨所在，以及睿宗、玄宗之間的關係並不緊密且與主旨無關。

　　《舊唐書》以玄宗為單傳，用二卷的篇幅記成〈玄宗本紀〉，顯然是以為其事跡繁多有可錄之處，並具獨特意義，足以作為單傳傳主之故。作者群於紀末論贊中，以極大篇幅評論其作為，讚美其治之盛，可謂太平之世，而對其晚年竟出現安史之亂的原因，亦有所解釋：

> 於戲！國無賢臣，聖亦難理；山有猛虎，獸不敢窺。得人者昌，信不虛語。……開元之初，賢臣當國，四門俱穆，百度唯貞，而釋、老之流，頗以無為請見。上乃務清淨，事薰修，留連軒后之文，舞詠伯陽之說，雖稍移於勤倦，亦未至於怠荒。俄而朝野怨咨，政刑紕繆，何哉？用人之失也。自天寶已還，小人道長。……以百口百心之讒諂，蔽兩目兩耳之聰明，苟非鐵腸石心，安得不惑！而獻可替否，靡聞姚、宋之言；妒賢害功，但有甫、忠之奏。豪猾因茲而

睥睨，明哲於是乎卷懷，故祿山之徒，得行其偽。屬陛之作，匪降
自天，謀之不臧，前功並棄。惜哉！（《舊唐書・玄宗本紀》，頁 145
上右～上左）

其認為開元以來有賢臣相輔，諸事順暢，故玄宗開始接觸佛、道學說，不過是
稍稍放鬆而已，尚不算怠惰政務。至於最後造成席捲泰半國土的安史之亂，其
起因應在於用人的失誤。《舊唐書》以為玄宗誤用小人，導致朝堂上姦佞漸多，
耳目日漸堵塞，不能得明真相，讒毀日進，忠賢日退，故安祿山（703～757）
之輩才能行姦偽竊國之事。因此，作者群歎息此禍端的由來並非上天降罪，而
是人謀的不完善，任用非人，導致前功盡棄，開元盛景至此中絕，令人惋惜。
通篇論贊未提女禍、貴妃等關鍵詞語，顯示《舊唐書》並未將玄宗晚年的亂象
歸咎於縱情聲色、後宮亂政等因素，而是由朝堂百官忠佞與否等方向去思考，
與《新唐書》所總結得出的結論截然不同。此外，文字中隱隱透出對玄宗的迴
護，如「國無賢臣，聖亦難理」〔註 56〕、「雖稍移於勤倦，亦未至於怠荒」〔註
57〕、「以百口百心之讒諂，蔽兩目兩耳之聰明，苟非鐵腸石心，安得不惑」〔註
58〕等句，將玄宗擺在賢君的位置，大肆讚美開元盛世，《舊唐書》認為玄宗晚
年只是稍稍倦勤，略微鬆懈罷了，又以非鐵石心腸、草木之人來為其聽信讒言、
判斷失準開脫，而不提若身為賢君，應明察秋毫，原不該出現大加任用小人之
事。論贊中，同時亦出現「我開元之有天下也」〔註 59〕語句，是唐代時人的語
勢，故這些論點應是《舊唐書》作者群在修書時保留唐代史官看法所致，而直
接襲用的態度亦表明後晉作者群的觀點與之一致。

由上可知，兩《唐書》對睿宗、玄宗的評價有相當大的差異，對玄宗晚年
的亂象起因亦有不同的結論。《新唐書》取睿宗與玄宗相合成〈睿宗玄宗本紀〉，
主旨在於強調女禍之害，與其取中宗與武后相合成〈則天皇后中宗本紀〉的意
圖相類，有篇意重出之感。雖歷史上不乏重蹈覆轍之人，然修史作書時卻不須
於不同篇章再三強調相同的意涵，而《新唐書》作者亟欲凸顯女子禍國的主題
思想，透過連結武后與中宗間的關係及評述玄宗的作為，於前後二篇本紀中表
達出來，所欲傳達的教訓卻不若《舊唐書》於各本紀裡論武后女子干政之害、
中宗與睿宗肆性不作為、玄宗用人失誤以致前功盡棄等評述來得豐富。若以

〔註 56〕見〔後晉〕劉昫：《舊唐書・玄宗本紀》，頁 145 上右。
〔註 57〕見〔後晉〕劉昫：《舊唐書・玄宗本紀》，頁 145 上左。
〔註 58〕見〔後晉〕劉昫：《舊唐書・玄宗本紀》，頁 145 上左。
〔註 59〕見〔後晉〕劉昫：《舊唐書・玄宗本紀》，頁 144 下左。

《春秋》是「上明三王之道，下辨人事之紀，別嫌疑，明是非，定猶豫，善善惡惡，賢賢賤不肖，存亡國，繼絕世，補敝起廢，王道之大者也」〔註60〕的標準觀之，《舊唐書》之論較能由帝王個人作為去找尋因果關係，以資後人施政治下參考之用，然其為上位者委婉曲隱之處亦多，須詳加思辨，方能得其真實。

至於《新唐書》析分《舊唐書‧中宗睿宗本紀》，另與他人相合之舉是否分配適宜，則可由合傳傳主間的關係緊密與否，及相合後所寓含的意旨來覺察：武后與中宗以中宗親遭母難竟又躬自蹈之為繫聯而貼合，言後宮干政之禍，圍繞此篇旨則二人間關係緊密，能良好表達其中意涵，是不錯的組合；反觀睿宗與玄宗的相合，睿宗的加入並未能使合傳產生組合後的加乘效果，又與《新唐書》欲強調女子禍國之旨無甚關聯，除了因玄宗之力而能登位外，其作為及影響與玄宗間的聯繫並不深刻。睿宗雖名為傳主，實是附傳，兩人的相合並不完美，其事跡與玄宗間的關係不若原〈中宗睿宗本紀〉裡與中宗間的緊密。若以此數篇本紀的人物配置而言，應屬《舊唐書》為佳。

二、《新唐書》合《舊唐書》本紀二單傳為一傳

此類別中僅有一篇〈肅宗代宗本紀〉，是合《舊唐書》〈肅宗本紀〉、〈代宗本紀〉而成。肅宗李亨（711～762）、代宗李豫（727～779）原為單傳傳主，各有其可著錄之處，《新唐書》一改而為合傳，其篇旨是承襲原有，抑或另發新意，以及對二帝的評價相較於《舊唐書》是否有出入之別等，均為可探究的方向。此外，二帝本紀的獨立或組合以何者較為適宜、二帝貼合成傳時其間聯繫緊密與否，亦為本段討論的重點。

肅宗李亨，是玄宗的第三子，因太子李瑛（？～737）陷罪廢死而得立為儲，於天寶十五年（756）七月，因安史之亂奔走出京而於靈武郡即位。當時玄宗出走成都，留其斷後與軍民抗敵，故登基後便立即任命房琯（696～763）、郭子儀（697～781）、李光弼（708～764）等人討伐叛軍，又與回紇、安西、南蠻、大食等外援聯軍，完成收復兩京、迎回玄宗的任務。《舊唐書》於紀末發論肯定肅宗的功績，認為其能在時局遭逢大變時，率領臣民收復兩都、迎回上皇，是對家國盡忠盡孝的表現，同時亦勤政敬神、獎耕勵蠶，不失皇帝本分。然而時不予人，安慶緒（？～759）、史思明（？～761）等殘部仍四處作亂，

〔註60〕見〔漢〕司馬遷著，（日）瀧川龜太郎注：《史記會注考證‧太史公自序》。高雄市：麗文文化事業股份有限公司。2000 年 9 月二印。頁 1337 上左。

國家不得安穩，肅宗賴有眾將臣的輔佐效力，方能坐穩朝堂，而以其力挽狂瀾、延續國脈的功業，則可與周平王、晉元帝作比：

> 比平王之遷洛，我則英雄；論元帝之渡江，彼誠么麼。寧親復國，
> 肅迺休哉！（《舊唐書‧肅宗本紀》，頁 160 上左）

作者群認為肅宗與周平王、晉元帝等皆是驟然面對家國劇變、京城被陷的境況，後二者倉皇奔逃離去，另起爐灶，而與之相比的是肅宗整頓軍民、立即反撲，快速收回兩京的作為。雖時代不同、局勢有異，然周亦有諸侯相護，晉則有氏族隨同，平王與元帝卻只有避讓，不如肅宗的力圖克復。以此觀之，則三人間的高下立判，故以「英雄」、「么麼」分別評論之。由此顯示《舊唐書》對肅宗的觀感極佳，論贊中無一言批評，大加讚賞其存亡之功，並以之立為單傳。

代宗李豫為肅宗長子，安史之亂時一直跟隨於肅宗身邊，並於其登基後，立即擔任天下兵馬元帥，深受信任，且每戰皆捷，有實質功勳，於乾元元年（758）立為太子，而於寶應元年（762）即位，在位共十八年（762～779）。執政期間收拾了安史之亂的餘緒，然亦有僕固懷恩（？～765）、魚朝恩（722～770）等重臣與吐蕃同流、周邊部族的時常侵擾，又有接連不斷的天災，國情實在稱不上平穩昌盛。《舊唐書》於紀末論贊中一一點評其作為，認為代宗已賢能至極，而國家猶有亂象的原因，是因為上天降下的厄運還未過去，並非其治理有失：

> 代宗皇帝少屬亂離，老於軍旅，識人間之情偽，知稼穡之艱難，內有李、郭之效忠，外有昆戎之幸利，遂得兇渠傳首，叛黨革心，關輔載寧，獯戎漸弭。至如稔輔國之惡，議元振之罪，去朝恩之權，不以酷刑，俾之自咎，亦立法念功之旨也。罪己以傷僕固，徹樂而悼神功，懲縉、載之姦回，重袞、綰之儒雅，脩己以禳星變，側身以謝咎徵，古之賢君，未能及此。而猶有李靈耀作梗，田承嗣負恩，命將出軍，勞師弊賦者，蓋陽九之未泰，豈君道之過歟！（《舊唐書‧代宗本紀》，頁 186 上右～上左）

《舊唐書》以為代宗是經歷軍政實務的人，內有效忠之臣，外有幫扶的部族，故能解決安史之亂的餘黨，而面對曾經重用卻犯錯的臣子，亦不用酷刑，有仁厚之義。種種作為皆可佐證代宗之賢，作者群更給予其「古之賢君，未能及此」的高度讚美。贊末則感慨代宗時期仍出現李靈耀等叛臣，及吐蕃等外族的連續侵擾，國家難安，是因為天命如此，非代宗之過。由此觀之，《舊唐書》對代

宗評價極佳，是以其「得兇渠傳首，叛黨革心，關輔載寧，獯戎漸弭」，能收安史遺緒、抗諸戎侵襲而立之為單傳，然同時亦於贊語裡，點出玄宗、肅宗、代宗三帝作為對安史之亂始末的影響：

> 治道之失也，若河決金堤，火炎崑崗，雖神禹之乘四載，玄冥之瀦八瀛，亦不能埋洪濤而撲烈焰者，何也？良以勢既壞而不能遽救也。……明皇之失馭也，則祿山暴起於幽陵；至德之失馭也，則思明再陷於河洛；大曆之失馭也，則懷恩鄉導於犬戎。自三盜合從，九州羹沸，軍士膏於原野，民力殫於轉輸，室家相弔，人不聊生。（《舊唐書·代宗本紀》，頁 185 下左～186 上右）

其指出安史之亂發展的三個轉捩點，皆是因皇帝的統馭出現差錯而造成的。首先是玄宗晚年治國不嚴，造成安祿山的野心擴張。次之，肅宗收復兩京後，未能把握時機解決史思明等叛黨，使其有機會再興兵禍。最後則是代宗結束安史亂緒後，無法掌控及平衡眾臣勢力，使之相互傾軋，造成僕固懷恩轉與外族合盟。此三事接連發生的後果，就是戰亂連年，民不聊生，全國資源與人力耗損殆盡，國家元氣大傷。由此段評述來看，可側面得知《舊唐書》實際上對三帝均有所批評，並非一味地讚賞而已。

　　肅宗、代宗於《舊唐書》中，分別以救亡之功、結束安史之亂為其個人凸出功績而立為單傳，且贊語裡多為讚美之詞。《新唐書》則以二人的經歷緊密相關而將之合併，此中繫聯的關鍵應是安史之亂：

> 天寶之亂，大盜遽起，天子出奔。方是時，肅宗以皇太子治兵討賊，真得其職矣！然以僖宗之時，唐之威德在人，紀綱未壞，孰與天寶之際？而僖宗在蜀，諸鎮之兵糾合戮力，遂破黃巢而復京師。由是言之，肅宗雖不即尊位，亦可以破賊矣。蓋自高祖以來，三遜于位以授其子，而獨睿宗上畏天戒，發於誠心，若高祖、玄宗，豈其志哉！代宗之時，餘孽猶在，平亂守成，蓋亦中材之主也！（《唐書·肅宗代宗本紀》，頁 104 上左～下右）

其以為肅宗於安史之亂時治兵討賊，是盡其身為皇儲的職責，然又以之與唐僖宗平黃巢之亂的情況相較，認為其無須於靈武即位，亦可以皇儲的身分號令軍隊收復兩京。再者，感歎自高祖以來的禪位皇帝，除睿宗外，皆非自願，同時亦評論代宗為中等才幹的君主，以其僅能平亂守成之故。以此觀之，《新唐書》肯定肅宗領兵抗賊的能力與作為，但對其臨亂即位的必要性提出質疑，指出高

祖、玄宗均非自願遜位,是點明肅宗如太宗一般,對皇位有急不可待的野心,而對其即位後的各項作為則別無評語,故其予以肅宗的評價尚屬正面,應是中上等第。至於代宗,是時仍有安史遺緒,其僅能勉強平定內亂,卻無法好好處理朝臣內鬥,及外族的侵襲,故給予的評價則為中平。

由上可知,《舊唐書》與《新唐書》對於肅宗、代宗二帝,均予以較為肯定的態度,然肯定的程度上則有所不同。《舊唐書》大加讚賞肅宗的救亡功績與代宗的平亂治政,並分別以之與歷史上的周平王、晉元帝,及古之賢君相比,認為肅宗之舉,猶如「英雄」,代宗則是「古之賢君,未能及此」的極高讚譽。《新唐書》則不若《舊唐書》的極度讚揚,而是以較為中肯的態度去評價,認為二帝是盡其本職,未能掃除沉痾、開創新局面,評語較為切實。以二帝經歷及作為來看,其合傳的線索是天寶年間的安史之亂,一是力挽狂瀾,一是弭平餘緒,其他功績則未有特出之處,《新唐書》將此二單傳相合為一,頗為適宜。

三、《新唐書》將《舊唐書》本紀單傳併入合傳

此小類於《新唐書》中,有〈德宗順宗憲宗本紀〉、〈穆宗敬宗文宗武宗宣宗〉二篇,分別是以《舊唐書》〈德宗本紀〉與〈順宗憲宗本紀〉相合,以及〈穆宗本紀〉與〈敬宗文宗本紀〉、〈武宗宣宗本紀〉二篇本紀相合。其中,德宗與穆宗於《舊唐書》中均為單傳,是肯定其具有特出獨到之處,故別為一傳,然《新唐書》將之分別併入合傳〈順宗憲宗本紀〉、〈敬宗文宗本紀〉及〈武宗宣宗本紀〉,其中聯繫的關鍵為何、適宜與否,及合併前後的傳旨、人物評價的異同,均是值得一探的問題。此外,原本就是合傳的〈敬宗文宗本紀〉、〈武宗宣宗本紀〉,再次合併後,傳旨是否全然新意,或僅襲用其一等前後差異,亦值得加以關注。以下就此二篇分別進行討論:

(一)〈德宗順宗憲宗本紀〉

此篇是由《舊唐書》單傳〈德宗本紀〉與合傳〈順宗憲宗本紀〉貼合而成。單傳取人物之獨特,合傳人物間則關係緊密,而以獨特之人插入關係緊密的組合是否適宜?其新舊人物組合間繫聯關鍵的變化,以及彼此間緊密與否,是本段探討亟欲得知的重點。

德宗李适(742～805)是代宗的長子,與代宗早期經歷相似,於其父登基初年即擔任天下兵馬元帥,奉旨討伐史朝義(?～763)等安史亂黨,並收復東都,而於大曆十四年(779)即位,在位共二十六年(779～805)。登位之初,

頒布許多樽節皇宮浮費的措施，廢停諸地歲貢珍品，勤奮理政，有心振興國家，《舊唐書》對此讚美非常，於論贊中歷數其舉：

> 德宗皇帝初總萬機，勵精治道。思政若渴，視民如傷。凝旒延納於
> 讜言，側席思求於多士。其始也，去無名之費，罷不急之官；出永
> 巷之嬪嬙，放文單之馴象；減太官之膳，誠服玩之奢；解鷹犬而放
> 佽倫，止榷酤而絕貢奉。百神咸秩，五典克從，御正殿而策賢良，
> 輚廷臣而治畿甸。此皆前王之能事，有國之大猷，率是而行，夫何
> 敢議。加以天才秀茂，文思雕華，灑翰金鑾，無愧淮南之作；屬辭
> 鈌槧，何慙隴坻之書。文雅中興，敻高前代，《二南》、三祖，豈盛
> 於茲！（《舊唐書·德宗本紀》，頁 229 上右～上左）

其以為德宗所為如去浮費、罷冗官、減玩物、停貢奉、勤政任賢等，均是歷來聖君賢王所常為，又有文學素養，大力推行文治，形成一派文風昌盛之景。然而筆鋒一轉，《舊唐書》同時亦指出德宗治理朝政方面的缺失，如誤信奸佞如楊炎（727～781）、盧杞（？～785）等人，以及頻繁出兵而徒費無功，長期下來，竟拖垮國家財政，且無益於抵抗外族與藩鎮勢力的擴張：

> 德宗在藩齒冑之年，曾為統帥；及出震承乾之日，頗負經綸。故從
> 初罷郭令戎權，非次聽楊炎謬計，遂欲混同華裔，束縛奸豪，南行
> 襄漢之誅，北舉恒陽之代。出車雲擾，命將星繁，罄國用不足以餽
> 軍，竭民力未聞于破賊。一旦德音掃地，愁歎連甍，果致五盜僭擬
> 於天王，二朱憑陵於宗社，奉天之窘，可為涕零，罪己之言，補之
> 何益。所賴忠臣戮力，否運再昌。雖知非竟逐於楊炎，而受佞不忘
> 於盧杞。用延賞之私怨，奪李晟之兵符；取延齡之奸謀。罷陸贄之
> 相位，知人則哲，其若是乎！貞元之辰，吾道窮矣。（《舊唐書·德
> 宗本紀》，頁 229 上左～下右）

其以德宗身為太子時，曾任天下兵馬元帥，繼位之初亦有抱負，詔令、任官皆井井有條，因而頗為自負，用事自專。德宗因猜忌而罷郭子儀兵權，又信用楊炎，意圖削藩，引起藩鎮不滿，而頻繁的用兵亦導致百姓稅務加重，甚至為軍費強索京畿富商：

> 太常博士韋都賓、陳京以軍興庸調不給，請借京城富商錢，大率每
> 商留萬貫，餘並入官，不一二十大商，則國用濟矣。……甲子，詔
> 京兆尹、長安、萬年令大索京畿富商，刑法嚴峻，長安令薛萃荷校

乘車，於坊市搜索，人不勝鞭笞，乃至自縊。京師囂然，如被盜賊。

搜括既畢，計其所得纔八十萬貫，少尹韋禎又取傚櫃質庫法拷索之，

纔及二百萬。（《舊唐書·德宗本紀》，頁195上左）

由此段紀載可看出，當時為籌取軍用，已是想方設法地收取民間財富。所謂的「請借」，竟是由當地長官挨家挨戶搜索，每商戶僅留萬貫，其餘一律沒官，名為借用，實是明搶。又因搜刮所得才八十萬貫，遠不及所需，竟又強取典當業者的存銀資貨，顯見國庫已山窮水盡。然而就算如此強行籌措軍費，頻繁的調兵遣將並未能抑制藩鎮的擴張，使國家兵權再度集中。各地節度使更藉由協助朝廷之名，巧立名目向朝廷索錢，擴張兵力及城池，終有朱滔（746～785）、王武俊（735～801）、田悅（751～784）、李納（759～792）、李希烈（？～786）等僭越稱王，而朱泚（742～784）更為禍京師，使德宗出逃至奉天，並殘害不少唐室子弟。至此，德宗登基之初的榮景一去不返，而後雖已驅逐楊炎，但接著又重用盧杞、張延齡等人，仍非忠賢之臣，故稱「貞元之辰，吾道窮矣」〔註61〕，慨歎唐運的衰落。以此觀之，《舊唐書》雖肯定德宗初期抱負與作為，然對其整體評價並不高，認為是其治理上的失策導致藩鎮更加壯大，及京城的再次殘破，更有「罪己之言，補之何益」〔註62〕等語，諷刺其施政的未經熟慮。

德宗時期的企圖振作與再蒙劫難，是唐王朝於安史之亂後欲振乏力的明顯指標，藩鎮之害已逐步展現其崢嶸險惡。《舊唐書》以德宗時期事跡繁多，且稱其「保姦傷善，聽斷不令。御曆三九，適逢天幸」〔註63〕，認為其能御極二十六年是僥天之幸，顯見對其評價為負，與前後數帝的評價相去甚遠，不適宜與代宗、其後的順宗與憲宗相合，而立為單傳。《舊唐書》讚賞代宗能掃除安史遺患，而對德宗之後的順宗、憲宗，同樣亦是不吝給予讚美，均為正面評價，與德宗不侔。

順宗李誦（761～806），德宗長子，建中元年（780）受封為太子，直至貞元二十一年（805）方得登基，然因體弱久病，在位不到一年即崩殂，尚未能做出政績。雖然如此，《舊唐書》卻對其大加讚賞，原因在於其身為太子期間，從旁勸阻德宗一些不當的任命或舉動，故雖尚未登極，已有益於天下：

史臣韓愈曰：順宗之為太子也，留心藝術，善隸書。德宗工為詩，

〔註61〕見〔後晉〕劉昫：《舊唐書·德宗本紀》，頁229下右。

〔註62〕見〔後晉〕劉昫：《舊唐書·德宗本紀》，頁229下右。

〔註63〕見〔後晉〕劉昫：《舊唐書·德宗本紀》，頁229下右～下左。

每賜大臣方鎮詩制，必命書之。性寬仁有斷，禮重師傅，必先致拜。
從幸奉天，賊泚逼迫，常身先禁旅，乘城拒戰，督勵將士，無不奮
激。德宗在位歲久，稍不假權宰相。左右倖臣如裴延齡、李齊運、
韋渠牟等，因間用事，刻下取功，而排陷陸贄、張滂輩，人不敢言，
太子從容論爭，故卒不任延齡、渠牟為相。嘗侍宴魚藻宮，張水嬉，
綵艦雕靡，宮人引舟為櫂歌，絲竹間發，德宗歡甚，太子引詩人「好
樂無荒」為對。每於敷奏，未嘗以顏色假借宦官。居儲位二十年，
天下陰受其賜。惜乎寢疾踐祚，近習弄權，而能傳政元良，克昌運
祚，賢哉！（《舊唐書·順宗憲宗本紀》，頁233下左～234上右）

順宗的論贊起始自稱「史臣韓愈」，韓愈（768～824）為中唐時人，歷經德宗、
順宗、憲宗、穆宗四朝，曾撰有《順宗實錄》一書。《舊唐書》於論贊中，直
接採用韓愈說法，保留其姓名，是其直接襲用唐代史料的證明，亦為編輯作者
群認同、採納唐人觀點的例證。其以為順宗性格仁厚而有見識，敢下決斷，不
僅能身先士卒，登城激勵將士，亦能從旁輔助、勸諫德宗，壓制奸佞、宦官。
其當時雖僅為太子身分，仍可以庇佑天下百姓，唯一可歎者是即位時已身染痼
疾，未能有所作為，君權旁落於親近的宦官與大臣，然能傳位予賢能的憲宗，
使國勢一度中興，故亦能稱其為賢明之君。由此觀之，唐人與《舊唐書》作者
群看法相同，均對順宗抱持正面的評價，認為其有益於國，且惋惜其體弱久疾，
未及為唐朝做出更多的貢獻。

　　憲宗李純（778～820），為順宗長子，於順宗即位同年（805）三月立為太
子，同年八月受禪繼位，在位共十六年（805～820）。憲宗在位期間鎮服藩鎮，
力克吐蕃，一時間頗有唐室中興的盛景，然其極信佛道，曾斥巨資迎佛骨，又
信任方士柳泌，常服食仙丹，終因服食過當，影響身體健康，為內宦陳弘志
（？～835）所弒，得年僅四十三歲。《舊唐書》讚其能振興唐室，而惜其未能
竟功：

史臣蔣係曰：憲宗嗣位之初，讀列聖實錄，見貞觀、開元故事，竦
慕不能釋卷，顧謂丞相曰：「太宗之創業如此，玄宗之致理如此，既
覽國史，乃知萬倍不如先聖。當先聖之代，猶須宰執臣寮同心輔助，
豈朕今日獨為理哉！」自是延英議政，畫漏率下五六刻方退。自貞
元十年已後，朝廷威福日削，方鎮權重。德宗不委政宰相，人間細
務，多自臨決，姦佞之臣，如裴延齡輩數人，得以錢穀數術進，宰

相備位而已。及上自藩邸監國，以至臨御，訖於元和，軍國樞機，盡歸之於宰相。由是中外咸理，紀律再張，果能剪削亂階，誅除群盜。睿謀英斷，近古罕儔，唐室中興，章武而已。任异、鏐之聚斂，逐羣、度於藩方，政道國經，未至衰紊。惜乎服食過當，閹豎竊發，苟天假之年，庶幾於理矣！（《舊唐書‧順宗憲宗本紀》，頁 266 下右～下左）

論贊起首稱「史臣蔣係」，蔣係（796～872）與韓愈同為唐代時人，出身於家學淵源的史官家庭，為唐代知名史官蔣乂（747～821）之子，歷經德宗至懿宗等九朝，曾受詔撰《憲宗實錄》。《舊唐書》直引其言評論憲宗，同樣是認同唐人觀點、引用唐代史料未及勘正的例證。其以為憲宗有志於恢復貞觀、開元治世的盛況，且不自專於政，一改德宗時期政務臨決而被小人趁機鑽空上位的情形，有魄力有才幹，因而能打壓藩鎮，使之不敢異心。憲宗雖曾因急需財政賦稅，而任用善於聚斂民財的程异（？～819）、皇甫鏐（？～820）為相，亦曾貶斥忠諫之臣如崔羣（772～832）、裴度（765～839）等，但國家政治、經濟卻仍能良好運行，不致衰敗紊亂，實是英明之主。作者群惋惜其晚期偏信方術，喜服仙丹，竟使逆臣有機可趁，以致喪命，若能給予憲宗更多的時間，則其重現大唐盛世的理想應會實現。

由論贊可知，蔣係與《舊唐書》作者群對憲宗的觀感極佳，給予的評價亦高，稱之為「睿謀英斷，近古罕儔，唐室中興，章武而已」〔註64〕，認為自安史亂後，能將唐朝從危局中解救出來，重建盛世局面的，亦僅有憲宗一人。其英明神武自不待言，然作者群卻對其晚期偏信方士及丹術、斥資迎佛等行為略過不提，更以「政道國經，未至衰紊」〔註65〕一語，為其重用苛斂之臣、貶斥賢良之舉作解，掩飾其不賢智之處，顯示出唐人與《舊唐書》對憲宗的偏愛。

《舊唐書》將順宗、憲宗二帝貼合，共作一紀，然細察其本紀及論贊，二帝除卻父子相繼外，生平經歷、治政作為，無一處相類，且論贊亦純粹單評其人，不若〈中宗睿宗本紀〉一般，猶有合論之處，故無法輕易得知其間相合的線索。此中因由須自順宗、憲宗與前後數帝的評價中去發掘。順宗之前為德宗，《舊唐書》評之為「貞元之辰，吾道窮矣」〔註66〕、「保姦傷善，聽斷不令。

〔註64〕見〔後晉〕劉昫：《舊唐書‧順宗憲宗本紀》，頁 266 下左。
〔註65〕見〔後晉〕劉昫：《舊唐書‧順宗憲宗本紀》，頁 266 下左。
〔註66〕見〔後晉〕劉昫：《舊唐書‧德宗本紀》，頁 229 下右。

御曆三九，適逢天幸」〔註67〕，顯示對其評價為負，語中隱有憾恨之意。憲宗之後是穆宗，《舊唐書》稱之曰「惠王不令，敗度亂政。驕僻偶全，實賴遺慶」〔註68〕、「觀夫孱主，可謂痛心，不知創業之艱難，不恤黎元之疾苦」〔註69〕，對其觀感亦不佳，並予以負面評價，深恨其敗壞憲宗開創的大好局面。順宗、憲宗二帝側身於德宗、穆宗之間，然其作為及評價，均與之相去甚遠，實不適宜與其中任何一帝相合，且順宗在位日淺，事跡寡少，不足以獨立成傳，因而雖憲宗的分量足以單立一紀，卻因順宗的無所著落，而將二帝貼合為一紀。此種組合尚屬適宜，然藉此亦可得知順宗、憲宗合傳的關係並不緊密，僅是因為不宜與其前後的德宗、穆宗相合罷了。

　　德宗的單立與順宗、憲宗的相合，是《舊唐書》因人物作為、評價之異所作的配置，《新唐書》則以為不然，而將三帝全貼合在一處，作〈德宗順宗憲宗本紀〉。其選擇的人物組合何以有異，此中繫聯的關鍵全在論贊中透露而出：

> 德宗猜忌刻薄，以彊明自任，恥見屈於正論，而忘受欺於姦諛。故其疑蕭復之輕己，謂姜公輔為賣直，而不能容；用盧杞、趙贊，則至於敗亂，而終不悔。及奉天之難，深自懲艾，遂行姑息之政。由是朝廷益弱，而方鎮愈彊，至於唐亡，其患以此。憲宗剛明果斷，自初即位，慨然發憤，志平僭叛，能用忠謀，不惑羣議，卒收成功。自吳元濟誅，彊藩悍將皆欲悔過而效順。當此之時，唐之威令，幾於復振，則其為優劣，不待較而可知也。及其晚節，信用非人，不終其業，而身罹不測之禍，則尤甚於德宗。嗚呼！小人之能敗國也，不必愚君暗主，雖聰明聖智，苟有惑焉，未有不為患者也。昔韓愈言，順宗在東宮二十年，天下陰受其賜。然享國日淺，不幸疾病，莫克有為，亦可以悲夫！（《唐書‧德宗順宗憲宗本紀》，頁119上右～上左）

其論贊主要圍繞德宗、憲宗開展。作者群以為德宗的性格猜忌刻薄，又自以為是，不能容人，雖有忠臣而見棄，反親近阿諛之輩，自朱泚陷京師之後，深自責難，竟行姑息政策，不再試圖集權，然此舉使得藩鎮更加壯大，而唐末至五

〔註67〕見〔後晉〕劉昫：《舊唐書‧德宗本紀》，頁229下右～下左。
〔註68〕見〔後晉〕劉昫：《舊唐書‧穆宗本紀》，頁284下左。
〔註69〕見〔後晉〕劉昫：《舊唐書‧穆宗本紀》，頁284下右～下左。

代時期仍難平息的地方割據,即濫觴於此。至於憲宗,其性格剛明果斷,有目標、有魄力,能採納建言,卻又不惑於眾議,故能力壓藩鎮,震懾威嚇,一度恢復朝廷對地方的掌控權,可惜晚期信用非人,而身死於內宦之手。此二帝的性格有別,治政成績更是「其為優劣,不待較而可知」,評價迥然不同,卻皆有所用非人、信任佞臣的情形,且造成非常惡劣的後果。因此可知小人能敗國,即使是聰明睿智的英主,亦有被蠱惑之時,一人可以禍一國,不可不慎!此亦為德宗與憲宗之間的無形聯繫,《新唐書》即是以「小人敗國」為線索,將二帝串連貼合,而順宗則因側身於二者之間,牽連相合,並歎其在位時間短暫,未能有所作為,顯見其與德宗、憲宗間的合傳關係並不緊密。

此外,兩《唐書》予以三帝的評價相類,僅有些微之處有所出入:(一)二書均對德宗觀感為負,以為其信用非人,致使國勢再衰,然《舊唐書》評論時,猶有提及其初期欲勵精圖治的努力,《新唐書》則刪去不談,反著重點出其性格上的缺陷及所導致的後果,且同樣皆惋惜順宗的頑疾纏身,享國不久,未能有為,並引韓愈言,深讚其人品,天下均隱受其庇護,評價為佳;(二)二書對憲宗的評論略有不同。《舊唐書》稱許其能中興唐室,惜其服藥過多,為小人所趁,英年早逝,並對其任用佞臣、驅逐賢良之舉,以「未至衰紊」作掩飾,有迴護之意,而《新唐書》同樣讚賞其能重振朝綱,懾服藩鎮,對其重用小人的作為則毫不遮掩,更以為其後果之慘烈,較德宗更甚,卒竟致命,實為可歎,而未提服藥、方士等事。

由此看來,二書對德宗、順宗、憲宗三帝的篇章安排有異,是因為其中貼合的關鍵線索不同。相較之下,《舊唐書》著重於個人作為的影響,善惡判分,故依次將德宗立為單傳、順宗與憲宗合為一傳,《新唐書》則更重視可供資政的歷史教訓,橫向比對德宗、憲宗,以昭示小人禍國的結論,用以警戒後世,寓意較為深遠,其人物配置應較前者為佳。

(二)〈穆宗敬宗文宗武宗宣宗本紀〉

《新唐書·穆宗敬宗文宗武宗宣宗本紀》是合《舊唐書》單傳〈穆宗本紀〉與合傳〈敬宗文宗本紀〉、〈武宗宣宗本紀〉而成,其人物分合如此不同,則篇章立意與串連眾人的線索,應是另有新意,而與《舊唐書》迥然有別。至於人物評價的異同與否,則須一一判讀紀文,方可得知。

穆宗李恆(795~824),為憲宗第三子,於元和七年(812)冊為太子,元和十五年(820)即位為帝,在位共五年(820~824)。甫一登極,先刑罰煉製

仙丹的方士柳泌，及貶斥敬獻方士的一干人等，為憲宗服藥過當報仇，然卻未追究直接導致憲宗崩殂的宦官陳弘志，是因穆宗之能登位，有賴陳弘志之力：

> 元和七年，惠昭太子薨。左神策軍中尉吐突承璀欲立澧王惲，而惲母賤不當立，乃立遂王為皇太子。十五年正月庚子，憲宗崩，陳弘志殺吐突承璀及澧王。辛丑，遺詔皇太子即皇帝位于柩前。（《唐書·穆宗敬宗文宗武宗宣宗本紀》，頁 120 上右）

> （元和十五年）是夜，守澄與內常侍陳弘志弒帝於中和殿，緣所餌，以暴崩告天下，乃與梁守謙、韋元素等定冊立穆宗。（《唐書·宦者列傳》，頁 2359 上右）

由紀載可知，憲宗因太子薨逝要新立皇儲時，曾有近臣吐突承璀（？～820）推薦澧王李惲（憲宗第二子，793～820），然因憲宗為皇后嫡子，故得立。時憲宗被弒，陳弘志等人亦殺死吐突承璀及澧王，剷除可能競逐皇位者，擁立憲宗，使之順利上位。換言之，憲宗的生命安危，實則仍繫於他人之手，不得不顧忌之。此後歷任皇帝的更迭，皆隱隱有宦官的手筆，直至文宗時期，方得藉機杖殺陳弘志，然為憲宗的名聲而諱，仍不能明其罪。

　　穆宗雖在位僅短短五年，卻將憲宗懾服藩鎮、中央集權的局面破壞殆盡，兩代皇帝政績差異竟如此之巨，《舊唐書》以為根本原因盡在於「人」：

> 臣觀五運之推遷，百王之隆替，亦無常治，亦無常亂，在人而已，匪降自天。當軒黃御宇之秋，則百年無事；及商辛握圖之日，則四海橫流。（《舊唐書·穆宗本紀》，頁 284 下右）

史臣由歷朝歷代的政治變幻，及近在眼前的憲宗、穆宗二帝實例中，得出治亂之道的根本在於人，國家動盪災患往往是人為造成。其指出臣民敢不聽令、敢不盡責，根本原因在於領導者身上，且以黃帝和商紂對比，展現上位者對國家的影響。由此，再深入刻畫憲宗、穆宗之別：

> 昔章武皇帝國命之不行，惜朝綱之將墜，乃求賢俊，總攬英雄，果能扼大盜之喉，制姦臣之命。五十載已終之土，復入提封；百萬戶受弊之甿，重蘇景化。元和之政，幾致昇平。鴟梟方革於好音，龍鼎俄傷於短祚。苟或時有平、勃之佐，繼以文、景之才，則延湊、克融，自縮螳螂之臂；智興、李宭，敢萌狗鼠之謀？強盜寧窺孟賁之金，餓隸不拾嬰兒之餌。觀夫孱主，可謂痛心，不知創業之艱難，不恤黎元之疾苦。謂威權在手，可以力制萬方；謂疏晃在躬，可以

坐馳九有。曾不知聚則萬乘，散則獨夫，朝作股肱，暮為讎敵。仲
長子所謂「至於運徙勢去，獨不覺悟者，豈非富貴生不仁，沉溺致
愚疾。存亡以之迭代，治亂從此周復」。誠哉是言也！（《舊唐書‧
穆宗本紀》，頁 284 下右～下左）

《舊唐書》給予憲宗極高的評價，以其能收回被藩鎮瓜分的地方統領權，而歎
其踐祚短暫、未能有優良的繼承人選，故不能接續其開創一新的局勢，而是快
速敗落。與之對比，批評穆宗只見局勢大好，而不知其所以然，自以為穩固，
竟鬆懈對地方兵力的警惕，縱情享樂：

（元和十五年九月）辛丑，大合樂於魚藻宮，觀競渡。又召李愬、
李光顏入朝，欲於重陽日宴群臣。拾遺李珏等上疏諫云：「元朔未改，
園陵尚新。雖易月之期，俯從人欲，而三年之制，猶服心喪。夫過
密弛禁，蓋為齊人；合樂內庭，事將未可。」不聽。（《舊唐書‧穆宗
本紀》，頁 271 下右～下左）

（長慶元年正月）靈武節度使李聽奏請於淮南、忠武、武寧等道防
秋兵中取三千人衣賜月糧，賜當道自募一千五百人馬驍勇者以備邊。
仍令五十人為一社，每一馬死，社人共補之，馬永無闕。從之。（《舊
唐書‧穆宗本紀》，頁 273 上左）

（長慶元年二月）天平軍節度使馬總奏：「當道見管軍士三萬三千五
百人，從去年正月已後，情願居農者放，逃亡者不捕。」先是，平
定河南，及王承元去鎮州，宰臣蕭俛等不顧遠圖，乃獻銷兵之議，
請密詔天下軍鎮，每年限百人內破八人逃死，故總有是奏。（《舊唐
書‧穆宗本紀》，頁 274 上左～下右）

（長慶元年七月）幽州監軍使奏：「今月十日軍亂，……軍人取朱滔
子洄為留後。」……朱洄自以年老，令軍人立其子克融為留後。初，
劉總歸朝，籍其軍中素難制者送歸闕庭，克融在籍中。宰相崔植、
杜元穎素不知兵，心無遠慮，謂兩河無虞，不復禍亂矣，遂奏劉總
所籍大將並勒還幽州，故克融為亂，復失河北矣。（《舊唐書‧穆宗
本紀》，頁 276 下右～下左）

由這些紀載可知，穆宗自即位元年起即開始宴樂，觀競渡、雜技、俳優戲等，
遭諫臣以孝道之名勸阻，然不聽從悔改，依舊故我，又放縱節度使以備邊名義
自行徵兵，而心腹宰臣毫無遠慮，以為天下已平，軍費耗資甚巨，建請裁減兵

員，穆宗竟同意此銷兵之策。同時，又無法安頓除役士兵歸戶，造成青壯年人口四散，輕易被地方上的藩鎮勢力收攏。先前又曾輕縱朱滔〔註70〕子孫回到其勢力區域，縱虎歸山，以致御極次年河北三鎮又陷入叛亂，再度喪失皇室威權，其後地方勢力不復被中央掌控。《舊唐書》因此引東漢政治學家仲長統（180～220）之言，痛斥穆宗出身於權貴，卻貪圖逸樂，不恤百姓，毫無遠慮，而唐代治亂之反覆，即肇因於此。由此觀之，《舊唐書》對穆宗評價為負，觀感極差。其贊末稱「惠王不令，敗度亂政。驕僻偶全，實賴遺慶。皇皇上帝，為民立正。此何人哉，遽主鼎命」〔註71〕，更是直言其德不配位，是其敗壞憲宗開創的上升局面，為唐代國勢復甦再轉向的一個轉捩點，故單立為一紀。

其後繼位者為敬宗李湛（809～826），《舊唐書》將其與其弟文宗李昂（809～840）合為一紀，是為〈敬宗文宗本紀〉。前者在位只有三年（824～826），喜愛打毬、遊獵、驢鞠、角抵等娛樂，亦常親近道士、求訪異人，後為宦官劉克明（？～827）與軍將蘇佐明等人所害，時年僅十八；後者在位約十五年（826～840），一改穆宗、敬宗朝風氣，驅逐僧道，史稱「帝在藩邸，知兩朝之積弊，此時釐革，並出宸衷，士民相慶，喜理道之復興矣」〔註72〕，然仍有奸臣如李訓（？～835）、鄭注（？～835）之流橫行，與宦官相鬥，又有牛李朋黨之爭，實未能平息朝內之憂。《舊唐書》對此二帝評價不一，由其論贊透露而出：

> 古人謂堯無子，舜無父，言其賢不肖之相遠也。以文惠驕誕之性，繼之以昭愍，固其宜也，而昭獻、昭肅，英特不羣，文足以緯邦家，武足以平禍亂。三子之操行頓異，其可道哉？寶曆不君，國統幾絕，天未降喪，幸賴裴度，復任弼諧。彼狡童尒，夫何足議！（《舊唐書·敬宗文宗本紀》，頁294上左）

其以為敬宗驕奢荒誕，與穆宗相類，果然是父子相承，然若文宗、武宗，同與穆宗為父子、與敬宗為兄弟，德行、作風卻全然相異，則如古人言「堯無子，舜無父」一般，賢與不肖相去甚遠。敬宗作為不足為君，而尚未喪國，是因為能任用裴度，制衡李逢吉、李訓等奸臣，不然，敬宗之為帝，實無可述之處。

〔註70〕即朱泚之弟，曾任幽薊節度使。建中二年謀反，自立國號為「大秦」，推其兄朱泚為帝。朱泚攻入京師，使德宗倉皇出逃奉天，史稱奉天之難，又名涇原兵變。幽州即為朱氏兄弟聚兵發源之地。

〔註71〕見〔後晉〕劉昫：《舊唐書·穆宗本紀》，頁284下左。

〔註72〕見〔後晉〕劉昫：《舊唐書·敬宗文宗本紀》，頁295下右。

由此顯見《舊唐書》對其評價之低，而稱之以「狡童」。其典出《詩經・鄭風・狡童》〔註73〕，《毛詩序》稱此篇是為諷刺公子忽〔註74〕而作，《毛詩正義》並為「狡童」作解：

> 賢人欲與忽圖事，而忽不能受。忽雖年長而有壯狡之志，童心未改，
> 故謂之為狡童〔註75〕。

其認為所謂狡童，即是年歲已長，卻不改童心之人，因其玩性未泯，故雖欲與之謀事，亦不可得。《舊唐書》即是藉此義諷刺敬宗耽溺於玩樂之舉，且鄭昭公於出獵時見弒，敬宗則是夜獵回宮宴飲時被害，事有相似，故引之諷諭。

論文宗時，則多引其軼事，表露其仁厚慈孝的品行與欲振興國家的心志，每每以身作則，並一一考察官員才能及訓勉。可惜文宗僅中庸之材，雖志存高遠而力有未逮，《舊唐書》為之感歎：

> 昭獻皇帝恭儉儒雅，出於自然，承父兄奢弊之餘，當閹寺撓權之際，
> 而能以治易亂，代危為安。大和之初，可謂明矣。……帝以累世變
> 起禁闈，尤側目於中官，欲盡除之，然訓、注狂狡之流，制御無術，
> 矢謀既誤，幾致顛危。所謂「有帝王之道，而無帝王之才」，雖旰食
> 焦憂，不能弭患，惜哉！（《舊唐書・敬宗文宗本紀》，頁 324 下右
> ～下左）

作者群以為文宗天性恭儉謙和，上承穆宗、敬宗遺留的紊亂朝政，宮內又有宦官擅權，雖是年少繼位，竟能轉危為安，一改朝風，實為難得。其又因憲宗、敬宗皆亡於宦官之手，故有剷除權宦之心，可惜雖有李訓、鄭注等姦滑之輩同謀翦除，卻未能成功，反使宦官勢力壯大，朝中官員及京城士民驚懼難安，文宗更受到宦官的挾制欺凌。宋人司馬光（1019～1086）於《資治通

〔註73〕〈鄭風・狡童〉：「彼狡童兮，不與我言兮。維子之故，使我不能餐兮。彼狡童
兮，不與我食兮。維子之故，使我不能息兮。」見〔漢〕毛亨傳，〔漢〕鄭玄
箋，〔唐〕孔穎達疏，〔清〕阮元校勘：《毛詩正義・卷四・四之三》，《十三經
注疏》第二冊（全八冊）。臺北市：藝文印書館。1965 年 6 月三版。頁 173 上
左。下引《毛詩正義》版本項同此。

〔註74〕即春秋時期鄭昭公（？～695B.C.），名忽，信重大臣祭足，然亦曾因祭足被宋
國脅迫立公子突為鄭厲公時，流亡衛國。數年後，又在祭足幫助下回國復位。
任太子時曾勸其父鄭莊公不要任用高渠彌，然未聽。及其立時，高渠彌恐昭公
殺己，竟於出獵時射殺昭公。其事可參見〔漢〕司馬遷著，（日）瀧川龜太郎
注：《史記會注考證・鄭世家》，頁 661 上右～下左。

〔註75〕見〔漢〕毛亨傳，〔漢〕鄭玄箋，〔唐〕孔穎達疏，〔清〕阮元校勘：《毛詩正義・
卷四・四之三》，頁 173 上左。

《鑑》曾有紀載：

> （開成三年正月）中書侍郎同平章事李石，承甘露之亂，人情危懼，
> 宦官恣橫，忘身徇國，故紀綱粗立。仇士良深惡之，潛遣盜殺之，
> 不果。石懼，累表稱疾辭位。上深知其故而無如之何。（《資治通鑑·
> 卷第二百四十六·唐紀》，頁2右）

> （開成四年十一月）上疾少閒，坐思政殿，召當直學士周墀，賜之
> 酒，因問曰：「朕可方前代何主？」對曰：「陛下堯、舜之主也。」上
> 曰：「朕豈敢比堯、舜！所以問卿者，何如周赧、漢獻耳。」墀驚曰：
> 「彼亡國之主，豈可比聖德！」上曰：「赧、獻受制於彊諸侯，今朕
> 受制於家奴，以此言之，朕殆不如！」因泣下霑襟，墀伏地流涕。
> 自是不復視朝。（《資治通鑑·卷第二百四十六·唐紀》，頁8左～9
> 右）

仇士良（781～843）是文宗扶持起，用以抗衡宦官陳弘志、王守澄（？～835）、
梁守謙（779～827）等人的宦官。之後尾大不掉，而經李訓、鄭注等人引發的
甘露之變[註76]後，竟轉向挾制文宗，權傾朝野，膽敢謀害政敵，遣人暗殺重
臣李石（786～847），而文宗竟不能追究。無可奈何，文宗只能借酒澆愁，自
比為亡國的周赧王、漢獻帝，甚至更加不如，因而抑鬱常病，崩殂時僅三十三
歲。《舊唐書》深感其心誠道正，而憐其才幹不足以弭平禍患，反受制於人，
雖以為其「無帝王之才」[註77]，非雄才英主之流，然論及時語多惋惜，顯示
對其評價雖為中等，但觀感極佳，與穆宗、敬宗等人截然不同。

　　細察敬宗、文宗的經歷與作為，可發現雖皆是宦官所擁立，然登位後的舉
措及作風卻迥然相異，無甚關聯之處。《舊唐書》於紀末評述二帝時，不曾點
出二者相合之因，所給予的評價亦是兩極，只能以同為宦官所制為線索將之繫
聯，稍嫌勉強，二帝間的合傳關係並不緊密。

　　合傳人物關係不甚明顯的情形亦出現在《舊唐書·武宗宣宗本紀》。武宗
李炎（814～846），是敬宗之子、文宗之弟，在位共七年（840～846）。於此期

〔註76〕事見《舊唐書·敬宗文宗本紀》：「（太和九年十一月）時李訓、鄭注謀誅內官，
　　　　詐言金吾仗舍石榴樹有甘露，請上觀之。內官先至金吾仗，見幕下伏甲，遽扶
　　　　帝輦入內，故訓等敗，流血塗地。京師大駭，旬日稍安。」因以觀賞甘露為事
　　　　由，故稱「甘露之變」。見〔後晉〕劉昫：《舊唐書·敬宗文宗本紀》，頁315
　　　　下右～下左。
〔註77〕見〔後晉〕劉昫：《舊唐書·敬宗文宗本紀》，頁324下左。

間重用李德裕（787～850），面對劉稹（？～844）於潞府不聽詔令之事時主張
用兵，最終順利誅殺劉稹，並妥善處理回紇擾邊事務，有武功政績。此外，信
任道士趙歸真（？～846）等人，大力推崇道術、方士，因而削斥佛教之法，
廢寺院、令還俗。武宗最後因服食丹藥過多而病篤，崩殂時年僅三十三。《舊
唐書》讚其功績能追步憲宗：

> 開成中，王室寖卑，政由閹寺。及綴衣將變，儲位遽移。昭肅以孤
> 立維城，副茲當璧，而能雄謀勇斷，振已去之威權；運策勵精，拔
> 非常之俊傑。屬天驕失國，潞孽阻兵，不惑盈庭之言，獨納大臣之
> 計。戎車既駕，亂略底寧，紀律再張，聲名復振，足以蹈彰〔註78〕
> 武出師之迹，繼元和戡亂之功。（《舊唐書・武宗宣宗本紀》，頁 341
> 上左～下右）

其以為自文宗中期起，政權由宦官把持，連皇位傳承都被干涉，武宗雖同樣是
宦官擁立，性格卻是英勇果斷，能不惑眾言，採納李德裕用兵之策，而終能翦
滅劉稹，平定澤州、潞州等地之亂，復振皇威，足以承繼其祖憲宗的功勳，帶
領唐朝再興盛景。再者，感歎其仍被道教長生之說所惑，不知醒悟，其排佛之
舉只是因為偏信道教而已，並非真的破除宗教信仰迷障：

> 然後迂訪道之車，築禮神之館，棲心玄牝，物色幽人，將致俗於大
> 庭，欲希蹤於姑射。於是削浮圖之法，懲游惰之民，志欲矯步丹梯，
> 求珠赤水。徒見蕭衍、姚興之謬學，不悟秦王、漢武之非求，蓋惑
> 於左道之言，偏斥異方之說。況身毒西來之教，向欲千祀，蚩蚩之
> 民，習以成俗，畏其教甚於國法，樂其徒不異登僊。如文身祝髮之
> 鄉，久習而莫知其醜；以吐火吞刀之戲，乍觀而便以為神。安可正
> 以《咸》、《韶》，律之以章甫？加以笮融、何充之佞，代不乏人，非
> 荀卿、孟子之賢，誰與正論？一朝驅殘金狄，燔棄胡書，結怨於膜
> 拜之流，犯怒於鄙夫之口。哲王之舉，不駭物情，前代存而勿論，
> 實為中道。欲革斯弊，以俟河清，昭肅明照，聽斯弊矣。（《舊唐書・
> 武宗宣宗本紀》，頁 341 下右～下左）

其以為武宗因崇信丹道而偏斥佛教，同樣是被非由正道的術法所迷惑，與迷信
佛教企求來生者並無不同。雖有秦皇、漢武妄求長生的前例，卻終不覺悟，實

〔註78〕「彰」字應為章，章武所指為唐憲宗李純，是安史亂後唯一能壓制藩鎮、使之
戰慄表忠的唐朝皇帝。

在可惜。此外，論及佛教時，《舊唐書》認為此教傳播來到中土，就是想要廣收信眾，一般民眾日常膜拜習以為俗，敬畏教義更勝於國法，實非國家之福，歷來亦不乏上層知識分子的投入、推廣，而武宗竟不循序漸進，強勢廢除佛寺及令僧尼還俗，激起諾大反彈。宣宗於即位次年，即以「雖云異方之教，無損致理之源。中國之人，久行其道，釐革過當，事體未弘」〔註79〕為由，恢復所廢寺院，而崇信佛教所帶來的弊病，如寺產土地不納稅、青壯人口為僧尼不勞作、寺宇奢華浪費等，則依舊無法解決。

　　《舊唐書》以為一個睿智君主所為，應如細雨潤物，不令群眾驚懼震動，故雖武宗排佛事出有因，有為國的公義，亦有偏愛道教的私心，而前朝文獻記錄此事時，卻未另發議論，亦是不偏頗任何一方。至於信仰佛教所帶來的弊端，武宗雖有滅佛之舉，其實亦未能解決問題。由此觀之，《舊唐書》對武宗的政治評價可稱良好，認為可承繼憲宗功業，然對其偏信丹道、一力排佛之舉，有駁斥，有肯定。此外，由「前代存而勿論」一語，可推斷出此段論贊應出於後晉時代編輯群之手，此論贊同時亦顯示出這些上層文人對於宗教弊端及改革的看法。

　　宣宗李忱（810～859），是憲宗第十三子，武宗之叔，因宦官馬元贄擁立而踐極，在位約十四年（846～859）。其登基後一改之前的庸碌無為，提倡儉樸，仁惠臣民，使社會更加安定。《舊唐書》於其紀末論贊中，錄入其恭儉仁惠的軼事，並言：

> 獻文皇帝器識深遠，久歷艱難，備知人間疾苦。自寶曆已來，中人擅權，事多假借，京師豪右，大擾窮民。洎大中臨馭，一之日權豪斂迹，二之日姦臣畏法，三之日閽寺讋氣。由是刑政不濫，賢能效用，百揆四嶽，穆若清風，十餘年間，頌聲載路。（《舊唐書·武宗宣宗本紀》，頁359上左～下右）

以之讚美宣宗的政績，認為其在位時使政風清肅，賢能上位，且宦官擅權之勢有所減緩，為政期間頗得讚頌。及其信仰道教方面，則稱讚其不惑於詭道：

> 季年風毒，召羅浮山人軒轅集，訪以治國治身之要，其伎術詭異之道，未嘗措言。集亦有道之士也。十三年春，堅求還山。上曰：「先生少留一年，候於羅浮山別創一道館。」集無留意，上曰：「先生捨我亟去，國有災乎？朕有天下，竟得幾年？」集取筆寫「四十」

〔註79〕見〔後晉〕劉昫：《舊唐書·武宗宣宗本紀》，頁345上左～下右。

字，而十字挑上，乃十四年也。興替有數，其若是乎！而帝道皇猷，始終無缺，雖漢文、景不足過也。惜乎簡籍遺落，舊事十無三四，吮墨揮翰，有所慊然。（《舊唐書・武宗宣宗本紀》，頁 359 下右～下左）

作者群認為其雖因病痛而召來道士軒轅集，但只談論治國養身的道理，不提丹藥、術法等詭道，可證其明智不惑，而軒轅集亦是真有其神異之處，竟能預知宣宗的大限，非一般以丹藥媚主的術士。《舊唐書》以為宣宗之為帝，無過失之處，可與漢朝的文景之治比肩，然各類實錄簡籍因戰亂失傳，流傳下來的宣宗事跡並不多，實屬可惜。以此看來，《舊唐書》對宣宗觀感極佳，更以「李之英主，實惟獻文」〔註80〕一言為評，顯示予其極高的評價，是唐後期少有的明君之一。

武宗、宣宗在《舊唐書》中置於同紀，是其以為二帝間有所聯繫，然察其生平、軼事、論贊，並無明顯關聯，其聯繫之處較為幽隱：（一）武宗下令廢佛寺、僧尼還俗，宣宗以為處置過當而再行恢復舊有寺院；（二）武宗偏愛丹道之術，信任道士，宣宗則僅與道士談論治國、養身，不談道術。二帝的政績所得評價皆是尚佳，而面對宗教及處理相關事務的態度，卻十分不同，是其間繫聯的關鍵。

《新唐書》將穆宗至宣宗共五帝，同合為一紀，於事跡載錄方面，進行大量的刪省，而觀其論贊，則以討弒君之賊發論：

《春秋》之法，君弒而賊不討，則深責其國，以為無臣子也。憲宗之弒，歷三世而賊猶在。至於文宗，不能明弘志等罪惡，以正國之典刑，僅能殺之而已，是可歎也。穆、敬昏童失德，以其在位不久，故天下未至於敗亂，而敬宗卒及其身，是豈有討賊之志哉！文宗恭儉儒雅，出於天性，嘗讀太宗《政要》，慨然慕之。及即位，銳意於治，每延英對宰臣，率漏下十一刻。唐制，天子以隻日視朝，乃命輟朝、放朝皆用雙日。凡除吏必召見訪問，親察其能否。故太和之初，政事脩飭，號為清明，然其仁而少斷，承父兄之弊，宦官撓權，制之不得其術，故其終困以此。甘露之事，禍及忠良，不勝冤憤，飲恨而已。由是言之，其能殺弘志，亦足伸其志也。昔武丁得一傅說，為商高宗。武宗用一李德裕，遂成其功烈，然其奮然除去浮圖

〔註80〕見〔後晉〕劉昫：《舊唐書・武宗宣宗本紀》，頁 359 下左。

之法甚銳，而躬受道家之籙，服藥以求長年，以此見其非明智之不惑者，特好惡有不同爾。宣宗精於聽斷，而以察為明，無復仁恩之意。嗚呼！自是而後，唐衰矣。（《唐書・穆宗敬宗文宗武宗宣宗本紀》，頁 130 下右～下左）

其以為由憲宗被弒，後繼之人能否討賊，可看出其志向及能力，而宦官為禍之深，亦隱然可見。至於對各帝的評述，《新唐書》則綜合《舊唐書》的說法，不多更動，僅於宣宗部分，稱其「以察為明，無復仁恩之意」〔註81〕，以為其過於嚴刻，與《舊唐書》言其多施惠於人的情況不同。《新唐書》以「嗚呼！自是而後，唐衰矣」〔註82〕作為繫聯五人的關鍵，是以為此五帝代表唐朝後期最後的一段平穩。五帝之中或愚昧昏庸，或勵精圖治，皆僅能勉力維持國勢，未能改變終將衰落的大趨向，而此後的懿宗、僖宗等帝更非英明之主，唐朝的衰亡無可避免。

由兩《唐書》對此五帝的分合及篇旨來看，《舊唐書》以為穆宗處於唐代國勢轉捩點，宜為單傳，然忽略後繼的敬宗作為與之亦十分相類，應可以相合。又，敬宗、文宗二帝評價及作為皆不相似，合傳關係實不甚緊密。如此，則此二紀未若以穆宗與敬宗相合，以其短視減兵、貪圖逸樂，昭示憲宗功績未能守成的原因，而讓文宗單立一紀，以強調宦官擅權之勢不能稍減。此外，《舊唐書》於此三紀的論贊評述之際，又均以單人發論，實不類合傳形式。相較之下，《新唐書》另覓新意，以唐後期的最後安穩，將五帝繫合於一紀，應是較為適宜。

第三節　結語

透過對兩《唐書》共三十本紀的篇旨、論贊及人物評價異同的探討，可發現兩組作者群的發論角度及意識有所相異。《舊唐書》因朝代較近，且多採納唐人說法，而以自家人的角度出發，不改傳統史傳論述方式，以傳主為主軸，總結其作為，間發慨歎，往往有為上位者諱的情形。《新唐書》成書時間距唐已遠，且欲與《舊唐書》有所不同，以展現自身史識，故有意識地要為唐代的興衰找出原因，常以鳥瞰的角度發論，特意連繫三代舊事，引以為對照，以強調其論點的價值。

〔註81〕見〔宋〕宋祁、歐陽脩：《唐書・穆宗敬宗文宗武宗宣宗本紀》，頁130下左。
〔註82〕見〔宋〕宋祁、歐陽脩：《唐書・穆宗敬宗文宗武宗宣宗本紀》，頁130下左。

因此，二書經由最能展現史官思想的論贊，所表露的思考及觀點就有所差異，以下條列說明之：

一、《舊唐書》的興衰觀——治亂，時也；存亡，勢也

唐代前期遭遇的最大挫折，莫過於武后執政，並自立為帝。此一期間造成李氏宗室大量死亡，而唐朝國祚幾近斷絕。《舊唐書》談論此時期的出現原因時，將之歸責於「天時」，認為是天命時運如此，故於此時遭逢危機，而在〈則天皇后本紀〉紀末論贊提出「治亂，時也；存亡，勢也」〔註83〕的觀點。

其以為天下或治或亂，是時運所繫，如同高祖的開國，是「審獨夫之運去，知新主之勃興」〔註84〕，發現天下大勢已到了可以推翻舊朝的時刻，因而奮發崛起，逐鹿問鼎，而武后能得高位，亦是契合及把握到時機，能乘時而起，故雖有忠賢能臣，在此期間亦不能救李唐。雖然如此，而唐代尚未因武后滅亡的緣故，其解釋則為「勢也」，認為當其時，開國未久，而貞觀治世未遠，群賢並聚於朝中，其國運尚未呈現頹勢，故還能支持到時運的再度轉變，等待武后重新立儲中宗，將國家交回給李氏宗室。

二、《舊唐書》的君臣觀——君臣遇合，遭時也

古往今來，人才輩出，然有得遇明主者，有懷才不遇者，亦有屈枉見棄者，然則何以解釋眾人際遇之別？《舊唐書》以為其關鍵在於時機，亦即君臣雙方是否能彼此相得。若遇合的當下，君臣的品行、志向不能匹配，無法獲得共鳴，則雖聖賢亦不得用，並以堯、舜、伊尹、商紂等人為例：

> 雖堯、舜之聖，不能用檮杌、窮奇而治平；伊、呂之賢，不能為夏
> 桀、殷辛而昌盛。（《舊唐書·太宗本紀》，頁66上右）

此段話說明君臣不能遇合的情形。聖賢君王不用惡臣來治理國家，以聖王而言，惡臣非其需求的人才，而以惡臣來說，其未遇伯樂以盡其用。反言之，賢臣無法使亂主之國昌盛，以亂主而言，賢臣是其所嫌惡，而以賢臣來說，才能再高亦不得進用。因此，《舊唐書》認為君臣遇合的相得與否，在於二者是否能在恰當的時機，遇到適當的對象。

〔註83〕見〔後晉〕劉昫：《舊唐書·則天皇后本紀》，頁96下右。
〔註84〕見〔後晉〕劉昫：《舊唐書·高祖本紀》，頁44上右。

三、《舊唐書》提出唐代朝政紊亂原因——朋黨亂政

　　對於唐朝朝廷政局的變化，《舊唐書》於〈中宗睿宗本紀〉中，提出朋黨亂政的看法，並追溯其源頭：

> 法不一則姦偽起，政不一則朋黨生，上既啟其泉源，下胡息於奔競。
> 觀夫天后之時，雲委於二張之第；孝和之世，波注于三王之門。獻
> 奇則除設盈庭，納賄則斜封滿路，咸以進趨相軋，姦利是圖，如火
> 投泉，安得無敗？（《舊唐書・中宗睿宗本紀》，頁111下左）

其認為朋黨的亂源應自武后當政起始，當政權動盪之時，群臣結黨以求保，更不提姦佞之輩，相互勾結以謀私利。其後又接連遭遇中宗、睿宗等不思反省，以圖進取的上位者，更是滿朝堂都是互相提拔自己人的朋黨，如此如何不敗亂朝紀？唐朝後期，尚有牛李黨爭，兩大朋黨於朝中傾軋，其中雖不乏才能之士，卻困於朝爭，不覺悟宦官及藩鎮對國家的禍害，為國分憂，而囿於黨我私利，實不可取。

四、《新唐書》的興衰觀——有德則興，無德則絕

　　《新唐書》成書於宋代，此時理學興盛，對於自然界乃至一切事務，樂於探尋緣由及其變化始終，不再一概歸因於天命時運，此種精神在史書中亦體現出來。是以《新唐書》觀察歷朝歷代的興起衰滅，捨棄《舊唐書》「治亂，時也」的觀點，同時亦認為一般以為積德厚仁故能為王的說法有誤。作者群舉例指出夏鯀之前與商契到成湯之間，其祖先默默無聞，非累世積德聞達天下之人，又以劉邦平民出身，率眾叛逃等史實為例，說明天命難測，不能以此解釋所有的歷史興衰現象，而提出「有德則興，無德則絕」[註85]的看法，歸因於上位者本身的德性。有德則能得人，能聚天下力，故能藉眾望以興起。無德則親近姦佞，忠臣賢能不得進用，失民心而近亂世，終至敗亡。除此之外，其以為能判別國家命脈是否久長的另一個標準，是良善的綱紀制度，及其維持的良好與否，並直接以唐為證：

> 雖其有治有亂，或絕或微，然其有天下年幾三百，可謂盛哉！豈非
> 人厭隋亂而蒙德澤，繼以太宗之治，制度紀綱之法，後世有以憑藉
> 扶持，而能永其天命歟？（《唐書・高祖本紀》，頁41下左）

其認為唐之開國是乘機崛起，幸而續以太宗德治開創的盛世，並立下良好的法

〔註85〕見〔宋〕宋祁、歐陽脩：《唐書・高祖本紀》，頁41下左。

紀，使後世子孫有得以作為模範、遵循的方向，方得能維持國命近三百年。由此可知《新唐書》對於國家興衰終始的觀點。

五、《新唐書》總結唐代衰亡原因——女禍、藩鎮、宦官

綜觀《新唐書》本紀的論贊，可發現其前期針對武后、中宗、玄宗等人的部分，提出「女子禍國」的觀點。其以為上位者侈從己欲，忘卻守國的職責，竟致造成動搖國本的後果，足以警戒後人。自玄宗安史之亂後，各地節度使開始擁兵自重，而德宗時期因奉天之難，對藩鎮採姑息放任態度，《新唐書》由其中注意到藩鎮坐大的禍患，故稱「由是，朝廷益弱，而方鎮愈強，至於唐亡，其患以此」〔註86〕，認為唐朝滅亡的禍因在此。

再者，《新唐書》注意到唐後期的宦官勢力，尤其是憲宗被內宦陳弘志所弒之事，竟直至文宗時期，方以其他罪名杖殺陳弘志報仇，而文宗企圖除去權宦勢力未果，竟因「宦官撓權，制之不得其術，故其終困以此。甘露之事，禍及忠良，不勝冤憤，飲恨而已」〔註87〕，抑鬱不得志，久病早逝。因此，《新唐書》稱：

> 唐自穆宗以來八世，而為宦官所立者七君。然則唐之衰亡，豈止方鎮之患？（《唐書·懿宗僖宗本紀》，頁 141 上左）

直接以儲君的繼立為例，昭示唐室皇權被宦官勢力的侵奪之狀，言明唐代衰亡之因，除了外在的藩鎮禍患，還有內政的宦官之害。內外交相迫，故唐朝國勢難以回天。

〔註86〕見〔宋〕宋祁、歐陽脩：《唐書·德宗順宗憲宗本紀》，頁 119 上右。
〔註87〕見〔宋〕宋祁、歐陽脩：《唐書·穆宗敬宗文宗武宗宣宗本紀》，頁 130 下左。

第參章 兩《唐書》列傳比較研究（一）單傳

　　唐朝二百九十年的漫長歷史中，風起雲湧，人才輩出，然事有特出，值得別為一傳載之傳後者，僅寥寥數人而已。《舊唐書》列傳中，獨立成篇的傳主只有七人，分別為李密（582～619）、魏徵、郭子儀、李晟（727～793）、陸贄（754～805）、裴度（765～839），以及李德裕。《新唐書》則在此基礎之上，增加蕭瑀（575～648）、李光弼、韓愈、劉蕡（？～842）等四人。其中，蕭、李、韓等三人自《舊唐書》合傳人物中拆取而出，劉蕡則是由《舊唐書》類傳中析分而來，二書對人物的配置差異甚巨，顯然對該人物有不同的看法，此正是《新唐書》史識迥異於《舊唐書》觀點的表露。

　　二書擇取相同人物作為單傳傳主，是《新唐書》認同《舊唐書》對人物歷史定位的評判，然對人物的觀感與評價是否相沿襲用，或者另有看法，可再進一步查察。此外，《新唐書》將蕭、李、韓、劉四人分別自合傳、類傳人物裡，提成單傳傳主，其對人物的定位與評價何以與《舊唐書》相異？何者較佳？均值得進一步了解。

　　緣此，本章分別以《新唐書》重合《舊唐書》單傳者、新增單傳者二類，各為一節討論之。

第一節　《新唐書》重合《舊唐書》單傳

　　《新唐書》列傳中的單傳，重合《舊唐書》單傳者，為〈李密列傳〉、〈魏

徵列傳〉、〈郭子儀列傳〉、〈李晟列傳〉、〈陸贄列傳〉、〈裴度列傳〉、〈李德裕列
傳〉共七篇。二書將此七人皆獨立成單傳，是肯定七人於當代有獨特且不可抹
滅的地位，而查看二書於七人傳末所下的評論，可發現《新唐書》在認同《舊
唐書》對此七人歷史定位的評斷時，亦同時承襲其對七人生平作為的看法。因
此，二書對人物的評價與觀感並無太大出入，而《新唐書》在《舊唐書》論贊
的基礎上，有更進一步的討論，如評李密：

> 當隋政板蕩，煬帝荒淫，搖動中原，遠征遼海。內無賢臣以匡國，
> 外乏良吏以理民，兩京空虛，兆庶疲弊。李密因民不忍，首為亂階，
> 心斷機謀，身臨陣敵，據鞏、洛之口，號百萬之師，竇建德輩皆效
> 樂推，唐公紿以欣戴，不亦偉哉！及偃師失律，猶存麾下數萬眾，
> 苟去猜忌，疾趨黎陽，任世勣為將臣，信魏徵為謀主，成敗之勢，
> 或未可知。至於天命有歸，大事已去，比陳涉有餘矣。始則稱首舉
> 兵，終乃甘心為降虜，其為計也，不亦危乎！又不能委質為臣，竭
> 誠事上，竟為叛者，終是狂夫，不取伯當之言，遂及桃林之禍。或
> 以項羽擬之，文武器度即有餘，壯勇斷果則不及。楊素既知密之才
> 幹，合為王之爪牙，委之癡兒，卒為謀主，覆族之禍，其宜也哉！
> （《舊唐書·李密列傳》，頁 1068 上左～下右）

> 或稱密似項羽，非也。羽與五年霸天下，密連兵數十百戰不能取東
> 都。始玄感亂，密首勸取關中；及自立，亦不能鼓而西，宜其亡也。
> 然禮賢得士，乃田橫徒歟，賢陳涉遠矣！噫，使密不為叛，其才雄
> 亦不可容於時云。（《唐書·李密列傳》，頁 1243 上左）

《舊唐書》指出李密因時而起，人才皆樂為其用，即使是在偃師與王世充（？
～621）大戰失利後，仍猶有反敗為勝的機會。同時作者群亦指出李密性格上
的缺陷，猜忌、反覆、寡斷，使其喪失原有的優勢，不得善終。贊末以之與
秦末舉事的陳涉、項羽相較，以為總的來說，李密優於陳涉，然比之項羽，
略有不及。此外，又評楊素（544～606）知曉李密才幹，卻放任其子楊玄感
（571～613）與之結交，而玄感竟聽其謀而舉兵，導致兵敗滅族，此為楊素
之失。《新唐書》則直接以《舊唐書》論贊為基礎發論，直言李密與項羽並不
相似，其才能相去甚遠，不能類比。再者，指出李密於楊玄感起事時勸其先
取關中，理由是如此必可得天下，然自己舉事時亦未能行此計，是能說人而
不能說己。《新唐書》以為其能禮賢下士、得眾扶持，氣度遠超陳涉，而與能

得五百義士追隨的田橫相類，若非降唐後又叛出，其才能特出於眾人之上，應能大有作為。

由上可知，二書皆肯定李密的才能，且歎息其性格上的缺失，及始王後降、降後復叛的反覆作為。相較而言，《舊唐書》全面盤點其作為，為其各個時期的選擇進行評點，《新唐書》之論則立足於其上，聚焦於李密與他人的類比，距其人其事較遠，若得與《舊唐書》相參看，文意則較為完滿。

又如論郭子儀，兩《唐書》論贊的論述相差無幾，顯示雙方觀感及評價的一致性：

> 天寶之季，盜起幽陵，萬乘播遷，兩都覆沒。天祚土德，實生汾陽。自河朔班師，關西殄寇，身扞豺虎，手披荊榛，七八年間，其勤至矣，再造王室，勳高一代。及國威復振，羣小肆讒，位重懇辭，失寵無怨。不幸危而邀君父，不挾憾以報仇讎，晏然效忠，有死無二，誠大雅君子，社稷純臣。自秦、漢已還，勳力之盛，無與倫比，而晞、曖於綺紈之中，拔身虎口，赴難奉天，可謂忠孝之門有嗣矣。
> （《舊唐書‧郭子儀列傳》，頁 1723 下右～下左）

《舊唐書》以郭子儀戰功崛起的背景起首，說明其力挽唐室頹勢的功績，之後雖身陷眾讒，不被信用，卻仍在皇室危難時，二話不說地披甲上陣，無有怨尤，是秦、漢以來功績最為彪炳的忠臣，子孫亦有所承繼。作者群以「再造王室，勳高一代」一語，肯定郭子儀功績特立於唐朝眾臣之上，又以「大雅君子，社稷純臣」為評，讚賞其品行為人。此數語顯示《舊唐書》對郭子儀的人品及作為，均給予極高的讚譽，同時亦點明以之立為單傳的緣故。

《新唐書》論贊則稱：

> 天寶末，盜發幽陵，外阻內訌。子儀自朔方提孤軍，轉戰逐北，誼不還顧。當是時，天子西走，唐祚若贅斿，而能輔太子，再造王室。及大難略平，遭讒甚，詭奪兵柄，然朝聞命，夕引道，無纖介自嫌。及被圍涇陽，單騎見虜，壓以至誠，猜忍沮謀。雖唐命方永，亦由忠貫日月，神明扶持者哉！及光弼等畏偪不終，而子儀完名高節，爛然獨著，福祿永終，雖齊桓、晉文比之為褊。唐史臣裴垍稱：「權傾天下而朝不忌，功蓋一世而上不疑，侈窮人欲而議者不之貶。」嗚呼！垍誠知言。其子孫多以功名顯，蓋盛德後云。（《唐書‧郭子儀列傳》，頁 1718 下左～1719 上右）

《新唐書》論郭子儀，同樣自安史戰亂起論，強調當時唐室命懸一線的危急，及郭子儀難能可貴的功績，次之則感歎其雖遭小人讒毀，仍不怨皇室，能即刻馳援，而以「忠貫日月，神明扶持者」稱之。論述最末則較《舊唐書》多增加了對其能善始善終的喟嘆，更以齊桓公、晉文公與之作比，認為郭子儀的作為與聲名更加能首尾完滿，又引唐代史臣裴垍（？～811）之言盛讚之，認為到最後郭子儀能擺脫皇帝猜忌及小人讒毀，是因為其深知進退之道。因此，郭子儀能「富貴壽考，哀榮終始，人臣之道無闕焉」〔註1〕，裴垍之評十分適當。由此觀之，可發現《新唐書》同樣對郭子儀的觀感極佳，所予評價極高，且藉此延伸至君臣間的進退之道，對其能善始終讚嘆不已，以為其盡忠至誠，退能保身，已窮極人臣之道。

這種由評人延伸至慨歎君臣之道的情形，亦出現在《新唐書》論魏徵時。《舊唐書》論贊評魏徵曰：

> 臣嘗讀漢史〈劉更生傳〉，見其上書論王氏擅權，恐移運祚，漢成不悟，更生徘徊伊鬱，極言而不顧禍患，何匡益忠藎也如此！當更生時，諫者甚多。如谷永、楊興之上言，圖為姦利，與賊臣為鄉導，梅福、王吉之言，雖近古道，未切事情。則納諫任賢，詎宜容易！臣嘗閱魏公故事，與文皇討論政術，往復應對，凡數十萬言。其匡過弼違，能近取譬，博約連類，皆前代諍臣之不至者。其實根於道義，發為律度，身正而心勁，上不負時主，下不阿權幸，中不侈親族，外不為朋黨，不以逢時改節，不以圖位賣忠。所載章疏四篇，可為萬代王者法。雖漢之劉向、魏之徐邈、晉之山濤、宋之謝朓，才則才矣，比文貞之雅道，不有遺行乎？前代諍臣，一人而已。（《舊唐書·魏徵列傳》，頁 1244 下左～1245 上右）

開頭即引劉更生故事，指出上位者納諫任賢的不易，除卻自身的智慧清明與否，更需辨明忠奸、查察諫言是否切合實際。次之，贊魏徵所諫皆出乎身正心誠，切中時弊，為人品行高潔，且所上奏者均可為萬世法，而最後以「前代諍臣，一人而已」作結，指出其立身單傳的價值。又，論贊從各個角度去闡明其品行的雅潔，表明《舊唐書》對其人品極度讚賞，綜觀唐史，無人可及。《新唐書》則不論這些，轉以其死後遭遇來抒發君臣相處之難：

> 君臣之際，顧不難哉！以徵之忠，而太宗之睿，身歿未幾，猜譖遽

行。始，徵之諫，累數十餘萬言，至君子小人，未嘗不反復為帝言
之，以佞邪之亂忠也。久猶不免。故曰：「皓皓者易污，嶢嶢者難全。」
自古所嘆云。唐柳芳稱：「徵死，知不知莫不恨惜，以為三代遺直。」
諒哉！謨之論議挺挺，有祖風烈，《詩》所謂「是以似之」者歟！
（《唐書·魏徵列傳》，頁 1347 上右）

《新唐書》肯定魏徵的忠直，並引唐人柳芳之言，反映時人對魏徵的評價亦是
極高，然論贊的大半篇幅，皆是吁歎君臣間交心信用之難，即使君王英明睿思，
亦不敵日夜讒毀，終不免猜忌疑慮，有藉魏徵故事抒發慨歎之意。

又如論李晟及裴度時，《新唐書》亦談及君臣之道。《舊唐書》於〈李晟列
傳〉中，評價其「見義能勇，聽受不疑，忠於事君，長於應變，誠一代之賢將
也」[註2]，以其雖擁重兵而忠心不改，與當時諸鎮有別，又阻止吐蕃與李懷
光（729～785）、朱泚合盟，解德宗奉天之危，故立之為單傳。作者群更指出
其有忠義、應變、明斷等人格特質，表達出欣賞的態度，而針對其際遇，則惋
惜其不遇明主：

德宗皇帝聽斷不明，無人君之量，俾功臣困讒慝之口，奸人秉衡石
之權，丁瓊之言，誠堪太息。雖齦齦刻渭橋之石，區區賜煙閣之銘，
亦何心哉！作善遺慶，諸子俱才，元和平賊之功，聽、愬居其半。
父子昆弟，皆以功名始終，道家所忌之談，李氏以善勝矣。（《舊唐
書·李晟列傳》，頁 1832 上右～上左）

李晟盡忠解德宗之厄，而德宗卻信用小人，故丁瓊勸其為自己早作打算，李晟
不聽。雖被權奸排擠，然亦因其退而無怨，故亡故後仍能得德宗感念。又，為
報譚元澄恩，於其逝世後撫卹其子有所成就，顯現其人品的淳厚。此外，李晟
治家嚴謹，身傳言教，故諸子均能成材，頗有一番功績，亦破除道家忌諱的三
代為將必不祥的說法。由此可知，《舊唐書》除對李晟觀感甚佳外，亦欣賞其
家族風氣，認為能善始終，十分難得。

《新唐書》雖未多方讚賞李晟的優點，然亦以「仁義將」稱之：

晟之屯東渭橋也，朱泚盜京師，李懷光反咸陽，河北三叛相王，李
納獮河南，李希烈訌鄭、汴。晟無積貲輸糧，提孤軍抗群賊，身佩
安危而氣不少衰者，徒以忠誼感人，故豪英樂為之死耳。至師入長
安而人不知，雖三王之佐，無進其能，可謂仁義將矣！嗚呼，功能

[註2] 見〔後晉〕劉昫：《舊唐書·李晟列傳》，頁 1832 上右。

存社祏，不能見信於庸主，卒奪其兵，哀哉！雖然，功蓋天下者，
惟退禍可以免。四子世似其勞，是宜有後哉！（《唐書·李晟列傳》，
頁 1860 上左～下右）

其以為李晟在諸鎮欲自立為王的狀況下，能不改忠心，孤軍保皇，行為極為忠
義，且軍隊進入京師而不擾民，顯示其治軍嚴謹及待民仁厚，故稱之為「仁義
將」，並為其功勞雖大卻不得德宗信用，感到可惜。同時，作者群亦指出此正
是李晟能善終的原因，在於能退抑，能避讓，故能消除皇帝的猜忌，得以保身
全家。李晟面對德宗的猜疑及奪兵權，並未就此反叛，或與讒毀者鬥爭，反而
選擇平靜地交出兵權，顯示其擁護皇權、未曾思反的心理，又因為沒有任何忿
恨不平的表現，展現虛心寬和的態度，使得德宗於其亡故後仍深深懷念，庇護
其家族：

晟薨後，城鹽州，復鹽池，上賜宰臣新鹽，惻然思晟，乃令致鹽於靈
座。又時遣中使至晟第存撫諸子，教戒備至，聞愬等有一善，上喜形
於色。眷遇終始，無與晟比。（《舊唐書·李晟列傳》，頁 1826 上右）

「眷遇終始，無與晟比」的背後，隱藏的是皇帝的猜忌，若當初選擇反叛或鬥
爭，則其必然得不到皇帝的尊重。於此同時，令人慨歎的亦是其遭遇猜疑，未
能始終受到重用。《新唐書》亦因此發出「雖然，功蓋天下者，惟退禍可以免」
〔註3〕的感歎，認為李晟的決定是唯一可行的選項，以為時不我與時，退避亦
是個好選擇，而此觀點亦飽含儒家用世思想的影響：

古之人，得志，澤加於民，不得志，修身見於世。窮則獨善其身，
達則兼善天下。（《孟子正義·盡心上》，頁 230 下左）

作者群以為能得到機會施展抱負時，應做實事，惠澤天下百姓；反之，應修養
己身，使自己生活得更好。《新唐書》這一看法，於〈裴度列傳〉論贊中明確
地表現出來。

裴度身歷憲宗、穆宗、敬宗、文宗四朝，曾協助憲宗鎮壓藩鎮，是其不可
或缺的助力。穆宗時期河北三鎮復叛，裴度受命領兵討伐，可惜因被排擠而缺
少支援，難以取勝，轉改任東都留守。其又於敬宗時期再受重用，並迎文宗為
帝，然文宗中後期被宦官挾制，朝廷盡在權宦手中，裴度見勢不能為，遂淡出
政事，與詩友相唱和，而於文宗開成四年（839）薨逝。《舊唐書》評裴度時，
集中論述其為臣的忠義，及敢以身殉難的果斷英武：

〔註 3〕見〔後晉〕劉昫：《舊唐書·李晟列傳》，頁 1832 上左。

晉公以書生素業，致位台衡，逢時邁屯，扼腕兇醜，誓以身徇，不亦壯乎！夫人臣事君，唯忠與義。大則以訏謨排禍難，小則以讜正匡過失，內不慮身計，外不恤人言，古人所難也。晉公能之，誠社稷之良臣，股肱之賢相；元和中興之力，公胡讓焉！昔仲尼歎周室陵遲，齊桓霸翼，而有微管之論。嘗承宗、師道之濟惡也，姦人遍四海，刺客滿京師。乃至關吏禁兵，附賊陰計，議臣言未出口，刃已摏胸。苟非死義之臣，孰肯橫身冒難，以輔天子者？苟裴令不用，元和之世則時運未可知也。臣所以明左袒之歎，宣聖獎賢之深。（《舊唐書·裴度列傳》，頁2218上左～下右）

其以為裴度能在丞相武元衡（758～815）遭藩鎮買兇刺死、自己亦重傷時，挺身犯難，支持憲宗，領兵討伐藩鎮，實屬忠臣義士之輩，而以管仲輔佐齊桓公，有攘夷之功，作為比擬，表達其對裴度功績的肯定，以此亦可知其立為單傳之由。

　　《新唐書》認同《舊唐書》給予的評價，同時亦肯定憲宗的英明果決、獨排眾議，以為如此方能成就「元和中興」，而至穆宗時期，姦佞當道，裴度則無可稱作為，是情勢所致耳，反對前人認為裴度晚節有瑕、只為自保的說法。作者群更引《詩經·大雅》之句，讚賞裴度明智：

憲宗討蔡，出入四年。元濟外連姦臣，刺宰相及用事者，沮駭朝謀。惟天子赫然排羣議，任度政事，倚以討賊。身督戰，遂平淮西。非度破賊之難，任度之為難也。韓愈頌其功曰：「凡此蔡功，惟斷乃成。」其知言哉！穆宗不君，憸人腐夫乘釁鵮訕，而度遂無顯功。非前智後愚，用不用，勢當然矣。前史稱度晚節頗浮沉為自安計，是不然。〈大雅〉曰：「既明且哲，以保其身。」度何訕云。（《唐書·裴度列傳》，頁2031下右）

《新唐書》並不以為裴度晚年退居洛陽是不進取，反認為其所為無可指謫，時勢所趨，力不可為，退而求全是睿智之舉，前人實在指責太過。

　　再者，兩《唐書》論陸贄，皆以其為忠諫之臣，惜其所建言均為國策，卻不見用，故立為單傳。《舊唐書》論之曰：

近代論陸宣公，比漢之賈誼，而高邁之行，剛正之節，經國成務之要，激切仗義之心，初蒙天子重知，末塗淪躓，皆相類也。而誼止中大夫，贄及台鉉，不為不遇矣。昔公孫鞅挾三策說秦王，淳于髡

以隱語見齊君，從古以還，正言不易。昔周昭戒急論議，正為此也。
贄居珥筆之列，調餁之地，欲以片心除眾弊，獨手遏羣邪，君上不
亮其誠，羣小共攻其短，欲無放逐，其可得乎！《詩》稱「其維哲
人，告之話言」，又有「誨爾」、「聽我」之恨，此皆賢人君子歎言不
見用也。故堯咨禹拜，千載一時，攜手提耳，豈容易哉！（《舊唐書‧
陸贄列傳》，頁 1901 下右～下左）

其以為陸贄可與賈誼比擬，生平遭遇極其相似，忠誠為國，一心進言，雖曾蒙
天子青眼，卻不得信用，未能真正扭轉當時政局。最後，於論贊中大歎君臣相
遇之難，以「豈容易哉」作結。

《新唐書》則未若《舊唐書》為君者諱，僅以「君上不亮其誠」帶過上位
者的缺點，而是直接指出德宗是昏庸之主，蒙難時知道要聽用陸贄計謀，待到
無事時，即因寵幸佞臣而棄之不用，國家不亡實屬幸運：

德宗之不亡，顧不幸哉！在危難時聽贄謀，及已平，追仇盡言，怫
然以讒倖逐，猶棄梗。至延齡輩，則寵任磐桓，不移如山，昏佞之
相濟也。世言贄曰罷翰林，以為與吳通玄兄弟爭寵，竇參之死，贄
漏其言，非也。夫君子小人不兩進，邪諂得君則正士危，何可訾耶？
觀贄論諫數十百篇，譏陳時病，皆本仁義，可為後世法，炳炳如丹，
帝所用纔十一。唐祚不競，惜哉！（《唐書‧陸贄列傳》，頁 1887 上
左～下右）

其亦為陸贄與吳通玄等人鬥爭作解釋，認為竇參的私下言談並非陸贄所泄，且
自古忠奸不兩立，其作為無可批評。同時，又肯定陸贄所諫言者皆可作為後世
資政參考，十分切實，而德宗竟只採用少許，令人惋歎。

至於論李德裕，《舊唐書》極言其才，以及與武宗君臣相合、整頓朝局之
事，而以為其微瑕可議者，是不能與牛僧孺（779～848）、李宗閔（？～846）
等人和解，反相互打壓爭鬥：

臣總角時，亟聞耆德言衛公故事。是時天子神武，明於聽斷；公亦
以身犯難，酬特達之遇。言行計從，功成事遂，君臣之分，千載一
時。觀其禁掖彌綸，嚴廊啟奏，料敵制勝，襟靈獨斷，如由基命中，
罔有虛發，實奇才也。語文章，則嚴、馬扶輪；論政事，則蕭、曹避
席。罪其竊位，即太深文。所可議者，不能釋憾解仇，以德報怨，
泯是非於度外，齊彼我於環中。與夫市井之徒，力戰錐刀之末，淪身

瘴海，可為傷心。古所謂攫金都下，忽於市人，离婁不見於眉睫。才
則才矣，語道則難。（《舊唐書・李德裕列傳》，頁2268上右～上左）

《舊唐書》認為以李德裕之才，最終在鬥爭中失利，遭貶海南，導致貧苦病死，
實屬可惜，而耽迷於權勢，忘乎危險將近、無有後路，亦非明智之人所為。

《新唐書・李德裕列傳》論贊則自朋黨切入：

漢劉向論朋黨，其言明切，可為流涕，而主不悟，卒陷亡辜。德裕
復援向言，指質邪正，再被逐，終嬰大禍。嗟乎！朋黨之興也，殆
哉！根夫主威奪者下陵，聽弗明者賢不肖兩進，進必務勝，而後人
人引所私，以所私乘狐疑不斷之際；是引桀、跖、孔、顏相閱于前，
而以眾寡為勝負矣。欲國不亡，得乎？身為名宰相，不能損所憎，
顯擠以仇，使比周勢成，根株牽連，賢知播奔，而王室亦衰，寧明
有未哲歟？不然，功烈光明，佐武中興，與姚、宋等矣。（《唐書・
李德裕列傳》，頁2096上右）

起首引劉向諫漢元帝事，以為與李德裕遭遇相類，皆諫言朋黨之害，君王卻不
以為然，終遭打壓、貶斥。再者，申言朋黨興起及爭鬥的根由。最後則感歎李
德裕受武宗重用近十年，亦未能剷除朋黨，竟使之聯合成勢，遭致反撲，是其
應可做好卻未能如願的遺憾，否則其輔助武宗攘外安內的功績，足以與輔佐玄
宗開創盛世的姚崇（651～721）、宋璟（663～737）比肩。

　　由上可知，兩《唐書》皆認同李德裕有經世之才，然陷於朋黨爭權的漩渦，
卒不免於身，實在可歎，而究其遭遇，亦與武宗、宣宗的帝位更替緊密相關。
武宗重用李德裕而唐有復盛之象，至宣宗一登位，一改舊朝人馬，立即罷黜之，
使之旋遭朋黨排擠陷害，不數年亡於外任。李德裕於武宗、宣宗時期的職權升
貶，非因其江郎才盡或不欲盡忠，而是君臣間的不遇時。《新唐書》更認為李
德裕應趁大權在握之時，剷除朋黨，使之潰不成勢，便能自保保國，然而朋黨
之滅，豈能如此容易？由此亦可發現，《舊唐書》以為李德裕可被批評的是排
除異己，而《新唐書》則不忌諱此點，而以唐代國勢走向俯看全局，反以為李
德裕未能盡除朋黨，實可憾恨。此為二書評價李德裕時的相異之處。

小結

　　經由探查兩《唐書》列傳中重合的單傳，可發現二書對李密、魏徵、郭子
儀、李晟、陸贄、裴度、李德裕等七人的觀感與評價相類，並沒有出現評價反

轉的情形。《舊唐書》於論贊中評點個人性格及事跡，多引古人事例與之相對，凸顯傳主形象，作為典型，《新唐書》則在此基礎上，藉傳主際遇，感慨君臣間的處遇進退之難。由此亦可發覺：《舊唐書》不時因傳主遭遇而感歎君臣相得的時機之難，《新唐書》則開始思考君臣之遇中臣子所能掌握的主動性，企圖找尋一套公式，可以應用於宦途起伏之時，以作出較好的選擇。如《新唐書》作者群於〈李晟列傳〉中，指出功高震主者，退可以免禍；又如於〈郭子儀列傳〉中，稱許其人臣之道最為完滿，功蓋天下而雖退不怨，無愧於君，無愧於民，故能善始善終。

此外，《新唐書》不認為退而自保是政治逃兵行為，如評裴度時讚其「既明且哲，以保其身」，以為其晚年退居洛陽的行為無所訾病。此一觀點則明顯透露出宋代士人深受儒家進仕退隱用世觀念的影響。

第二節　《新唐書》新增單傳人物

《新唐書》列傳裡，其匠心獨運、新立成傳的單傳共有四篇。原屬《舊唐書》合傳拆分而出者，為〈蕭瑀列傳〉、〈李光弼列傳〉、〈韓愈列傳〉共三篇，而原屬《舊唐書》類傳拆分出來的，則為〈劉蕡列傳〉。

兩書的人物配置相異，代表作者群對該人物的看法不同。原為合傳者，與其他合傳人物應關係密切，故以相合來凸顯篇章主旨，原屬類傳者則是以職業、屬性相似，故集合成篇，記錄一代的群體面貌，然《新唐書》將人物拆出，是認為其人的歷史價值特出，不宜與他人同傳，因而單獨成篇。其更動之後對原傳是否有影響？其抽出的人物是否值得單立？將之單立，是否更加適宜？透過對篇章及主旨的探究，應可更加了解其答案。以下即就各篇進行討論：

一、〈蕭瑀列傳〉

蕭瑀其人，出身於南朝梁蕭氏帝族，為隋煬帝妻弟，卻不受重用，遭遣出京城，擔任河池郡守。之後接受唐朝招撫，以郡歸附唐高祖，方得帝王信用。至太宗時期，蕭瑀因與房玄齡等重臣不和，甚而常於太宗前爭執，時間一久，竟漸不得太宗意。薨逝後，原本欲諡為「肅」，太宗竟以其器小而改之「貞褊公」。《舊唐書》以之與封倫（568～627）、裴矩（547～627）、宇文士及（？～642）三人合為一傳，而論贊卻只聚焦於封倫及蕭瑀，裴矩與宇文士及僅得一句之評：

封倫多揣摩之才，有附託之巧。黨化及而數煬帝，或有靦顏；託士及以歸唐朝，殊無愧色。當建成之際，事持兩端；背蕭瑀之恩，奏多異議。太宗，明主也，不見其心；玄齡，賢相焉，尚容其諂。狡算醜行，死而後彰，苟非唐臨之劾，唐儉等議，則姦人得計矣。蕭瑀骨鯁亮直，儒術清明。執政隋朝，忠而獲罪；委質高祖，知無不為。及太宗臨朝，房、杜用事，不容小過，欲居成功，既形猜貳之言，寧固或躍之位？易名而祇加「褊」字，所幸者猶多；奉佛而不失道情，非善也而何謂。裴矩方略寬簡，士及通變謹密，皆一時之稱也。（《舊唐書·封蕭裴宇文列傳》，頁 1168 上右～上左）

其以為封倫狡詐有才華，為人反覆不記恩，卻能步步高昇，得到太宗賞識，諡號為「明」，直到貞觀十七年（643），才被人揭發、彈劾其在太宗皇位之爭時曾經首鼠兩端之事，改諡號為「繆」。當時距其卒已十七年，若非有唐臨（600～659）、唐儉（579～656）等人揭露、廷議，則封倫以反覆之行，仍能享受死後榮耀，繼續蒙蔽世人。蕭瑀則是忠誠耿直，曾在煬帝、高祖、太宗手下任事，卻得到不同待遇，終因太宗評其氣量狹小而改諡。至於裴矩與宇文士及，《舊唐書》以為裴矩擅長規畫且寬和簡便，宇文士及則善權衡而處事謹密，皆為當代傑出人才。

　　由此觀之，蕭瑀、封倫之間有薦拔之恩，然與裴、宇文二人並無密切關係，難以察覺四人間的共同聯繫，而詳查四人本傳經歷，可發現其共通點為煬帝舊臣，且封倫、裴矩、宇文士及三人於隋末至唐初時，均有多方投誠的紀錄：

宇文化及之亂，逼帝出宮，使倫數帝之罪。……化及尋署內史令，從至聊城。倫見化及勢蹙，乃潛結化及弟士及，請於濟北運糧，以觀其變。遇化及敗，與士及來降。……初，倫數從太宗征討，特蒙顧遇。以建成、元吉之故，數進忠款，太宗以為至誠，前後賞賜以萬計，而倫潛持兩端，陰附建成。時高祖將行廢立，猶豫未決，謀之於倫，倫固諫而止。然所為祕隱，時人莫知。（《舊唐書·封蕭裴宇文列傳》，頁 1160 下右～1161 上左）

帝以矩有綏懷之略，加位銀青光祿大夫。……矩見天下將亂，恐為身禍，每遇人盡禮，雖至胥吏，皆得其歡心。……宇文化及弒逆，署為尚書右僕射。化及敗，竇建德復以為尚書右僕射，令專掌選事。……武德五年，拜太子左庶子。俄遷太子詹事。……及太子建

成被誅，其餘黨尚保宮城，欲與秦王決戰，王遣矩曉諭之，宮兵乃散。（《舊唐書・封蕭裴宇文列傳》，頁1165下左～1166下左）

初，高祖為殿內少監，時士及為奉御，深自結託。及隨化及至黎陽，高祖手詔召之，士及亦潛遣家僮間道詣長安申赤心，又因使密貢金環。（《舊唐書・封蕭裴宇文列傳》，頁1167上左）

封倫為煬帝心腹近臣，但卻於隋朝即將傾覆時，第一時間背叛煬帝、投靠宇文化及，同時又多方投資，暗自與宇文士及結交。入唐之後，封倫面對隱太子建成與太宗爭位的局勢時，又是選擇兩面投資：明投太宗、暗附建成。封倫兩次的雙面投靠顯示出其心性的涼薄功利。裴矩深受煬帝重用，多次採納其征邊之議，然見局勢將亂，即特意廣結善緣，後又為宇文化及、竇建德（573～621）、隱太子建成所用，卻時常快速轉投他主，如建成一死，餘黨尚欲與太宗決一死戰，裴矩已接受太宗命令去勸降他人，顯見二人或早有聯繫。宇文士及為宇文化及之弟，雖未和其兄共謀造反，然事發時未加以阻止，同一時間又暗中與高祖相結交，亦是手持兩端之人。三人品行顯然有共同性。

此外，封倫、裴矩二人雖為煬帝重臣，卻未能於國有益，反使隋朝破敗的速度加劇，如：

大業中，倫見虞世基幸於煬帝而不閑吏務，每有承受，多失事機。倫又託附之，密為指畫，宣行詔命，諂順主心。外有表疏如忤意者，皆寢而不奏。決斷刑法，多峻文深詆；策勳行賞，必抑削之。故世基之寵日隆，而隋政日壞，皆倫所為也。（《舊唐書・封蕭裴宇文列傳》，頁1160下右）

矩知帝方勤遠略，欲吞并夷狄，……矩盛言西域多珍寶及吐谷渾可并之狀，帝信之。……及滅吐谷渾，蠻夷納貢，諸蕃懾服，相繼來庭。雖拓地數千里，而役戍委輸之費，歲巨萬計，中國騷動焉。……帝至東都，矩以蠻夷朝貢者多，諷帝大徵四方奇技，作魚龍曼延角觝於洛邑，以誇諸戎狄，終月而罷。又令三市店肆皆設帷帳，盛酒食，遣掌蕃率蠻夷與人貿易，所至處悉令邀延就座，醉飽而散。夷人有識者，咸私哂其矯飾焉。……矩因奏曰：「高麗之地，本孤竹國也，……今乃不臣，列為外域，……當陛下時，安得不有事於此，使冠帶之境，仍為蠻貊之鄉乎？……請面詔其使還本國，遣詔其王令速朝覲。不然者，當率突厥即日誅之。」帝納焉。高麗不用命，

　　始建征遼之策。……是時，帝既昏侈逾甚，矩無所諫諍，但悅媚取
　　容而已。（《舊唐書‧封蕭裴宇文列傳》，頁 1165 下右～1166 下右）

煬帝時，虞世基（？～618）因幸用事卻不熟政務，是封倫於其後暗中主導，
諂媚煬帝，使朝政日漸敗亂。裴矩則揣摩上意，阿諛獻計，促使煬帝耗費巨資、
傾盡人力，征吐谷渾、高麗等地，以致民怨四起，終至大亂。封、裴為臣，使
得隋末政局愈加紊亂，民生凋敝加速，均是不良影響，且同時又首鼠兩端，實
是姦邪之輩。宇文士及對太宗亦有媚上之舉，然並未載入《舊唐書》本傳。

　　由上述可知，封、蕭、裴、宇文四人間，以封倫和裴矩的關係最為緊密，
其品行、經歷極為相似，宇文則次之。蕭瑀則因與封倫有所牽連，如拔舉之恩、
共事而結怨等，因此與之相合，而品德、舉止等則不相類，其與諸合傳人物間
的關係其實並不密切。《舊唐書》以隋臣暗投、性多諂媚為關鍵貼合四人，是
以蕭瑀側身其中有扞格不入之感。

　　《新唐書》抽出蕭瑀立為單傳，其立意與《舊唐書》判然兩異，顯示二書
對蕭瑀其人的分類有出入。《新唐書》以為其不應與封倫等人相合之外，又發
掘出蕭瑀家族的代表性，而蕭瑀為家族在唐的起始，故該傳以之為名。其立傳
關鍵於論贊中清楚地表明：

　　梁蕭氏興江左，實有功在民，厥終無大惡，以寖微而亡，故餘祉及
　　其後裔。自瑀逮遘，凡八葉宰相，名德相望，與唐盛衰。世家之盛，
　　古未有也。（《唐書‧蕭瑀列傳》，頁 1386 上右）

其以為由蕭瑀至蕭遘，家族中竟有八代為宰，與唐相始終，實為宰相世家，而
究其緣由，則是其家族並未做出大惡之事，反有利於民，故能福蔭子孫後輩。
此傳雖以蕭瑀為名，實際上卻是蕭氏宰相列傳，而以其子孫為附傳。查驗於〈蕭
瑀列傳〉，可知其附傳有蕭鈞、蕭嗣業、蕭嵩（？～749）、蕭華（？～762）、
蕭復（732～788）、蕭俛（？～842）、蕭倣（796～875）、蕭廩、蕭遘、蕭定
（708～784），共十人，而蕭寘（？～865）為懿宗時宰相，表現平平又佚失其
事跡，似僅為附見。蕭瑀為人耿直性急，為政勤懇，雖器量略狹，常與人爭，
然素無大過，而所附子孫，多性慕高潔，不屈從姦黨，時進忠諫。其中，雖有
蕭俛因見識短淺而議言銷兵，非宰相之才，然除此外並無大錯，其行政時亦持
法謹慎，故可知《新唐書》評蕭氏「實有功在民，厥終無大惡」〔註4〕，所言
為是。

<hr>

〔註4〕見〔宋〕宋祁、歐陽脩：《唐書‧蕭瑀列傳》，頁 1386 上右。

　　至於封倫、裴矩、宇文士及三人，《新唐書》以之與陳叔達（572～635）、楊恭仁（568～639）、鄭善果（569～629）、權萬紀（？～643）、閻立德（？～656）、蔣儼、韋弘機、姜師度（？～723）、張知謇等九人，另為合傳。其論贊不在傳末，而在傳中封、裴、宇文的本傳之後，合論三人：

> 封倫、裴矩，其姦足以亡隋，其知反以佐唐，何哉？惟姦人多才能，與時而成敗也。妖禽孽狐，當晝則伏自如，得夜乃為之祥。若倫偽行匿情，死乃暴聞，免兩觀之誅，幸矣。太宗知士及之佞，為游言自解，亦不能斥。彼中材之主，求不惑於佞，難哉！（《唐書·陳楊封裴宇文鄭權閻蔣姜張列傳》，頁 1372 下右）

其認為此三人身負才華，然性格狡佞，善於揣摩上意，即使明睿如太宗，亦被封倫蒙騙，以為其忠誠待己，至封倫卒後十數年，其首鼠兩端之舉方才被舉發；又如宇文士及被太宗當面評為「佞人」，仍能面無愧色，以言自解，使太宗釋懷，實深得面諛之道。一般君主若不似太宗之明者，又如何能明辨而不惑？因此慨歎佞之惑人。由此亦可知《新唐書》以為封倫等三人皆屬佞幸之流。

　　《舊唐書》將蕭瑀和封、裴、宇文三人相合，然透過對主旨及內文的探析，可發現蕭瑀與之品行、作為並不相似，僅因與封倫有所牽扯而貼合入傳，雜處其中略顯勉強。《新唐書》則察知此情形，將蕭瑀抽出，並以其家族八代為宰，與唐相始終為由，立為單傳，並藉由附傳串連起《舊唐書》中散處各傳的蕭氏族人，使之脈絡分明，與唐終始的主旨則愈加凸顯。根據傳旨及人物特質、經歷作為的分類調配來看，《新唐書》對蕭瑀等人的重新配置較《舊唐書》原傳更為適宜。

二、〈李光弼列傳〉

　　李光弼，出身武將家庭，有契丹血統，活躍時期約與郭子儀同，皆為弭平安史之亂的主力。其功勳與郭子儀相差無幾，然因忌憚宦官魚朝恩（722～770）讒言，終不敢釋兵入朝。其長年滯留於徐州，愧疚成疾，最終孤身在軍中薨逝，享年五十七歲，不若郭子儀享壽八十五，且受皇帝重視，富貴榮華，子孫滿堂。《舊唐書》將之與王思禮（？～761）、鄧景山（？～762）、辛雲京（713～768）三人合傳，於論贊中評點四人事跡：

> 凡言將者，以孫、吳、韓、白為首。如光弼至性居喪，人子之情顯矣；雄才出將，軍旅之政肅然。以奇用兵，以少敗眾，將今比古，

詢事考言，彼四子者，或有愸德。邙山之敗，閫外之權不專；徐州
之留，君側之人伺隙。失律之尤雖免，匡躬之義或虧，令名不全，
良可惜也。然閫外之事、君側之人，得不慎諸？思禮法令嚴整，儲
廥豐盈，節制之才，固不易得。景山始以文吏，或有虛名。仗鉞揚
州，召匪人而劫掠士庶；分茅并部，持小法而全昧機權。貴馬賤人，
眾怒身死，宜哉！雲京賞善懲惡，靜亂安邊，功著軍中，寵加身後，
不亦美歟！（《舊唐書·李王鄧辛列傳》，頁 1639 上左～下右）

作者群以為李光弼孝順感人，具有軍事才能，善於用奇謀、以寡勝眾，比之孫
武、吳起、韓信、白起等著名戰將，實是才德俱全。其邙山之戰所以失敗，是
因為兵權受到監軍使掣肘，選擇羈留徐州則是因為恐懼皇帝信用的宦官進讒
言，以致抗旨不入，而此舉亦使其聲名受損。王思禮治軍整肅，又善於樽節資
源，是難得的人才，鄧景山則相反，是徒有虛名之輩。其因劉展（？～761）
作亂，招來田神功（？～774）以討賊之名，大掠揚州，又執法偏頗，不允人
命贖罪，竟許以馬贖之，導致積怨爆發，以身死之。辛雲京為之收拾殘局，賞
罰分明，守邊有功，亦是一名良將。

　　《舊唐書》於論贊中，讚賞王思禮、辛雲京，貶斥鄧景山，而為李光弼因
自身考慮較多，致使名聲有虧，感到可惜，然其中並未指出四人合傳的關鍵，
而須自本傳經歷中找尋。

　　查四人本傳紀事，可發現李光弼與王思禮治軍風格較為相似，皆以嚴肅守
法為要：

光弼御軍嚴肅，天下服其威名，每申號令，諸將不敢仰視。（《舊唐
書·李王鄧辛列傳》，頁 1637 上左～下右）

思禮長於支計，短於用兵，然立法嚴整，士卒不敢犯，時議稱之。
（《舊唐書·李王鄧辛列傳》，頁 1638 下右）

二人於當時皆以治軍嚴整聞名。王思禮具有高麗血統，與李光弼同樣曾受到哥
舒翰（？～757）的賞識與拔舉，在弭平安史亂事的隊伍中，先後擔任廣平王
（即代宗）與郭子儀的副手，立功不少。與眾節度使軍隊合圍安慶緒時，因天
象不佳而大軍潰退，僅李光弼及王思禮軍隊齊整不散亂，是二人治軍風格相似
之證。因此可知，李光弼與王思禮的出身與前期經歷相類，帶兵手法相似，且
同樣於安史之亂中屢建功績，出鎮一方亦有成就，二人經歷的相關性高，適宜
相合。

　　鄧景山及辛雲京的相合入傳，則是因王思禮之故。王思禮善於統計、調整後勤，其為太原尹、北京留守時，曾「貯軍糧百萬，器械精銳」〔註5〕，更上奏欲割其半予京師，但又因疾薨逝，所留下的軍糧竟於數月之內，在代管人手中消失大半，故派遣鄧景山來調查。不久即因鄧景山執法偏頗失當而引起眾怒，最終再由辛雲京接手處理，掌管太原，使回鶻不敢再犯邊界。鄧、辛二人事跡密切相關，其源又始於王思禮，因而與之相合，形成四人合傳的〈李王鄧辛列傳〉。

　　《新唐書》抽出李光弼以立單傳，而以王思禮、辛雲京入〈三王魯辛馮三李曲二盧列傳〉、鄧景山入〈崔鄧魏衛李韓盧高列傳〉，是認為以此四人的特質，應分屬三種類型才是。其以為李光弼功蹟凸出，能力更勝郭子儀：

> 光弼用兵，謀定而後戰，能以少覆眾。治師訓整，天下服其威名，軍中指顧，諸將不敢仰視。初，與郭子儀齊名，世稱「李郭」，而戰功推為中興第一。其代子儀朔方也，營壘、士卒、麾幟無所更，而光弼一號令之，氣色乃益精明云。（《唐書・李光弼列傳》，頁 1706 下左～1707 上右）

《新唐書》認為其用兵治兵之能，時人皆知，且安史之亂時，所立戰功之高應屬第一人，甚至世人將其和郭子儀並稱時，排在其上，時稱「李郭」。李光弼治軍較郭子儀嚴整，將士皆懼，而其際遇亦足可作為典型，揭示教訓，作者群即以論贊來抒發其慨歎：

> 李光弼生戎虜之緒，沉鷙有守。遭祿山變，拔任兵柄，其策敵制勝不世出，賞信罰明，士卒爭奮，毅然有古良將風。本夫終父喪不入妻室，位王公事繼母至孝，好讀班固《漢書》，異夫庸人武夫者。及困於口舌，不能以忠自明，奄侍內構，遂陷嫌隙，謀就全安，而身益危，所謂工於料人而拙於謀己邪！方攘袂狗國，天下風靡；一為遷延，而田神功等皆不受約束，卒以憂死。功臣去就，可不慎邪？嗚呼，光弼雖有不釋位之誅，然讒人為害，亦可畏矣，將時之不幸歟！（《唐書・李光弼列傳》，頁 1710 上左）

其以為李光弼非一般愚昧的武夫，卻拙於為己籌謀，為求保身家性命，不敢輕捨軍權，卻造成忠心難表、有家不能回的境況，而部屬田神功等人依樣學樣，各據一地的舉動，亦使其深被詬病，最終感慨姦佞讒言之害，及將臣的不遇

〔註5〕見〔後晉〕劉昫：《舊唐書・李王鄧辛列傳》，頁 1638 下右。

時。同一時期之人，同樣有功於唐，卻在遭遇讒言的應對上，選擇不同的方向，所導致的結局亦大相逕庭，《新唐書》將〈李光弼列傳〉、〈郭子儀列傳〉接次排列，昭示良將的兩種結局，亦使前者「功臣去就，可不慎邪」的主旨，及後者「富貴壽考，哀榮始終」〔註6〕的難得愈加凸顯。

　　附於其傳者，皆李光弼門下部將可稱者，與其緊密相關，而原與之相合的王思禮、辛雲京則雜處於〈三王魯辛馮三李曲二盧列傳〉。該傳無論贊為眾人點評議論，難見其主旨，且觀其合傳眾人的生平經歷，可發現紀錄時間縱貫玄宗晚年至德宗時期，沒有群體共通點，或偶有牽連，卻難以得出此傳人物貼合的關鍵，並非一篇主題明確的合傳。唯一可確認者是《新唐書》以為王、辛二人關係較為密切，且不應與李光弼同傳。

　　此外，原合傳人物鄧景山則另入〈崔鄧魏衛李韓盧高列傳〉，該合傳人物皆任軍職，紀錄時間分布自玄宗晚年至憲宗時期，行事經歷上多有小疵，以之相合則可見安史之亂後，中等武將階層的敗壞，由此又可反映出當時唐帝國中級階層已被蛀空，隱約透露出日漸沉落的趨勢。

　　此外，該傳同樣缺少論贊，此體例非史書常例，亦非《新唐書》孤例，而查《新唐書》列傳論贊，時有時無，或在傳中，或在傳末，並無定式，故此現象可視為吳縝言《新唐書》之失時所提出的「初無義例」〔註7〕、「終無審覆」〔註8〕、「校勘者不舉校勘之職，而惟務苟容」〔註9〕等三項缺失的印證。吳縝以為：

> 夫史之義例，猶網之有綱，而匠之繩墨也，……蓋義例既定，則一史之內，凡秉筆者皆遵用之，其取捨詳略、褒貶是非，必使後人皆有考焉。今之新書則不然，……一史之內，為體各殊，豈非初無義例之故歟〔註10〕！

其指出義例、定式猶如綱領，綱舉則目張，體立而可達，能使內容條理分明，此項對集體著作來說十分重要，否則會雜亂無章，良莠參差。《新唐書》則顯然並未做到統整義例這一項。其後上奏獻書時，亦應經過最後的整體審驗，且交付後，朝廷亦曾下令校勘，然《新唐書》於形式上或內容上，皆有所闕漏或

〔註6〕見〔宋〕宋祁、歐陽脩：《唐書・郭子儀列傳》，頁1716下右。
〔註7〕見〔宋〕吳縝：《新唐書糾謬・序》，頁1。
〔註8〕見〔宋〕吳縝：《新唐書糾謬・序》，頁1。
〔註9〕見〔宋〕吳縝：《新唐書糾謬・序》，頁1。
〔註10〕見〔宋〕吳縝：《新唐書糾謬・序》，頁2。

謬誤，顯示其最終成書時並未經過仔細而統整的檢查及校勘。此即為吳縝詬病《新唐書》之處，而以列傳論贊體例來看，所言不妄。

綜上所述，可知《舊唐書》將李光弼與王思禮、鄧景山、辛雲京三人合傳，以見安史亂後武將下場之一隅，然其間關係並不緊密，李光弼僅能與王思禮繫聯，與鄧、辛二人則無甚牽連。然而考慮到李光弼在安史之亂中的戰績，與郭子儀相差彷彿，且兩人其後的經歷及聲名、待遇差距極大，可相互參照比較，則未若以二人相合成傳，以見武將功臣自處之道為佳。

《新唐書》則抽出李光弼立為單傳，以見功臣去就之難，而另將王、鄧、辛三人分至二合傳，顯示其以為此四人應分屬三個類組，完全拆解掉原傳人物組合，顯見其不認同原傳的貼合，各自以新意立傳。

單就李光弼其人而言，《新唐書》將之立為單傳，能凸顯其「功臣去就，可不慎邪」〔註11〕的主旨，更可警惕後人小心君臣間的應對進退，較《舊唐書》貼合四人卻立意不甚分明為佳。

三、〈韓愈列傳〉

韓愈，生平歷經德宗、順宗、憲宗、穆宗四朝，政治上主要活躍於憲宗、穆宗時期，而著名文章亦多著於此時。《舊唐書》將之與張籍、孟郊（751～814）、唐衢、李翱（772～841）、宇文籍（770～828）、劉禹錫（772～842）、柳宗元（773～819）、韋辭（773～830）等八人合傳，以展現中唐時期以文學聞名當時之輩的風貌，而論贊則特舉韓、李、劉、柳四人為其中代表，作出點評：

> 貞元、太和之間，以文學聳動搢紳之伍者，宗元、禹錫而已。其巧麗淵博，屬辭比事，誠一代之宏才。如俾之詠歌帝載，黼藻王言，足以平揖古賢，氣吞時輩。而蹈道不謹，昵比小人，自致流離，遂隳素業。故君子羣而不黨，戒懼慎獨，正為此也。韓、李二文公，於陵遲之末，遑遑仁義，有志於持世範，欲以人文化成，而道未果也。至若抑楊、墨，排釋、老，雖於道未弘，亦端士之用心也。（《舊唐書·韓張孟唐李宇文劉柳韋列傳》，頁2104上左）

《舊唐書》以為當時以文學名動當世的，應首推柳宗元、劉禹錫二人，然以「蹈道不謹，昵比小人，自致流離，遂隳素業」評論之，是其以為柳、劉二人雖文

〔註11〕見〔宋〕宋祁、歐陽脩：《唐書·李光弼列傳》，頁1710上左。

才過人，卻耽於結黨弄權，與王叔文（753～806）等人架空順宗朝政之故，其後因黨爭失利而遠貶離京，名聲轉不佳。此一說法是不認同順宗朝「永貞革新」的正向價值，以及其代表文臣試圖扭轉朝局的積極意義。

當是時，外有藩鎮而內有權宦，皇權旁落，加之有心改變局勢的順宗竟甫一即位就痼疾加重，無法親躬視事，諸士大夫遂激發出中興唐室的志向，聯合起來進行各種改革，企圖抵制宦官及藩鎮勢力對朝政、民生的影響。此一事件史稱「永貞革新」，主導人物即為王叔文、王伾（？～806 年）、韋執誼、柳宗元、劉禹錫等人。然而因改革態度激進、所用之人受賄等問題，俾使宦官及藩鎮等有藉口聯合起來，逼迫順宗禪位予憲宗，所有改革遂廢，王叔文等人亦被遠斥，結局不佳。《舊唐書》或以王叔文等人作為是直接架空順宗而為，或因其襲用前朝實錄等文獻未改，如憲宗朝全面推翻永貞改革時的紀事，故而否定其革新的意義。由此，亦否定柳、劉從事改革的正面價值，給予二人較負面的評價，欲以之作為後世君子宜群而不黨的教訓。

《舊唐書》對韓愈、李翱的觀感則不然。作者群認為二人有志以人文教化世道，提倡儒家倫理道德，貶斥佛、道宗教迷信，雖未能於當時成功扭轉世人心態，亦已足盡心力。《舊唐書》以韓、李二人與柳、劉作正反對照，表明其推崇的道德價值觀，認為文士應盡力於導正世風，而非醉心權勢、排斥異己。此外，查該傳所載眾人，皆擅文章詩賦，如：

> （張籍）性詭激，能為古體詩，有警策之句，傳於時。（《舊唐書·韓張孟唐李宇文劉柳韋列傳》，頁 2098 下左）

> （宇文籍）耽玩經史，精於著述，而風望峻整，為時輩推重。（《舊唐書·韓張孟唐李宇文劉柳韋列傳》，頁 2101 上左）

> 禹錫精於古文，善五言詩，今體文章復多才麗。（《舊唐書·韓張孟唐李宇文劉柳韋列傳》，頁 2101 上左）

由紀事可知張籍、宇文籍、劉禹錫當時以文享譽盛名。以小見大，此合傳傳主九人之間應是以文相合，均是中唐時期的文學代表。透過此傳，可知《舊唐書》對韓愈觀感極佳，推崇其品德、志向，而與李翱並舉。作者群雖收錄韓愈多篇文章，肯定其文章價值，卻不認為其人重要性足以立為單傳。

《新唐書》則不然，以為韓愈志懷天下，特出於當代文士，影響後世深遠，故自原傳抽出，獨立為單傳，並於論贊中大加稱讚：

> 唐興，承五代剖分，王政不綱，文弊質窮，蟲俚混幷。天下已定，

治荒剔蠹，討究儒術，以興典憲，薰醸涵浸，殆百餘年，其後文章
稍稍可述。至貞元、元和間，愈遂以六經之文為諸儒倡，障隄末流，
反刓以樸，劃偽以真。然愈之才，自視司馬遷、揚雄，至班固以下
不論也。當其所得，粹然一出於正，刊落陳言，橫騖別驅，汪洋大
肆，要之無牴牾聖人者。其道蓋自比孟軻，以荀況、揚雄為未淳，
寧不信然？至進諫陳謀，排難卹孤，矯拂媮末，皇皇於仁義，可謂
篤道君子矣。自晉汔隋，老、佛顯行，聖道不斷如帶。諸儒倚天下
正議，助為怪神。愈獨喟然引聖，爭四海之惑，雖蒙訕笑，踣而復
奮，始若未之信，卒大顯於時。昔孟軻拒楊、墨，去孔子才二百年。
愈排二家，乃去千餘歲，撥衰反正，功與齊而力倍之，所以過況、
雄為不少矣。自愈沒，其言大行，學者仰之如泰山、北斗云。（《唐
書·韓愈列傳》，頁 2056 下左～2057 上左）

其以為唐代承五代之弊，至中唐時期方稍有可述之文，而韓愈以六經為經典，
提倡古文，去雕飾，尚質樸，並心懷仁義，勇於忠諫，奮然獨排眾議以斥佛、
老，比之若孟子，以其撥亂反正之功，後人盡皆崇仰。作者群肯定韓愈於當時
文壇的重要性，而給予其積極正面的評價。

《新唐書》以「一出於正」一語認同韓愈的理念及作為，而視當時文風為
歪邪，且以其所倡者從者甚眾，大行於後世，其地位猶如宗主：

愈深探本元，卓然樹立，成一家言。……至其徒李翱、李漢、皇甫
湜從而效之，遽不及遠甚。（《唐書·韓愈列傳》，頁 2055 上右）

愈性明銳，不詭隨。與人交，始終不少變。成就後進，士往往知名。
經愈指授，皆稱「韓門弟子」，愈官顯，稍謝遣。（《唐書·韓愈列
傳》，頁 2054 下左）

作者群認為韓愈已是「成一家言」，於當時已卓然成派，而以其影響力立之為
單傳。所錄文章較之於《舊唐書》，並無新增，然所賦予的意義、價值則截然
不同。附於其傳者，有孟郊、張籍、皇甫湜（777～835）、盧仝（790～835）、
賈島（779～843）、劉义等六人，皆因與韓愈交遊，或以韓門弟子為因由，附
入其傳：

從愈遊者，若孟郊、張籍，亦皆自名於時。（《唐書·韓愈列傳》，頁
2055 上右）

盧仝居東都，愈為河南令，愛其詩，厚禮之。（《唐書·韓愈列傳》，

頁 2056 下右）

時又有賈島、劉乂，皆韓門弟子。（《唐書‧韓愈列傳》，頁 2056 下
右）

這些紀錄點明孟、張、盧、賈、劉等人與韓愈的淵源，併前述的皇甫湜，皆因
深受其影響而牽連附入，亦可印證其理念當時已有擁護者。《新唐書》對韓愈
在列傳中位置的重新安排，代表著北宋時期士人對韓愈歷史定位的提升。

　　黃潔潔於〈從宋人對韓愈的評價看宋人的價值觀〉一文中，指出這種改動
是源自於社會環境的變遷：

　　　由於宋代從慶曆年間以來內憂外患加劇的緣故，宋人比較注重人作

　　　為社會的人的責任感和使命感，宋人是通過實現國家強盛和推行社

　　　會道德以體現自己個人的價值的，比較注重個人對國家對社會的政

　　　治責任與道德義務，……他們關注的韓愈的功績除了文學上的，就

　　　是他為實現國家強盛、道德復興貢獻了多少力量，對韓愈的正面的

　　　肯定的評價都是緊緊圍繞著這一點來的。（〈從宋人對韓愈的評價看

　　　宋人的價值觀〉，頁 461～462）

由此可知，韓愈是宋人為自己樹立的標竿、追求的目標，將對國家社會的憂慮
投射到同樣內憂外患的中唐時期，視韓愈的舉世獨醒、振臂疾呼為救國可行的
方向與模範。

　　查金萍則指出宋人之所以推崇韓愈，是因其在振興儒學上，有攘斥佛老、
建構儒家道統、領導古文運動、重視「師道」等四個貢獻〔註12〕：

　　　這四個方面在韓愈的意識裡是環環相扣、緊密相連的：崇儒必須排

　　　斥佛、老，排斥佛、老必須建立道統，為了宣揚道統而發動古文運

　　　動，為了發動古文運動而必須提倡「師道」，壯大師門力量。而這四

　　　個方面，也正是被宋人接受的主要方面。（《宋代韓愈文學接受研

　　　究》，頁 19）

查金萍認為韓愈試圖重振儒家倫理傳統，以重整社會價值觀，而其所為正是宋
人看重韓愈的關鍵。宋人透過肯定韓愈所做的努力與貢獻，以鼓舞並期許自我
理念可以如此實現。

　　《舊唐書》視韓愈為中唐文人代表之一，雖收錄其文四篇、肯定其「有志

〔註12〕見查金萍：《宋代韓愈文學接受研究》。安徽省合肥市：安徽大學出版社。2010
　　　年 3 月初版。頁 14～19。

於持世範，欲以人文化成」〔註13〕的努力，卻不認為其事跡出眾到可獨立單傳，而以之與李翱並提。《新唐書》作者群則因韓愈自成宗派、捍衛儒家道統，而對其另眼相看，將之抽出獨立。原與之相合的劉禹錫、柳宗元，則另取出與韋執誼（769～814）、王叔文等人相合為〈韋王陸劉柳程列傳〉，以表順宗時王叔文黨的情態，且以「叔文沾沾小人，竊天下柄，與陽虎取大弓《春秋》書為盜無以異。宗元等橈節從之，徼幸一時，貪帝病昏，抑太子之明，規權遂私。故賢者疾，不肖者媚，一償而不復，宜哉」〔註14〕等語，表明對其人物組合的負面評價。因此可知，《新唐書》對韓愈與劉、柳二人均作新的配置，或單立，或重新安排相合的人物，將原本《舊唐書》已點明的三人特質更加放大，且《舊唐書》原用以聯繫眾人的「文學」特性，《新唐書》亦另有類傳〈文藝列傳〉來展現唐代文學風貌，故以立意鮮明而言，則《新唐書》的重新編置較佳。

四、〈劉蕡列傳〉

劉蕡，生卒年皆不詳，唐文宗時人，對當時宦官專擅的情形疾惡如仇，深感憤慨，而於文宗大和二年（828）求舉賢良廷試時，針對時政大加針砭。然而當時宦官專權，考官恐其遭到忌恨，不敢錄取，之後卻仍因宦官誣陷，被貶柳州司戶參軍，卒於任。其人於《舊唐書》中僅出現三處，首先可見於〈元稹白居易列傳〉，稱「太和二年二月，……有應直言極諫舉人劉蕡，條對激切，凡數千言。不中選，人咸以為屈」〔註15〕，錄入其重要事跡，而於〈文苑列傳上·序〉中，則是作為一代文章之表被提到：

> 天子賦橫汾之詩，臣下繼柏梁之奏，巍巍濟濟，煇爍古今。如燕、許之潤色王言，吳、陸之鋪揚鴻業，元稹、劉蕡之對策，王維、杜甫之雕蟲，並非肄業使然，自是天機秀絕。若隋珠色澤，無假淬磨，孔璣翠羽，自成華彩，置之文苑，實煥縑圖。（《舊唐書·文苑列傳上》，頁2490下右～下左）

作者群於概述唐代文高之輩時，推崇其對策，以為可與元稹（779～831）相媲美，其人事跡則載錄於〈文苑列傳下〉之中，主要收錄其對策內容，作為其以文采出眾見錄於文苑之集的證明。

〔註13〕見〔後晉〕劉昫：《舊唐書·韓張孟唐李宇文劉柳韋列傳》，頁2104上左。
〔註14〕見〔宋〕宋祁、歐陽脩：《唐書·韋王陸劉柳程列傳》，頁1994下右。
〔註15〕見〔後晉〕劉昫：《舊唐書·元稹白居易列傳》，頁2169下右。

　　《舊唐書》稱許劉蕡對策可表一代文章，然將之置於文苑一類，則顯見作者群並未注重其對策的實用價值，直將其視為錦繡文章，忽視其欲改換世道、振聾發瞶的警世作用。同時，亦為《舊唐書》所稱美的元積策論，則載錄於元積本傳，《舊唐書》以之與白居易（772～846）相合成〈元積白居易列傳〉，傳中不僅收錄其策，元、白往來書信、書序等亦多收錄，且其論贊稱：

> 國初開文館，……潤色之文，咸布編集，然而向古者傷於太僻，徇華者或至不經，齷齪者局於宮商，放縱者流於鄭、衛。若品調律度，揚摧古今，賢不肖皆賞其文，未如元、白之盛也。昔建安才子，始定霸於曹、劉；永明辭宗，先讓功於沈、謝。元和主盟，微之、樂天而已。臣觀元之制策、白之奏議，極文章之壼奧，盡治亂之根荄。非徒謠頌之片言，盤盂之小說。就文觀行，居易為優，放心於自得之場，置器於必安之地，優游卒歲，不亦賢乎？（《舊唐書·元積白居易列傳》，頁 2179 下左～2180 上右）

其認為元、白之文，雅俗共賞，一掃各種不良的文風習氣，可稱得上是當代文壇盟主。《舊唐書》雖稱讚二人的策論、奏議文章盡得精妙，能窮究天下治亂的根源，非一般虛浮歌頌之言，但最後竟讚賞白居易能安全自保，優游自適，顯見其並不在意元、白二人在政治上是否能有所作為，錄其策論、奏議是以其文章的本色去讚揚，而非看重其實用價值。此傳所著眼處為元、白二人發起的新樂府運動，以二人能一改當世雕麗文風的成就而特立為傳，對元積請為太子宮官選拔正人的策論，並不重視，而以其文采錄入。由此觀之，可知《舊唐書》作者群所側重者為文學上的變遷，對文章經世致用的實用價值並不在意，《新唐書》則不然，此點亦可於韓愈其人的人物配置中察知一二。

　　《新唐書·劉蕡列傳》論贊稱：

> 漢武帝三策董仲舒，仲舒所對，陳天人大槩，緩而不切也。蕡與諸儒偕進，獨譏切宦官，然亦太疏直矣。戒帝漏言，而身誦語於廷，何邪？其後宋申錫以謀泄貶，李訓以計不臧死，宦者遂彊，可不戒哉！意蕡之賢，當先以忠結上，後為帝謀天下所以安危者，庶其紓患耶！（《唐書·劉蕡列傳》，頁 2075 下右）

《新唐書》以劉蕡的對策與漢代董仲舒（179B.C.～104B.C.）的天人三策相提並論，更以為董仲舒所進之策較和緩而不切實，不若劉蕡之策切中實弊。同時，作者群亦可惜其太過耿直，鋒芒畢露，遭到忌恨，若能先以忠誠獲得文

宗的信用，再緩謀除患，或許能真的改善當時的政局。雖劉蕡自始至終未曾受到重用，其策論亦未能得到採納，然其見識及忠直敢言，在當時無人可比。方堅銘以為：

> 劉蕡跟當時的一般士人和朝臣不同的地方，就是他積極地發揚了傳統政治文化中「以道自任」的精神，不顧權勢之壓迫，欲匡正君主之闕失，促進政治機制的良性運作。（〈劉蕡對策案和對策文之考索及其思想溯源〉，頁250）

劉蕡的激進奮起，顯然與當時深受宦官壓制的朝廷官員截然不同，可惜雖「士人讀其辭，至感噭流涕者。諫官御史交章論其直」〔註16〕，深感其策切要的人不少，卻多「畏禍不敢言」〔註17〕，與之形成巨大的差異。《新唐書》之所以認為劉蕡可取者，正是在此。

又，細看劉蕡對策，可發現其多援引《春秋》為證，「謹按《春秋》」〔註18〕之語多達十一處，此亦與《新唐書》作者群的思想傾向相符。簡福興以為：

> 宋代之經學，誠以《春秋》學為擅場。緣於時局不安，有識之士，或思假《春秋》以發明經世之義，以濟時艱者，……宋儒以為夫子之作《春秋》，必為之原情定罪，權其輕重而貶刺之。故說經不軌家法，雜三傳，藉《春秋》以明經世之道，以求致用之實。（〈宋代春秋學特色形成之探討〉，頁327～335）

其以為正是因為對時局的不安全感，及有志報國的積極精神，使得宋代士人特別推崇《春秋》微言大義可使「亂臣賊子懼」〔註19〕的功能：

> 《春秋》記亂世之事，以褒貶代王者之賞罰。時之為惡者眾，率辯其心迹而貶之，使惡名不朽。為君者、為臣者見為惡之效，安得不懼而防之，此戒之之道也。（《唐史論斷·序》，頁1）

宋人孫甫（998～1057）此言可佐證宋人之所以推崇《春秋》，是看重其實際功用，要使君王、將臣皆鑑往知來，有所警醒。因此，宋祁、歐陽脩等史書編修者希望能賦予《新唐書》如《春秋》般警惕世人的實際效用，往往於論贊中引

〔註16〕 見〔宋〕宋祁、歐陽脩：《唐書·劉蕡列傳》，頁2074下右～下左。
〔註17〕 見〔宋〕宋祁、歐陽脩：《唐書·劉蕡列傳》，頁2075上左。
〔註18〕 見〔宋〕宋祁、歐陽脩：《唐書·劉蕡列傳》，頁2069下右。
〔註19〕 見〔戰國〕孟軻著，〔漢〕趙岐注，〔宋〕孫奭疏，〔清〕阮元校勘：《孟子正義·滕文公下》，《十三經注疏》第八冊（全八冊）。臺北市：藝文印書館。1965年6月三版。頁118上右。

《春秋》為據，針砭人事，更藉由韓愈、劉蕡本傳的提升，強調尊奉《春秋》
的精神。謝保成以為：

> 劉蕡，則因文宗大和二年的一篇賢良對策，《舊唐書》將其列入〈文
> 苑列傳〉，而《新唐書》卻以其一人一傳，是什麼緣故？這只能用尊
> 奉《春秋》來解釋！舊傳稱劉蕡「尤精《左氏春秋》」，而新傳刪為
> 「明《春秋》」，不提《左傳》了。更主要的是，劉蕡的賢良對策約
> 5600 字，占去整個傳記 80％的篇幅，共用了 11 個「臣謹按《春
> 秋》」，事事、處處以《春秋》為依據。這樣的「典型」，怎麼能夠放
> 到不起眼的〈文苑列傳〉中呢？惟其單獨立傳，而且一人一傳，方
> 可見其「典型」性，也才能顯示「刊修」們提倡什麼！……然而劉
> 蕡其人影響畢竟太小，又不能發揮《春秋》的旨意，這對於北宋最
> 高統治集團來說是不夠的。他們需要在堅持「《春秋》遺意」的基礎
> 上，有更能夠維護其統治的新理論。在唐代，恰恰出現了這樣一位
> 重要人物──韓愈。韓愈的「道統說」，到了北宋中期漸漸發展為「道
> 學」。歐陽修稱讚「韓氏之文、之道，萬世所共遵」。一部唐史，如
> 果不推崇韓愈這樣的人物，不單獨為之立傳，還談什麼「衛道」！
> 歐陽修尊韓，宋祁同樣尊韓。《舊唐書》卷一六〇「史臣曰」評價韓
> 愈，說其「于陵遲之末，遑遑仁義，有志于持世範，欲以人文成化，
> 而道未果也」。以唐代的歷史實際而言，這是一段大實話。到《新唐
> 書·韓愈傳》「贊曰」，宋祁絕對不希望「其道未果」，便大加渲染說：
> 「其道蓋自比孟軻」，「可謂篤道君子」，肯定其「撥衰反正」之功與
> 孟子「齊而力倍之」，而且還要「仰之如泰山、北斗」，真是推崇韓
> 愈到了無以復加的地步，甚至讓人感到有些肉麻！（《唐代文化》，
> 頁 1560～1561）

謝保成將《新唐書》何以特立韓愈、劉蕡為單傳，歸因於編修者尊《春秋》的
思想傾向。如此亦為劉蕡何以能單獨立傳的另一解釋，其不如韓愈能成宗派，
雖能勇諫，亦未能影響當代，故除卻作者群的偏愛，實難以解釋其何以特出於
唐代二百九十年的人物浪潮之上。

　　綜上所述，可知《舊唐書》將劉蕡置於〈文苑列傳〉中，是讚賞其對策
文質兼備，可為當代之表，而《新唐書》取之獨置於單傳，則是因作者群的
思想傾向所致，且劉蕡對策曾得《新唐書》「使蕡策蚤用，則杜漸防萌，逆節

可消」〔註20〕的讚譽，顯示其價值高於一般對策，深得作者群讚賞。以史書立意不免為史家主觀意志服務的情形而言，《新唐書·劉蕡列傳》的設計配置較能傳達作者群心緒，同時亦凸顯出作者群價值觀的時代特色。

五、小結

　　經由討論《新唐書》抽取《舊唐書》合傳、類傳人物以新增單傳的篇章，可發現於人物編排配置上，《新唐書》認為原《舊唐書》所合的人物並不適宜，如蕭瑀、李光弼，與原合傳人物間的聯繫不甚緊密，且蕭瑀家族世系與唐相始終、李光弼際遇的曲折，正是其人有別於眾人之處。《新唐書》看重此點，故以之別立一傳，原合傳人物則另安排合於他傳。由此亦可見《新唐書》對《舊唐書》原合傳人物的觀感、評價，實與《舊唐書》有別。

　　又，於韓愈、劉蕡方面，《新唐書》作者群看重韓愈的自成宗派，及對後世的影響力，將之提為單傳，同時以尊《春秋》之故，提劉蕡為單傳，藉以表明欲藉史書褒貶風刺時政之志。《舊唐書》作者群則因去唐未遠，政權更替頻繁，對韓愈所倡的道統說並未有深刻感慨，而是以文高一代的文學家視之，因此與同時期以文馳名的劉禹錫、柳宗元相合。相較之下，《舊唐書》更為重視元稹、白居易在文學運動上的成就，故其安排與《新唐書》有別。至於劉蕡對策，則直以文學作品視之，且其人事跡甚少，未有特殊成就，故《舊唐書》將之載入〈文苑列傳〉。韓、劉二人的傳主地位提升，實可反映出二書作者群價值觀之異。

　　以立意鮮明、表達心志，及對原傳人物特質的重新分類編排而言，《新唐書》的更動較為適宜。

第三節　結語

　　透過分析兩《唐書》列傳中的單傳重合與新增的情形，可知《新唐書》認同《舊唐書》原立的單傳，更於此基礎之上，凸顯蕭瑀、李光弼、韓愈、劉蕡等四人的特質與典型性，如蕭瑀宗族的與唐始終、李光弼的功臣去就之難，及韓愈的自成宗派、劉蕡的忠直極諫，各以新意將四人自原本的合傳、類傳中拔升為單傳。其中，劉蕡的提升，主要源於宋人尊崇《春秋》精神的當代思潮，

〔註20〕見〔宋〕宋祁、歐陽脩：《唐書·劉蕡列傳》，頁2075上左。

因而即使劉蕡的重要事跡僅是一篇未獲施用的對策，亦能以其內容事事引據《春秋》之故，得到宋人的重視。

　　於單傳的沿襲與新設之間，同時亦可見到二書作者群思想觀念的一些差異，如對韓愈歷史定位的不同看法。《舊唐書》僅以文學家視之，不認為韓愈所倡導的古文運動有何重要，至於道統的重建，只可惜未能有成罷了，亦未加特別重視，置之與劉禹錫、柳宗元等同列，僅品德高低有所不同而已。《新唐書》則見到其已自成一家，從徒自稱「韓門弟子」，具宗主之實。二書看法之異亦牽扯到五代時期與北宋時期的文學傾向，前者較重詩賦，故以元稹、白居易的新樂府運動為要，取二人合傳以凸顯之，後者則重古文，因而看重韓愈。二書整體文學觀的探析，尚須聯合其他文人合傳，及《舊唐書・文苑列傳》、《新唐書・文藝列傳》等與文學相關篇章一起討論，方能得其全貌。

　　此外，由魏徵、李晟、裴度、李光弼、郭子儀等人的論贊中，《新唐書》亦透露出其君臣觀——功臣去就，不亦難乎！以此為核心闡發，其認為君臣間的變化十分難以捉摸與維持，主上的信賴、臣下的忠誠為國，雙方好不容易所建立起的正向關係，往往敵不過群小的日夜讒毀，及功高震主後君王的猜忌多疑。遭遇此景，《新唐書》提出「退可免禍」的看法，以為時不可為的時候，明哲保身是無奈之舉，實無可疵。

第肆章　兩《唐書》列傳比較研究（二）合傳

　　紀傳體史書中，最能凸顯出以人繫事、撰者別識心裁的部分，莫過於列傳。列傳中，由作者各依心旨而隱密繫聯人物，貼合成篇者，即為合傳。合傳為史書體例中，篇章數量佔最大比例者，其人物之相合，有同時、異時之別，有同質、異質之分，千般變化皆掌握於史家之手。其中，繫聯的關鍵或線索隱密難知，或直接於傳末闡述而出，皆可體現作者的思考脈絡及偏好取向，值得一探。

　　兩《唐書》列傳各有一百五十篇，刨除單傳、類傳、四夷列傳、藩鎮列傳，及宗室、后妃等篇傳之外，《舊唐書》尚有合傳一百一十六篇，《新唐書》則有九十六篇，均佔列傳數量的六成以上。二書合傳人物完全重合者有十三篇，其中二人合傳者有七篇、三人合傳者三篇、四人合傳者二篇、五人合傳者一篇，其篇章旨意是否相同？或有可述之處。

　　同時，《新唐書》對《舊唐書》合傳人物組合進行整併與修改，如《舊唐書》〈唐長孫二劉段柴武列傳〉、〈屈任丘許李姜列傳〉、〈尉遲秦程段張列傳〉三傳，人物交錯重整並略增人物，即為《新唐書》〈屈尉遲張秦唐段列傳〉與〈二劉段許程柴任丘列傳〉。又如《舊唐書》〈魏盧源李杜韓裴列傳〉、〈崔二張蕭李嚴列傳〉二傳，重新整併成《新唐書·魏盧李杜張韓列傳》等，在在可見《新唐書》作者群對《舊唐書》原有篇傳頗有意見。其肯定《舊唐書》所取人物確實值得載入史冊，而對原有組合不以為然，是二書作者群所關注的焦點有異，故而造成此現象，然何者為佳？則須更仔細地探查。

此外，二書合傳所錄人物不少，甚而有單篇十六位傳主的篇章，十分驚人。查《舊唐書》合傳，所錄傳主九人以上者共十四篇，主要集中於唐代中晚期的人事上，《新唐書》則有十七篇，記錄的時段較為平均，所錄人物唐代前、中、後期皆有。此為後世史書常有的現象，《史記》合傳至多僅四人相合，《漢書》合傳暴增至九人，而《後漢書》、《晉書》等，七八人貼合成傳者已非罕見，無怪乎兩《唐書》亦有此情形。合傳是以其意旨擇人成傳，眾傳主間必有繫聯，而這些傳篇所合人數眾多，其間繫聯是否緊密？所取人物是否合宜？是否可減省傳主人數？二書合傳於繫聯諸傳主時，是否有所偏好？或嶄露何種特色？均為本章可探究之處。

第一節 《新唐書》合傳重合《舊唐書》

兩《唐書》合傳數量繁多，且《新唐書》對《舊唐書》合傳進行整併及刪修外，亦新增不少傳主，而於此情形下，二書仍有些許合傳篇章完全重合，顯示《新唐書》認同《舊唐書》合傳人物的組合。雖然如此，二書賦與同一人物組合的傳旨及其間關係的繫聯是否有所出入，則可再深入探究。

二書合傳人物重合者共十三篇，分別為〈王竇列傳〉、〈裴劉列傳〉、〈房杜列傳〉、〈二李列傳〉、〈蘇韋孫張列傳〉、〈于高張列傳〉、〈唐張徐列傳〉、〈姚宋列傳〉、〈高封哥舒列傳〉、〈宇文韋楊王列傳〉、〈劉第五班王李列傳〉、〈段顏列傳〉，以及〈馬渾列傳〉。其中篇旨及人物評價較為不同者，有〈王竇列傳〉、〈裴劉列傳〉、〈二李列傳〉、〈高封哥舒列傳〉等四篇。餘者雖傳旨、人物評價相類，然側重點或有出入。以下分別舉例論述之。

二書合傳重合然評價、論點較為不同者，以〈王竇列傳〉而言，其傳主為王世充、竇建德，二人均為隋末大亂時崛起，與高祖共逐天下者。至高祖武德四年（621），二人紛紛敗落，為唐所滅。《舊唐書》對王、竇二人評價並不相同，於傳末論贊稱：

> 世充姦人，遭逢昏主，上則諛佞詭俗以取榮名，下則強辯飾非以制群論。終行篡逆，自恣陸梁，安忍殺人，矯情取眾，凡所委任，多是叛亡。出降秦王，不致顯戮，其為幸也多矣。建德義伏鄉閭，盜據河朔，撫馭士卒，招集賢良。中絕世充，終斬化及，不殺徐蓋，生還神通，沉機英斷，靡不有初。及宋正本、王伏寶被讒見害，凌

敬、曹氏陳謀不行，遂至亡滅，鮮克有終矣。然天命有歸，人謀不
及。（《舊唐書‧王竇列傳》，頁 1078 下右～下左）

作者群以為王世充本性奸邪，遇上隋煬帝，則上下交相賊，最後難忍野心而行
篡逆之事。其有心作為領袖，期望能廣受愛戴，但不能真誠地對待下屬、履行
親理政事的諾言，人心漸離，竟因而實施連坐法與扣押人質。

《舊唐書》記載：

世充見眾心日離，乃嚴刑峻制，家一人逃者，無少長皆坐為戮，父
子、兄弟、夫妻許其相告而免之。又令五家相保，有全家叛去而隣
人不覺者，誅及四隣。殺人相繼，其逃亡益甚。……又每使諸將出
外，亦收其親屬質於宮內。囚者相次，不減萬口，既艱食，餒死者
日數十人。（《舊唐書‧王竇列傳》，頁 1073 上右～上左）

王世充恐民眾逃離，以連坐法嚴罰，殺人無數，造成反效果，又不信用將領，
凡所委派即扣押其親屬為質，故其將領亦紛紛出走，投靠高祖，成為唐朝開國
的功臣。至其被捕，因太宗前先勸降時承諾不殺，而逃過梟首示眾之刑，流放
巴蜀。作者群認為以其所為竟免於梟首，可稱之為幸運，卻不提其流放途中遭
遇仇家而亡，是特意凸出其幸運的部分。

至於竇建德其人，《舊唐書》以為其能招攬賢良、安撫鄉里，贊其初期「沉
機英斷」[註1]，而惋惜其後期聽信小人讒言，殺害文臣宋正本與大將王伏寶，
又不聽凌敬與妻子曹氏的計謀，最終招致滅亡。作者群引《詩經》「靡不有初，
鮮克有終」之句，嘆息其英明不能貫徹始終，而以「天命有歸，人謀不及」[註
2]作結，表達其認為以竇建德初期之賢，原本可能得受天命，然最終人事不能
相配合，竟聽讒害忠，故不能成大事業。天命有所歸，而忠臣良策竟不能信用，
是其人運不能相配。《舊唐書》以「二兇即誅，中原弭亂」[註3]為旨，記錄能
與高祖相抗、最有利的角逐者的敗亡，藉二人之亡以表中原的平定及唐朝的一
統天下，而聚焦於竇建德人運之不幸與王世充逃刑之幸，則是作者群對命運觀
的思考與探究。除此之外，由論贊中亦可得知作者群對王、竇二人看法不一，
對竇建德的評價遠勝於王世充。

《新唐書》則關注於國朝、帝王之德，其以為：

〔註 1〕見〔後晉〕劉昫：《舊唐書‧王竇列傳》，頁 1078 下右。
〔註 2〕見〔後晉〕劉昫：《舊唐書‧王竇列傳》，頁 1078 下左。
〔註 3〕見〔後晉〕劉昫：《舊唐書‧王竇列傳》，頁 1078 下左。

> 煬帝失德，天醜其為，生人頗幸，羣盜乘之，如蝟毛而奮。其劇者，
> 若李密因黎陽，蕭銑始江陵，竇建德連河北，王世充舉東都，皆磨
> 牙搖毒以相噬螫。其間亦假仁義，禮賢才，因之擅王僭帝，所謂盜
> 亦有道者。本夫孽氣腥焰，所以亡隋，觸唐明德，折北不支，禍極
> 兇殫，乃就殲夷，宜哉！（《唐書·王竇列傳》，頁 1251 上左～下右）

作者群認為是隋末大亂是煬帝失德所致，而有李密、蕭銑（583～621）、竇建
德、王世充等四人佔據大片河山，相互纏鬥，直至遇到唐朝，才通通敗亡。《新
唐書》以「磨牙搖毒以相噬螫」形容此輩兇態，而因唐朝有德，兇禍遇唐之德
輒消解，故眾人紛紛不敵，以「宜哉」稱此類兇徒之亡，顯示對此數人評價不
高，而王、竇亦在其中，皆屬負面評價。

由上可知，兩《唐書》對王、竇二人的評價不一，其〈王竇列傳〉雖皆表
示王、竇滅亡象徵中原統一，但所關注點卻大相逕庭：《舊唐書》點出二人的
幸與不幸，《新唐書》則以隋失德與唐明德作比，指出有德方能得天下。

又，《舊唐書》於〈裴劉列傳〉中，以「因利成仇」貼合裴寂、劉文靜，
裴、劉二人曾與太宗合謀，迫使高祖舉旗起義，為唐之開國合作頗多，然待天
下底定後即開始相互傾軋，最終裴寂進言稱劉文靜有反狀，高祖信其言，故劉
文靜死之，裴寂取得鬥爭的勝利。其傳末稱：

> 裴寂歷任仕隋，官至為宮監，總子女玉帛之務，據倉廩兵甲之饒，
> 喜博戲之利苟多，啟舉義之謀為首。謁嶽神以徼福，始彰不逞之心；
> 留貴妃以經宿，終昧為臣之道。居第一之位，乏在三之規。恃高祖
> 之舊恩，致文靜之極法。終歸四罪，尚保再生，幸也。文靜奮縱橫
> 之略，立締構之功，罔思寵辱之機，過為輕躁之行，未及封而禍也，
> 惜哉！凡關佐命，爰第實封，小大不遺，賢愚自勸，太宗之行賞也，
> 明矣！（《舊唐書·裴劉列傳》，頁 1111 下左～1112 上右）

作者群指出裴寂本性追求私利，於隋煬帝治下時掌極大權柄仍不滿足，故欲謀
求更大利益，煽動高祖起義，後又有逾越臣道的舉動，依恃著與高祖的舊情進
言，害死劉文靜，最終太宗認為其有四大死罪，卻只判流放而已，途中率家人
抵禦羌族作亂而蒙召回。《舊唐書》稱之為「幸」。劉文靜則確實為人才，然自
恃有功，言行過於輕縱，予人陷害之機，竟死於論功行賞之前，十分可惜。自
其論述中，可察覺《舊唐書》對劉文靜的評價高於裴寂。此外，作者群亦稱許
太宗論功封賞時，功雖小而不闕漏，恩賞明確，足見其賢明睿智。

　　《新唐書》則將二人標目的次序調轉，改稱為〈劉裴列傳〉，應是依作者群給予的評價高低進行調整，而非以爭鬥的勝敗為準。其傳以「外臣易為近臣所間疏」為旨，評論劉、裴二人之事，且於其傳末稱：

> 應龍之翔，雲霽翁然而從，震風薄怒，萬空不約而號，物有自然相動耳。觀二子非有踔越之姿，當高祖受命，赫然利見於世，故能或翼或從，尸天之功云。文靜數屢軍陷陣，以才自進，而寂專用串昵顯。外者易乘，邇者難疏，故文靜先被踩望誅，寂後坐妖言斥，誠異夫蕭何、曹參云！（《唐書・劉裴列傳》，頁 1274 下左～1275 上右）

《新唐書》認為劉、裴二人天資尚不能稱卓越上佳，只是巧遇時機而能有從龍之功。其以為劉文靜能以才自顯，有切實的戰功，裴寂則以近暱取得高祖信任而顯貴，長期相鬥則讒者日日就近陳說，君王不得不動搖起疑，其勝負可知。劉文靜因讒見誅，裴寂因僧人妄言被貶斥，二人遭遇及心性遠不如漢初功勳爭列第一的相國蕭何、將軍曹參。作者群以世傳蕭規曹隨美名的蕭何（257B.C.～193B.C.）、曹參（？～190B.C.）作比，反襯出同為將相的劉、裴相爭之劇、惡之欲其死之貌，顯示對二人評價不甚高，而裴寂尤差，以「專用串昵顯」作評。

　　二書評裴寂、劉文靜，雖均以為劉高於裴，然側重點有所不同。《舊唐書》認為二人是因爭奪利益而成仇敵，並點出裴寂不死於罪之幸，及太宗行賞之明。《新唐書》則以為二人才能尚可，因趁時而附尾高祖，故能榮顯，然鬥爭之烈使得二人結局遠下於蕭、曹，而以「外者易乘，邇者難疏」之語警示後人。

　　至於兩《唐書》〈二李列傳〉，二書作者群均認同李靖（571～649）、李勣（594～669）為當世名將，然對二人評價卻有所不同。《舊唐書》稱：

> 近代稱為名將者，英、衛二公誠煙閣之最。英公振彭、黥之迹，自拔草莽，常能以義藩身，與物無忤，遂得功名始終。賢哉，垂命之誠！敬業不踵貽謀，至於覆族，悲夫！衛公將家子，綽有渭陽之風。臨戎出師，凜然威斷。位重能避，功成益謙。銘之鼎鍾，何慚耿、鄧。美哉！（《舊唐書・二李列傳》，頁 1208 上左～下右）

其認為以二人功勳應列為凌煙閣功臣之最。李勣出身草莽而以義自持，能推功於人，與人無爭，故能善始善終，而其遺言嚴訓子弟，亦為賢明之語，可惜其

孫徐敬業〔註4〕（636～684）未能遵循，故有滅族之恨。李靖出身武將世家，驍勇善戰，卻又謙抑不已，辭避高位，故能不被君主忌憚，能得善果。作者群對二人評價極高，且無上下之分，而以「功高震主則危」貼合之，讚賞李勣能推功與李靖能避位的明智。

《新唐書》則不然，褒李靖，貶李勣，並以為君臣間的處遇不能僅用機運來解釋。其於〈二李列傳〉傳末稱：

> 唐興，其名將曰英、衛，皆擢罪亡之餘，遂能依乘風雲，勒功帝籍。蓋君臣之際，固有以感之，獨推期運，非也。若靖闔門稱疾，畏遠權逼，功大而主不疑，雖古哲人，何以尚茲？……世言靖精風角、鳥占、雲祲、孤虛之術，為善用兵。是不然，特以臨機果，料敵明，根于忠智而已。俗人傳著怪詭機祥，皆不足信。故列靖所設施如此。
> （《唐書・二李列傳》，頁1314下左～1315上右）

作者群以李靖的作為來說明君臣間的遇合需要更多的智慧，不能全歸因於時機、命運之故。以李靖之功而行退讓之舉，閉門不待客，則無結黨之疑，以避君主忌諱，故而能結善果，與太宗共創君臣遇合的佳話。《新唐書》以「雖古哲人，何以尚茲」讚其處世智慧，並稱世傳李靖精通占卜術數而能常勝為謠言，事實應是其忠心又明智，能料敵機先，遇事果決，故能有所成就，其功勳均以實力獲得，所謂名將是名實相符。作者群對李靖評價甚高。

至於李勣，則怒其不作為：

> 勣之節，見於黎陽，故太宗勤勤於托孤，誠有為也。至以老臣輔少主，會房帷易奪，天子畏大臣，依違不專，委誠取決，惟議是聽。勣乃私己畏禍，從而導之，武氏奮而唐之宗屬幾殲焉。及其孫，因民不忍，舉兵覆宗，至掘家而暴其骨。嗚呼，不幾一言而喪邦乎！惜其不通學術，昧夫臨大節不可奪之誼，反與許、李同科，可不戒哉！（《唐書・二李列傳》，頁1314下左～1315上右）

《新唐書》肯定其名將節操，故能得太宗託孤，然其竟因恐得罪高宗，不阻止其廢后立武氏，導致之後武后坐大，危及宗室。作者群以為應歸咎於其學識不高，不懂遇大事有不得不為之義，反使得自己與許敬宗、李義府等奸臣同列，

〔註4〕徐敬業為李勣之孫，姓氏不同之因：李勣，又名李世勣。原名徐世勣，高祖時因獻地有功，封為萊國公，賜國姓。後又避太宗諱，故稱李勣。其孫李敬業因起兵反武后執政失敗，奪爵並復姓徐氏。在此以結果論，稱之徐敬業。

後世之人不可不警惕之。由此可知，「唐初名將」為李靖、李勣共通處，《新唐書》以之為關鍵貼和二人，然對李勣評價較低，認同其作為將領的價值，而貶低其為輔臣的作為，與《舊唐書》觀點迥異。

此外，二書對徐敬業的評價亦不一致。《舊唐書》以李勣教育子孫的遺命為賢，而稱徐敬業為「不蹈貽謀，至於覆族」〔註5〕！評價屬於負面。《新唐書》則對李勣不阻止立武氏為后有微辭，因而讚賞徐敬業起兵之舉，稱其是「因民不忍」，為之感到惋惜。此亦為二書作者群以內在價值觀觀照史料所產生的情形：《舊唐書》強調二李「功定華夷，志懷忠義」〔註6〕的品行，而起兵造反就是不忠，徐敬業顧無可言之處；《新唐書》以武后奪權為非，故貶責李勣，而徐敬業作為武后對立面則為是，更何況其以擁立中宗為名號，是為正統發聲。相較之下，二書雖皆強調忠義之德，然《舊唐書》單純以朝廷為國家核心，反朝廷就是不忠於國，《新唐書》則摻雜更多維護正統的觀念，故能予以徐敬業舉兵之事正面評價。

二書對高仙芝（？～756）、封常清（？～756）、哥舒翰（699～757）三人的排次亦小有參差，《舊唐書》以抵抗安史作亂的順序命篇，且初時高仙芝為主將、封常清為副，故為〈高封哥舒列傳〉，而《新唐書》則以戰敗影響之重輕排名，稱〈哥舒高封列傳〉。二書雖皆以「安史亂勢不可擋」為線索合三人成傳，然對此傳三人評價並不一致，且聚焦點亦有所異。《舊唐書》於傳末稱：

> 大盜作梗，祿山亂常，詞雖欲誅國忠，志則謀危社稷。于時承平日久，金革道消，封常清、高仙芝相次率不教之兵，募市人之眾，以抗兇寇，失律喪師。哥舒翰廢疾于家，起專兵柄，二十萬眾拒賊關門，軍中之務不親，委任又非其所。及遇羯賊，旋致敗亡，天子以之播遷，自身以之拘執，此皆命帥而不得其人也。《禮》曰：「大夫死眾。」又曰：「謀人之軍師敗則死之。」翰受署賊庭，苟延視息，忠義之道，即可知也，豈不愧於顏杲卿乎！抑又聞之，古之命將者，推轂而謂之曰：「閫外之事，將軍裁之。」觀楊國忠之奏事，邊令誠之護戎，又掣肘於軍政者也，未可偏責三帥，不尤伊人。後之君子，得不深鑑！（《舊唐書・高封哥舒列傳》，頁1585下左～1586上右）

〔註5〕見〔後晉〕劉昫：《舊唐書・二李列傳》，頁1208上左。
〔註6〕見〔後晉〕劉昫：《舊唐書・二李列傳》，頁1208下右。

其以為安史亂起時，封常清、高仙芝收攏市井之徒共同抗亂，然軍眾缺乏訓練，戰績不佳，又受玄宗心腹宦官邊令誠（？～756）的汙衊，竟死於讒言，而非力戰抗敵而亡，實不能多加責備。至於哥舒翰，當時身有痼疾，因高、封之死而被起用，然因身疾而不能親視事，又委任非人，更遭遇楊國忠讒害，干預謀策，雖領二十萬軍抗安祿山，竟不能一敵。作者群以為玄宗命此三人為帥皆不適宜，甚至聽信讒言多次干擾軍政、下令殺將，實不可怨怪三人無能，後世之君應慎之戒之。此外，《舊唐書》特別貶斥哥舒翰，以其被捕送安祿山後，竟接受署官，不能死節，而稱「醜哉舒翰，不能死王」〔註7〕、「忠義之道，即可知也」〔註8〕！斥責其非忠國之士，遠遜於同時期遭遇安祿山而死節的顏杲卿（692～756）父子。

 《新唐書》則未提此節，而專注於批判玄宗之失：

> 祿山衰百闐驍虜，乘天下忘戰，主德耄勤，故提戈內謀，人情崩潰。常清乃驅市人數萬以嬰賊鋒，一戰不勝，即奪爵土。欲入關見天子論成敗事，使者三輩上書，皆不報，回斬于軍。仙芝棄陝守關，遏賊西勢，以喪地被誅。玄宗雖為左右蒙瞽，然荒奪其明亦甚矣。卒使叛將得藉口，執翰以降賊。嗚呼！非天熟其惡，使亂四海，舉黔首而殘之邪！彼二將奚誅焉！（《唐書·哥舒高封列傳》，頁1701下右～下左）

作者群認為安祿山之所以作亂，是發現天下承平已久，缺乏戰備，而玄宗「主德耄勤」，不再明智勤政。封常清聚攏缺乏訓練的市井之民抗敵，一戰敗即被苛責奪爵，而遣使者欲面陳抗敵之情時，又被阻攔不得報，最後竟被斬於軍，而不死於敵。高仙芝見情勢不可為，退守關口以阻亂軍，使亂軍攻勢一度僵持，然其竟因棄地退守被誅。作者群不得不嘆：「玄宗雖為左右蒙瞽，然荒奪其明亦甚矣！」貶責玄宗的昏聵實在太甚！高、封二人實不當誅！不久哥舒翰下屬即以高、封二人遭遇為藉口，綁縛哥舒翰投降安祿山。《新唐書》認為安史亂軍之勢不能擋，應歸咎於玄宗的昏聵失德，玄宗應為天寶大亂負責，而非責備哥舒翰等三人。

 由此觀之，針對安史之亂的情勢潰堤，二書均認為玄宗應有責任，尤其是《新唐書》，並不以為哥舒等人有過失，未給予三人負面評價。《舊唐書》

〔註7〕見〔後晉〕劉昫：《舊唐書·高封哥舒列傳》，頁1586上右。
〔註8〕見〔後晉〕劉昫：《舊唐書·高封哥舒列傳》，頁1585下左。

則不然，以為玄宗雖有聽信小人干預軍政的問題，然高、封二人「失律喪師」〔註9〕，未能良善地控制軍隊，而哥舒翰亦有不能盡忠死節的品行問題，評價亦不佳。

以上〈王竇列傳〉、〈裴劉列傳〉、〈二李列傳〉、〈高封哥舒列傳〉等四篇合傳，二書所賦與的傳旨不盡相同，而予以合傳人物的評價亦不一致，是《新唐書》認同《舊唐書》所組人物之間的關係確實緊密，卻對其事跡有不同看法之故。

至於二書其他重合合傳，傳旨與人物評價相類，側重點或小有出入。以〈房杜列傳〉、〈姚宋列傳〉、〈段顏列傳〉為例，分別說明之。首先為〈房杜列傳〉，傳主為房玄齡（579～648）、杜如晦（585～630）二人。《舊唐書》以「開唐名相」合二人成傳，並稱讚道：

> 房、杜二公，皆以命世之才，遭逢明主，謀猷允協，以致昇平。議
> 者以比漢之蕭、曹，信矣！然萊成之見用，文昭之所舉也。世傳太
> 宗嘗與文昭圖事，則曰：「非如晦莫能籌之。」及如晦至焉，竟從玄
> 齡之策也。蓋房知杜之能斷大事，杜知房之善建嘉謀，禪譁草創，
> 東里潤色，相須而成，俾無悔事，賢達用心，良有以也。若以往哲
> 方之，房則管仲、子產，杜則鮑叔、罕虎矣。（《舊唐書・房杜列傳》，
> 頁 1197 下左～1198 上右）

作者群以為房、杜二人才華高卓，可以影響世局，又遇到明主，故能發揮所長，使天下生民平穩安樂，可比之如漢初的蕭何、曹參，而杜如晦見用，卻是房玄齡所薦舉，比蕭、曹二人曾有心結嫌隙則更相友愛。房玄齡善於籌畫，而杜如晦善於決斷，兩相配合，用心作事，《舊唐書》認為若以過去賢人來比擬房、杜二人的交情與工作上的配合，則可用齊國的管仲（？～645B.C.）與鮑叔牙（？～644B.C.）或鄭國的子產（？～522B.C.）與罕虎（？～529B.C.）來形容。其給予房、杜二人的評價極佳，且稱「猗歟二公，實開運祚」〔註10〕，認為是此二人奠定初唐盛景的基礎。

《新唐書》同樣認同二人乃「開唐名相」，於傳末贊中稱：

> 太宗以上聖之才，取孤隋，攘羣盜，天下已平，用玄齡、如晦輔
> 政。……使號令典刑粲然罔不完，雖數百年猶蒙其功，可謂名宰相。

〔註9〕見〔後晉〕劉昫：《舊唐書・高封哥舒列傳》，頁 1585 下左。
〔註10〕見〔後晉〕劉昫：《舊唐書・房杜列傳》，頁 1198 上右。

然求所以致之之蹟，逮不可見，何哉？唐柳芳有言：「帝定禍亂，而房、杜不言功；王、魏善諫，而房、杜讓其直；英、衛善兵，而房、杜濟以文。持眾美效之君。是後，新進更用事，玄齡身處要地，不吝權，善始以終，此其成令名者。」諒其然乎！如晦雖任事日淺，觀玄齡許與及帝所親款，則謨謀果有大過人者。方君臣明良，志叶議從，相資以成，固千載之遇，蕭、曹之勛，不足進焉。雖然，宰相所以代天者也，輔贊彌縫而藏諸用，使斯人由而不知，非明哲曷臻是哉？彼揚己取名，曒然使戶曉者，蓋房、杜之細邪！（《唐書·房杜列傳》，頁 1336 下右～下左）

作者群認為太宗用房、杜二人，所獲成效造福唐代二百多年，但若欲知如何做到，卻彷彿杳然無跡，而引唐人柳芳之言來評述房、杜之功。由其言可發現，房、杜輔佐朝政，是退讓給君王或同僚去出頭領功，並默默補足其缺憾之處，使政策執行起來更臻完美。其以為當時君臣皆明智佳善，可以相輔相成，是千載難逢的因緣際會，蕭何、曹參根本無法與之相比。此外，蕭何曾多次遭受漢高祖劉邦（？～195B.C.）的猜忌，相形之下，太宗與房、杜二人的配合無間實在難能可貴，由此亦表達君臣相得之難得。最末，《新唐書》稱讚二人能輔佐諸人諸事而深藏功名，才是真正得到為宰真意者，那些有點成就即為己揚名者，實在比不上房、杜二人。由此可知，作者群對房、杜評價極高，稱之為名宰相，並藉此傳闡明為宰真意。

以二書〈房杜列傳〉相較，可發現《舊唐書》聚焦於房、杜二人的互補與配合無間，《新唐書》則闡說宰相的真正功用，以及太宗與二人的君臣相得。

繼房、杜二人之後，唐朝名相尚有姚崇（651～721）與宋璟（663～737）。兩《唐書》均以為房、杜之後，惟此二人能稱之為宰相，能真正承擔其職的重責大任。《舊唐書·姚宋列傳》傳末稱：

履艱危則易見良臣，處平定則難彰賢相。故房、杜預創業之功，不可儔匹。而姚、宋經武、韋二后，政亂刑淫，頗涉履於中，克全聲跡，抑無愧焉。（《舊唐書·姚宋列傳》，頁 1493 上右）

作者群以為在艱困時期容易彰顯出良臣，太平時期則難凸顯出賢相，因此世人多贊房、杜的草創之功，然而姚、宋二人歷經武后、韋后之亂政，還能保持住宰相的聲名，做應做的事，亦是與宰相名位名實相符者。由「無愧」二字，可發覺《舊唐書》對二人評價為佳，更稱：

姚、宋入用，刑政多端。為政匪易，防刑益難。諫諍以猛，施張用
寬。不有其道，將何以安？（《舊唐書・姚宋列傳》，頁 1493 上右）
其認為姚、宋所遭遇的是政治紊亂的黑暗時期，當是時，要作宰相不容易，要
全命保身又作得好更難，二人為政寬猛並施，若非深得平衡之道，如何得以堅
持正念，以成賢相？由此可知作者群以為要作到如二人一般，實不容易，而油
然有欽慕之意。

　　《新唐書》則不由此角度陳說，而自姚、宋二人遭遇玄宗談起，於其傳末
論贊稱：

姚崇以十事要說天子而後輔政，顧不偉哉，而舊史不傳。觀開元初
皆已施行，信不誣已。宋璟剛正又過於崇，玄宗素所尊憚，常屈意
聽納。故唐史臣稱崇善應變以成天下之務，璟善守文以持天下之正。
二人道不同，同歸于治，此天所以佐唐使中興也。嗚呼！崇勸天子
不求邊功，璟不肯賞邊臣，而天寶之亂，卒蹈其害，可謂先見矣。
然唐三百年，輔弼者不為少，獨前稱房、杜，後稱姚、宋，何哉？
君臣之遇合，蓋難矣夫！（《唐書・姚宋列傳》，頁 1601 下左～1602
上右）

首先，作者群批評《舊唐書》未錄姚崇以十件要事勸說玄宗之事，此十事於其
輔政之後均已實施，顯見其影響程度，《舊唐書》未錄實屬嚴重闕漏。又，宋
璟為人剛正更甚於姚崇，玄宗十分尊重其意見，因而可與姚崇同時輔佐玄宗，
成就開元盛世。姚崇勸玄宗不務求邊功、宋璟諫玄宗不可賞邊臣，均為見識深
遠之語，安史之亂即為玄宗晚年不用其言的後果。最後，《新唐書》感嘆唐代
為相者眾，而獨房、杜成名，次之姚、宋，皆是因為君臣間的遇合太難。明主
遇奸人、賢臣逢昏君，均不能得其所而發展，故而此四人的君臣遭遇，殊為可
貴。

　　由此觀之，兩《唐書》評點姚、宋二人的評價皆佳，且同樣以房、杜作對
照，然《舊唐書》側重於二人如何於危局中堅持己念，《新唐書》則聚焦於君
臣之際的遇合，喟嘆其遇合之難。二書所關注者相異，應摻雜其作者群背後的
時代因素：《舊唐書》作者群遭遇的即是如同姚、宋所處的亂世，政局不穩而
令人無所適從，使之瞻仰二人的處世哲學；《新唐書》作者群則處太平之世，
期待能獲帝王賞識，以施展抱負，然多少有不被重用之時，不由得感嘆遇合之
難。

至於〈段顏列傳〉，傳主為段秀實（719～783）與顏真卿（709～784），二人死於德宗時期朱泚、李希烈等藩鎮之亂，二書均稱許段、顏之死節。《舊唐書》以為二人行止足可垂訓萬世，而以「殉道者」合二人為一篇。其傳末論贊稱：

> 每思先軫免冑，子路結纓，雖云其忠，未聞於道。如成公孝於家，能於軍忠於國，是武之英也；苟無楊炎弄權，若任之為將，遂展其才，豈有朱泚之禍焉！如清臣富於學，守其正，全其節，是文之傑也；苟無盧杞惡直，若任之為相，遂行其道，豈有希烈之叛焉！夫國得賢則安，失賢則危。德宗內信姦邪，外斥良善，幾致危亡，宜哉！噫！仁以為己任，不亦重乎；死而後已，不亦遠乎！二君守道歿身，為時垂訓，希代之士也，光文武之道焉。（《舊唐書·段顏列傳》，頁 1784 下右～下左）

作者群認為段秀實為武將中的英才，若不遭到奸臣楊炎讒毀而重用之，則朱泚之禍不至於牽連甚廣；顏真卿則是文臣中的精英，若能任之為相而不聽用盧杞，則李希烈等藩鎮不至於如此囂張。其以為德宗信用小人，方導致藩鎮數度大規模的反叛，而段、顏二人自遭遇安史之亂至朱泚、李希烈等作亂，一路堅守忠義之道，以至於殉，與許多接受偽朝署官者不同，實為當代少見的義士，可為文臣武將的楷模。

《新唐書》認同《舊唐書》以為段、顏二人為「殉道者」的觀點，並引柳宗元之言評段秀實其人：

> 唐人柳宗元稱：「世言段太尉，大抵以為武人，一時奮不慮死以取名，非也。太尉為人姁姁，常低首拱手行步，言氣卑弱，未嘗以色待物；人視之，儒者也。遇不可，必達其志，決非偶然者。」宗元不妄許人，諒其然邪！非孔子所謂仁者必有勇乎？當祿山反，哮噬無前，魯公獨以烏合嬰其鋒，功雖不成，其志有足稱者。晚節偃蹇，為姦臣所擠，見殞賊手。毅然之氣，折而不沮，可謂忠矣。詳觀二子行事，當時亦不能盡信於君，及臨大節，蹈之無貳色，何耶？彼忠臣誼士，寧以未見信望于人，要返諸己得其正，而後慊於中而行之也。嗚呼！雖千五百歲，其英烈言言，如嚴霜烈日，可畏而仰哉！（《唐書·段顏列傳》，頁 1850 上右～上左）

柳宗元與段秀實、顏真卿等人生存年代有交集，其言段秀實的形貌應是親眼所見。於其觀察中，段秀實於世人眼中渾不似一武將，然其所欲達成的目標即使

遇到困難，亦必定能做到，絕非文弱之輩。《新唐書》認為柳宗元不曾隨便稱讚他人，故其言為真。作者群以為段、顏二人是心中持守忠恕之道，故而能勇，面對危險時能義無反顧。顏真卿晚年被奸臣排擠，導致七十餘歲還擔任使者去勸說當時反叛的源頭，卻無半點推辭之語，最終死於李希烈之手，實為忠國志士，值得稱許。隨後焦點一轉，《新唐書》關注於德宗與段、顏二人的君臣關係，以為二人當時並不被德宗信用，然遇大事則不曾作難推辭，是因為忠臣義士從未要求一定要被信用，而是反求諸己，要求自己要秉持信念、行事無愧於心。因此，雖段、顏事跡距宋已久，然其壯烈之態仍為人所敬仰。

　　二書〈段顏列傳〉的傳旨與給予人物的評價均同。然而其中《舊唐書》貶德宗不能用良臣，《新唐書》則聚焦於忠臣義士的自我要求，雖皆隱含君臣遇合之難的慨歎，然側重點不同，即是表露二書作者群思考方向的差異：《舊唐書》惋惜二人之不得用，是關注於現實環境與人的配合；《新唐書》總結忠臣義士之所以赴死無悔，是注重人本身的品德價值判斷，闡明心中有道、無愧於己則無所畏懼之理。

小結

　　由兩《唐書》合傳重合的篇章觀之，可發現《舊唐書》於這些傳篇中，注意到的是人物的幸與不幸，如王世充、竇建德的對照，或如裴寂的不死於罪，《新唐書》則較多談及國君的有德與否與朝代興衰的關聯，如〈王竇列傳〉的煬帝失德與唐之明德對比，又如〈哥舒高封列傳〉以嚴厲語氣指責玄宗耄勤、荒奪其明等。此外，二書均談及君臣的遇合，如《舊唐書・二李列傳》稱許李靖之能退讓，可避帝王忌諱，故能善相始終，又如《舊唐書・段顏列傳》嘆德宗昏昧不能用段、顏二人，或如《新唐書・姚宋列傳》中嘆君臣相得之難，顯見君臣之際的處遇進退，是古今天下士人共同在意的人生難題。

第二節　《新唐書》重組《舊唐書》合傳為合傳

　　畢竟是同錄有唐一代，《新唐書》合傳人物與《舊唐書》多有重疊，但篇章傳主完全重合者，卻僅有十三篇而已，故而可知除此十三篇之外，《新唐書》對其餘傳主間的繫聯關係，或所欲傳達的意旨，應與《舊唐書》作者群所思相異。因此，這些人物錄入《新唐書》時，作者群即對其進行重新配置，或剪裁、合併，或直接增刪，皆隨其心旨而定。

其中，部分合傳並未大肆裁修，編撰痕跡較少，有直接交錯重整者，如以《舊唐書》〈唐長孫二劉殷柴武列傳〉、〈屈任丘許李姜列傳〉、〈尉遲秦程段張列傳〉，人物交錯重整為《新唐書》〈屈尉遲張秦唐段列傳〉與〈二劉殷許程柴任丘列傳〉。或如以《舊唐書》〈魏盧源李杜韓裴列傳〉、〈崔二張蕭李嚴列傳〉，重新整併成《新唐書·魏盧李杜張韓列傳》以及〈張源裴列傳〉，是屬於改動較小者，人物事跡重合部分亦多，較能自二書貼合人物之法見其中參差，故此一小節即由此數傳出發，觀察兩《唐書》作者群的價值觀。

首先為直接交錯重整者，以《舊唐書》〈唐長孫二劉殷柴武列傳〉、〈屈任丘許李姜列傳〉、〈尉遲秦程段張列傳〉整改為《新唐書》〈屈尉遲張秦唐段列傳〉、〈二劉殷許程柴任丘列傳〉為例。《舊唐書·唐長孫二劉殷柴武列傳》傳主共七人，分別為唐儉（579～656）、長孫敬德、劉弘基（582～650）、殷嶠（？～622）、劉政會（？～635）、柴紹（？～638）、武士彠（577～635），主要活躍於由隋入唐之時。《舊唐書》以傳贊一一點評：

> 唐儉委質義旗之下，立功草昧之初，被拘虜庭，脫高祖蒲州之急；侍獵苑囿，諫太宗馬上之言，可謂純臣矣。順德佐命立功，理郡著明肅之政；弘基臨難不屈，陷陣多尅捷之勳。殷嶠、劉政會、柴嗣昌並在太原，首預舉義，從微至著，善始令終。馬三寶出廝養之徒，處將軍之位，亦馬之善走者也。武士彠首參起義，例封功臣，無戡難之勞，有因人之跡，載窺他傳，過為褒詞。慮當武后之朝，佞出敬宗之筆，凡涉虛美，削而不書。（《舊唐書·唐長孫二劉殷柴武列傳》，頁1119下右）

其以為唐儉曾建言起義，又曾救高祖脫困、直言勸諫太宗，從初始就一心為李氏謀算，故可稱之為「純臣」。長孫順德同樣自起義之初即追從高祖，建有功勳，後因僕從收賄被貶斥，奮然一改先前放縱之風，善治州府，號為良牧。劉弘基多次面對戰爭危局卻從不放棄，因而常能立功。殷嶠、劉政會、柴嗣昌同樣於高祖甫一舉兵即一路追隨，未曾改易，結局亦佳，深得善始善終之意。附傳馬三寶（？～629）為平陽公主家僕，於高祖舉兵初起時即追隨公主屢立戰功，唐一統天下後亦建功績，被封為左驍衛大將軍，《舊唐書》認為以馬喻之，則應是善走健行的好馬。至於武士彠，作者群則以為其雖追從高祖起義，卻無特出功勞，文書實錄等文獻中如有其功勳褒詞，應是武后當政時期，許敬宗等諂媚之臣所為，非為事實，故此類紀事均刪而不錄。

　　由此觀之，此七位傳主共通點為「首預舉義」，均是在一開始就參與高祖起義之事，且由頭至尾不曾轉投他人，此即為《舊唐書》繫聯七人的關鍵。然而七位傳主中，《舊唐書》獨不欣賞武士䂮，以為其「例封功臣，無戡難之勞，有因人之跡」〔註11〕，只是恰遇時機而得以從龍。作者群甚至於傳末讚美眾人時，直稱「弘基六士，義合風雲」〔註12〕，根本沒將武士䂮算進去，可見其評價雖不為負，卻也不高，與其他傳主不侔。

　　又，《舊唐書‧屈任丘許李姜列傳》傳主為屈突通（557～628）、任瓌（？～629）、丘和（552～637）、許紹（？～621）、李襲志、姜謩（？～627），共計六人，同樣活躍於隋末唐初之時。查《舊唐書》此傳內文，可發現此六位傳主均有轉事多主的經歷，然又能得唐室晉用，是為其共通點。作者群關注此一共通點，或與其自身背景環境有關。《舊唐書》成書於五代時期，眾多勢力並立，時局不安，世人皆不免尋求安身立命之方，而手無縛雞之力的文人士子，身處亂世朝堂，更不免思索何以保命全身。作者群藉由此合傳傳主事跡自問自答，得到「守節純誠」的答案：

> 或問屈突通盡忠於隋而功立於唐，事兩國而名愈彰者，何也？答云：「若立純誠，遇明主，一心可事百君，寧限於兩國爾！」被稠桑之擒，臨難無苟免；破仁杲之眾，臨財無苟得，君子哉！任瓌、丘和、許紹、李襲志咸遇真主，得為故人，或敘舊立功，或率眾歸國。尋其履迹，皆有可稱。（《舊唐書‧屈任丘許李姜列傳》，頁1129上左）

其以為屈突通之所以能先為隋臣，入唐後做到配饗太宗廟庭，圖入凌煙閣，是因為屈突通的遭遇符合兩個要件：立純誠、遇明主。其忠國之心純粹誠摯，則不可能不感動英明之君，因為君王總渴望自己亦能有如此忠誠的臣子，而將其收入麾下後，若其同樣以忠誠相報，則君王不得不深感於心，轉而體現於重用與晉升官職上。高祖獲屈突通，讚其「隋室忠臣也」〔註13〕！而透過其被擒時的奮戰到底、從太宗平薛舉（？～618）時的秋毫無取，可證實其人品之貴重，臨事不改其操守，有君子德行。任瓌、丘和、許紹、李襲志等四人同樣遇到屈突通所擁有的二項條件：忠誠為隋、遭遇明主，又與高祖有些老交情，故而歸唐之後，能有不錯的發展。作者群認為觀察此四人的作為，可發現如屈突通般

〔註11〕見〔後晉〕劉昫：《舊唐書‧唐長孫二劉殷柴武列傳》，頁1119下右。
〔註12〕見〔後晉〕劉昫：《舊唐書‧唐長孫二劉殷柴武列傳》，頁1119下右。
〔註13〕見〔後晉〕劉昫：《舊唐書‧唐長孫二劉殷柴武列傳》，頁1121上左。

亦有可嘉許之處。

由此觀之,《舊唐書》以為用忠君不貳之心對待主上,則可獲得新的君上青眼。除屈突通得高祖讚為忠臣外,原任南朝陳司馬的任瓌與擔任隋朝太守的丘和亦均因此獲得新君的賞識:

> (任瓌)俄遷衡州司馬,都督王勇甚敬異之,委以州府之務。屬隋師滅陳,瓌勸勇據嶺南,求陳氏子孫立以為帝;勇不能用,以嶺外降隋,瓌乃棄官而去。……及高祖討捕於汾、晉,瓌謁高祖於轅門,承制為河東縣戶曹。高祖將之晉陽,留隱太子建成以託於瓌。……高祖謂之曰:「隋氏失馭,天下沸騰。……卿將家子,深有智謀,觀吾此舉,將為濟否?」瓌曰:「……瓌在馮翊積年,人情諳練,願為一介之使,銜命入關,同州已東,必當款伏。……然後鼓行整眾,入據永豐,雖未得京城,關中固已定矣。」高祖曰:「是吾心也。」……孫華、白玄度等聞兵且至,果競來降,並具舟於河,師遂利涉。瓌說下韓城縣,……留守永豐倉。高祖即位,改授穀州刺史。王世充數率眾攻新安,瓌拒戰破之,以功累封管國公。(《舊唐書·屈任丘許李姜列傳》,頁 1121 下左～1122 下右)

任瓌於陳朝將滅時,仍欲擁陳朝宗室為帝,未果而去,至高祖搜捕人才時才出現,馬上獲得高祖信用,起義之初還將長子建成託付之。此外,高祖亦曾問策於任瓌,任瓌則自薦為使者說客,使高祖不廢兵卒即得關中,之後又屢建戰功,得封管國公。觀任瓌作為,實是為陳報滅國之仇,又盡心為唐謀劃,故能得新君心意。

至於丘和,則原本獲隋煬帝信用,擔任交趾太守以鎮之,而煬帝見弒後,其初不知曉,受各方義軍拉攏與侵略,仍堅守其地,直至得知隋滅方止:

> 會煬帝為化及所弒,……各遣人召之,和初未知隋亡,皆不就。……銑利之,遣長真率百越之眾渡海侵和,和遣高士廉率交、愛首領擊之,長真退走,境內獲全,郡中樹碑頌德。會舊驍果從江都還者,審知隋滅,遂以州從銑。及銑平,和以海南之地歸國。……高祖遣其子師利迎之。及謁見,高祖為之興,引入臥內,語及平生,甚歡,奏《九部樂》以饗之,拜左武候大將軍。……貞觀十一年卒,年八十六。贈荊州總管,諡曰襄,賜東園祕器,陪葬獻陵。(《舊唐書·屈任丘許李姜列傳》,頁 1123 上左～下右)

隋滅後，丘和領州附從旁近的大勢力——蕭銑（583～621），而待其滅亡後，又以地歸附唐朝。高祖聞丘和上表請入朝覲見，非常重視，遣皇子迎之，且會面時刻意表現得十分親近，引之入寢宮內談天，設宮廷樂舞款待之，而太宗於其逝世時賜秘器為葬品，詔陪葬於獻陵，顯示高祖與太宗亟欲表示的親暱之意。丘和入唐時年過七十，且對唐無明顯功績，卻亦能得帝王尊重，是因為其已盡人臣的本職，雖領地歸唐，亦無愧於隋，能符合初開唐的高祖、太宗的心意。

　　高祖、太宗雖於起義時廣收各方之才，然確立天下後，卻對曾轉事多主者不滿，多所貶抑。如諫臣張玄素（？～664）的遭遇：

> 太宗嘗對朝問玄素歷官所由，玄素既出自刑部令史，甚以慙恥。諫議大夫褚遂良上疏曰：「臣聞君子不失言於人，聖主不戲言於臣。……陛下昨見問張玄素云：『隋任何官？』奏云：『縣尉。』又問：『未為縣尉已前？』奏云：『流外。』又問：『在何曹司？』玄素將出閣門，殆不能移步，精爽頓盡，色類死灰。朝臣見之，多所驚怪。大唐創曆，任官以才，卜祝庸保，量能使用。陛下禮重玄素，頻年任使，擢授三品，翼贊皇儲，自不可更對羣臣窮其門戶，棄昔日之殊恩，成一朝之愧恥。人君之御臣下也，禮義以導之，惠澤以驅之，使其負戴玄天，罄輸臣節，猶恐德禮不加，人不自勵。若無故忽略，使其羞慙鬱結於懷，衷心靡樂，責其伏節死義，其可得乎？」書奏，太宗謂遂良曰：「朕亦悔此問，今得卿疏，深會我心。」（《舊唐書‧蘇韋孫張列傳》，頁 1287 上右～上左）

張玄素時任太子少詹事，因對承乾太子多所勸諫而遭其不忿，甚而曾派人夜毆之，而玄素仍不改其行。承乾因此常於太宗面前讒毀之，太宗信以為真，而於眾前問玄素曾歷何官以羞慚之，然後經褚遂良（596～658）勸諫，太宗悔之。由此觀之，太宗心中對此類人有微妙而無形的輕慢，即使重用張玄素輔導太子，亦不免流露出來。

　　《新唐書》作者群亦曾針對此點闡說：

> 始唐有天下，懲刈隋敝，敷內讜言，而世長等仇然獻忠，時主方褒聽，藉以勸天下，雖觸禁忌，而無忤情。及禍亂已平，君位尊安，後者視前人之為，猶以鯁論期榮，故時時遭斥讓，為所厭苦。非言有巧拙，所遭之時異也。（《唐書‧蘇韋孫張列傳》，頁 1405 下右）

其以為太宗的心態是因為時空環境而轉變，草創之時當然歡迎人才，葷素不忌，至家業求穩固時，則開始不滿那些非初始即追隨者，更以為此風不可長，多次褒獎忠心為唐者，藉此敲打群臣、鼓勵忠唐。由此亦可知何以屈突通、任瓌、丘和等人會受到唐室禮遇。

此外，《舊唐書》認為屈突通的品節高尚，其餘五位傳主或多或少有些缺點，如「任瓌縱妒妻無禮，任親戚求財，丘和進食邀幸」〔註14〕等，仍不能與之相較，故最後稱「屈突守節，求仁得仁。諸君遇主，不足擬倫」〔註15〕，因而可知眾傳主間以屈突通所得評價最高。

至於《舊唐書‧尉遲秦程段張列傳》，傳主為尉遲敬德（585～658）、秦叔寶（？～638）、程知節（589～665）、段志玄（598～642）、張公謹（594～632）等五人。其傳贊稱：

> 敬德奪陷陣，鼓勇王師，卻略報恩，竭忠霸主。然而奮拳負氣，非自全之道，文皇告誡之言，可為功臣藥石。叔寶善用馬矟，拔賊壘則以寡敵眾，可謂勇矣。知節志平國難，拜隼旗則致命輔君，可謂忠矣。而並曉世充之猜貳，識唐代之霸圖，可謂見幾君子矣。志玄中鏑不言，竟安師旅。公謹投龜定議，志助儲君。皆所謂猛將謀臣，知機識變。有唐之盛，斯實賴焉。（《舊唐書‧尉遲秦程段張列傳》，頁 1216 下右）

作者群以為尉遲敬德等五人均武勇過人，且盡忠輔主，太宗之所以能創盛世，全賴這些虎將有忠有勇有謀。此五人同樣於高祖打天下時陸續歸唐，爾後亦屢建功勳，而與屈突通等前事他主、後才入唐之人有別者，是以武勇特出眾人，且均參與玄武門之變，屬太宗陣營，如尉遲敬德射殺李元吉、張公謹促使太宗下決斷等，皆是影響此事件的關鍵人物。因此，雖同樣為曾事他主而後歸唐，然尉遲敬德等人的組合關係與屈突通等人則有根本上的不同。

以上三傳傳主共十八人，《新唐書》將之重新配置組合，而成〈屈尉遲張秦唐段列傳〉、〈二劉殷許程柴任丘列傳〉，其間人物的繫聯為何？其重新歸置與新增入的人物是否符合其入傳標準，則須由論贊與人物本傳去了解。《新唐書‧屈尉遲張秦唐段列傳》傳主為屈突通、尉遲敬德、張公謹、秦叔寶、唐儉、段志玄，共六人。其傳末稱：

〔註14〕見〔後晉〕劉昫：《舊唐書‧屈任丘許李姜列傳》，頁 1129 下右。
〔註15〕見〔後晉〕劉昫：《舊唐書‧屈任丘許李姜列傳》，頁 1129 下右。

屈突通盡節於隋，而為唐忠臣，何哉？惟其一心，故事兩君而無嫌
也。敬德之來，太宗以赤心付之，桑陰不徙而大功立。君臣相遇，
古人謂之千載，顧不諒哉！投幾之會，間不容綫，公謹所以抵龜而
決也。（《唐書·屈尉遲張秦唐段列傳》，頁 1283 下左）

由此段論贊可發現，《新唐書》同樣好奇屈突通何以能事二朝而盡得令名。其
以為是因屈突通以「一心」相待，故改朝事新君而新君心無嫌隙。如以尉遲敬
德為例，作者群以為其即因此得到太宗以真誠相付，而敬德亦同以一心回報，
故能助玄武門之變成功，「論功為第一」〔註16〕。《新唐書》以為這是千載一遇
的君臣相得，就如同張公謹見太宗將行大事而突然猶豫時，直接將龜卜擲地，
促使太宗決斷，太宗不以為忤，反從而決之的信任，皆為君臣彼此以一心相待，
故能不猜疑計較，同謀大事之故。

　　作者群藉此合傳表達對君臣相得的嚮往，及其中的要訣：彼此真誠以待，
而用「君臣赤心」為此合傳主旨貼合此六人。檢視六位傳主事跡，可發現其中
屈突通與其他傳主性質較為不同，其事跡重點在於前忠於隋、後忠於唐，皆無
愧臣節，而其餘五人則與初唐大事關係較深，如唐儉脫高祖於獨孤懷恩之計、
尉遲敬德等人預玄武門之變。《新唐書》以「君臣赤心」線索糾合六人，是看
中屈突通入唐後，太宗馬上信任重用〔註17〕的故事，與高祖收到唐儉密信，立
刻相信而掉頭離去，不入獨孤懷恩的陷阱，此類君臣互信而有裨益的事跡。由
此觀之，諸傳主尚能符合其入傳標準，而與《舊唐書》三合傳意旨不同。

　　《新唐書·二劉殷許程柴任丘列傳》的傳主則有劉弘基、殷開山（殷嶠）、
劉政會、許紹、程知節、柴紹、任瓌、丘和等八人。傳末論贊稱：

帝王之將興，其威靈氣焰有以動物悟人者，故士有一槩，皆填然躍
而附之，若榱椽梁柱以成大室，義負偃植，各安所施而無遺材，諸
將之謂邪。然皆能禮法自完，賢矣哉！（《唐書·二劉殷許程柴任丘
列傳》，頁 1291 下右）

〔註16〕見〔宋〕宋祁、歐陽脩：《唐書·屈尉遲張秦唐段列傳》，頁 1278 下左。
〔註17〕《舊唐書》記載：「及大兵圍洛陽，竇建德且至，太宗中分麾下以屬通，令與
　　　齊王元吉圍守洛陽。世充平，通功為第一，尋拜陝東大行臺右僕射，鎮于洛
　　　陽。……隱太子之誅也，通復檢校行臺僕射，馳鎮洛陽。」太宗於大戰來前分
　　　一半兵力予屈突通，使之與齊王元吉守住洛陽，之後玄武門之變時，恐擁護建
　　　成太子者起兵，又遣其馳往洛陽鎮守，顯示太宗信任屈突通之能。見〔後晉〕
　　　劉昫：《舊唐書·屈任丘許李姜列傳》，頁 1121 下右。

作者群以為帝王將興時會有氣運感人，因此有感者遂踴躍來投，紛紛然成為國家建立時的磚瓦支柱，各依其才而竭盡其力，大概就是此八位傳主吧！且皆能持守禮儀法度，可謂為賢。此合傳顯然與《舊唐書・唐長孫二劉殷柴武列傳》的傳旨相似，然前者對諸人的評價皆為正面，而後者尚且提及任瓌懼妻與偏袒舊親、丘和以美食諂媚煬帝的些微小瑕，是二者較不同之處。

　　此外，以「從龍雲起」為入傳標準來看，《新唐書》所擇人物是符合其條件的，均為高祖起兵之初即追從之，但若談及眾傳主間的關係則不太緊密，無甚特別線索，反不如他傳如《新唐書・劉裴列傳》中的劉文靜、裴寂同樣有從龍之功，而二人因勢利結怨鬥死，以見外臣易為近臣所間疏之旨。

　　由《新唐書》對《舊唐書》三篇合傳的調整與重置人物觀之，則其修改的確是因為別有意旨，如〈屈尉遲張秦唐段列傳〉的君臣赤心之旨，背後即蘊含士人仕宦追求君臣相得的期盼，而〈二劉殷許程柴任丘列傳〉以從龍之功貼合傳主，然傳主間並無太多繫聯，是可惜之處。

　　或以《舊唐書》〈魏盧源李杜韓裴列傳〉、〈崔二張蕭李嚴列傳〉，重組為《新唐書》〈魏盧李杜張韓列傳〉、〈張源裴列傳〉為例。

　　其中，《舊唐書・魏盧源李杜韓裴列傳》傳主為魏知古（647～715）、盧懷慎（？～716）、源乾曜（？～731）、李元紘（？～733）、杜暹（？～740）、韓休（673～740）、裴耀卿（681～743）等，共計七人，而其合傳之旨可由傳末論贊中見出：

> 魏知古、盧懷慎、源乾曜、李元紘、杜暹、韓休、裴耀卿，悉蘊器能，咸居宰輔。或心存啟沃，或志在薦賢，或出愛子為外官，或止屯田於關輔，或不受蕃人之賂，或堅劾伯獻之姦，或廣漕渠以充國用，此皆立事立功，有足嘉尚者也。盧、李、杜三君子，又以清白垂美簡書，公孫弘之流也。乾曜職當機密，無所是非，持祿保身，焉用彼相？（《舊唐書・魏盧源李杜韓裴列傳》，頁1517下右）

作者群以為此七人皆身負才華，作為亦有足以稱美者，可謂立事立功，傳世不朽，而此合傳即以「立事立功」為線索貼合眾人。這些傳主雖活躍時期略有參差，但主要表現則落入玄宗朝，而由所錄諸人事跡可發現，《舊唐書》選入多位傳主的諫言，有的甚至不只一篇，如錄有魏知古諫言二則、盧懷慎諫疏三篇及遺表一篇，以及裴耀卿諫言二篇，因而可知此傳傳主不只立事立功，亦有立言。《舊唐書》因恐其「汙簡書事，清風肅然。萬歲之後，其名

不刊」〔註18〕，故而特立此合傳，錄此嘉言。

《舊唐書‧崔二張蕭李嚴列傳》的傳主則有六位，分別為崔日用（673～722）、張嘉貞（665～729）、蕭嵩（？～749）、張九齡（678～740）、李適之（694～747）、嚴挺之（673～742）。其傳末贊稱：

> 崔日用附會三思，以取高位，預討韋氏，遂握重權。自言：「吾一生行事，皆臨時制變，不必專守始謀。」信矣！與夫守死善道者，不可同年而語也。張嘉貞雖不立田園，奈急於勢利，朋比近習，杖姜皎、仙先，非中立之士也。蕭嵩位極中令，異政無聞，樹破虜之勳，真致遠之器。九齡文學政事，咸有所稱，一時之選也。適之臨下雖簡，在公克勤，惜乎不得其死也！挺之才略器識，不下諸公，恥近權門，為人所惡，不登台輔，養疾宮寮。雖富貴在天，窮達有命，彼林甫者，誠可投畀豺虎也。（《舊唐書‧崔二張蕭李嚴列傳》，頁1528下左～1529上右）

作者群以為此六人中，崔日用善權變，故能得高位，然以之與「守死善道」相較，則隱隱有其非守善道之意。張嘉貞雖不借官勢廣收私財田園，然其極好權勢，喜結朋黨，曾附會朋黨支持廷杖姜皎（？～722）、裴仙先（667～753），導致姜皎重傷後流放，死於途中，裴仙先因張說（667～730）上諫方逃過一劫，而張嘉貞、張說結怨。由此可見，張嘉貞亦非良善之輩。蕭嵩、張九齡、李適之、嚴挺之皆一時之選，可惜後二人為李林甫（683～753）所讒害。作者群因此發出感嘆，認為李林甫應被投給豺狼虎豹吃，足見其評價之低。

由此觀之，六人評價各不相同，而查其生平經歷亦不多牽連。《舊唐書》以「開元之代，多士盈庭」〔註19〕之故合六人成傳，然要旨卻是落於傳贊最末二句，諷玄宗「大位俱極，半虧德馨」〔註20〕，以此合傳見玄宗朝政衰敗之始，乃因其重用人品有瑕之人，如崔、張二人及李林甫。以李、嚴二人的遭遇，可見李林甫人品之惡及惟圖私欲。至於蕭、張二人合入此傳，則須仔細由事跡求其所關聯。蕭嵩以戰立功，久居高位，與裴光庭（678～733）、韓休等人政見不合，多所爭執，玄宗則常偏袒蕭嵩，後因李林甫告發其曾賄賂宦官牛仙童（？～739），而被貶，不久即告老還鄉。張九齡因同為張姓，屢受張說提拔，

〔註18〕見〔後晉〕劉昫：《舊唐書‧魏盧源李杜韓裴列傳》，頁1517下右～下左。
〔註19〕見〔後晉〕劉昫：《舊唐書‧崔二張蕭李嚴列傳》，頁1529上右。
〔註20〕見〔後晉〕劉昫：《舊唐書‧崔二張蕭李嚴列傳》，頁1529上右。

後因李林甫嫉其能，設計張九齡遭玄宗不滿，而退高位。因此，顯然蕭、張二人亦曾受李林甫讒毀，只是不如李、嚴之慘。由此來看，蕭、張、李、嚴之入傳，實可證玄宗朝小人當道之象，只是線索明顯與否而已。

《新唐書·魏盧李杜張韓列傳》則是取魏知古、盧懷慎、李元紘、杜暹、張九齡、韓休等六人為傳主。作者群以此合傳見玄宗執政不能始終令名，並以論贊評說玄宗心態，稱：

> 人之立事，無不銳始而工於初，至其半則稍怠，卒而漫澶不振也。
> 觀玄宗開元時，屬精求治，元老魁舊，動所尊憚，故姚元崇、宋璟
> 言聽計行，力不難而功已成。及太平久，左右大臣皆帝自識擢，狎
> 而易之，志滿意驕，而張九齡爭愈切，言益不聽。夫志滿則忽其所
> 謀，意驕則樂軟熟、憎鯁切，較力雖多，課所効不及姚、宋遠矣。
> 終之胡雛亂華，身播邊陬，非曰天運，亦人事有致而然。若知古等
> 皆宰相選，使當天寶時，庸能有救哉！（《唐書·魏盧李杜張韓列傳》，
> 頁 1625 下左）

其以為人之初立志，皆銳意向前、奮力不懈，日久則開始鬆懈，懈怠既久則成習慣，難以再振。玄宗之執政即為此種情形。當開元之始，有眾多賢明的老臣輔助，玄宗有心為政，故敬而重之且言聽計從。俟治政日久而開元大盛，則開始志得意滿，左右又皆自己提拔者，近昵則生輕慢，且不喜聽鯁切之諫，故即使張九齡等極力勸諫，亦難有效果。如此則天寶之亂非天運所致，是患生於人事使然。作者群以為就算魏知古等人皆宰相人才，身處天寶之時，亦不能救國，因其根本原因在於玄宗倦勤，其治國歷程實真切符合「靡不有初，鮮克有終」之謂。

由魏知古至韓休，皆賢能之臣，而由其遭遇，可清楚見到玄宗由初始積極政事，逐漸轉向倦勤態度的過程，故此六人相合能凸出作者群意旨，屬於適合的人物配置。

至於原屬《舊唐書》〈魏盧源李杜韓裴列傳〉、〈崔二張蕭李嚴列傳〉二合傳傳主，且未選入《新唐書·魏盧李杜張韓列傳》者，《新唐書》另以張嘉貞、源乾曜、裴耀卿三人合為〈張源裴列傳〉，其餘則散入他傳。《新唐書》以〈張源裴列傳〉展露玄宗開元盛世基礎的一角，其傳末稱：

> 開元之盛，所置輔佐，皆得賢才，不者若張、源等，猶惓惓事職，
> 其建明有足稱道。朝多君子，信大平基歟！張氏三世宰相，然器有

所窮，嘉貞窮於俗，延賞窮於忮，弘靖窮於權，惜哉！（《唐書・張源裴列傳》，頁 1634 上右～上左）

作者群認為開元之能成就盛世，是因為廣用君子、賢才，因此所拔擢者即使稱不上非常優秀，亦能兢兢業業，克盡其職，開元盛世即奠基於此。贊末則稍稍論及張嘉貞家族三世為相，並惋惜其人皆略有小瑕，不夠大器。

　　由此看來，無論是《舊唐書》或《新唐書》，此四合傳，均為有關玄宗開元至天寶之政，或因焦點略有不同，故而二書人物組合略有參差。其中，《舊唐書》以〈魏盧源李杜韓裴列傳〉記玄宗朝的賢臣佳言，以〈崔二張蕭李嚴列傳〉載玄宗啟用小人入朝之狀；《新唐書》則以〈魏盧李杜張韓列傳〉錄玄宗倦勤之況，及以〈張源裴列傳〉表明開元盛世基礎的一隅。

小結

　　透過探查《舊唐書》〈唐長孫二劉殷柴武列傳〉、〈屈任丘許李姜列傳〉、〈尉遲秦程段張列傳〉、〈魏盧源李杜韓裴列傳〉、〈崔二張蕭李嚴列傳〉，與《新唐書》〈屈尉遲張秦唐段列傳〉、〈二劉殷許程柴任丘列傳〉、〈魏盧李杜張韓列傳〉、〈張源裴列傳〉等傳，可發現二書所述意旨及人物組合雖不盡相同，但皆能表達作者群所欲傳達的訴求，故實無高低之分。

第三節　兩《唐書》人物眾多之合傳

　　自《史記》後，正史列傳中合傳人物有愈發眾多之態，而《舊唐書》合傳單篇傳主達十人以上者有十一篇，《新唐書》則有十三篇，實不在少數。然而其傳篇深意果須人數如此之眾，方得表達清楚？其人數是否有可精簡處？則為本節所欲探討者。由是，取兩《唐書》合傳人物達十五人之篇，進行討論。

　　首先為《舊唐書》，合傳傳主達十五人者有二篇，分別為傳主十五人的〈二崔盧裴楊韋路夏侯三劉曹畢杜豆盧列傳〉，及傳主十六人的〈薛鮑二李嚴蕭二杜王李于盧楊鄭裴薛列傳〉。

　　〈二崔盧裴楊韋路夏侯三劉曹畢杜豆盧列傳〉傳主十五人，分別為崔慎由（804～868）、崔琡、盧鈞（778～864）、裴休、楊收（816～868）、韋保衡、路巖、夏侯孜、劉瞻（？～874）、劉瑑（796～858）、曹確（？～876）、畢諴（802～864）、杜審權、劉鄴（？～881）、豆盧瑑（？～881），主要活動時期為宣宗朝至僖宗朝。其傳末論贊稱：

近代衣冠人物，門族昌盛，從、頔之後，實富名流。而彥曾屬徐亂
之秋，胤接李亡之數，計則繆矣，天可逃乎？楊、劉、曹、畢諸族，
門非世冑，位以藝升，伏膺典墳，俯拾青紫，而收得位求侈，以至
敗名。行己餙躬，此為深誡！杜氏三世輔相，太尉陷於橫流，臨難
忘身，可為流涕。(《舊唐書·二崔盧裴楊韋路夏侯三劉曹畢杜豆盧
列傳》，頁 2312 上左)

作者群以為崔慎由、崔珙家族實為昌盛，人才繁多，然崔慎由堂兄崔彥曾（？
～868）的作為是徐州龐勛（？～869）作亂的藉口，而崔慎由子崔胤（854～
904），則嫉恨昭宗之不用，竟為內應，激發朱溫竊國之志。楊、劉、曹、畢等
族憑才能晉身，如楊收明禮學、劉瑑精法律等，然楊收居高位而生活華奢，聲
名受損，由此得不修身正己，深以為戒？杜審權家族三代為相，而其子杜讓能
（841～893）因李茂貞作亂，請歸罪於己而死，以解昭宗之危，實忠誠為君，
令人不忍。

由論贊可發覺，作者群所關注者非僅傳主個人，亦併及家族，而查傳文內
容，可發現錄家族能人事跡的篇幅確實不少，甚而過半，故可知本合傳所欲探
究者為家族的變化。《舊唐書》評論此合傳道：

漢代荀、陳，我朝崔、杜。有子有弟，多登宰輔。裴士改節，楊子敗
名。膏粱移性，信而有徵。(《舊唐書·二崔盧裴楊韋路夏侯三劉曹
畢杜豆盧列傳》，頁 2312 上左)

其認為漢朝有荀氏、陳氏家族，唐朝則有崔氏、杜氏可與之媲美，子弟輩出，
皆有能者，多登高位。然而世家之中，亦有如裴休篤信釋道太過、楊收生活奢
侈等生活習性問題，常被時人所譏，因而可知出身上流、習於富貴，將移改習
性，確有實證。以此觀點反思崔彥曾、崔胤之害國，及杜讓能忠誠護君的作為，
則家族世代培養人才時，豈可不慎？本合傳即以「膏粱移性」為旨，以警後人，
然所錄傳主十五人中，部分如夏侯孜、劉瑑、豆盧瑑事跡篇幅較短，其子弟事
跡多僅提及進士登第，或可移為附傳。至於如欲強調主旨，則不若以家族子弟
對照鮮明之故，直以崔慎由、崔珙、杜審權為傳主，其餘傳主改移附傳或他傳，
而原本列為附傳者，《舊唐書》有不少人以一句帶過而已，則其實際上只可稱
為附見，不必列入附傳之名，如此則應更可強調傳旨。

〈薛鮑二李嚴蕭二杜王李于盧楊鄭裴薛列傳〉傳主十六人，則分別為薛
播、鮑防（722～790）、李自良（733～795）、李說、嚴綬（746～822）、蕭昕

（702～791）、杜亞（725～798）、王緯、李若初（？～799）、于頎（726～799）、
盧徵、楊憑、鄭元、杜兼、裴玢、薛伾，活躍時期為玄宗朝至德宗朝。其傳贊
稱：

> 薛播溫敏有文，鮑防董戎無術。李、嚴太原之政，可謂美矣。蕭昕
> 抱則哲之知，杜亞懷非次之望。王緯清潔而傷苛碎，若初善理而性
> 剛嚴。于頎好任機權，趨附勢利。盧徵厚斂貨賄，結托中人。楊憑
> 好奢，鄭元有斷。杜兼殺戮端士，怙亂邀君。裴玢發姦謀，安民和
> 眾。而玢弊衣糲食，不交權幸，帑庾咸實，郡邑以寧。若夫君子無
> 求備於人，捨短從長，彰善癉惡，則裴玢之善，抑之更揚；杜兼之
> 惡，欲蓋而彰耳。（《舊唐書・薛鮑二李嚴蕭二杜王李于盧楊鄭裴薛
> 列傳》，頁 1978 上左～下右）

作者群以此傳贊一一點名傳主並給予評語，惟獨未提及薛伾。其中，薛播、李
自良、李說、嚴綬、蕭昕、李若初、鄭元、裴玢等八人所得評價為佳，王緯則
屬中等評價，有可褒之處，亦有微瑕。餘者則評價為負。諸傳主間行事作風不
盡相同，事跡亦多不重疊、交集，顯然關係並不密切，而本合傳傳旨或可由最
末「君子無求備於人」等語來探查。

　　《舊唐書》以為君子不要求任何人應該完美，而會宣揚他人長處，捨棄談
論短處，要彰顯良善、貶斥姦邪，因而如裴玢的佳善與杜兼的凶惡，則將無所
隱匿，彰而顯之。推而可知，作者群合十六人為此傳，是為「彰善癉惡」，然
其中部分傳主事跡錄入較少，所欲傳揚的善惡作為不足以觸動人心，如鄭元事
跡：

> 鄭元，舉進士第，累遷御史中丞。貞元中為河中節度使杜確行軍司
> 馬。確卒，遂繼為節度使，入拜尚書左丞。元和二年，轉戶部侍郎、
> 兼御史大夫、判度支。三年春，遷刑部尚書，兼京兆尹。九月，復
> 判度支，依前刑部尚書、兼御史大夫。元性嚴毅，有威斷，更踐劇
> 任，時稱其能。元和四年，以疾辭職，守本官，逾月卒。（《舊唐書・
> 薛鮑二李嚴蕭二杜王李于盧楊鄭裴薛列傳》，頁 1977 下右）

其紀事中，全為其任官歷程，僅有「性嚴毅，有威斷，更踐劇任，時稱其能」
等句是針對其人性格舉止發論，實不足以闡揚其良與能，故應移為附傳或附見
即可。或如王緯、李若初、薛伾等人，事跡中亦多錄歷任官職，載其行事之處
亦不甚多，可與鄭元故事作同樣處置。

　　再者，述及《新唐書》。其合傳傳主達十五人者僅有一篇，即為〈二李崔蕭二鄭二盧韋周二裴劉趙王列傳〉。其傳主十五人，分別為李固言（782～860）、李珏、崔珙、蕭鄴、鄭肅、盧鈞、韋琮、周墀（793～851）、裴休、劉瑑、趙隱、裴坦（？～874）、鄭延昌、王溥（？～905）、盧光啟。此合傳傳末無論贊，但傳中有贊，置於李珏事跡之後。其贊曰：

> 天子待宰相以不疑，是矣。雖然，於賢不肖當別白分明，乃可與言治。文宗無知人之明，但以不疑責宰相。是時善惡混淆，故黨人成於下，主聽亂於上，王室之衰，由此為之階。劉向所云「持不斷之慮者，開羣枉之門」，殆文宗為邪！（《唐書．二李崔蕭二鄭二盧韋周二裴劉趙王列傳》，頁 2105 上左）

作者群以李固言、李珏事跡，反映文宗時期官員結黨的情形，雖文宗不疑所任命，然因其無識人之明，故良莠雜處，更加擾亂視聽，導致朝政更加紊亂，而引劉向之言給予文宗負面評價，並批評「王室之衰，由此為之階」，認為文宗朝為唐朝國運的一轉捩點。

　　以此觀點檢視此合傳內文，可發現所錄傳主多活躍於文宗朝至昭宗朝間，尤以文宗朝為多，顯然《新唐書》有意關注此一時期的官場變化，但所錄者眾，又無線索聯繫眾人，反顯雜亂失焦，殊為可惜。其中，部分傳主應可移除，或補充資料以增色，如蕭鄴：

> 蕭鄴，字啟之，梁長沙宣王懿九世孫。及進士第，累進監察御史、翰林學士，出為衡州刺史。大中中，召還翰林，拜中書舍人，遷戶部侍郎，判本司，以工部尚書同中書門下平章事。懿宗初，罷為荊南節度使，仍平章事，進檢校尚書左僕射，徙劍南西川。南詔內寇，不能制，下遷檢校右僕射、山南西道觀察使。歷戶部、吏部二尚書，拜右僕射。還，以平章事節度河東。在官無足稱道，卒。（《唐書．二李崔蕭二鄭二盧韋周二裴劉趙王列傳》，頁 2106 下右）

傳中記載其累官過程十分詳盡，然對於其能力與實際作為，卻僅有「南詔內寇，不能制」、「在官無足稱道」兩則紀錄。前一則可作為其能力不足之證，或表達當時南詔之亂已難制止，後一則竟直言其無足稱道，亦不見其結黨痕跡，非為「黨人成於下」〔註21〕作證，則真不知因何評選入傳，是《新唐書》欲以

〔註21〕見〔宋〕宋祁、歐陽脩：《唐書．二李崔蕭二鄭二盧韋周二裴劉趙王列傳》，頁 2105 上左。

之表當時碌碌無為者眾？若如此，則宜改置他傳，於此合傳的部分應刪。

同樣的情形，尚有韋琮、鄭延昌：

> 韋琮，字禮玉，世顯仕。琮進士及第，稍進殿中侍御史。坐訊獄不
> 得實，改太常博士。擢累戶部侍郎、翰林學士承旨。以中書侍郎同
> 中書門下平章事，遷門下侍郎兼禮部尚書，無功。罷為太子賓客分
> 司，卒。（《唐書・二李崔蕭二鄭二盧韋周二裴劉趙王列傳》，頁 2107
> 下左）

> 鄭延昌，字光遠，咸通末，得進士第，遷監察御史。鄭畋鎮鳳翔，
> 表在其府。黃巢亂京師，畋倚延昌調兵食，且論慰諸軍。畋再秉政，
> 擢司勳員外郎、翰林學士。進累兵部侍郎，兼京兆尹判度支。拜戶
> 部尚書，以中書侍郎同中書門下平章事，兼刑部尚書。無它功，以
> 病罷，拜尚書左僕射，卒。（《唐書・二李崔蕭二鄭二盧韋周二裴劉
> 趙王列傳》，頁 2109 上左）

韋琮的事跡同樣以官職堆砌而出，其作為部分僅有「訊獄不得實」[註22]、「無功」之語，不見朋黨痕跡，甚至臣事何帝亦無法直接得知，載錄其人似無功用，不知欲表何意旨。鄭延昌事跡同樣充斥著累官歷程，但其中可看出其深受鄭畋（825～883）提拔，似有朋黨之嫌。此合傳未談及鄭畋之事，而延昌之功在於黃巢之亂時，協助鄭畋鎮壓亂事的後勤工作，則應宜將之移入〈鄭二王韋張列傳〉，附入鄭畋事跡之後。

小結

由兩《唐書》此數合傳來檢視，可發現諸傳傳主均似有可刪移之人，且人數雖眾，繫聯線索卻隱密難尋，或根本杳無蹤跡，無法藉其中關鍵來昭顯作者群所欲傳達的意涵，更有模糊焦點之嫌。合傳人物的組合應以明確表達意旨為要，而不必以眾多人數堆疊。二書此數傳的組合應有可斟酌之處。

第四節　結語

透過對兩《唐書》合傳部分的探討，可發現即使是合傳人物組合完全重合

〔註22〕見〔宋〕宋祁、歐陽脩：《唐書・二李崔蕭二鄭二盧韋周二裴劉趙王列傳》，頁
　　　　2105 上左。

的篇章，二書的意旨與焦點亦不一致，《新唐書》並未沿襲《舊唐書》之見，而是另改新意。由二書所關注者，可發覺《舊唐書》作者群會將目光聚焦於傳主的幸與不幸，感嘆其天命運勢，如〈王竇列傳〉的王世充不死於戰敗，又如〈裴劉列傳〉中，裴寂犯四大罪而不死，以及劉文靜竟未及封而見讒害命，《新唐書》則著重於帝王之德與個人品行，如〈王竇列傳〉提及隋煬帝失德與唐之明德，或如於〈二李列傳〉中，惋惜李勣不明臨大節應勇於義。

此外，二書作者群對維護正統之上，似有不同見解，而以徐敬業為例。《舊唐書》認為徐敬業起兵是屬於對抗王朝的造反行為，因為當時明面上是由睿宗踐祚，中宗退位的過程則不曾爆發激烈的流血衝突，屬於較為和平的過渡，而這個朝代依然由李氏嫡脈繼承，因此徐敬業起兵是未聽從其祖父的家訓遺命，而行不義，導致宗族覆滅，故而給予其負面評價。《新唐書》則以武后是實際臨制掌權者為逆亂之象，中宗、睿宗雖是李氏嫡脈，卻皆為其手中傀儡而已，故稱徐敬業起兵是因不忍朝政紊亂、民生苦痛而為，是為義舉，而給予正面的評價。相較之下，《舊唐書》以明面上的朝統為主，只要還是李氏就沒問題，《新唐書》則關注實際皇權在何人手中，若非為李氏，則均屬逆亂，應可討之。

於《新唐書》重組《舊唐書》合傳為合傳的部分，可發現《新唐書》認同《舊唐書》所擇傳主的代表性，但卻對組合所欲表達的傳旨，有意見出入之處，因而另作配置，改動人物組合以表其意。如《舊唐書》以「守節純誠」合屈突通等六人，表達臣節純誠則可獲帝王欣賞，而無懼曾從事何人，《新唐書》則抽出屈突通，重新與尉遲敬德、張公謹等人組合，而以強調「君臣赤心」為旨，只要君臣雙方真心相待，則臣盡力於下，君護持於上，即為千載難遇的君臣魚水相得，以此合傳表君臣相處應真誠互信。意旨不同，則人物組合亦應隨之變動，此為《新唐書》重組《舊唐書》人物的原因。

至於合傳傳主人數多達十五人的篇章，兩《唐書》均有之。其中傳主皆有紀事短少，不足以證旨意，而可以刪減或移出者，裁剪後應更能聚焦於傳篇旨意，故合傳人物是否必要繁多，是作史者可再斟酌之處。

第伍章　兩《唐書》列傳比較研究（三）類傳

　　自司馬遷以紀傳體作《史記》始，即有以類分人、聚以為傳的類傳之體。與事跡繁多且特出於眾的單傳、相合以見其旨意的合傳有別，類傳著眼於學術、技藝、行業相同，作風、屬性相類的社會群體，記錄這一群體的人物共性，並展現當代的社會風貌。同時，類傳亦展現史家的史識，如司馬遷作〈貨殖列傳〉，正視這一群可動搖國本的商人，而非將之視為低賤之輩，更表達其對市場經濟的觀察，得出「人各任其能，竭其力，以得所欲。……若水之趨下，日夜無休時，不召而自來，不求而民出之」〔註1〕、「富無經業，則貨無常主，能者輻湊，不肖者瓦解。千金之家比一都之君，巨萬者乃與王者同樂」〔註2〕的結論，直稱巨賈的生活享受已如無冕之王，且人性從欲趨利，亦是自然界法則的表現。此觀點真為商業作注，是千世不移的確論，迄今的世界經濟仍運轉如其言，而司馬遷的洞察力及見識可見一斑。

　　《舊唐書》的類傳中，除去后妃、宗室等皇室宗親類傳外，皆置於人物列傳及四夷傳之間，依序是外戚、宦官、良吏、酷吏、忠義、孝友、儒學、文苑、方伎、隱逸、列女，計十一篇。《新唐書》襲改《舊唐書》而來，並未刪去此十一篇類傳，僅略更其次序與名目，更新增〈卓行列傳〉、〈諸夷蕃將列傳〉、

〔註1〕見〔漢〕司馬遷著，（日）瀧川龜太郎注：《史記會注考證·貨殖列傳》，頁1321上右。
〔註2〕見〔漢〕司馬遷著，（日）瀧川龜太郎注：《史記會注考證·貨殖列傳》，頁1330下左。

〈宗室宰相列傳〉、〈姦臣列傳〉、〈叛臣列傳〉、〈逆臣列傳〉共六篇，總計類傳十七篇。其中，〈諸夷蕃將列傳〉、〈宗室宰相列傳〉側身於人物列傳之間，而〈姦臣列傳〉、〈叛臣列傳〉、〈逆臣列傳〉置於全書最末。兩《唐書》類傳名目、次序之異，隱含作者群的思想傾向，及對這些社會群體的看法，值得一探究竟。二書類傳重合篇目的旨趣異同、人物增刪情形，均提供探索作者群思想的路徑及線索，亦為本章討論時的重點。

再者，《新唐書》新增六篇類傳，其欲傳達的意向為何？姦臣、叛臣、逆臣等三種負面臣子類型的畫分，究竟有何差異？作者群將原本《舊唐書》合傳改為類傳，所增刪的人物是否適宜其題旨？皆為本章所欲探察之處。

此外，后妃、宗室等皇室宗親類傳的傳主直接是以血緣及身分地位入傳，較難得見作者群取捨之際的思想特色，故而本章排除此宗親式的類傳，所餘類傳則為主要探討對象。以下即以三節分別討論之。

第一節　兩《唐書》類傳名稱及次序

《新唐書》承繼《舊唐書》十一篇類傳，於名稱及序位上略作更動，並增加四篇新類傳，是作者群有意於其中寄寓意旨，故特別為之。其中，名稱有所更動者為《舊唐書》〈宦官列傳〉、〈良吏列傳〉、〈文苑列傳〉、〈方伎列傳〉等四篇，《新唐書》改稱之為〈宦者列傳〉、〈循吏列傳〉、〈文藝列傳〉、〈方技列傳〉，皆一字之差，卻別有意涵，藉以傳達心中理念，這種隱晦的表達方法及篇目序位的更動，均是作者群尊崇《春秋》微言大義的體現。

一、兩《唐書》類傳篇名之異

（一）宦官、宦者

史書中記載宦官這一群體的類傳，最早可追溯至范曄（398～445）的《後漢書·宦者列傳》，指出宦者何以獲得權勢，蓋因：

> 刑餘之醜，理謝全生，聲榮無暉於門閥，肌膚莫傳於來體，推情未鑒其敝，即事易以取信，加漸染朝事，頗識典物，故少主憑謹舊之庸，女君資出內之命，顧訪無猜憚之心，恩狎有可悅之色。（《後漢書集解·宦者列傳》，頁 906 上右）

因宦人在生理上有所殘缺，面對無殘缺的人會自慚形穢，表現卑微之態，且其

成就無法光大自己家族，亦無子孫可庇蔭，易於取得上位者的信任，加上日日接觸朝政事務，熟習能用，因而年輕君王與掌權女主對其倚重而無猜忌之心，又喜愛其柔順可悅的面貌，故宦人能染指朝堂，進而「享分土之封，超登宮卿之位」〔註3〕，甚至左右帝王的廢立。范曄指出東漢末年因權宦而朝政內亂，故立傳記錄此前不被重視的群體，並以「宦者」這一中性詞語稱之。

　　其後魏收（507～572）《魏書》中錄有〈閹官列傳〉，以「閹官」為標目，毫不修飾地指出其生理的殘缺，及掌握權力的實質地位，且稱此傳的出發點是因為「其間竊官爵，盜財賄，乘勢使氣為朝野之患者，何可勝舉。今謹錄其尤顯焉」〔註4〕，宦官掌權，多有賣官收賄、紊亂朝政之輩，故欲以此傳警惕上位者，同時亦可知其直言「閹官」，是特意展現對此族類的負面評價。

　　《舊唐書》以「宦官」標名此族群，不似魏收直指其缺陷，然亦註明此群類雖是卑微的侍人，卻掌有權勢，列位如百官，等差有序。由標目上，不能得出作者群對此一族群的評價與觀感，故應屬於中性詞語。《新唐書》則又回歸使用范曄的標名，稱之為「宦者」，除無法透露出觀感、評價外，亦去除掌權如百官的標籤線索，回歸其原本的職業——君主近身侍人，較之《舊唐書》則雖同以中性詞語稱呼此族群，卻不及其能標明該群類的特殊性質對朝政的影響。

（二）良吏、循吏

　　朝中官吏的良莠多寡，能影響當世政風，及其治下的百姓，並潛移默化地方風氣，史家早就把眼光投注在此一群體之上，並將其中表現較為突出者集成一傳，如司馬遷《史記》有〈循吏列傳〉、〈酷吏列傳〉，後世史書多沿用此兩條名目圈寫這些或奉公守法、愛民如子，或執法嚴酷、苛刻無情的官吏。以「良吏」名類傳，則始於南朝梁人沈約（441～513）的《宋書》，其以之記錄善撫民眾、治政有績效的官吏，同一朝代稍後成書的《南齊書》，則題為「良政」，同樣是記錄地方上政績可察者。唐人房玄齡等人所修的《晉書》以「良吏」為標題，將其定義加以申明，以為「長吏之官，寔為撫導之本。……或吏不敢欺，或人懷其惠，或教移齊魯，或政務寬和，斯並惇史，播其徽音，良能以為

〔註3〕見〔劉宋〕范曄撰，〔唐〕李賢注，〔清〕王先謙集解：《後漢書集解・宦者列傳》，頁896下左。

〔註4〕見〔北齊〕魏收：《魏書・閹官列傳》。臺北市：藝文印書館。據清乾隆武英殿刊本影印。1972年。頁998上左。

準的」〔註5〕，以該類傳為這些地方胥吏的首長載錄其佳善的政績，並以「良能」為選錄的標準，故名之以「良吏」。

　　歷來〈循吏列傳〉、〈良吏列傳〉的立意，皆是正面嘉勉善理政務的好官，所選錄者皆當朝政務能力值得褒獎，又無其他特殊事跡的官員，然「循吏」與「良吏」二者的定義，卻有細微的差異。

　　「循」，說文釋義為「行也」〔註6〕，可引申為遵照因循之義，《史記》採用此引申義來標注這一群體，以其「奉職循理，亦可以為治，何必威嚴哉」〔註7〕而立傳，並強調「奉職循理」的特質，故可知「善盡本分且順應法理治政」是此傳擇人的首要準則。「良」，《說文》釋義為「善也」〔註8〕，指的是佳美純好之義，《晉書・良吏列傳》以「良能」為擇錄標準，說明不僅是要佳善仁厚的好官，還要治政能力卓越，更稱「晉代良能，此焉為最」〔註9〕，自認已經確實集錄符合標準的人物。由此觀之，可發現「循」、「良」二字的出發點並不一致，以之作為類傳標目，則代表其中擇人標準的差異。

　　《舊唐書・良吏列傳》稱「自武德已還，歷年三百，其間岳牧，不乏循良。今錄其政術有聞，為之立傳，所冀表吏師而儆不恪也」〔註10〕，言明此傳專錄政術可為吏師者，論述之中「循」、「良」並舉，《新唐書・循吏列傳》則言「吏良則法平政成，不良則王道馳而敗矣。……協氣嘉生，薰為太平，垂祀三百，與漢相埒。致之之術，非循吏謂何」〔註11〕？同樣提出「循」、「良」兩項特質，顯見二書並未將「循」、「良」的特質截然劃分，而是混為一談，然考察二傳所錄人物卻相差甚遠，《舊唐書》錄入傳主四十一人、附傳十三人，至《新唐書》則刪去原傳主三十一人、原附傳八人，另新增傳主五人、附傳六人，顯然二書作者群心中對這一群體的判定標準並不相同，因而所錄人物的差異性才會如此之高。

〔註5〕見〔唐〕房玄齡：《晉書・良吏列傳》。臺北市：藝文印書館。據清乾隆武英殿刊本影印。1972 年。頁 1141 上右。下引《晉書》版本皆同此。

〔註6〕見〔漢〕許慎撰，〔清〕段玉裁注：《說文解字注》。高雄市：高雄復文圖書出版社。2000 年 9 月初版二刷。頁 76 上左。下引《說文解字注》版本皆同此。

〔註7〕見〔漢〕司馬遷著，（日）瀧川龜太郎注：《史記會注考證・循吏列傳》，頁 1246 上左。

〔註8〕見〔漢〕許慎撰，〔清〕段玉裁注：《說文解字注》，頁 230 上右。

〔註9〕見〔唐〕房玄齡：《晉書・良吏列傳》，頁 1149 上左。

〔註10〕見〔後晉〕劉昫：《舊唐書・良吏列傳》，頁 2394 下右。

〔註11〕見〔宋〕宋祁、歐陽脩：《唐書・循吏列傳》，頁 2231 上右～下右。

由上可知，「循吏」與「良吏」的標目之異，與其類傳的擇人標準、作者群心中的判定相關，沒有高下之別。

（三）文苑、文藝

自司馬遷《史記》關注學術傳承作〈儒林列傳〉，其後史書無不列有此傳，傳述當代學術流脈，然士人酬唱、相互贈文，或因時事感慨，或欲抒發理想，不乏有精采之作，雖不能成大家，亦有可取之處，因而有載錄當世文學擅場之輩的〈文苑列傳〉出現。

文苑之始，起於《後漢書》，其贊稱「情志既動，篇辭為貴。抽心呈貌，非雕非蔚。殊狀共體，同聲異氣。言觀麗則，永監淫費」〔註12〕，指出此傳意在讚揚那些以真心實意寫出的各式錦繡文章，貴在情志，而非刻意雕琢，文辭綺麗可作遵循的法則，但不能過度。此贊說明該類傳的選錄標準，同時亦反映范曄的文學觀點，而考察傳中選文，可知其亦看重文章的實用價值。陳鳳秋以為：

> 范曄生於崇尚儒學的士族家庭，從小耳濡目染，深受儒家思想薰陶，因此，他的文學思想始終建立在儒家的架構下。……收錄的作品，注重社會現實意義及諷諭功能，這都是儒家思想內涵的體現。他長於南朝文風極盛的世代，所以沾染時風，為文講究駢儷之風。……為區隔學術與文學創立〈文苑傳〉，……他將文學概括為有韻之文與無韻之筆，〈文苑傳〉收錄文人所作文類及篇章數，除可見文人創作文類多元，先韻後筆的排列方式亦可理解他重文輕筆的傾向。（《《後漢書‧文苑傳》研究》，頁22）

有韻之文於此指的是抒發個人情志的文章，無韻之筆則指具實際效用的文章。陳鳳秋解析范曄重視文采，同時又注重實際功用的原因，並指出在擇取入傳人物時，「范曄也擇錄了與自己生命歷程相仿的文人入傳，對他們既有肯定之意，恐怕也有感慨寄託其中」〔註13〕，顯然〈文苑列傳〉的入傳標準，除去客觀的文章精采、聲名聞世等因素，有意無意間亦摻雜不少作者的主觀意識。

〈文苑列傳〉至《南齊書》時，更名為〈文學列傳〉，《梁書》、《陳書》、

〔註12〕見〔劉宋〕范曄撰，〔唐〕李賢注，〔清〕王先謙集解：《後漢書集解‧文苑列傳》，頁946下左。

〔註13〕見陳鳳秋：《《後漢書‧文苑傳》研究》，私立東海大學中國文學系碩士在職專班論文，李建崑教授指導，2015年6月出版。頁30。

《隋書》，及《南史》亦採用此稱，而《新唐書》另名之為〈文藝列傳〉，則有《金史》襲用此名。二十四史中，除去上述史書，有載錄文學之流者皆沿用〈文苑列傳〉之名。

《舊唐書》該類傳用〈文苑列傳〉之稱，《新唐書》更名為〈文藝列傳〉，二者相異的原因，在於看待這一群體時所欲強調的重點不同。文苑，指的是聚集擅長文學之輩的地方，是一方處所，無正負面屬性，是中性的敘述詞語；文藝，所指則是文學類的藝術，是一項技藝，與醫藥、繪畫、觀星、占象等同，屬於技能層面。《新唐書》以為「夫子之門以文章為下科，何哉？蓋天之付與，於君子小人無常分，惟能者得之，故號一藝」〔註14〕，正因為從事文學需要天分，而天分的賦予又不局限於人才的品德高低，故只能算是技能、才能，如同百工為生活所習得的謀生技巧，達到一定的高度水準後才能稱之為藝，「文藝」所指則是文學技巧達到相當高的程度。《新唐書》並不以為能以文學擅場之人為高尚，且用「於君子小人無常分，惟能者得之」之語，表明作者群對此類人物的看法，認為其中君子有之，小人有之，因而入傳與否是以技能優劣作為評判。

由上可知，《舊唐書》沿用前賢史書的稱呼，以〈文苑列傳〉統括這一批以文章顯名的文人，此傳是集結眾人之處，不曾帶有褒貶之義；《新唐書》改以「文藝」名此傳，是意在強調此為技藝之一，即使以文出眾，亦只是技巧突出而已，品類未曾高於百工，而二書擇人入傳的詳細標準，則尚須進一步分析傳主群體，方能顯現。

（四）方伎、方技

自古以來，巫醫卜筮之流的社會地位並不高，歷史中系統性記載亦不多。二十四史中，《史記》最先將目光投注在此一階層，作〈日者列傳〉與〈龜策列傳〉，且於〈太史公自序〉中說明作傳原因：

> 齊、楚、秦、趙為日者，各有俗所用。欲循觀其大旨，作日者列傳第六十七。三王不同龜，四夷各異卜，然各以決吉凶。略闚其要，作龜策列傳第六十八。（《史記會注考證・太史公自序》，頁1346上左）

其見觀星占日、龜卜燃蓍等術數大行於世，各代、各地所遵循者不同，欲以此

〔註14〕見〔宋〕宋祁、歐陽脩：《唐書・文藝列傳》，頁2283上左。

二傳觀其大要而作之，是最早對這些群體的關注。後有《後漢書》總合擁有這些才能的人，將當代陰陽推步、觀占卜筮、相面望氣等名家一一載錄，而成〈方術列傳〉，並於贊中指出「方術」的特點：

> 幽贊罕徵，明數難校。不探精遠，曷感靈效？如或邊詭，實乖玄奧。
> （《後漢書集解‧方術列傳》，頁 981 下右）

陰陽之事罕能證明，術數玄理又難辨真偽，沒有天賦去深入研究，是難以感知其中的玄祕，而若被誤解、濫用，就更背離其玄理。由此可推知，正是因為這些特點，「方術」成為一種神祕的技藝，精擅者用之玄不可言，技劣者以之招搖撞騙，可惜世上技劣者眾，因而此類群體的社會地位難以提高。之後史書中有〈術藝列傳〉、〈方伎列傳〉、〈藝術列傳〉，及〈方技列傳〉等篇目，名目雖異，然均是記載此一階層的類傳。

　　兩《唐書》分別使用「方伎」與「方技」兩組詞組，其間之異可以有兩種解釋：第一種是其差別僅在於所指稱者不同。「伎」指的是擁有某項才藝技巧的人，「技」則指的是技術，因此，「方伎」是擁有方術技能的人，「方技」則專指方術技能而已；第二種則是「方伎」等同「方技」，實際上並沒有差別。因為「伎」通「技」，二字相通，兩組詞組其實是同一種意思。然則，無論取何種解釋，兩《唐書》用之名類傳時，並未顯露好惡，故二傳之名均屬中性，無有正負、褒貶之分。

二、兩《唐書》類傳序位之別

　　《舊唐書》有類傳十一篇，《新唐書》則於此基礎之上，更增〈卓行列傳〉、〈姦臣列傳〉、〈叛臣列傳〉、〈逆臣列傳〉等四篇，共十五篇類傳，然其並非純粹在十一篇後加上四篇，而是打亂全部序位，重新排序，以之表露褒貶之意。下表即兩《唐書》類傳序位比較表：

表 5-1：兩《唐書》類傳序位比較表

序位　　書名	《舊唐書》類傳標題	《新唐書》類傳標題
（側身一般人物列傳中）		〈諸夷蕃將列傳〉＊新增
（側身一般人物列傳中）		〈宗室宰相列傳〉＊新增
1	〈外戚列傳〉	〈忠義列傳〉
2	〈宦官列傳〉	〈卓行列傳〉＊新增

3	〈良吏列傳〉	〈孝友列傳〉
4	〈酷吏列傳〉	〈隱逸列傳〉
5	〈忠義列傳〉	〈循吏列傳〉
6	〈孝友列傳〉	〈儒學列傳〉
7	〈儒學列傳〉	〈文藝列傳〉
8	〈文苑列傳〉	〈方技列傳〉
9	〈方伎列傳〉	〈列女列傳〉
10	〈隱逸列傳〉	〈外戚列傳〉
11	〈列女列傳〉	〈宦者列傳〉
12		〈酷吏列傳〉
13		〈姦臣列傳〉＊新增
14		〈叛臣列傳〉＊新增
15		〈逆臣列傳〉＊新增

　　細觀《舊唐書》類傳的排次，可將之依序圈出四個群組：（一）首組為〈外戚列傳〉至〈酷吏列傳〉計四類傳。其中，外戚、宦官與皇權緊密相關，良吏、酷吏則為官吏階層，又以其類人物的社會階層高低排次，先外戚，次宦官，末官吏。官吏中又以作風別類，欲褒者在前，思貶者在後，故先良吏，後酷吏。（二）次組為〈忠義列傳〉與〈孝友列傳〉。此二類均因品行可為模範而立傳，可視為一組。（三）再次組為〈儒學列傳〉與〈文苑列傳〉。此二類分別收錄以學術、文章顯名於世的士人，因入傳者同屬士人階層，社會地位較高，與末組有別，故為一組。（四）最末組為〈方伎列傳〉、〈隱逸列傳〉、〈列女列傳〉，入傳者均有可嘉之處，然因社會地位較低或聲名不顯，故三傳列在類傳末尾，且因女子地位更低，故作為最末。

　　透過觀察此四個群組的組成，可發現《舊唐書》的類傳序位，是隱隱按照社會階級的高低來排次，因此〈外戚列傳〉第一而〈列女列傳〉最末；次要依循的標準是品行的高低，故〈良吏列傳〉先於〈酷吏列傳〉。《新唐書》的排序依準則與之大相逕庭。

　　觀察《新唐書》類傳的序位安排，可發現〈諸夷蕃將列傳〉、〈宗室宰相列傳〉二傳錯雜於一般人物列傳之間，此為《新唐書》安排列傳諸傳序位時，十分少見的現象。以《新唐書》列傳整體觀之，可知其明顯將后妃、宗室等傳篇聚之於列傳最前，次之一般人物列傳如單傳、合傳等，再次類傳，又次四夷、

藩鎮，最末以姦臣等篇結尾，明顯井然有序，而諸夷蕃將及宗室宰相，竟未遵循其內在序列規準，實令人不解。二傳或為成書後期理卷未及，因而使之雜處人物列傳之中，未能歸入類傳的列序。此應為宋人吳縝批評《新唐書》「終無審覆」〔註15〕、「校勘者不舉校勘之職，而惟務苟容」〔註16〕等語的一項例證。

　　至於其餘類傳，則可依序區分五個群組：（一）首組為〈忠義列傳〉至〈循吏列傳〉。忠義、孝友，均以品德標目，表示皆因其可為表率而立傳，又〈卓行列傳〉立傳之由是「節誼為天下大閑，士不可不勉」〔註17〕，而〈隱逸列傳〉中輯錄避世而居的處士，是恐「高尚之節喪焉，故襃可喜慕者類于篇」〔註18〕，依然是著眼於品德之上。〈循吏列傳〉則是記能使唐朝「協氣嘉生，薰為太平，垂祀三百，與漢相埒」〔註19〕的官員，嘉勉其操守與能力，亦與品德有關。因此，此五類人物為一組。（二）次組為〈儒學列傳〉與〈文藝列傳〉，誌學術、文章可嘉佩之人。此組屬性不與品德相關，故與前組有別，且因士人階層社會地位較高，又與後組人物性質不甚相合，故置為同組。（三）再次組為〈方技列傳〉、〈列女列傳〉。此二類人物因職業或性別所致，社會對其觀感略低，故與第三組有別，另為第四組。（四）更次組為〈外戚列傳〉、〈宦者列傳〉、〈酷吏列傳〉。此三類傳的傳主往往位高權重，然《新唐書》將之排列於注重品德、才藝的類傳組別之後，是欲「暴其善惡以動人耳目」〔註20〕，因而有意為之。查三類傳之立傳，分別欲表露外戚驕橫之禍、宦官弄權之害、酷吏殘暴之行，用以警戒後世，寄寓貶抑之意，故別為一組。（五）最末組為〈姦臣列傳〉、〈叛臣列傳〉、〈逆臣列傳〉。此三類傳置於藩鎮、四夷之後，為全書的最後章節，是一個朝代的終結，亦寓有此為王朝覆滅之因由的意思。〈姦臣列傳〉傳末贊稱「嗚呼，有國家者，可不戒哉」〔註21〕！〈逆臣列傳〉論贊則言「治少而亂多者，古今之勢，盛王業業以求治，可少忽哉」〔註22〕！顯見《新唐書》立此三類傳，是想警惕上位者勿蹈覆轍，而置諸最末的用意及標目的貶斥之意昭然若揭。

　　由上述分組可以發現：《新唐書》類傳排序的依準，並非以社會階級為首

〔註15〕見〔宋〕吳縝：《新唐書糾謬・序》，頁1。
〔註16〕見〔宋〕吳縝：《新唐書糾謬・序》，頁1。
〔註17〕見〔宋〕宋祁、歐陽脩：《唐書・卓行列傳》，頁2210下右。
〔註18〕見〔宋〕宋祁、歐陽脩：《唐書・隱逸列傳》，頁2221上左。
〔註19〕見〔宋〕宋祁、歐陽脩：《唐書・循吏列傳》，頁2231下右。
〔註20〕見〔宋〕宋祁、歐陽脩：《唐書・附錄・進《新唐書》表》，頁1上左。
〔註21〕見〔宋〕宋祁、歐陽脩：《唐書・姦臣列傳》，頁2608上左。
〔註22〕見〔宋〕宋祁、歐陽脩：《唐書・逆臣列傳》，頁2664下右。

要，而是刻意強調品德、節義，將相關篇目有意地提至序位前段。其將〈忠義列傳〉列為首位，昭示諸般品德中尤以「忠義」為先，是傳統尊君思想的體現，無形中為鞏固皇權而服務。《舊唐書》雖同樣是「忠義」在前，「孝友」在後，看似以國家大義為要務，但於列傳之中，卻不免出現如「若立純誠，遇明主，一心可事百君，寧限於兩國爾」〔註23〕的想法。此一現象顯然是因為作者群生存於政權經常轉換的時代，對皇權的長久與否有不安全感。

　　此外，於〈孝友列傳〉的部分，謝保成以為兩《唐書》最大的不同在於其著眼點：

> 新、舊兩書〈孝友列傳〉的最大不同就在於：舊書僅僅認為「善父母」、「善兄弟」的孝友「可以移於君，施於有政，承上而順下，令終而善始」，著眼於為君者的自身修養。新書則強調「父父也，子子也，兄兄也，弟弟也，推之而國，國而之天下，建一善而百行從，其失則以法繩之」，著眼於「以其教孝而求忠」。……《新唐書》所要宣揚的，一句話歸宗，……就是說，忠義是作人的最高道德準則。
> （〈關於《新唐書》思想傾向的考察〉，頁180）

謝保成指出透過《新唐書・孝友列傳》，可看出其想要的是宣揚忠義，與《舊唐書》要求國君修養自身品德以教化萬民，有根本性的差異，更認為《新唐書》為宣導忠義：

> 最明顯的表現是，將「忠義」提到類傳之首（除諸臣列傳之前的特殊類傳——后妃、宗室等），創立〈卓行列傳〉，並繼以〈孝友列傳〉。忠義、卓行、孝友3個類傳接續編排，列在類傳最前，要宣揚什麼、突出什麼，不用任何解釋，便可一目了然。（〈關於《新唐書》思想傾向的考察〉，頁179～180）

謝保成這一段話將其類傳序位排列的潛藏意涵明白說出，並揭示這實是作者群的刻意作為。《新唐書》明顯表現出教化忠孝以報君的思想傾向，這是《舊唐書》所沒有的部分。

　　同時，《新唐書》將〈外戚列傳〉、〈宦者列傳〉、〈酷吏列傳〉等帶有貶意的類傳，置於序位後段，及〈姦臣列傳〉、〈叛臣列傳〉、〈逆臣列傳〉等意欲撻伐的類傳置於書尾，亦同樣是有意為之，因其思想傾向的影響所致，特別設計如此的序位編排，藉以達到「暴其善惡以動人耳目」的目的。

〔註23〕見〔後晉〕劉昫：《舊唐書・屈突任丘許李姜列傳》，頁1129上左。

因此可知，《舊唐書》對類傳序位的編列方式，是先以社會階級高低排列，同層次者再依褒貶分出上下，並無特別想凸出的類別，然由此亦可發現其作者群隱隱服膺於社會功利價值觀，故位高權重者在前，平民百姓在後；《新唐書》則是特意將忠、孝、節、義等篇章提前，害國、叛國者置底，藉以表現出明顯的褒貶態度。

三、小結

經由對兩《唐書》類傳名稱、序位安排之異的觀察，可發現：（一）篇目標名的細微差異，往往緣自側重的不同，如《舊唐書》以「宦官」名篇，相較於《新唐書》「宦者」之名，特別點出其雖為近侍，卻如官吏掌握權勢的事實，及《舊唐書》以「文苑」表集合文章出眾人才之處，《新唐書》則用「文藝」強調文章出眾亦只是技藝一類，君子與小人共之，而「方伎」、「方技」之異，則是通假用字之別〔註24〕，實屬同一稱謂，無有分歧；（二）二書類傳序位的不同，是因作者群的價值觀相異所致。《舊唐書》依社會階級高低排列，隱隱表露其功利價值觀，《新唐書》則為求強調忠義，刻意將相關篇章提前，且明顯將欲褒獎者置於序位前段，欲貶斥者列於後段，在在表現出講求忠義的道德價值觀。此即為二書類傳排序不同的根本之因。

第二節 《新唐書》重合《舊唐書》類傳

兩《唐書》重合類傳共十一篇，除去序位、標目的細微之別，十一篇類傳的目標群體一致，然所錄入的人物卻不盡相同，顯示二書對於這些群體的選錄標準有參差之處，此間差異則是作者們思想傾向不同所致。本節即欲由此切入，從中了解二書選錄類傳人物時所依循的內在準則，及其中所表露的價值觀點，冀以對二書有更深入的了解。

又，於進行討論前，須先對二書類傳人物的選錄、增刪情形有所認知，以為後續探討奠基：

〔註24〕檢視《說文解字》，可發現「伎」釋義為「與也。〈舁部〉曰：與者，黨與也。此伎之本義也。《廣韻》曰：侶也。不違本義。俗用為技巧之技。」而「技」則釋為「巧也。〈工部〉曰：巧者，技也。二篆為轉注。古多段伎為技能字。」二字釋義中，均提到「伎」為「技」的俗用通字，顯見二字通假由來已久，早已約定俗成。見〔漢〕許慎撰，〔清〕段玉裁注：《說文解字注》，頁379上左、頁607上左。

表 5-2：兩《唐書》類傳人物增刪一覽表

書名 序號	《舊唐書》類傳人物	《新唐書》類傳人物增刪情形
1	外戚列傳	
	獨孤懷恩、竇德明、長孫敞、武承嗣、韋溫、王仁皎、吳漵、竇覦、柳晟、王子顏（計10人） 附傳： 竇懷貞、竇孝諶、竇希瑊、竇希球、竇希瓛、竇維鍌、長孫操、趙持滿、武延秀、武三思、武崇訓、武懿宗、武攸暨、攸暨妻太平公主、武攸緒、薛懷義、王守一、吳湊（計18人）	增： 武士彠、楊國忠、李憕、鄭光 刪： 竇德明、長孫敞、武承嗣（移為附傳）、吳漵、竇覦、柳晟、王子顏。 增附傳： 武士稜、武士逸。 刪附傳： 竇懷貞、竇孝諶、竇希瑊、竇希球、竇希瓛、竇維鍌、長孫操、趙持滿、武延秀、武崇訓、攸暨妻太平公主、武攸緒、薛懷義、吳湊。
2	宦官列傳	宦者列傳
	楊思勗、高力士、李輔國、程元振、魚朝恩、竇文場、霍仙鳴、俱文珍、吐突承璀、王守澄、田令孜、楊復光、楊復恭（計13人） 附傳： 劉希暹、賈明觀（計2人）	增： 馬存亮、仇士良、劉克明、劉季述、韓全誨。（劉貞亮即俱文珍，非新增） 刪： 霍仙鳴（移為附傳）、楊復恭（移為附傳）。 增附傳：駱奉先、嚴遵美、張彥弘。 刪附傳：劉希暹、賈明觀。
3	良吏列傳	循吏列傳
	韋仁壽、陳君賓、張允濟、李桐客、李素立、薛大鼎、賈敦頤、李君球、崔知溫、高智周、田仁會、韋機、權懷恩、馮元常、蔣儼、王方翼、薛季昶、裴懷古、張知謇、楊元琰、倪若水、李濬、陽嶠、宋慶禮、姜師度、強循、潘好禮、楊茂謙、楊瑒、崔隱甫、李尚隱、呂諲、蕭定、蔣沇、薛玨、李惠登、任迪簡、范傳正、袁滋、薛苹、閻濟美（計41人） 附傳：	增： 韋景駿（附傳提升）、羅珦、韋丹、盧弘宣、薛元賞、何易于。 刪： 李桐客（移為附傳）、李君球、崔知溫、高智周、韋機（即韋弘機）、權懷恩、馮元常、蔣儼、王方翼、薛季昶、張知謇、楊元琰、倪若水、李濬、陽嶠、宋慶禮、姜師度、強循、潘好禮、楊茂謙、楊瑒、崔隱甫、李尚隱、呂諲、

	李至遠、李畬、賈敦實、田歸道、韋岳、韋景駿、權萬紀、馮元淑、張知玄、張知晦、張知泰、張知默、和逢堯（計13人）	蕭定、蔣沇、薛珏、任迪簡、范傳正、袁滋、薛苹、閻濟美。 增附傳： 李巖、薛克構、楊德幹、羅讓、韋宙、韋岫。 刪附傳： 韋岳、權萬紀、馮元淑、張知玄、張知晦、張知泰、張知默、和逢堯。
4	酷吏列傳	
	來俊臣、周興、傅遊藝、丘神勣、索元禮、侯思止、萬國俊、來子珣、王弘義、郭霸、吉頊、姚紹之、周利貞、王旭、吉溫、羅希奭、毛若虛、敬羽（計18人） 附傳： 王鈞、嚴安之、盧鉉、裴昇、畢曜（計5人）	增： 崔器。（郭弘霸即郭霸，非新增） 刪： 來子珣（移為附傳）、周興（移為附傳）、丘神勣（移為附傳）、傅遊藝、萬國俊、吉頊、羅希奭（移為附傳）。 刪附傳： 王鈞、嚴安之、盧鉉、裴昇、畢曜。
5	忠義列傳	
	夏侯端、劉感、常達、羅士信、呂子臧、張道源、李公逸、張善相、李玄通、敬君弘、馮立、謝叔方、王義方、成三郎、尹元貞、高叡、王同皎、蘇安恆、俞文俊、王求禮、燕欽融、安金藏、李憕、張介然、崔無詖、盧奕、蔣清、顏杲卿、薛愿、張巡、許遠、程千里、袁光庭、邵真、符璘、趙曄、石演芬、張伾、甄濟、劉敦儒、高沐、賈直言、庾敬休、辛讜（計44人） 附傳： 張楚金、高仲舒、崔琳、周憬、郎岌、李源、李彭、李景讓、顏泉明、龐堅、姚誾、張名振（計12人）	增： 王行敏、李育德、吳保安、賈循、龐堅（附傳提升）、張興、蔡廷玉、符令奇、劉迺、孟華、周曾、張名振（附傳提升）、吳漵、黃碣。 刪： 李公逸（移為附傳）、張善相（移為附傳）、李玄通（移為附傳）、馮立、謝叔方（移為附傳）、王義方、成三郎、尹元貞、蘇安恆、俞文俊、王求禮、燕欽融、崔無詖（移為附傳）、蔣清、薛愿（移為附傳）、袁光廷（袁光庭，移為附傳）、邵真、符璘（移為附傳）、趙曄、甄濟、劉敦儒、庾敬休。 增附傳： 馬元規、盧士叡、王潛、元輔、顏春卿、賈隱林、南霽雲、雷萬春、孫揆。 刪附傳： 崔琳、郎岌、李景讓、顏泉明。

6	孝友列傳	
	李知本、張志寬、劉君良、王君操、趙弘智、陳集原、元讓、裴敬彝、裴守真、李日知、崔沔、陸南金、張琇、梁文貞、崔衍、丁公著、羅讓（計17人） 附傳： 宋興貴、張公藝、周智壽、智爽、許坦、王少玄、裴子餘、陸趙璧、張瑝、李處恭、張義貞、呂元簡（計12人）	增： 王少玄（附傳提升）、任敬臣、支叔才、程袁師、武弘度、宋思禮、鄭潛曜、沈季詮、許伯會、侯知道、許法慎、林攢、陳饒奴、王博武、萬敬儒、章全益。 刪：王君操、趙弘智、裴守真、李日知、崔沔、崔衍、丁公著、羅讓。 增附傳：程俱羅。 刪附傳： 宋興貴、張公藝、周智壽、智爽、許坦、裴子餘、陸趙璧、張瑝、李處恭、張義貞、呂元簡。
7	儒學列傳	
	徐文遠、陸德明、曹憲、歐陽詢、朱子奢、張士衡、賈公彥、張後胤、蓋文達、谷那律、蕭德言、許叔牙、敬播、劉伯莊、秦景通、羅道琮、邢文偉、高子貢、郎餘令、路敬淳、王元感、王紹宗、韋叔夏、祝欽明、郭山惲、柳沖、盧粲、尹知章、徐岱、蘇弁、陸質、馮伉、韋表微、許康佐（計34人） 附傳： 許淹、李善、公孫羅、歐陽通、李玄植、蓋文懿、許子儒、劉之宏、尹季良、蘇袞、蘇冕（計11人）	增： 顏師古、孔穎達、徐齊聃、沈伯儀、彭景直、張齊賢、馬懷素、孔若思、褚無量、元行沖、陳貞節、施敬本、盧履冰、王仲丘、康子元、趙冬曦、啖助、韋彤、陳京、暢當、林蘊、韋公肅。 刪： 賈公彥、許叔牙（移為附傳）、劉伯莊（移為附傳）、秦景通（移為附傳）、邢文偉、高子貢、韋叔夏、祝欽明、郭山惲、徐岱、蘇弁、陸質、馮伉、韋表微。 增附傳： 顏相時、顏游秦、王恭、馬嘉運、賈大隱、谷從政、劉訥言、郎餘慶、徐堅、徐嶠、路敬潛、殷踐猷、孔季詡、孔至、徐安貞、侯行果、尹愔、陸堅、鄭欽說、盧僎。 刪附傳： 許淹、李善、公孫羅、李玄植、劉之宏、尹季良、蘇袞、蘇冕。

8	文苑列傳	文藝列傳
	孔紹安、袁朗、賀德仁、庾抱、蔡允恭、鄭世翼、謝偃、崔信明、張蘊古、劉胤之、張昌齡、崔行功、孟利貞、董思恭、元思敬、徐齊聃、杜易簡、盧照鄰、楊炯、王勃、駱賓王、鄧玄挺、郭正一、元萬頃、喬知之、劉允濟、富嘉謨、員半千、劉憲、沈佺期、陳子昂、宋之問、閻朝隱、賈曾、許景先、賀知章、席豫、齊澣、王澣、李邕、孫逖、李華、蕭穎士、陸據、崔顥、王昌齡、孟浩然、元德秀、王維、李白、杜甫、吳通玄、王仲舒、崔咸、唐次、劉蕡、李商隱、溫庭筠、薛逢、李拯、李巨川、司空圖（計62人） 附傳： 孔禎、孔若思、袁承序、袁利貞、袁誼、劉延祐、劉藏器、杜審言、王勮、王勔、范履冰、苗神客、周思茂、胡楚賓、喬侃、喬備、劉希夷、吳少微、谷倚、丘悅、王適、司馬鍠、梁載言、閭丘均、王無競、李適、尹元凱、賈至、賀朝、萬齊融、張若虛、邢巨、包融、李登之、徐安貞、孫成、李翰、吳通微、唐扶、唐持、唐彥謙、薛廷珪（計42人）	增： 劉延祐（附傳提升）、杜審言（附傳提升）、李適（附傳提升）、尹元凱（附傳提升）、呂向、鄭虔、蘇源明、劉太真、邵說、于邵、崔元翰、于公異、李益、盧綸、歐陽詹、李賀、吳武陵、李頻、吳融。（王翰即王澣，非新增） 刪： 孔紹安、庾抱（移為附傳）、鄭世翼（移為附傳）、張蘊古（移為附見）、劉胤之（移為附見）、孟利貞、董思恭、元思敬、徐齊聃、杜易簡（移為附傳）、盧照鄰（移為附傳）、楊炯（移為附傳）、駱賓王（移為附傳）、鄧玄挺、郭正一、喬知之、劉允濟（移為附傳）、富嘉謨（移為附傳）、員半千、沈佺期（移為附傳）、陳子昂、宋之問（移為附傳）、閻朝隱（移為附傳）、賈曾、許景先、賀知章、席豫、齊澣、陸據（移為附傳）、崔顥（移為附傳）、王昌齡（移為附傳）、元德秀、杜甫（移為附傳）、吳通玄、王仲舒、崔咸、唐次、劉蕡、溫庭筠、李拯、李巨川、司空圖。 增附傳： 劉知柔、崔銑、王助、元正、元義方、元季方、韋元旦、孫簡、張旭、蕭存、柳并、皇甫冉、梁蕭、李觀、歐陽秬。 刪附傳： 孔禎、孔若思、王勔、苗神客、喬侃、喬備、劉希夷、吳少微、谷倚、丘悅、王適、司馬鍠、梁載言、閭丘均、王無競、賈至、賀朝、萬齊融、張若虛、邢巨、包融、李登之、徐安貞、吳通微、唐扶、唐持、唐彥謙、薛廷珪。
9	方伎列傳	方技列傳
	崔善為、薛頤、甄權、宋俠、許胤宗、乙弗弘禮、袁天綱、孫思邈、明崇儼、張憬藏、李嗣真、張文仲、尚獻甫、	增： 李淳風、杜生、姜撫。 刪：

	孟詵、嚴善思、金梁鳳、張果、葉法善、僧玄奘、神秀、一行、桑道茂（計22人） 附傳： 甄立言、李虔縱、韋慈藏、裴知古、慧能、普寂、義福、泓師（計8人）	崔善為、宋俠、許胤宗（降為附傳）、乙弗弘禮（降為附傳）、孫思邈、張憬藏（降為附傳）、李嗣真、張文仲（降為附傳）、孟詵、金梁鳳（降為附傳）、葉法善（降為附傳）、僧玄奘、神秀、一行。 增附傳： 客師、王遠知、刑和璞、師夜光、羅思遠。 刪附傳： 甄立言、李虔縱、韋慈藏、裴知古、慧能、普寂、義福、泓師。
10	隱逸列傳	
	王績、田游巖、史德義、王友貞、盧鴻一、王希夷、衛大經、李元愷、王守慎、徐仁紀、孫處玄、白履忠、王遠知、潘師正、劉道合、司馬承禎、吳筠、孔述睿、陽城、崔覲（計20人） 附傳： 孔敏行（計1人）	增： 朱桃椎、孫思邈、孟詵、武攸緒、賀知章、秦系、張志和、陸羽、陸龜蒙。（盧鴻即盧鴻一，非新增） 刪： 史德義（降為附傳）、王守慎、徐仁紀、孫處玄、王遠知、潘師正（降為附傳）、劉道合（降為附傳）、司馬承禎（降為附傳）、陽城。
11	列女列傳	
	李德武妻裴氏、楊慶妻王氏、楊三安妻李氏、魏衡妻王氏、樊會仁母敬氏、絳州孝女衛氏、濮州孝女賈氏、鄭義宗妻盧氏、劉寂妻夏侯氏、楚王靈龜妃上官氏、楊紹宗妻王氏、于敏直妻張氏、冀州女子王氏、樊彥琛妻魏氏、鄒保英妻奚氏、宋庭瑜妻魏氏、崔繪妻盧氏、奉天縣竇氏二女、盧甫妻李氏、鄒待徵妻薄氏、李湍妻、董昌齡母楊氏、韋雍妻蘭陵縣君蕭氏、衡方厚妻武昌縣君程氏、女道士李玄真、孝女王和子（計28人） 附傳： 獨孤師仁乳母王氏、古玄應妻高氏、王泛妻裴氏、鄭神佐女（計4人）	增： 房玄齡妻盧、獨孤師仁姆王蘭英（附傳提升）、李畬母、汴女李、堅貞節婦李、符鳳妻玉英、高叡妻秦、王琳妻韋、盧惟清妻徐、饒娥、金節婦、高愍女、楊烈婦、賈直言妻董、李孝女妙法、段居貞妻謝、楊含妻蕭、鄭孝女（附傳提升）、李廷節妻崔、竇烈婦、李拯妻盧、山陽女趙、周迪妻、朱延壽妻王。 刪： 魏衡妻王氏、鄒保英妻奚氏、宋庭瑜妻魏氏、女道士李玄真。 刪附傳： 古玄應妻高氏、王泛妻裴氏。

12	（新增）卓行列傳
	元德秀、權皋、甄濟、陽城、司空圖（計5人） 附傳：李翱、何蕃（計2人）
13	（新增）諸夷蕃將列傳
	史大奈、馮盎、阿史那社尒、執失思力、契苾何力、黑齒常之、李謹行、泉男生、李多祚、論弓仁、尉遲勝、尚可孤、裴玢（計13人） 附傳：馮智戴、子猷、阿史那忠、契苾明、泉獻誠、李湛、論惟貞（計7人）
14	（新增）宗室宰相列傳
	李適之、李峴、李桐客、李勉、李夷簡、李程、李石、李回（計8人） 附傳：李廓、李福（計2人）
15	（新增）姦臣列傳
	許敬宗、李義府、傅游藝、李林甫、陳希烈、盧杞、崔胤、崔昭緯、柳璨（計9人） 附傳： 蔣玄暉、張廷範、氏叔琮、朱友恭（計4人）
16	（新增）叛臣列傳
	僕固懷恩、周智光、梁崇義、李懷光、陳少游、李錡、李忠臣、喬琳、高駢、朱玫、王行瑜、陳敬瑄、李巨川（計13人） 附傳：無
17	（新增）逆臣列傳
	安祿山、史思明、李希烈、朱泚、黃巢、秦宗權、董昌（計7人） 附傳： 安慶緒、高尚、孫孝哲、史朝義、（計4人）

　　以下則依據此表，由人物增刪情形為切入點，依序討論兩《唐書》重合的十一篇類傳，其間人物擇取條件相異者何？及其所隱含的價值觀。

一、〈外戚列傳〉

自司馬遷《史記》創紀傳體始，即有〈外戚世家〉，《漢書》亦有〈外戚傳〉，然細觀二傳內容，可發現無論《史》、《漢》，其中所載者皆后妃一類，其家族因之顯貴者反四散於其他列傳，各以其能顯名，可見當時「外戚」的定義較現今認知更為廣泛，以后妃雖已嫁入皇家，但就本質言，亦為外來依附的親戚，故尚不屬於「內」。直至《晉書》，方細分為〈后妃列傳〉及〈外戚列傳〉，將后宮妃嬪與前朝官員分開，如此才明確劃分出「外戚」的狹義範圍──皇帝母族、妻族。兩《唐書》亦沿用此狹義範圍，於列傳中各有〈后妃列傳〉、〈外戚列傳〉。

《舊唐書・外戚列傳》收錄傳主十人、附傳十八人，計二十八人，紀錄時間集中於高祖李淵至憲宗李純時期〔註25〕，且傳序中稱「自古后族，能以德禮進退、全宗保名者，鮮矣」〔註26〕，將目標對象明確指向后族，故此傳所載錄者皆皇后族親，並以「長孫、竇氏以勳賢任職，……竇威、長孫無忌各自有傳，其餘載其得失，為〈外戚傳〉，以存鑒誡焉」〔註27〕，指出該傳排除因功勳甚高、事跡頗多者，且所錄人物事跡善惡兼有，以示訓勉，如長孫操、趙持滿、吳漵、王子顏等，均有良善事跡流傳，而若竇懷貞（？～713 年）、武承嗣（649～698）、韋溫（？～710）之輩，則品格低下、所為不正，皆屬於負面教材。此等安排，與《新唐書》截然不同。

《新唐書》於〈外戚列傳〉中收錄傳主七人、附傳七人，共十四人，是《舊唐書》的一半，所載時間由高祖縱貫至宣宗李忱時期。全傳有序無贊，序首即稱「凡外戚成敗，視主德何如」〔註28〕，將傳文目標指向「外戚」，再由玄宗晚年「天寶奪明，委政妃宗，階召反虜，遂喪天下」〔註29〕，點出「妃宗」二字，表明《新唐書》認定的外戚群體，不僅有皇后宗族，亦含括妃子的宗族，故而能將屬於妃族的楊國忠（？～756）收錄入傳。此外，亦於序末言明「若乃長孫無忌之功，武平一之識，吳漵之忠，弗緣內寵者，自

〔註25〕《舊唐書・外戚列傳》所錄人物，年代最晚者為王子顏，是憲宗的外祖，雖於莊憲皇后出生後，在代宗時期即逝世，然因傳文記錄至其在順宗時被追封，及其二子官至何等位階，故仍將該傳紀錄時間延算至憲宗時期。
〔註26〕見〔後晉〕劉昫：《舊唐書・外戚列傳》，頁 2364 上右。
〔註27〕見〔後晉〕劉昫：《舊唐書・外戚列傳》，頁 2364 上左～下右。
〔註28〕見〔宋〕宋祁、歐陽脩：《唐書・外戚列傳》，頁 2333 上右。
〔註29〕見〔宋〕宋祁、歐陽脩：《唐書・外戚列傳》，頁 2333 上右。

見別傳」〔註30〕，有功績、有見識、有忠義者，皆不入傳，另以其能見於他傳，而僅取「緣內寵者」，恃皇帝寵信而作為無所可取，甚至有害於國，是《新唐書》藉以訓誡來者的負面範例，因此可知，其〈外戚列傳〉所收錄者不若《舊唐書》「載其得失」，而是專注於「失」的一面。

　　考之傳文，可發現《新唐書・外戚列傳》剔除了竇德明、長孫敞、吳漵、竇覦、柳晟（？～818）、王子顏等六位傳主，其行事作風均在中等之上，而其中表現最差者為竇覦：

> 覦無他才伎，為吏有計數，……為揚州大都督府長史、御史大夫、充淮南節度副大使、知節度事，既非德舉，人咸薄之。赴鎮旬日，暴卒。（《舊唐書・外戚列傳》，頁 2378 上右～上左）

其亦不過是無甚才幹，被人鄙薄，倒也未曾做出害國傷民之舉，《新唐書》認為竇覦作為還稱不上是惡行，故刪去不入，然剔除六位傳主的同時，與之相牽連的附傳人物亦一同被刪去，其中卻有符合《新唐書》入傳標準而被刪去者，如竇希瑊（663～717）、竇希球（663～733）、竇希瓘（672～754）：

> （玄宗）希瑊等以舅氏，甚見優寵。……希瓘初賜爵畢國公，後改名瑊。……玄宗以早失太后，尤重外家，瑊兄弟三人皆國公，食實封。瑊子鍔，又尚玄宗女永昌長公主，恩寵賜賚，實為厚矣。而兄弟皆貪鄙，過自封植，瑊又甚之。天寶七年，有竇勉潛交巫祝，勉犯法，瑊坐信其詭說，被停官，放歸田園。尋以尊老，又授開府儀同三司，依舊朝會。十三載十二月卒，玄宗哭於行在，贈司徒。財貨鉅萬。（《舊唐書・外戚列傳》，頁 2366 上右～上左）

三人以國舅身分深受玄宗優寵，即使因故牽連入罪，亦很快被玄宗赦免，性又貪鄙好斂財，如希瓘逝世時，家中已聚有巨資。此等斂財積蓄的行為，《新唐書》以為實不可取，王仁皎（651～719）及其子即因此而入傳：

> 王仁皎，字鳴鶴，玄宗廢后父也。……仁皎避職不事，委遠名譽，厚奉養，積媵妾貲貨而已。……子守一，與后孿生，帝微時與雅舊，後詔尚清陽公主。……襲父爵，被遇良渥。后廢，貶柳州別駕，至藍田，賜死。守一沓墨無顧藉，財蓄巨萬，皆籍入于官。（《唐書・外戚列傳》，頁 2339 上右～上左）

王仁皎及其子王守一（？～724），憑恃玄宗的姻親關係，厚自奉養，累積財貨，

〔註30〕　見〔宋〕宋祁、歐陽脩：《唐書・外戚列傳》，頁 2333 上左。

甚而貪墨無所顧忌，積蓄巨萬，《新唐書》因之將二人列入〈外戚列傳〉中，然竇氏三兄弟同為玄宗外戚，同樣歛聚，卻因相牽連的傳主竇德明被刪，而不見諸《新唐書》，於他傳亦了無痕跡，是其增刪之際未能依入傳標準再作檢視的闕漏。

又如竇懷貞，少時了了，然遭遇朝政紊亂時，就暴露出其懦弱諂順的性格，為求寵於上位者而在所不惜：

> 懷貞，少有名譽，……治有能名。……時韋庶人及安樂公主等干預朝政。懷貞每諂順委曲取容，改名從一，以避后父之諱，自是名稱日損。庶人微時乳母王氏，本蠻婢也，特封莒國夫人，嫁為懷貞妻。俗謂乳母之壻為阿𡡓，懷貞每因謁見之次及進表疏，列在官位，必曰「皇后阿𡡓」，時人或以「國𡡓」呼之，初無慚色。宦官用權，懷貞尤所畏敬，每視事聽訟，見無鬚者，誤以接之。監察御史魏傳弓嘗以內常侍輔信義尤縱暴，將奏劾之。懷貞曰：「輔常侍深為安樂公主所信任，權勢甚高，言成禍福，何得輒有彈糾？」傳弓曰：「今王綱漸壞，君子道消，正由此輩擅權耳！若得今日殺之，明日受誅，無所恨。」懷貞無以答，但固止之。（《舊唐書·外戚列傳》，頁2365上左～下左）

由為諂媚韋后等人，改名、娶韋后乳母，動輒以國𡡓自稱，毫無羞慚之色，又因宦官用事，見無鬚者即卑微事之，阻止他人彈劾權宦等作為來看，竇懷貞人品實在不高，其委屈討好或為一種官場自保方式，然亦可選擇閉門退居，其諂媚太過，實不足取，應可入傳以示訓誡。

此外，《新唐書》刪去太平公主（665～713），另立〈諸帝公主列傳〉，將之移至該傳，整齊體例，並錄世祖李昞（高祖李淵之父，？～573）以來諸公主，計二百又十一位。唐代有國二百八十九年，公主繁多，有撼動朝政者如太平公主、安樂公主（685～710），有為國和親者如蕭國公主、燕國襄穆公主（？～808）、永安公主等，亦有崇儉持節如漢陽公主（？～840）、廣德公主（？～880）等，事跡亦有可錄之處，雖因「僖、昭之亂，典策埃滅，故諸帝公主降日、薨年，粗得其槩，亡者闕而不書」〔註31〕，使得其中記載稍顯疏寡，然能改「婦人內夫家，雖天姬之貴，史官猶外而不詳」〔註32〕之例，亦是《新唐書》

〔註31〕見〔宋〕宋祁、歐陽脩：《唐書·諸帝公主列傳》，頁1237上右。
〔註32〕見〔宋〕宋祁、歐陽脩：《唐書·諸帝公主列傳》，頁1237上右。

的一項創發。《舊唐書》不曾為諸公主立傳，而太平公主事跡重要，不能不載錄，故以之嫁入武氏而列為外戚，然本為皇室公主卻附入〈外戚列傳〉，不免有些扞格不入，如此分類亦是其無奈之舉。

　　楊國忠是玄宗朝天寶年間為禍最深的外戚，《舊唐書》將之與李林甫等人合傳，以見安史之亂的發端：姦人當國，蒙蔽主上。如此，即忽略楊國忠緣以貴妃親族，方得玄宗重用寵信的上位關鍵，又因其〈外戚列傳〉入傳首要條件為「后族」，而將之排除於傳外，實不若《新唐書·外戚列傳》錄入楊國忠，將后族、妃族一併計入外戚為佳。蓋因后妃之族皆恃皇帝庇蔭而起，實質相仿之故。

　　整體而言，《新唐書》不僅因貶抑態度將〈外戚列傳〉置於類傳序位後段，同時不忘更動內容，著重在應被貶斥的一方，錄入楊國忠等人，其立傳之用心已昭然若揭，較《舊唐書》立意更為鮮明，然外戚中能清節自持的一群，就此湮沒於歷史之中，實屬可惜。《新唐書》將武承嗣移為附傳，而以武士彠（559～635）為傳主，是以其為家族之始，武后亦緣此而得選入宮，傳序中亦解釋何以未錄入唐代後期的外戚：

　　　　代、德而降，閹尹參壻，後宮雖多，無赫赫顯門，亦無刀鋸大戮。
　　　　（《唐書·外戚列傳》，頁 2333 上左）

唐朝後期，後宮內闈盡在宦官的掌控之中，甚而皇帝性命、更替，皆有其蹤跡，皇帝難以政出己見，加上朝官黨派傾軋、外有藩鎮屬國虎視，雖有外戚，卻難能大用，表現平平，不符入傳標準，而《舊唐書》亦未錄入，或有唐末亂世典籍散亂之故。

　　此外，二書均將外戚的成敗歸因於皇帝的明智與否，是否能發掘外戚的才幹、壓制其野心。《舊唐書》「夫廢興者，豈天命哉？蓋人事也」〔註 33〕，及《新唐書》「主賢則共其榮，主否則先受其禍」〔註 34〕，皆表明此義，認為只要明主在上，善盡人事，則可保外戚長盛共榮，是二書〈外戚列傳〉的共通之處。

二、〈宦官列傳〉與〈宦者列傳〉

　　兩《唐書》記錄宦官此一群體，於名稱上略有出入，是因其所側重的特質不同，前有論述。《舊唐書》於傳序中考察唐代內侍制度的演變，詳列數據以

〔註 33〕見〔後晉〕劉昫：《舊唐書·外戚列傳》，頁 2364 下右。
〔註 34〕見〔宋〕宋祁、歐陽脩：《唐書·外戚列傳》，頁 2333 上右。

見其人數益增，且以為唐朝宦官之興，起於玄宗時期，其重用宦官，如楊思勗（？～740）、高力士（684～762）等，至安史之亂時，「李輔國從幸靈武，程元振翼衛代宗，怙寵邀君，乃至守三公，封王爵，干預國政，亦未全握兵權」〔註35〕，因宦官護衛左右而更加信重，加封官爵，開始能干預朝政，然尚未掌有兵權。直至德宗年間，因朱泚（742～784）叛軍包圍京師，德宗避往奉天，中官竇文場、霍仙鳴（？～798）近身隨侍，深受信任，故而擴大宦官的權力：

> 賊平之後，不欲武臣典重兵，其左右神策、天威等軍，欲委宦者主
> 之。乃置護軍中尉兩員、中護軍兩員，分掌禁兵，以文場、仙鳴為
> 兩中尉，自是神策親軍之權，全歸於宦者矣。自貞元之後，威權日
> 熾，蘭錡將臣，率皆子蓄，藩方戎帥，必以賄成。萬機之與奪任情，
> 九重之廢立由己。（《舊唐書·宦官列傳》，頁 2380 下右～下左）

朱泚原為武將，長居京師，竟與其弟幽州節度使朱滔（？～785）應和，以致長安被圍，德宗因此深感恐懼，對武將疑心加劇，而將神策、天威等軍團，交由心腹宦官護衛皇室，然亦由此造成宦官威勢日盛，文武將臣皆出門下。至是，宦官內持後宮，外握軍權，朝廷內外盡入其掌中。隨後數世皇帝皆受其挾制，甚而使史官說出「昭宗之季，所不忍聞」〔註36〕之語，可見其猖狂。

《舊唐書》更追尋根源，認為如此情勢是導因於君主侈欲，再加上宦官之流對權勢貪得無厭：

> 即如秦皇、漢武，宮闈之內，宦官以侍宴游。但英睿之君，措置斯
> 得；及荒僻之主，奢蕩是求。委番、聚、蹶、橋之徒，飾姬姜狗馬之
> 玩，外言不入，惟欲是從。雖並列五侯，猶為賞薄；遍封萬戶，尚
> 慊恩疎。苟思捧日之勤，遂據廻天之勢，及三綱錯亂，四海崩離。
> （《舊唐書·宦官列傳》，頁 2381 上右）

其以為宮闈之中，宦官或不可缺，然英明的君主能把握任用的尺度，而荒誕之君則放蕩自己的欲望，任憑宦官討好，更厚加封賞，而宦官欲壑難填，反挾制君王，導致朝政紊亂，社會由上而下的敗壞崩解。

《新唐書·宦者列傳》亦於傳序中同意此一觀點，以為此種亂象皆起因於君王荒誕與宦官貪欲：

> 小人之情，狠險無顧藉，又日夕侍天子，狎則無威，習則不疑，故

〔註35〕見〔後晉〕劉昫：《舊唐書·宦官列傳》，頁 2380 下右。
〔註36〕見〔後晉〕劉昫：《舊唐書·宦官列傳》，頁 2380 下左～2381 上右。

昏君蔽於所暱，英主禍生所忽。……跡其殘氣不剛，柔情易邊，褻
則無上，怖則生怨，借之權則專，為禍則迫而近，緩相攻，急相一，
此小人常勢也。（《唐書‧宦者列傳》，頁 2345 下右）

其直接用「小人」一詞稱呼宦官此一類群，表達對其負面貶抑的評價，指出宦
官因近身侍奉皇室，長久下來，並不畏懼上位者威勢，性格又偏狹，無論予以
何種對待，均容易產生負面效果，作亂為禍時因近身之故能直接影響上位者，
造成情勢的危急，且平和時相互攻訐鬥爭，族群遭受攻擊時又統一對外，是其
常見的特質。由此亦可察覺：《舊唐書》雖指出其貪欲難填，卻並未全盤否定
宦官，《新唐書》則持以更嚴峻的斥責態度，將宦官此類一概歸為小人之輩。

　　查二書傳文，所錄者多有擅權之實，其驕恣專橫之態，天下皆知，甚而皇
帝亦無可奈何：

元振常請託於襄陽節度使來瑱，瑱不從。及元振握權，徵瑱入朝。
瑱遷延不至。……元振欲報私憾，誣瑱之罪，竟坐誅。宰臣裴冕為
肅宗山陵使，有事與元振相違，乃發小吏贓私，貶冕施州刺史。來
瑱名將，裴冕元勳，二人既被誣陷，天下方鎮皆解體。元振猶以驕
豪自處，不顧物議。（《舊唐書‧宦官列傳》，頁 2384 下右）

代宗立，輔國等以定策功，愈跋扈，至謂帝曰：「大家第坐宮中，外
事聽老奴處決。」帝鬱然欲剪除，而憚其握兵，因尊為尚父，事無
大小率關白，羣臣出入皆先詣輔國，輔國頗自安。（《唐書‧宦者列
傳》，頁 2358 上左）

今孜語內園小兒尹希復、王士成等，勸帝籍京師兩市蕃旅、華商寶
貨舉送內庫，使者監閱櫃坊茶閣，有來訴者皆杖死京兆府。……左
拾遺侯昌蒙不勝憤，指言暨尹用權亂天下，疏入，賜死內侍省。（《唐
書‧宦者列傳》，頁 2359 下左～2360 上右）

程元振（？～764）徇私報復，誣陷戰功赫赫的名將來瑱（？～762）及勳貴裴
冕（？～770），以致武將人人自危，物議沸騰；李輔國（704～762）驕橫跋扈，
直接對代宗表明欲行專擅，代宗雖感憤恨，卻因其握兵而投鼠忌器，毫無辦法；
田令孜使眾宦官勸僖宗對京師商人課以重稅，有申訴者皆杖斃，另有左拾遺侯
昌蒙進言直諫，諫疏方入，旋即賜死於宦官主掌的內侍省中。由以上三則紀事，
可知當時權宦的氣焰之盛，且上位者對之莫可奈何，更甚者是荒誕不經，鎮日
貪圖享受，受其蒙蔽而不自知。歷經多朝的宦官仇士良曾對年輕一輩的宦官們

傳授其多年心得：

> 士良之老，中人舉送還第，謝曰：「諸君善事天子，能聽老夫語乎？」
> 眾唯唯。士良曰：「天子不可令閒暇，暇必觀書、見儒臣，則又納諫，
> 智深慮遠，減玩好，省游幸，吾屬恩且薄而權輕矣。為諸君計，莫
> 若殖財貨，盛鷹馬，日以毬獵聲色蠱其心，極侈靡，使悅不知息，
> 則必斥經術，闇外事，萬機在我，恩澤權力欲焉往哉？」眾再拜。
> 士良殺二王、一妃、四宰相，貪酷二十餘年，亦有術自將，恩禮不
> 衰云。（《唐書‧宦者列傳》，頁 2354 下左）

仇士良告誡眾宦官勿使君主閒暇讀書、明理納諫，要以聲色犬馬邀其騁遊而不
知休憩，如此便可收權於己，此便是其經營謀奪之道。宦官日夜圍繞君主，使
其有為者陷於一傅眾咻之境，昏庸者耽於玩樂之途，以奪其權勢，騁己私欲，
此情形自玄宗之後，成為常態，故《新唐書》以為宦官之患「禍始開元，極於
天祐」〔註37〕，取人物則是以「中葉以來宦人之大者稡之篇」〔註38〕，以示初
唐君臣宦者各安其所，自玄宗重用高力士後，漸亂綱常，最終釀成大禍。

二書皆評述宦官擅權之害，所載多欺凌之輩，然其中亦有時議以為忠誠者
如劉貞亮（原名俱文珍，？～813）、楊復光（842～883），及《新唐書》新增
的傳主馬存亮（774～836）、附傳嚴遵美，雖均握軍在手，然善於自持，無有
惡跡敗行，如：

> 存亮逮事德宗，更六朝，資端畏，善訓士，始去禁衛，眾皆泣。唐
> 世中人以忠謹稱者，唯存亮、西門季玄、嚴遵美三人而已。（《唐書‧
> 宦者列傳》，頁 2353 上左）

> 復光雖黃門近幸，然慷慨有大志，善撫士卒。及死之日，軍中慟哭
> 累日。身後平賊立功者，多是復光部下門人故將也。（《舊唐書‧宦
> 官列傳》，頁 2390 上左～下右）

馬存亮不計前嫌，於宮變中救下敬宗，亦未以此爭奪權勢；楊復光善於訓兵，
於黃巢之亂時身先士卒，部屬亦以之為榜樣，立功救國。如此觀之，宦官亦非
全然是驕狂自私之輩，然身握權柄，的確非宦者原應有的本分，君王貪逸分權
之舉不值得被鼓勵。

整體看來，兩《唐書》皆十分關注唐代宦官亂政的現象，並企圖尋找其根

〔註37〕 見〔宋〕宋祁、歐陽脩：《唐書‧宦者列傳》，頁 2345 下右。
〔註38〕 見〔宋〕宋祁、歐陽脩：《唐書‧宦者列傳》，頁 2345 下左。

源，最終將之歸因於君王昏瞶及宦官貪欲。此外，二書所取人物並未按時間順序編排入傳，其串連線索並不明顯，或為隨取隨入，而《舊唐書》未錄入箝制文宗多年的仇士良，及僖宗、昭宗時的劉季述（？～901）、韓全誨（？～903）等人，雖仍附見於本紀，卻未與其身分及橫霸朝野之實相符，不見於〈宦官列傳〉應為闕漏，又《新唐書》刪附傳劉希暹（？～770）及賈明觀，改之為附見，前者為武將，後者為捕吏，身分不符且事跡較少，所改是當。

三、〈良吏列傳〉與〈循吏列傳〉

　　良吏、循吏，於兩《唐書》中所圈定的目標人群範圍相同，是政治作為有益於國、善於教化人民且無其他特出事跡的官吏群體，二傳標目卻有一字之別，而經探尋二書該傳傳序後，可發現二書對「良」、「循」並無截然判分，反時常混用，然二傳選錄人物差異甚大，《舊唐書》選入傳主四十一人、附傳十三人，《新唐書》襲改後，刪去傳主三十一人、附傳八人，另增傳主五人、附傳六人，刪改之巨顯示出二書對目標群體的選錄標準有實質上的出入。

　　查《新唐書》所刪《舊唐書・良吏列傳》的部分，可知其將該傳下半篇幾近刪盡，僅留存李惠登一人，見刪之人則另入合傳，分散於列傳之中，各以新意與他人相合，如王方翼（622～684）以其拒蕃鎮邊之能，錄入〈郭二張三王蘇薛程唐列傳〉，或如呂諲（712～762）因治政不如治郡故，與崔圓（705～768）、苗晉卿（685～765）等人，以偏才「各以所長顯於時」〔註39〕為線索，相合為〈崔苗二裴呂列傳〉。少數如李君球、李濬（？～720）、楊茂謙、蕭定（708～784）等人，則僅為各傳附見，事跡未多存錄。

　　此外，《新唐書》新增羅珦、韋丹、盧弘宣、薛元賞、何易于等五人，前四者於《舊唐書》中僅為附見，最末者則不見於史書，即使《新唐書》增錄其人，亦稱「不詳何所人及所以進」〔註40〕，僅能透過與其事跡相牽連的崔朴〔註41〕、

〔註39〕見〔宋〕宋祁、歐陽脩：《唐書・崔苗二裴呂列傳》，頁1740上右。
〔註40〕見〔宋〕宋祁、歐陽脩：《唐書・循吏列傳》，頁2239下左。
〔註41〕崔朴之名，可見於《太平廣記・定數八》，稱「唐渭北節判崔朴，故滎陽太守祝之兄也」。崔祝，則附見於《舊唐書・食貨志》，由「（元和）八年，以崔倰為揚子留後、淮嶺已來兩稅使；崔祝為江陵留後，為荊南已來兩稅使」一條紀錄，可知於憲宗時正值政治發展期，其出生年代應為德宗時期，崔朴亦應如是。參見〔宋〕李昉：《太平廣記》，《景印文淵閣四庫全書・子部》。冊二（全四冊）臺北市：臺灣商務印書館。1983年。頁1044～38下右；〔後晉〕劉昫：《舊唐書・食貨志》，頁1015上右。

裴休（791～864），略知其生存年代應為德宗至穆宗時期之間，資料並不完備，顯然其行事十分符合《新唐書》「循吏」的選錄標準，故而堅持載錄入傳。

何易于事跡主要有四：拉縴以勸刺史崔朴、為民焚徵茶稅詔、判刑不輕易下獄、以俸代輸不迫下戶，全部圍繞「百姓」展開，以不擾民、不逼民為主軸，不惜惹怒上司、抗詔書命、奉獻薪俸來達到與民安樂的目的，確實符合「循吏」善盡本分、順應法理治政的作風，而綜觀〈循吏列傳〉所選錄者，可發現「循吏」之「循」，不僅是順循法理，更是循時而行，毋擾毋使，令百姓方便行事、順應農時休養生息，並藉附傳賈敦實（？～688）之口言明：

> 咸亨初，敦實為洛州長史，亦寬惠，人心懷向。洛陽令楊德幹矜酷
> 烈，杖殺人以立威，敦實喻止，曰：「政在養人，傷生過多，雖能，
> 不足貴也。」德幹為衰減。（《唐書・循吏列傳》，頁2234下右）

賈敦實指出治政的根本是要養民、使民繁盛，不宜用酷烈的手段來治理，以之勸止楊德幹，而由附傳提升為傳主的韋景駿，及《舊唐書・良吏列傳》下半篇唯一被保留下來的李惠登，亦皆符合此「循」的理念：

> 景駿之治民，求所以便之，類如此。（《唐書・循吏列傳》，頁2236下
> 右）

> 惠登雖朴素無學術，而視人所謂利者行之，所謂害者去之，率心所
> 安，暗與古合。政清靜，居二十年，田畝闢，戶口日增，人歌舞之。
> （《唐書・循吏列傳》，頁2236下左）

治民以便，行利民者、去害民者，使民心安，故能令其繁盛安樂，這是《新唐書》以為能如此者，方能稱為「循吏」。反觀《新唐書》所刪去另置者，如宋慶禮（？～719）、姜師度、潘好禮等人，雖能使其治下欣欣向榮，卻未能符合安民順時的條件：

> 慶禮為政清嚴，而勤於聽理，所歷之處，人吏不敢犯，然好興功役，
> 多所改更。嘗於邊險置宇立槍，以邀賊路，議者頗嗤其不切事也。
> （《舊唐書・良吏列傳》，頁2409下左）

> 師度既好溝洫，所在必發眾穿鑿，雖時有不利，而成功亦多。（《舊
> 唐書・良吏列傳》，頁2410下左）

> 好禮尋遷豫州刺史，為政孜孜，而繁於細事，人吏雖憚其清嚴，亦
> 厭其苛察。（《舊唐書・良吏列傳》，頁2411上左）

宋慶禮常興勞役、姜師度善修水利、潘好禮治政苛於繁細，均非必要之舉，三人雖能成功治理一方地域，卻與「循」尚有差距，因而《新唐書》取之另置於他傳，其餘見刪者多類此。

相較之下，《舊唐書》「良吏」的標準則較為寬鬆，只要治政成效良好，又無其他特出事跡，就符合入傳資格，甚至無留存具體事例，僅憑當時傳有善政美名而入傳：

> （李濬）所歷皆以誠信待物，稱為良吏。（《舊唐書‧良吏列傳》，頁2408下左）

> 強循者，鳳州人。亦以吏幹知名，官至大理卿。（《舊唐書‧良吏列傳》，頁2410下左）

強循、李濬皆被列為《舊唐書‧良吏列傳》傳主，然李濬部分僅言「誠信待物，稱為良吏」，無描述具體事跡，對於強循的紀載更是只用一句帶過，其傳文分量及比重宛如附見。此外，《舊唐書》並不介意「良吏」略有小瑕：

> 傳正精悍有立，好古自飾。及為廉察，頗事奢侈，厚以財貨問遺權貴，視公蓄如私藏，幸而不至甚敗。（《舊唐書‧良吏列傳》，頁2417上右）

如范傳正雖善理政事，然自身花費奢侈，又常用財物餽贈權貴以作結交，將公家財產視為己物，這些行為原非一個好官員所應為，而《舊唐書》並不忌諱，以其「歷三郡，以政事脩理聞」〔註42〕為由，將之列為傳主，《新唐書》則排除此種傳主略有小疵的情形，顯見二書之間，《舊唐書》的取人標準較為寬鬆，《新唐書》則嚴格要求入傳傳主不能有瑕，以求所褒獎者名實相符，且二書所謂良吏、循吏，確實存有差異之處。

四、〈酷吏列傳〉

酷吏之名，由來久矣。自《史記》始，即有〈酷吏列傳〉，錄手段苛刻酷烈的官吏，以示鑑戒。《舊唐書》稱：「昔《春秋》之義，善惡不隱，今為〈酷吏傳〉，亦所以示懲勸也。語曰：『前事不忘，將來之師。』意在斯乎！意在斯乎！〔註43〕」亦是欲藉此類傳，警惕後人毋以此道治世。作者群以為唐朝酷吏之始，緣起於武后執政之時：

〔註42〕見〔後晉〕劉昫：《舊唐書‧良吏列傳》，頁2417上右。
〔註43〕見〔後晉〕劉昫：《舊唐書‧酷吏列傳》，頁2420上右。

逮則天以女主臨朝，大臣未附；委政獄吏，剪除宗枝。於是來俊臣、索元禮、萬國俊、周興、丘神勣、侯思止、郭霸、王弘義之屬，紛紛而出。然後起告密之刑，制羅織之獄，生人屏息，莫能自固。至於懷忠蹈義，連頸就戮者，不可勝言。(《舊唐書・酷吏列傳》，頁 2419 上左～下右）

武后以皇后身分干政，更以女子之身越位踐祚，不合倫理常規，極其厭惡反對的聲音，任用大量不計手段討好媚上之徒，大力剷除宗親及反對的大臣，無辜受死者不計其數。此現象是因不常見的女主臨朝而產生，成為唐代酷吏的濫觴。《舊唐書》認為酷吏以手段酷虐為上位者剷除異己，所獲回報屬於暴利，因而「兇憸之士，榮而慕之，身赴鼎鑊，死而無悔。若是者，何哉？要時希旨，見利忘義也」〔註44〕，前仆後繼者不絕於唐，皆是不分是非的奸邪小人。

《新唐書》同意其觀點，以為武后之前，「州縣有良吏，無酷吏」〔註45〕，而武后之後，「天寶後至肅、代間，政纇事叢，姦臣作威，渠憸宿狡，頗用慘刻奮，然不得如武后時敢搏摯殺戮矣」〔註46〕，側面說明武后執政時期酷吏橫行的慘烈，並推導出其根本之因：「非吏敢酷，時誘之為酷。〔註47〕」認為酷吏根源非在「吏」本身，而是大環境的誘導，使這樣的人層出不窮。

比對二書〈酷吏列傳〉入傳人物，《新唐書》新增傳主崔器，刪去傳主傅遊藝（629～691）、萬國俊、吉頊（？～700）。崔器，於《舊唐書》中，另與趙國珍（？～768）、崔瓘（？～770）等人合為一傳，因同時期而併入該傳，其中聯繫較為鬆散，而觀其論贊稱：

自古酷吏濫刑，幸免者多矣，苟無強魂為祟，沮議者惑焉。器深文樂禍，居官令終，非達奚訴冤，無以顯其陰責矣。(《舊唐書・崔趙崔敬韋魏衛李列傳》，頁 1672 上左）

可知《舊唐書》亦視崔器為酷吏，評斷標準是「濫刑」，但卻未將之列入〈酷吏列傳〉，或以其此類事跡較少，不若其他傳主下手慘酷之故。《新唐書》置之入〈酷吏列傳〉，只是重新調整位置，將同類者歸併在一處，而非變更對崔器的評價。

〔註44〕見〔後晉〕劉昫：《舊唐書・酷吏列傳》，頁 2419 下右。
〔註45〕見〔宋〕宋祁、歐陽脩：《唐書・酷吏列傳》，頁 2370 上右。
〔註46〕見〔宋〕宋祁、歐陽脩：《唐書・酷吏列傳》，頁 2370 下右。
〔註47〕見〔宋〕宋祁、歐陽脩：《唐書・酷吏列傳》，頁 2370 下右。

此外，傅遊藝見刪後，不見於《新唐書》他傳，萬國俊僅為附見，吉頊則以諫武后重立中宗，有存唐之功，另與裴炎（？～684）等人相合。觀此三人事跡，傅遊藝與萬國俊對李唐宗室的迫害最大，促使武后重審流放人員，更反覆以酷刑虐打、戮殺，屈打成招，誣告其有逆反之態，以此博武后意，而後「光業等見國俊盛行殘殺，得加榮貴，乃共肆其兇忍，唯恐後之。光業殺九百人，德壽殺七百人，其餘少者咸五百人。亦有遠年流人，非革命時犯罪，亦同殺之」〔註48〕，一時間冤死無數，皆肇因自傅、萬二人，吉頊則是「陰毒敢言事」〔註49〕，以羅織構陷賢士名家逆武后意者，獲武后賞識，事故牽連千餘人，又與張易之（？～705）兄弟相善，因而進入控鶴監，並建言二人向武后請立中宗、睿宗，以為後路，其舉動、交友皆符合一般人對酷吏及佞臣的行為認知。《新唐書》刪去傅遊藝、萬國俊事跡，因而無法直觀認識當時皇室宗親淪為豬狗的慘狀，實屬可惜，而將吉頊另合他傳，是特別看重其議立李氏之功，有意忽視其博取高位的手段，顯示《新唐書》著眼點在於吉頊建言這一舉動所導向的「忠義」結果，為強調此項，不惜對其建言的內在原因「私利」輕拿輕放。由此可知，《新唐書》於編纂上，的確是有意識地為作者群的內在準則服務，並以之作為更動吉頊的人物配置的依據。

五、〈忠義列傳〉

以「忠義」作為類傳標目，其源始自於唐代成書的《晉書》，專載不惜殞命堅持節義的人物。稍早成書於北朝北齊時代的《魏書》，與同為唐代成書的《北史》則用「節義」為標題。至於成書於南朝梁的《宋書》、《南齊書》，及唐代成書的《周書》等，將之與「孝」德合併，標為「孝義」。由此可明顯看出，於南北朝至唐朝時期，此一類傳的篇名尚未約定俗成，忠德與孝德的分合亦未確立。《舊唐書》則沿用《晉書》所用篇名，將記述忠、孝二德的類傳命名為〈忠義列傳〉、〈孝友列傳〉，《新唐書》於襲改之際亦未更易其名。此後史書亦均將忠、孝二德分述。

《舊唐書·忠義列傳》列有傳主四十四人、附傳十二人，《新唐書》則刪去傳主十四人、附傳四人，新增傳主十二人、附傳九人。二傳傳主人數眾多，《新唐書》所增者如李育德、吳保安、張興（？～756）、劉迺、黃碣（841～

〔註48〕見〔後晉〕劉昫：《舊唐書·酷吏列傳》，頁2424下左。
〔註49〕見〔後晉〕劉昫：《舊唐書·酷吏列傳》，頁2425下左。

895），不見錄於《舊唐書》，而如王行敏、賈循、蔡廷玉、符令奇（704～782）、孟華、周曾，僅有少許事跡見載，或僅為附見，應是《新唐書》蒐羅新見史料補入而成。其新增者中，惟吳溆是由《舊唐書・外戚列傳》抽移至〈忠義列傳〉，顯示出二書對吳溆此人關注點的不同：《舊唐書》以其出身置之入外戚之中，《新唐書》則褒獎其死節，移之忠義一類，是有意凸顯此一特點。

《新唐書》所刪者，如王義方、蘇安恆、王求禮等三人，同移入〈王韓蘇薛王柳馮蔣列傳〉，該傳以剛正敢直諫為線索貼合眾人，顯示《新唐書》並不以為此數人應得評為忠義，而是以剛直特質特出於眾。又如甄濟（？～766）被移至〈卓行列傳〉，亦是兩《唐書》對其人評價有異的例證。查前述王義方三人事跡，可發現主要聚焦在王義方彈劾專擅的李義府（614～666）、蘇安恆諫武后還政於李氏及奪權張易之兄弟、王求禮諫請嚴懲畏戰的武懿宗（641～706）等事件之上，所疏請者皆為國設想，企以醫治國病，更不惜忤逆上意、得罪權貴，以直言勸諫的方式盡忠，然並不符合《新唐書》所認定的「忠義」標準。

檢閱該書〈忠義列傳〉所錄傳主三十六人事跡，可發現其共通點為抗賊不屈，無論是高祖天下未定時不降王世充（？～621）及劉黑闥（？～623）、盛唐時不降突厥、安史亂時固守城池，或是戰亂時不受偽朝官職、力勸上司不叛唐等，所對立者皆是逆亂唐室的反叛勢力。少數非抗賊不屈而入傳者，則如敬君弘（576～626）於玄武門之變時堅守崗位，《新唐書》認為其雖未直接與逆亂大軍對抗，然玄武門為皇宮防線，遭受攻擊則理應守護，不應視情勢而變動立場，故而屬忠義之士。又如安金藏自剖腹以保全睿宗之事。睿宗身為太子卻被酷吏誣陷，無人敢救，安金藏以死諫保之，是用命來換李唐嫡嗣存續。再如王同皎（671～706）謀除武三思（649～707）之事。武三思穢亂皇室，與韋后等人有不臣之心，若任其坐大則王朝易姓，王同皎謀除此禍患未果，以身殉志，實屬忠心為國者。

其傳主群中，唯一以義特出眾人的是吳保安。吳保安為救被外族擄走的同鄉友人郭仲翔，籌措贖金十五年，而仲翔信其終來贖己，亦未曾降胡。之後吳保安與其妻客死他鄉，郭仲翔為之歸葬，並照撫其子。吳、郭二人可謂相互有義，此義又是展現在異邦阻隔之上，顯得特別堅貞可貴，其間遭遇亦與守忠不叛的精神相契合。由此可知，《新唐書・忠義列傳》的「忠義」是針對國家大節來說的，傳主們的對立方是外敵逆亂，是可以顛覆唐室的角色，而以王義方

三人事跡來看，其諍諫是針對國家內部的問題，非在選擇忠叛國家上，與其他傳主有別，故《新唐書》擇取三人剛正直言的特質繫合，移出〈忠義列傳〉另置。

移出而置入他傳者，尚有如甄濟（？～766）入〈卓行列傳〉、劉敦儒附傳入〈劉吳韋蔣柳沈列傳〉，及庾敬休合入〈張趙李鄭徐王馮庾列傳〉。甄濟原為安祿山部屬，察其異心而謀退，不受其聘任，雖刀劍在前亦不改色，《舊唐書》以其「能保堅貞之正性，不履危機，覯逆亂之潛萌，不從脅汙」〔註50〕，將之歸入「忠義」，然與《新唐書‧忠義列傳》其他傳主相較，甄濟不曾規勸或激烈抵抗安祿山，未有死節之事，只是靜守己志，故引元稹（779～831）評論：

> 若甄生，弁冕不加其身，祿食不進其口，直布衣一男子耳。及亂，
> 則延頸受刃，分死不回，不以不必顯而廢忠，不以不必誅而從亂。
> 在古與今，蓋百一焉。（《唐書‧卓行列傳》，頁2207下右）

認為甄濟以布衣之身，未食朝廷俸祿，亦能不屈從逆黨，其事應屬品行高潔，歸入「卓行」一類，由之亦可看出《新唐書》對「忠義」、「卓行」之類標準的分野。又劉敦儒事跡可嘉之處，在於其孝親至行，而不在忠與義，《舊唐書》將之歸入「忠義」，已屬不類，《新唐書》則取之附於其曾祖劉知幾（661～721）後，繫之以家族血脈，藉由附入的族人事跡，表其家風，此調整十分洽當。庾敬休則是以二次建言入傳，不臣於賊的是其祖輩、父輩，以之為由入〈忠義列傳〉，略顯不倫，而《新唐書》將其抽出另置，整齊入傳標準，實是適宜之舉。

此外，另有馮立、尹元貞、俞文俊、燕欽融、蔣清、邵真（？～782）、趙曄（即趙驊，？～783）等人，由傳主移為各傳附傳與附見，成三郎其人更直接不見於《新唐書》。其中，馮立所表現的「忠」是各忠其主，故可為隱太子李建成（589～626）攻打玄武門，並非是國家層面的忠；尹元貞、成三郎不屈而亡，罹難於徐敬業（636～684）聲討武后所發起的戰役，屬於內亂，非《新唐書》所取材的範圍；俞文俊以風水地象諫武后退位修德，是國家內政諫言，非關忠逆大節，故附見於〈五行志〉、〈后妃列傳〉；趙曄事跡著重在其義行，《舊唐書》以為其「性孝悌，敦重交友，雖經艱危，不改其操」〔註51〕，故歸類入「忠義」，然以《新唐書》作者群的眼光來看，其事跡不符合〈忠義列傳〉入傳標準，故移出該傳，但亦因此湮沒其事跡，僅於〈藩鎮宣武彰義澤潞列傳〉

〔註50〕見〔後晉〕劉昫：《舊唐書‧忠義列傳》，頁2456上左。
〔註51〕見〔後晉〕劉昫：《舊唐書‧忠義列傳》，頁2454下右。

中附見其名二次。燕欽融、蔣清二人，則是罹難於安史之亂，與王同皎（671～706）相類，因事跡較少而僅附見於王同皎事之後。至於邵真，因力勸據有河北軍的李惟岳（？～782）勿與田悅（？～784）聯手叛亂而亡，其事與符令奇（704～782）相類，雖不及其激烈，亦可以附傳於其後，今只得附傳於〈藩鎮鎮冀列傳〉中，忠義之名因而不顯，稍嫌可惜。

由上可知，兩《唐書‧忠義列傳》於人物擇取的標準上並不一致，《舊唐書》所給予的定義較為寬泛，無論是各忠其主或是對朋友義，又有誤置該傳者如以孝行出眾的劉敦儒，《新唐書》則定義為「為國家大義死節者」，故將王義方等人移出，整齊體例的同時，亦將「忠義」的背景建立於國家大節之上。相較之下，《新唐書》有意識地聚焦在國家層面之上，一方面有效表達作者群擇人入傳的標準，另一方面則與作者群生長在北宋中期有關，當時距宋真宗與契丹簽訂澶淵之盟（1005）已有一段時間，處於雖有外患但仍算和平的時期，對宋室大一統王朝有足夠的信心及向心力，同時儒家文化高度發展，使士人對仁義道德的要求亦隨之提高，更對《新唐書》有「垂勸戒，示久遠」〔註52〕的期許，故特別屏除對國家以外的「忠」，這一點亦在二書〈忠義列傳〉傳序中表露出來：

> 古之德行君子，動必由禮，守之以仁，造次顛沛，不怨于素。有若仲由之結纓，鉏麑之觸樹，紀信之蹈火，豫讓之斬衣，此所謂殺身成仁，臨難不苟者也！（《舊唐書‧忠義列傳》，頁 2434 上左）

> 夷、齊排周存商，商不害亡，而周以興。兩人至餓死不肯屈，卒之武王蒙懟德，而夷、齊為得仁，仲尼變色言之，不敢少損焉，故忠義者，真天下之大閑歟！（《唐書‧忠義列傳》，頁 2173 上右～上左）

《舊唐書》舉子路（542B.C.～480B.C）、鉏麑、紀信（？～204B.C）、豫讓四人為「忠義」模範，其中，子路為孔悝家臣，於衛國政變時救主而死；鉏麑奉晉靈公之命刺殺大夫趙盾，因感於趙盾為國盡心又不能違君命，自觸槐樹而亡；紀信為掩護漢高祖突圍，作為替身而亡；豫讓為知己的智伯復仇，三次刺殺趙襄子失敗而死，四人事跡皆是殺身成仁的範例，然究其因，子路、紀信、豫讓均是各為其主，鉏麑則是忠於國家而非國君，故可知《舊唐書》的「忠義」不限於為國盡節。《新唐書》則以伯夷、叔齊為商朝絕食而亡為例，指出即使周武王推翻商紂王是救民之舉，伯夷二人為商盡忠卻無半分錯處，甚而孔子亦

〔註52〕見〔宋〕宋祁、歐陽脩：《唐書》，頁 1 上左。

僅能給予褒勉之評，不曾有稍許批評，藉此例來表明忠國的立場，亦隱含此傳取材標準。二書作者群對「忠義」定義的寬嚴不一，即由此處表露而出。

六、〈孝友列傳〉

〈孝友列傳〉作為類傳標目之一，最早可見於《晉書》。正史之中，此類類傳除「孝友」之外，或名為「孝義」，或曰「孝行」，或云「孝感」，皆是收錄該朝因孝悌而聲聞朝野者。兩《唐書》類傳中，亦均有「孝友」一類。《舊唐書》錄有傳主十七人、附傳十二人，《新唐書》則於此基礎上，增入傳主十五人、附傳一人，刪去傳主八人、附傳十一人。除所擇人物略有刪增外，二書傳序明顯出入更大。

兩《唐書》諸類傳的傳序內容大多雷同，僅舉例、文氣有別，至〈孝友列傳〉則有相當大的變化。《舊唐書・孝友列傳》傳序首述孝德可推移於君、施於政，任何境地皆以之教化，故孝德出眾者值得褒揚，次則指出該傳擇錄標準：

> 前代史官所傳〈孝友傳〉，多錄當時旌表之士，人或微細，非眾所聞，事出閭里，又難詳究。今錄衣冠盛德，眾所知者，以為稱首。至於州縣薦飾者，必覆其殊尤，可以勸世者，亦載之。（《舊唐書・孝友列傳》，頁2460上左）

其以為往昔諸史所載「孝友」一類，所錄諸人或僅聞名一時、事跡流傳不廣，後人難以考證，不足以達到勸孝揚德的效果，故《舊唐書》特別標取孝德名聲眾所周知者，以為入傳首選，次取州縣推薦者，尤其錄入其事跡可取處，一方面這些人聲名不侷限於一時一地，可作為當代模範，另一方面詳錄事跡，則可資後人探索，以證其名實相符，此為《舊唐書》作者群欲與前人有別之處。

《新唐書・孝友列傳》傳序則幡然全改，直接條列有唐一代以孝悌薦於朝廷者姓名，次則說明擇人入傳的標準，論及割股損身作藥治父母疾者，引韓愈言以為不可取，然因心誠至孝，故仍取少許錄入傳中，而僖宗之後，各地旌表難以上聞，姓名只見於小說者，因不可考究而不錄之，另有以孝悌聞名，眾人向依者如李知本等人，以其孝德能拓展外顯，致淳鄉里，亦輯錄入傳。此外，傳序中提及張士巖、焦懷肅、張進昭、張公藝等四人，稱「四人名頗著，詳見于篇」〔註53〕，然其事跡已清楚見述於序中，傳文中亦不曾再出現，雖文無重

〔註53〕見〔宋〕宋祁、歐陽脩：《唐書・孝友列傳》，頁2212下右。

出之嫌，卻未若直接條錄於傳中較佳。

由上可知，兩《唐書》作者群是有意識地擇取「孝友」一類傳主，且二者入傳標準並不一致：《舊唐書》主要取名冠一代及有詳細事跡流傳者，《新唐書》則是取至誠至孝、孝德外顯者為主。

人物見刪者如趙弘智、裴守真、李日知（？～715）、崔沔（673～739）、崔衍、丁公著（762～826）等六人，皆別置為合傳傳主，顯然《新唐書》另以新意判分其人，重新糾集合傳，故自此類傳遷出，而羅讓（767～837）轉為附見，只在〈李鄭二王賈舒列傳〉中出現一次，其事跡已全刪滅不見。至於王君操，則是由類傳傳主轉為附見，併趙師舉、同蹄智壽（即《舊唐書‧孝友列傳》周智壽）兄弟二人、徐元慶等人一系列事跡及朝廷處置，附於傳主張琇之後，並錄入陳子昂（661～702）、柳宗元、韓愈等人的朝議，以論用殺報父仇盡孝之舉是否可褒，最後以韓愈之言「宜定其制曰：『有復父讎者，事發，具其事下尚書省集議以聞，酌處之。』則經無失指矣」〔註54〕作結，又附上穆宗時康買得事即用此法處置之例，顯示《新唐書》作者群對《舊唐書》錄入為父報仇而違法殺人者，猶如褒獎犯法之舉存有疑慮，並認同唐人思辯過程，故裁選錄入。相較之下，《舊唐書》則僅於張琇事跡中錄入當時的朝議，並取「國法不可縱報讎」〔註55〕之議，未對朝廷看待此類事件的前後觀點變化作縱觀的考察。

此外，《舊唐書》於王君操事跡後，除續錄周智壽兄弟事跡外，尚錄有許坦、王少玄事跡：許坦年少，卻敢打猛獸救父；王少玄刺體滴血尋父骨，以致體盡瘡傷，經年方癒，二人事跡的共通點為「能致命救親」〔註56〕，能豁出性命去執行心中的孝，毫不顧惜己身，而與王君操、周智壽等人並列一處，是視為父報讎而伏法殺身者，類同於致命救親。由此可見，《舊唐書》特別讚賞這些事跡所展現的盡孝忘身精神，而忽視王君操等人所為與國法牴觸之處，並不將之與張琇事一併討論，是二書於此處所側重者不同之故。

新增傳主如任敬臣、支叔才、程袁師等十五人，其名未曾見錄於《舊唐書》，其事應為《新唐書》作者群另有所本而補入，並符合其擇人入傳的標準，然所補入者事跡多雜有自然異象，作為孝感動天的證據，如：

〔註54〕見〔宋〕宋祁、歐陽脩：《唐書‧孝友列傳》，頁 2217 上左。
〔註55〕見〔後晉〕劉昫：《舊唐書‧孝友列傳》，頁 2467 下右。
〔註56〕見〔後晉〕劉昫：《舊唐書‧孝友列傳》，頁 2461 下左。

（程袁師）常有白狼、黃蛇馴墓左，每哭，羣鳥鳴翔。（《唐書·孝友列傳》，頁 2213 下左）

（許伯會）野火將逮塋樹，悲號于天，俄而雨，火滅。歲旱，泉湧廬前，靈芝生。（《唐書·孝友列傳》，頁 2214 下左）

（許法慎）後親喪，常廬于塋，有甘露、嘉禾、靈芝、木連理、白兔之祥。（《唐書·孝友列傳》，頁 2218 上左）

或有神異之事，亦取之錄入：

（鄭潛曜）主疾侵，刺血為書請諸神，丐以身代。火書，而「神許」二字獨不化。（《唐書·孝友列傳》，頁 2214 上右）

（萬敬儒）喪親，廬墓，刺血寫浮屠書，斷手二指，輒復生。（《唐書·孝友列傳》，頁 2218 上左）

《新唐書·孝友列傳》錄入此類自然或神奇異象頗多，而《舊唐書》傳主雖較之更多，所錄異象卻僅有裴敬彝的白鳥巢墓樹事，與梁文貞守墓而有甘露灌塋木、白兔相伴事等二件，比例甚少，因而可知《新唐書》作者群編纂時，明顯有「好奇搜異」的偏好，而由其增錄柳宗元〈孝門銘〉序言，恰可表明作者們的看法：

孝誠幽達，神為見異，廬上產紫芝、白芝，廬中醴泉湧。此皆陛下孝治神化，陰中其心，而克致斯事。……鍾彼醇孝，超出古烈，天意神道，猶錫瑞物以表殊異。（《唐書·孝友列傳》，頁 2217 下左～2218 上右）

孝子家中出異事，其以為是因至孝至純之故，上天有感而降下異象來旌表，同時亦是上位者以孝治國有成所致。此外，由其傳贊所言，亦可得知宋代士人認為提倡孝德是一種治國教民的手段：

聖人治天下有道，曰：「要在孝悌而已」。父父也，子子也，兄兄也，弟弟也，推而之國，國而之天下，建一善而百行從，其失則以法繩之，故曰：「孝者天下大本，法其末也。」至匹夫單人，行孝一槩，而兇盜不敢凌，天子喟而旌之者，以其教孝而求忠也。（《唐書·孝友列傳》，頁 2218 下左～2219 上右）

《新唐書》以為上位者治理天下的根本重點在於孝悌，遵行孝悌則上下尊卑能各安其位，倫常有序，若以之為天下奉行的原則，則百姓能各安其分，社會秩序井然，何愁不能大治？因而天子旌表孝德出眾者，是想緣孝求忠，期許百姓

仿效之,是上位者希望下位者能做到的事。《舊唐書》作者群的觀點則不然,反而認為是上位者本身應該做到奉行孝德:

> 善父母為孝,善兄弟為友。夫善於父母,必能隱身錫類,仁惠逮于胤嗣矣;善於兄弟,必能因心廣濟,德信被于宗族矣!推而言之,可以移於君,施於有政,承上而順下,令終而善始,雖蠻貊猶行焉,雖窘迫猶亨焉!自昔立身揚名,未有不偕孝友而成者也。(《舊唐書·孝友列傳》,頁 2460 上左)

於傳序起首即指出:能孝者則能惠澤子孫,能悌者則能德濟宗族。以此申言,若此孝德能出現在君王身上,施展在治政之中,則可上承前人庇蔭,順理下民,而能啟後世繁盛,即使在蠻荒之地、百廢待興之處,政策亦能暢行無礙,是求孝德於君王自身,而非求諸於百姓,其次才提到成大事者未有不孝悌者,期許眾人力行仿效。此為兩《唐書·孝友列傳》根本訴求相異之處。

由二書〈孝友列傳〉中,可看出二者作者群擇人入傳的標準,與對孝道、法理的取捨思考,以及對孝德培養的訴求對象等,均略有差異:《舊唐書》作者群面對紛亂的五代時期,期望君主自身能品德尚善,造福百姓,強調不因情害理,力主維護國法,藉以維持社會秩序;《新唐書》作者群生活於宋代皇權集中的大一統時期,思考的是有效治理黎民,並引經據典期望情義、法理兼顧,以之勸民向善,淳化社會風氣,這是因作者群身處時代不同,對政治、社會的期許不同,造成思考方向有所出入之故。

七、〈儒學列傳〉

「儒學」一類作為史書類傳之一,最早可溯源至《史記·儒林列傳》,司馬遷以之記載自孔子至漢武時期儒學風氣的興衰,及其中肩負經典傳承使命的人物,而自漢武帝罷黜百家獨尊儒開始,儒家文化成為歷朝歷代的主流學術,至今仍傳衍不息,故後世史書多保留此一類別,專記傳承經學流派、學術成就影響後世甚深的人物,以明當代學術流脈及學風傾向。兩《唐書》亦均有此類傳,且因紀錄年段重疊,所載錄者皆為一代學術之重,其選錄人物應大多一致,然細數二書〈儒學列傳〉所錄傳主,可發現其中差異甚巨:《舊唐書》有傳主三十四人、附傳十一人,《新唐書》則刪去傳主十一人、附傳八人,另有傳主移為附傳者三人,新增傳主二十二人、附傳二十人。增刪之際,出入人數竟高達半百,顯見《新唐書》作者群並不認同《舊唐書》對此類人物的擇取,

這種情形的出現，是因為不同的時代背景影響其主觀判定，對同一人事有不同的見解所致。

　　檢視《新唐書》所刪《舊唐書‧儒學列傳》傳主，可發現其皆轉入合傳，多為該傳傳主，如邢文偉、祝欽明、徐岱、陸質（？～805）、馮伉（743～809）、韋表微等六人，是另以新意與他人貼合成傳，高子貢、韋叔夏、郭山惲、蘇弁等四人，則移為他傳的附傳，而賈公彥僅為附見而已。其中，祝、徐、陸、韋（叔夏）、郭、賈等人之名同時附見於〈儒學列傳〉，且提到其學術表現，顯然《新唐書》作者群認為這些人於經學上確實有所成就，然於其他方面表現更加突出，故移入他傳，此外亦有其學術成就非影響當代儒學傳衍的主幹之意，因而僅附見於此類傳。

　　其新增入者除顏師古（581～645）、孔穎達（574～648）、徐齊聃（630～673）、馬懷素（659～718）、孔若思、褚無量（646～720）、元行沖（653～729）等七人，其餘多為原《舊唐書》志、傳的附見而已，如沈伯儀、彭景直、張齊賢等十三人，其中原本就附見於〈儒學列傳〉者，則有彭景直、啖助二人。《新唐書》或直接裁剪諸人事跡移至〈儒學列傳〉，或補入更多事跡材料，作為入傳的佐證，前者是根源於二書作者群的不同見識，後者則是後出資料的補完，使其能側立於〈儒學列傳〉之中。直接襲用者如沈伯儀、張齊賢，《新唐書》援用原《舊唐書‧禮儀志》資料，直接移植入〈儒學列傳〉；略作刪減者如施敬本、王仲丘、康子元，僅取其在〈禮儀志〉的部分，刪去三人曾分別參與《大唐開元禮》、《儀注》、《義疏》等書的修纂事跡；補入更多資料者如盧履冰，《舊唐書》僅載其上言永昌碑壇不宜留及進言論喪服輕重二事，《新唐書》刪去永昌碑壇事，針對其論喪服禮制之事，補完其論制始末及諸人條陳的具體內容。又如韋彤，《舊唐書》原只有錄入其議公主出降事，《新唐書》則補入其論宗廟祭祀、園陵、私廟等事，更貼合儒者心繫禮法的作風形象。或如啖助，原託附於學生陸質傳中為附見，至《新唐書》則提為傳主，補足其學術言論、門人派系等相關事跡，並有贊專論，以為自其衍春秋之說，始起穿鑿詭辯之風，影響後世甚深。另有暢當、林蘊二人，名不見諸《舊唐書》，為《新唐書》增入的全新人物，是其資料另有所見而補入所致。

　　新增者原為《舊唐書》合傳傳主者，如顏師古、孔穎達二人，原本是與薛收（？～624）、令狐德棻（583～666）等人合傳，以贊初唐時期學識淵博、能撰修國史者，然顏、孔二人的最大成就並非在史學之上，而是在經學方面。顏

師古奉旨考訂《五經定本》，孔穎達則主持彙整《五經正義》，此二部書對後世士人影響甚巨：

> 永徽四年，頒孔穎達《五經正義》於天下，每年明經依此考試。自唐至宋，明經取士，皆遵此本。夫漢帝稱制臨決，尚未定為全書；博士分門授徒，亦非止一家數；以經學論，未有統一若此之大且久者。……與義疏同時並出者，唐初又有《定本》，出顏師古，五經疏嘗引之。……自《正義》、《定本》頒之國冑，用以取士，天下奉為圭臬。唐至宋初數百年，士子皆謹守官書，莫敢異議矣。（《經學歷史》，頁 198～207）

清人皮錫瑞（1850～1908）指出自從此二部書籍一出，即被列為科舉必讀，天下士子莫不遵守，其影響力可見一斑，然《舊唐書》不甚在意顏、孔對經學所造成的震動，僅稱其實為名儒，「解經不窮，希顏之徒」〔註57〕，側列於眾人之際，作花團錦簇狀，不若《新唐書》移之入〈儒學列傳〉，確立其經學傳世的儒者身分，以示其成就為佳。又如馬懷素、褚無量（646～720）、元行沖（653～729）三人，原為合傳〈馬褚劉徐元吳韋列傳〉傳主，諸人學識豐富，且皆有作品傳世，而《舊唐書》卻品評為「前代文學之士，氣壹矣，然以道義偶乖，遭遇斯難。……非過使然，蓋此道非趨時之具也，其窮也宜哉」〔註58〕，顯然以為這些人歷經數次改朝換代後入唐，學識並非不精深，然其思想已不符合開唐後的時勢潮流，因而未能得到賞識、名盛一時，故以此為線索貼合眾人成傳。

　　《新唐書》則看重馬、褚、元三人建言並參與勘修經籍、編錄四部的貢獻，於經典之傳世有功，將之移入〈儒學列傳〉，而合傳其餘諸人則別入〈劉吳韋蔣柳沈列傳〉，以明為史之難。查馬、褚、元三人事跡，其成就確實偏向經學方面，與劉、吳、韋的史學傾向有別，因此以《新唐書》的人物安排較為適宜。

　　此外，二書〈儒學列傳〉的傳序亦有很大的不同。《舊唐書》先述經學的重要，再細數自高祖至玄宗對經學的倡導，並收入高祖、太宗關於學政的詔令，然其敘述時間界限卻止於玄宗置集賢院、募儒士博學之流，玄宗後期以後則無相關論述，柯金木以為：

〔註57〕見〔後晉〕劉昫：《舊唐書·薛姚顏令狐孔列傳》，頁 1266 下左。
〔註58〕見〔後晉〕劉昫：《舊唐書·馬褚劉徐元吳韋列傳》，頁 1569 上左～下右。

《舊唐書·儒學傳》在後唐修撰時，不但已有傳目，甚至在代宗以
前的資料，可能都是唐代的史官所編錄。……只可惜現存的《舊唐
書·儒學傳》，在序文部分似乎已有闕文，……連玄宗朝的學政都沒
有完整的敘述，更不要說是玄宗以後的情況了。從文義及傳例上來
看，恐怕在「以為儒學篇」之前，已經有部分闕文。（〈兩《唐書》儒
學傳儒史雜混之探析〉，頁 94～95）

由此觀之，顯然《舊唐書》修纂之際，作者群在引用舊典的同時，並未綜觀唐
朝一代，補述玄宗後期至唐末的學政走向及其影響，而是直接套上一句「以為
儒學篇」作為結束語，雖可能是因為資料散佚不齊、修書時間甚短，故倉促而
就所致，卻仍稍嫌太過草率。《新唐書》則簡省高祖、太宗詔令，補錄安史之
亂後的學政，指出因亂階已起，此後無暇顧及此領域，僅有文宗時校訂五經一
事值得記錄，並確立入傳標準：

若乃舉天下一之於仁義，莫若儒。儒待其人，乃能光明厥功，宰相
大臣是已。至專誦習傳授、無它大事業者，則次為〈儒學篇〉。（《唐
書·儒學列傳》，頁 2242 上右）

認為文能治國，儒士能發揚光大立下功業者，應已是身居高位，別立有傳，故
不重複錄入，而取專心傳習、無特殊功績者入傳。由傳序來看，《舊唐書》闕
漏較多，不如《新唐書》總覽一代的完整，甚而能藉之抒發「始未嘗不成于艱
難，而後敗於易也」〔註 59〕的感歎。

綜上所述，可發現《舊唐書》作者群援用唐代資料時，或因材料散佚、成
書日短，未及仔細補全，以致〈儒學列傳〉傳前總論唐代學政發展的部分有所
闕漏，《新唐書》則無此弊。於人物組合方面，《舊唐書·儒學列傳》原有人物
多因事跡較少或專長於史而見刪，或改為附見，或直接移置他傳，《新唐書》
新增人物則多擅於禮，且增補較多關於祭典祭儀的討論，顯示《新唐書》作者
群更為重視禮的部分。楊治平以為：

由漢到唐，如何權衡中央與地方的力量，一直是穩定國家的關鍵問
題。而宗廟朝廷的盛大禮儀，更是維繫天子地位的重要象徵。宋朝
之建立並非沒有地方權力的威脅。經歷了唐末五代的武力割據，以
禮法維持的國家尊嚴蕩然無存，如何重建朝廷威勢，一樣是宋初需
要面對的課題。（〈宋代理學「禮即是理」觀念的形成背景〉，頁 55）

〔註 59〕見〔宋〕宋祁、歐陽脩：《唐書·儒學列傳》，頁 2242 上右。

收拾亂局，建立大一統政權後，重建制度成了宋代士人的重要命題，楊治平歸納宋代禮學的趨勢，認為是由古禮經典轉變為國家綱紀，使之形成實務化的普遍秩序，以教化人心，達到長治久安的目標〔註60〕，故「宋代國禮的儀注化、私修禮書的興起，乃至重視《禮記》等特點，背後的根本都是這張禮樂藍圖」〔註61〕。緣此可知宋代士人對禮的關注，而於此思想環境下，無形中亦會影響《新唐書》新增〈儒學列傳〉人物的擇取。

又，柯金木指出二書人物皆有「儒、史混雜」的現象，是肇因自唐代經、史地位的升降，及唐人「史鑑」意識的發酵〔註62〕，《舊唐書》大量引用唐人材料時深受影響，《新唐書》襲改《舊唐書》時亦保留此現象，是二書〈儒學列傳〉人物組合的共通點。此外，《新唐書》新增人物中，林蘊雖以「世通經」〔註63〕入列傳主，然其事跡皆為抗賊不屈、上書諷諭、力勸亂軍一類，置於此傳，略顯不倫，有可商榷之處。

八、〈文苑列傳〉與〈文藝列傳〉

史書體例中，以「文苑」作為類傳標題之始，最早見於范曄《後漢書》，此後即為紀傳體史書類傳的常見題目，有「文學」、「文藝」等變體名稱，史家以之載錄一代文盛之輩，俾見當世文風華景，而透過此類傳，亦可察知史家認定的文學大勢。

《舊唐書·文苑列傳》錄有傳主六十二人、附傳四十二人，至《新唐書·文藝列傳》，則刪去傳主二十五人，由傳主降為附傳、附見者十七人，另增傳主十五人，又刪除附傳二十八人，新增附傳人物十五人。二傳所載人物相去甚遠，從而可知二書作者群擇取唐世文學聞達之輩的標準明顯有異，推想可知彼此的文學觀點亦頗有出入。

向來學者對文學方面的研究用力頗深，量多質精，二傳差異之巨，早有學者著墨此處，如美國學者傅漢思（1916～2003）曾於〈唐代文人：一部綜合傳記〉〔註64〕中，透過細品《舊唐書·文苑列傳》中的文學傳記，探查作者群表

〔註60〕見楊治平：〈宋代理學「禮即是理」觀念的形成背景〉，頁54～64。
〔註61〕見楊治平：〈宋代理學「禮即是理」觀念的形成背景〉，頁53。
〔註62〕見柯金木：〈兩《唐書》儒學傳儒史雜混之探析〉，《孔孟學報》第六十九期。頁95～100。
〔註63〕見〔宋〕宋祁、歐陽脩：《唐書·儒學列傳》，頁2281上右。
〔註64〕見〔美〕倪豪士：《美國學者論唐代文學》，《海外漢學叢書》。上海市：上海古籍出版社。1994年12月初版。頁1～23。

露出的價值觀，指出：

> 《舊唐書》的編纂者們只引用那些他們認為是「有用」的作品，而
> 不是那些僅只「優美」的作品。他們這是貫徹著唐太宗所開創的政
> 策，……在《貞觀政要》中，吳兢把唐太宗的觀點表達如下：『……
> 文體浮華，無益勸誡，何假書之史策？其有上書論事，詞理切直，
> 可裨于政理者，聯從與不從，皆須備載。』……所有這些引文，總
> 或多或少地符合以下三個條件：①它顯示出傳記作者的觀念；②它
> 批評了傳記作者所不喜歡的人或集團；③它能夠闡明傳記主角的才
> 能或性格。（《美國學者論唐代文學》，頁 12～13）

傅漢思認為作者群在取材上選取與政務相關者，是因循唐太宗的文學理念，並
歸納出引文的三個特色，又進一步分析所載傳記，以為其中透露出作者群有
「記錄初例」、「重視交往」等偏好取向。

　　嚴杰〈論《新唐書・文藝傳》之文學史觀〉〔註65〕一文中，則指出宋代史
臣的取捨「很早就反映了宋人詩文革新中的文學復古精神與重要觀念，其權威
地位的宣傳推廣作用不可低估」〔註66〕，以為：

> 在復古精神主導下，史臣持宗經重道的觀念，論唐代文學的演變，
> 以文為關注重點，將韓愈古文奉為極至。同時亦注意文學特性，對
> 唐詩成就加以讚揚。史臣崇尚典範，對宋初以來詩文革新的榜樣韓
> 柳、李杜作出選擇，文則尊韓，詩則尊杜。這已含有確立文統、詩
> 統的因素。（《建構與反思──中國文學史的探索學術研討會論文集》
> （上），頁 513）

《舊唐書》於〈文苑列傳〉傳序中，直言「世代有文質，風俗有淳醨」〔註67〕、
「是古非今，未為通論」〔註68〕，對文學潮流的遞變予以肯定，《新唐書》則
稱韓愈等人所倡導的文風是「完然為一王法，此其極也」〔註69〕，究其內容則

〔註65〕見輔仁大學中國文學系、中國古典文學研究會主編：《建構與反思──中國文
　　　　學史的探索學術研討會論文集》（上）。臺北市：臺灣學生書局。2002 年 7 月
　　　　初版。頁 513～532。

〔註66〕見輔仁大學中國文學系、中國古典文學研究會主編：《建構與反思──中國文
　　　　學史的探索學術研討會論文集》（上），頁 531。

〔註67〕見〔後晉〕劉昫：《舊唐書・文苑列傳》，頁 2490 上左。

〔註68〕見〔後晉〕劉昫：《舊唐書・文苑列傳》，頁 2490 上左。

〔註69〕見〔宋〕宋祁、歐陽脩：《唐書・文藝列傳》，頁 2283 上左。

是「排逐百家，法度森嚴，抵轢晉、魏，上軋漢、周」〔註70〕，要排除六朝以來的浮靡駢麗，落實文章的實用價值。嚴杰指出《新唐書》與《舊唐書》所秉精神有異，故人物比重裁減不同。這是二書作者群不同時空的文學思想所導致的碰撞。

上述二文分別探究二傳所隱藏的價值觀念，田恩銘〈兩《唐書》「文人傳」的書寫理念與唐宋思想轉型的關係〉〔註71〕則同時比較二傳，以為《舊唐書》遵守傳統史家書寫方式，較少臧否，《新唐書》則有較多的主觀意識導向，對人物多有評介，得到「我們能夠看出史臣撰寫史書的不同目的，《舊書》為了錄存一代實錄，而《新書》則是在撰寫中體現時代精神，大有取之為鑑的價值取向」〔註72〕的結論，指出二書記述之別，在於其核心思想取向的差異。

由此三篇論文，可略窺學者們對此二傳的鑽研，然雖已有眾多研究成果，但仍有可討論之處，供人更深入了解二書之異，如《新唐書》所增刪者，是否皆能符合其入傳標準？取《舊唐書》無錄者入傳，所取人物是否適當且必要？藉以了解其取材成傳的嚴謹程度。

《新唐書》新增人物中，劉太真、邵說、于邵（713～793）、崔元翰、于公異、李益、李賀（790～816）等七人，皆為《舊唐書・徐趙劉李邵于崔于呂鄭二李列傳》合傳傳主，自其傳末贊語可知其合傳之由：

> 文學之士，代不乏才。永泰、貞元之間，如徐浩、趙涓諸公，可謂一時之秀也。然太真以畏懦聞，邵說以僭侈失，于公異、呂渭、李益皆有微累，故知全其德者罕矣。（《舊唐書・徐趙劉李邵于崔于呂鄭二李列傳》，頁1877上左）

《舊唐書》以為代代均有才學之士，特以此傳合錄代宗至德宗之際的一時才俊，然或多或少，於品德表現上略顯微瑕，實為可惜，緣此亦可知世間才德完備者鮮矣，藉由此傳旨表明才、德二者並非正向相關。《新唐書》將此七人移置〈文藝列傳〉，應是看中其「以文自名」〔註73〕的文藝特質，然檢視七人生平事跡，其中，邵說其人於二書皆無載錄文學表現，反可看出其掌兵、施政的才能極佳，而于公異同樣未有文學讚譽，所錄事跡大半聚焦於其與陸贄之間的

〔註70〕見〔宋〕宋祁、歐陽脩：《唐書・文藝列傳》，頁2283上右～上左。
〔註71〕見田恩銘：〈兩《唐書》「文人傳」的書寫理念與唐宋思想轉型的關係〉，《文藝評論》2012年第八期。頁153～158。
〔註72〕見田恩銘：〈兩《唐書》「文人傳」的書寫理念與唐宋思想轉型的關係〉，頁158。
〔註73〕見〔宋〕宋祁、歐陽脩：《唐書・文藝列傳》，頁2283下右。

嫌隙，顯然《新唐書》是直接認定《舊唐書》對二人是才學之士的評斷，並未再補充相關表現，使得二人側身文學類傳時，略顯不倫，而此裁移亦缺少如《舊唐書》「才德鮮有完備者」的深刻感概，較為可惜。

此外，新增者如吳武陵，《舊唐書》將之附於附傳吳汝納傳〔註74〕中，以其「有史學，與劉軻並以史才直史館。武陵撰《十三代史駁議》二十卷」〔註75〕，記錄其才學表現，至《新唐書》則刪去此條紀事，補入其勸元濟降文、勸韓愈為裴度計、諫寶易直言、向崔郾薦杜牧、為柳宗元奔走等文書、言論，讚其「時號知人」〔註76〕，表明其審時識人之能，卻未有文學相關紀事，增之入〈文藝列傳〉說服力稍嫌不足；又如歐陽詹（755～800），善文且與韓愈同時中進士，常相往來，友誼深固，實應等同孟郊、張籍等韓愈友人，移入〈韓愈列傳〉為附傳，今則置於〈文藝列傳〉，此舉或可再議。

至於《新唐書》刪減《舊唐書·文苑列傳》傳主二十五人的部分，其所刪者除劉蕡另立單傳外，多別用新意移作合傳及類傳傳主，少數如孟利貞、董思恭、鄧玄挺等，雖轉為他傳附見，然亦於文字中表明其善文，顯見《新唐書》認同這些人具有「以文自名」的特質，應是因事跡寡少而轉入他傳。所刪者中，僅有元思敬、溫庭筠，名不見諸列傳，事跡無存，只附於〈藝文志〉中見其著述。查《舊唐書》二人紀事，可發現元思敬事跡簡短，僅錄其官職及修撰二書書名，《新唐書》將之直接移入〈藝文志〉，十分恰當，而溫庭筠事跡較多，雖品行有瑕，然為時人推重，且詩詞蔚然風行，《新唐書》竟全刪其事，附之於〈溫皇甫二李姜崔列傳〉其遠祖溫大雅傳末，稍嫌未妥。

陳維認為二書此類傳所取人物有異，是因為對「文」的看法不同：

> 唐代「文」不單指詞章歌賦，如制誥、表頌、諡冊等諸多朝堂公文都可以視為「文」之範疇，……依靠代為王言，「文」具有官方性和象徵性，代表著權力統攝下「文」應有的面貌和框架，從而引導文士積極地向這種風尚轉變，在《舊唐書》的書寫中，這種與政治緊密相關的「文」，被視為一種文苑標誌所彰顯。……文與道合，以文顯道，是《新唐書》對「文」的理解，也是宋初古文家對古文推行

〔註74〕見〔後晉〕劉昫：《舊唐書·列傳第一百二十三·鄭陳四李列傳》，頁2251下左～2252上左。

〔註75〕見〔後晉〕劉昫：《舊唐書·列傳第一百二十三·鄭陳四李列傳》，頁2252上右。

〔註76〕見〔宋〕宋祁、歐陽脩：《唐書·文藝列傳》，頁2314下左。

的意旨，……在《新唐書》選取標準中，那些以草詔、奏表為顯的詞臣被剔除出去，……這是由於《新唐書》礙於時代所限，對唐代文之理解已經不再能深入到唐代具體的語境中去，而採取一種「文學史」式的提萃法，即選取符合其文學觀的唐代文學諸士子，……《舊唐書》在選取上尚能貼近唐代一般文士的語境，顯出這些詞臣在文壇中的重要性。(〈《兩唐書》文苑與儒林的歷史書寫及其關係〉，頁117～118)

其以為《舊唐書》編纂時去唐未遠，風俗餘韻猶在，故能良好保留唐代士人文學風尚的面貌，而《新唐書》因去唐已久，脫離歷史環境太遠，不能想像或理解當時風貌，故以己心度史，選擇其認為對後世影響較深遠者，是以當代眼光去俯瞰前代，因而造成二書差異。

此間差異的核心，即在於兩代文學觀的不同：《舊唐書》偏向駢儷韻文且以政治實用者為上，《新唐書》則傾向古文，講究道統及治世。觀察二書文學類傳所選人物，可發現《新唐書》仍認同《舊唐書》所選人物為唐代可觀之才，只以為部分人物不適宜置於此類傳，故並未盡數刪除，只是移出。增刪之際，不免有少數如吳武陵、歐陽詹、溫庭筠等人的編排仍可再議，略有小疵。

九、〈方伎列傳〉與〈方技列傳〉

自《史記》以〈日者列傳〉、〈龜策列傳〉記錄擅於曆數、卜筮等玄妙數術之輩以來，歷代史書亦將目光投注於這一類人物，並擴大紀錄範圍，如醫、僧、道、方士等身懷一技者，皆入此類傳。

《舊唐書·方伎列傳》記錄傳主二十二人、附傳八人，傳主中以善天文算曆入傳者有一人、善醫方者四人、善占術者九人、善道術者四人、善釋法者三人，又有孫思邈一人兼善醫、釋、道，三類事跡均存，從而入傳；《新唐書·方技列傳》則刪去原傳主八人、附傳八人，由傳主降為附傳者六人，另新增傳主三人、附傳五人，計傳主共十一人、附傳十一人，而傳主中以醫入傳者一人、善占術者六人、善道術者四人，純以天文算曆或釋法精深入傳者盡皆刪之。二書所取人物類型明顯表現出其入傳的人物範圍有出入，這一點在傳序中亦有表露：

> 夫術數占相之法，出于陰陽家流。……舊本錄崔善為已下，此深於其術者，兼桑門、道士、方伎等，並附此篇。(《舊唐書·方伎列傳》，

頁 2541 上左）

　　凡推步、卜、相、醫、巧，皆技也。能以技自顯於一世，亦悟之天，

　　非積習致然。(《唐書‧方技列傳》，頁 2317 上右)

《舊唐書》首選為精於術數占相者，再者為桑門、道士、方伎，前二者即僧人、
道士，而「方伎」原指擁有各種高深技能的人，然經傳文人物類型比對，亦僅
錄入有救人之術的醫者，其餘能工巧匠等並未特別收錄；《新唐書》則以為占
候推演、卜筮吉凶、相面相命、活命醫藥、精巧工法等，皆屬技術一類，而能
以技術特出，獨步當世，是上天恩賜的靈感穎悟，非長年熟習使然，此一觀點
強調天賦靈感，忽視個人苦練的重要。二書相較而論，《舊唐書》人物取材範
圍較廣，對技、術亦無定義，《新唐書》則對技的範圍及特點下定義，且不取
僧、道之流，以為非關技藝，排除純宗教人物，而原《舊唐書》所取人物為道
士或善道術者，如明崇儼與葉法善之能召鬼神、孟詵與張果之能養長生，於此
歸於「巧」技，不強調符籙道、丹道的道派特質。

　　觀察二書本類傳所選人物，可發現果如各自傳序所言，符合其言明的入
傳標準，且依循《新唐書》的標準，亦可發現道士方士之流仍能列位此傳，
而《新唐書》對《舊唐書‧方伎列傳》所做最明顯的刪改，即為全面刪除佛
教人物。曹仕邦（1932～2016）於〈《舊唐書》立僧傳之暗示作用〉〔註77〕
中，闡明《舊唐書》將玄奘（602～664）、神秀（？～706 年）、一行（683～
727）等人列為〈方伎列傳〉傳主之舉蘊含豐富的代表意義，足以說明唐代的
佛教活動方向，分別為求法翻經、禪宗創立，及密宗的流行等三方面〔註78〕，
更進一步指出：

　　以佛教立場言，魏晉六朝為佛法之輸入期，是時西僧之弘法為主導，

　　故《晉書》五僧傳中，有佛圖澄、鳩摩羅什與僧涉三僧屬域外之人

　　者，蓋暗示其時弘法以西僧為主也。……今《舊唐書》為立正傳或

　　附傳之七僧皆屬華人者，蓋有意暗示唐時佛法已漸中國化也。(〈《舊

　　唐書》立僧傳之暗示作用〉，頁 123)

顯見《舊唐書》為玄奘等人立傳，實是記錄有唐一代佛教內部的發展情形，且
透過與《晉書》的比對，亦可發掘中國佛教發展與演變，而《新唐書》刪去玄

〔註77〕見曹仕邦：〈《舊唐書》立僧傳之暗示作用〉，《中國學人》第六期，1977 年 9
　　　　月。頁 119～130。
〔註78〕見曹仕邦：〈《舊唐書》立僧傳之暗示作用〉，頁 119～123。

奘事跡，僅附見於〈西域列傳〉，記其盛言太宗威勢吸引天竺王尸羅逸多朝貢；一行之名只存於〈藝文志〉、〈天文志〉，記其修曆事；神秀則湮沒其名，未留餘任何事跡，更不提其他佛教人物附傳，且書中其他紀傳所載佛教相關紀事，亦有大幅刪減，與唐代自上層貴族至下層平民皆風靡信仰的境況不符，其修史者剪裁之唯心可見一斑。

郝至祥以為《新唐書》增刪《舊唐書》佛教事跡時，刪多增少，且持有敵視態度，並將之歸責於主持編書的歐陽脩與宋祁：

> 歐陽脩闢佛消極的表徵為刪除或筆削文人學佛或文人與僧侶交往的記載，及佛教制度、僧尼管理的紀錄。其重要處是不立高僧列傳，使佛教大師言行泯沒不彰。……積極表徵是保留佛教發展負面影響的記載。……易讓人誤以為唐朝佛教影響多屬負面。……相對於《舊書》對佛教事跡的好壞並陳，《新唐書》顯得刻意「隱善揚惡」，這實際透露出《新書》強烈的主觀取向及處理佛法事跡的不客觀。更重要的影響是史料取材呈現輕重失衡的現象，……這意味歐公闢佛使史料輕重失衡。抑有進者，因為闢佛而缺乏佛學素養，失去以佛法教育人心，褒貶善惡的機會。（《兩《唐書》書法暨筆法比較研究——兼論《新唐書》闢佛刪史》，頁 225～226）

其以為《新唐書》主編者對佛教抱持負面態度，致使史料不客觀的呈現，予以佛教不公平的評價，忽略其正面積極的價值，十分可惜。

此外，查《新唐書》所刪傳主，除佛教人物外，尚有崔善為、宋俠、孫思邈（？～682）、李嗣真（？～696）、孟詵等五人，其中宋俠降為附見，仍存於〈方技列傳〉，而崔善為、李嗣真二人，入〈溫皇甫二李姜崔列傳〉為傳主，孫思邈、孟詵則入〈隱逸列傳〉為傳主，顯見《新唐書》對此四人特質的見解與《舊唐書》不同。

詳觀〈溫皇甫二李姜崔列傳〉，計有傳主六人，其間關聯並不緊密：溫大雅（？～629）在野，由高祖禮遇聘用，有從龍之功，家族多才具；皇甫無逸為隋朝勳貴，不與王世充同逆，至唐興，高祖禮遇之，卻始終畏懼謹慎，甚至因母在長安病篤，而太宗遣使召還詢問，於道中驚懼病亡，顯示其始終不能適應新朝；李襲志雖為平民，卻能以私產募兵保衛鄉里兩年，唐代確立後，高祖使人召為總管、都督之職，並以同為李姓，歸入宗屬籍；姜謩有識人之明，於高祖未起之時即深相結交，有從龍之功，子弟有才；崔為善於隋末時勸高祖起

義，初唐時多有建言，尤擅天文曆算；李嗣真善占，有聞音占章懷太子事、尋地下黃鐘事、答武后立儲事，後因彈劾來俊臣而遭流放，又有自占死日應驗事，而其傳後以裴知古附之，稱其「亦善樂律」〔註79〕，並錄聞音預知等異事，與李嗣真類似，可見《新唐書》以為李嗣真特質最顯者即為善占音。

《新唐書》將以上六人相合，然生平遭遇、專擅之事皆不相同，時間上亦小有參差，前三人為高祖所禮遇，其中皇甫無逸、李襲志為唐立後才招攬，姜謨、崔為善於隋末即追隨高祖，此五人尚有繫聯，而李嗣真年代較晚，處於武后時期，事跡類型又與前五人差異較大，實無明顯聯繫之處，合入此傳略顯勉強。

至於孫思邈、孟詵二人，《舊唐書》以為孫思邈兼融佛、道二教，以醫術擅場，並錄其論天地人事相應之言及死後異事，所著述者多與道教攝生相關，因而歸於〈方伎列傳〉，孟詵則「少好方術」〔註80〕，與盧照鄰等以師禮事孫思邈，推崇丹藥養生，有《補養方》、《必效方》等著述傳世，故亦歸入此傳。《新唐書》將二人改歸入〈隱逸列傳〉，則是棄其丹道養生的特質，標榜其辭不受官之舉。

《新唐書‧隱逸列傳》將隱者分為上、中、下三種層次：上者雖自放山野，君王仍慕名相詢；中者不屈於俗，可受官職，亦可不困於利祿而辭；下者自度不合當世，逃避山林，世人皆仰慕其風。以之視孫、孟二人，則孫思邈被召四次皆辭而不受，應屬上者；孟詵為官多年，致仕後再被召，稱老辭受，應為中者，且查二書對孫、孟事跡的擇取，《新唐書》保留大部分《舊唐書》的載錄，刪去孫、孟二人所撰著述，忽略其書傳世之影響〔註81〕，又刪去孫思邈事跡神異之處，顯見其特意削弱二人丹道養生的背景，聚焦於辭官不受的舉動上，凸出其豁然放達的心志，以表作者的心慕之意。二書對孫、孟分類之異，源自作者群所看重的個人特質不同，究其因，可發現《舊唐書》偏向傳統分類習慣，以人物事跡及著作的特質作劃分依準，《新唐書》則特重

〔註79〕見〔宋〕宋祁、歐陽脩：《唐書‧溫皇甫二李姜崔列傳》，頁1300下左。

〔註80〕見〔後晉〕劉昫：《舊唐書‧方伎列傳》，頁2547下左。

〔註81〕孫、孟二人所撰著作，至元朝脫脫等人編錄《宋史‧藝文志》時仍能見到，如孫思邈《坐照論並五行法》、《千金方》、《芝草圖》、《五藏旁通明鑒圖》，及孟詵《食療本草》等書，其傳世時間超過二百年，並非曇花一現，應足以作為孫、孟代表作，列入其事蹟。見〔元〕脫脫：《宋史‧藝文志》，頁2451上左、頁2469下右、頁2482上左～下左、頁2483下右、頁2485上左。

於所欲表達者，不惜刪減部分事跡，以凸出意旨，然所翦除者或有可取之處，略顯可惜。

《新唐書》於〈方技列傳〉新增傳主三人，分別為李淳風、杜生、姜撫。其中，李淳風為《舊唐書‧祖二傳李呂列傳》合傳傳主，傳末贊稱：

> 孝孫定音律，仁均正曆數，淳風候象緯，呂才推陰陽，訂於其倫，咸以為神、梓、京、管之流也。然旋宮三代之法，秦火籍煬，歷代缺其正音，而云孝孫復始，大可歎也。淳風精於術數，能知女主革命，而不知其人，則所未喻矣。呂才黜拘忌之曲學，皆有經據，不亦賢乎！古人所以存而不議，蓋有意焉。（《舊唐書‧祖二傳李呂列傳》，頁 1329 下左～1330 上右）

其以為祖孝孫等傳主各有所長，原屬陰陽家之流，然戰亂之後，皆賴其專長推敲考究，而能重建雅樂、曆法、禮制等法，因而評以「重黎之後，諸子賢哉」〔註82〕，給予正面評價。由此亦可知，此傳傳主擅天文曆算、音律、陰陽書等，主要事跡亦與專長相關，應屬方伎一類，是因其同處唐初時期，對國家重建文化法制方面有極大貢獻，有別於其他方伎者，故另立合傳，不入〈方伎列傳〉。《新唐書》刪此合傳，不以此要旨立傳，則移李淳風入〈方技列傳〉，是適當之舉。

杜、姜二人之名不見諸《舊唐書》，而查《新唐書》其生平事跡，可發現杜生雖擅長占易，有協尋亡奴事跡，然尚不稱特出於其他方技者，即使《舊唐書》不取，亦算不得疏漏；姜撫假藉深諳不老之術，蒙騙帝王，被識藥石者戳破後逃逸無蹤，屬於負面代表，是傳序稱「小人能之，則迂而入諸拘礙，泥而弗通大方，矜以夸眾，神以誣人」〔註83〕之列，《新唐書》錄之是欲後人記取教訓，毋蹈覆轍，與姜撫同等者尚有張果、王遠知，《舊唐書》則僅錄張果，警世意味較為淡薄。

由上可知，在記錄方技一類的人物時，《新唐書》鮮明地表達其價值觀：排斥佛教一流、對此類人物評價正負並存，並表現在全面刪除佛教人物，及收錄裝神弄鬼、詐騙世人的偽方技人物，相較之下，《舊唐書》廣泛搜羅當世以技聞名者，較為全面，同時亦無明顯凸出的價值觀傾向，相對客觀。此一情形，於兩《唐書》類傳重疊的篇章中，甚為常見。

〔註82〕見〔後晉〕劉昫：《舊唐書‧祖二傳李呂列傳》，頁 1330 上右。
〔註83〕見〔宋〕宋祁、歐陽脩：《唐書‧方技列傳》，頁 2317 上右。

十、〈隱逸列傳〉

〈隱逸列傳〉為兩《唐書》篇目重疊的類傳之一，《舊唐書》將之列於諸類傳之後，僅先於〈列女列傳〉而已，是類傳篇目以身分地位排序所造成的，《新唐書》則不然，以品德為取向，依褒揚程度先後排列，最末綴以欲加貶斥、警惕世人之篇，積極嶄露其價值取向。

《舊唐書·隱逸列傳》計有傳主二十人、附傳一人，《新唐書》則刪去五位傳主，降傳主四人入附傳，另增傳主九人入傳，其間參差之處，是二書取材標準或有所異，對人物的看法亦有不同而造成的。

《舊唐書》於傳序中指出朝廷重視隱士之因，對隱士的類型亦略有分說：

> 前代貴丘園，招隱逸，所以重貞退之節，息貪競之風。故蒙叟矯〈讓王〉之篇，玄宴立高人之傳，箕、潁之迹，粲然可觀。而漢二龔之流，乃心王室，不事莽朝，忍渴盜泉，本非絕俗，甚可嘉也。皇甫謐、陶淵明慢世逃名，放情肆志，逍遙泉石，無意於出處之間，又其善也。即有身在江湖之上，心游魏闕之下，託薜蘿以射利，假巖壑以釣名，退無肥遁之貞，進乏濟時之具，〈山移〉見誚，海鳥興譏，無足多也。阮嗣宗傲世佯狂，王無功嗜酒放蕩，才不足而智有餘，傷其時而晦其用，深識之士也。高宗、天后，訪道山林，飛書巖穴，屢造幽人之宅，堅迴隱士之車，而游巖、德義之徒，所高者獨行；盧鴻一、承禎之比，所重者逃名。至於出處語默之大方，未足與議也。今存其舊說，以備雜篇。（《舊唐書·隱逸列傳》，頁 2554 上右～下右）

其以為朝廷之所以招睞隱士，是欲藉著提倡忠貞謙退的品德，抑制當時貪婪、爭先求媚的風氣，又舉出可嘉許者，以為可分為：（一）忠心王室，不事逆賊；（二）縱情山林，無意出處；（三）傷時晦用，深識遠慮等三類，說明所欲讚揚的特質。此外，還指出二種容易與真正隱士混淆的類型：託隱居以釣名者、時隱時出無定性者，認為此二類人雖有隱居山野之舉，卻不具備上述可嘉的特質，不值得加以記錄評述。透過傳序，可知《舊唐書·隱逸列傳》所取的特質及人物入傳標準，《新唐書》則於此基礎上，更進一步將隱士類型分出高下：

> 古之隱者，大抵有三槩：上焉者，身藏而德不晦，故自放草野，而名往從之，雖萬乘之貴，猶尋軌而委聘也；其次，挈治世具弗得伸，

或持峭行不可屈于俗，雖有所應，其於爵祿也，汎然受，悠然辭，
使人君常有所慕企，怊然如不足，其可貴也；末焉者，資樗薄，樂
山林，內審其材，終不可當世取捨，故逃丘園而不返，使人常高其
風而不敢加訾焉。且世未嘗無隱，有之未嘗不旌賁而先焉者，以孔
子所謂「舉逸民，天下之人歸焉」。(《唐書·隱逸列傳》，頁 2221 上
右～上左)

首先，其以為古代隱士可分為上、中、下三個層次：最上者為品德特出，即使
隱而不出，依然名傳於世，吸引皇帝尋覓、招睞；次之者為品格、才具皆出眾，
卻難合於俗，雖出仕任官，然不慕榮利，能順心而為，不執著於官祿，使君王
另眼相看；再次者則是自知才幹不足以資世用，直接樂隱山林不出，不汲汲營
營於利祿，令人仰慕其風範。至於朝廷褒揚隱士之因，則是有政治上的利益考
量：這些隱者往往不受朝廷規範，卻又吸引世人仰慕，若能獲得此類人物的歸
順，則代表當代是治世，而非與這些高潔之人不合的亂世，天下民心之所向亦
獲得指標性的肯定，從而愈加擁護王朝。再者，評論唐代隱士：

唐興，賢人在位眾多，其遁戰不出者，纏班班可述，然皆下樊者也。
雖然，各保其素，非託默于語，足崖壑而志城闕也。然放利之徒，
假隱自名，以詭祿仕，肩相摩於道，至號終南、嵩少為仕途捷徑，
高尚之節喪焉。故衰可喜慕者類于篇。(《唐書·隱逸列傳》，頁 2221
上左)

《新唐書》認為唐代賢人多出仕，隱而不出者多屬第三層次，然亦有沽名釣
譽者摻雜其中，以此圖謀仕宦，而使隱逸之名蒙塵，故特標可為模範者，錄
於此篇。由此可知，其隱士三層次以品德及才幹高下為分野，最上者特出，
次之出眾，最下者雖才具不足，然品行高潔不於俗同；同時亦可知其立傳因
由，《新唐書》強調此傳摒棄假隱釣名者，表示出唾棄此類人的態度，《舊唐
書》雖亦不屑此輩，卻無特別強調，僅以「無足多也」、「未足與議也」等語
帶過。

《新唐書·隱逸列傳》刪《舊唐書》原傳傳主五人，降傳主為附傳者四人，
新增傳主九人，二書所取人物出入甚巨，值得仔細甄別其間異同。所刪傳主五
人分別為王守慎、徐仁紀、孫處玄、王遠知及陽城。其中，王守慎移為〈陳楊
封裴宇文鄭權閻蔣姜張列傳〉附見，附於其舅張知默後，錄其惡與酷吏同列而
自請出家，王守慎之隱，事繫其舅，附於其後而可知詳細始末，雖不入〈隱逸

列傳〉，亦合情合理；王遠知移置於〈方技列傳〉，且評之以「詭行幻怪，又技之下者焉」〔註84〕，聚焦於其事跡中玄妙難解的部分，予以負面評價，而探查其生平，惟辭太宗召一事符合「隱逸」特質，餘者多與道士、卜相有關，屬性應為方技一類，《新唐書》移之〈方技列傳〉，十分恰當；陽城移置於〈卓行列傳〉，其生平中惟早年隱居於中條山一事符合「隱逸」特質，《舊唐書》多錄其為官愛民、眾人仰慕等事，《新唐書》則更增添義不取妻、愛護親幼、德行過人等數項事例，以證其德行特出，非一般人所能及，其改置於「卓行」一類，實是適宜；至於徐仁紀、孫處玄二人事跡，《新唐書》將之全數刪除，孫處玄於〈藝文志〉中尚存一二蹤跡，徐仁紀則全書未見其名。

　　王守慎、徐仁紀、孫處玄三人，於《舊唐書》中屬同等並提，無高下之分：

> 自則天、中宗已後，有蒲州人衛大經、邢州人李元愷，皆潔志不仕；蒲州人王守慎、常州人徐仁紀、潤州人孫處玄，皆退身辭職，為時所稱。（《舊唐書・隱逸列傳》，頁 2557 上右）

《舊唐書・隱逸列傳》列入王、徐、孫三人，以之當時深受世人稱道，其因則溯源自三人於武后執政時均「退身辭職」，這一項可貼合其入傳標準中的「傷時晦用，深識遠慮」，故裁選入傳，同時亦提到衛大經、李元愷二人「潔志不仕」，同樣亦為當世讚揚。此五人於《舊唐書》中皆列為傳主，然《新唐書》卻刪去王、徐、孫三人，保留衛、李二人，是其以為前者不符合入傳要求，不在隱士三層次之內，而後者符合隱士最下標準，是自省才幹不足、隱遁山林者，這是基於前者已然為官，應忠心為國，既知正道衰微，應奮起勇為才是，逃避山林非可取之舉，如同一時期的狄仁傑（630～700）、郝處俊（607～681）、朱敬則（635～709），因其此時依然敢為敢諫，故《新唐書》青眼有加，而特別裁為合傳：

> 武后乘唐中衰，操殺生柄，劫制天下而攘神器。仁傑蒙恥奮忠，以權大謀，引張柬之等，卒復唐室，功蓋一時，人不及知。……方高宗舉天下將以禪后，處俊固爭，不使妻乘夫，陰反陽，至姦人銜怨，仇嫭以逞。蓋所謂誼形於主耶？敬則一諫，而羅織之獄衰，時而後言者歟！（《唐書・狄郝朱列傳》，頁 1515 上左～上右）

此時雖風雲難測，但狄、郝、朱三人卻仍能勇於任事，這正是《新唐書》讚賞

〔註84〕見〔宋〕宋祁、歐陽脩：《唐書・方技列傳》，頁 2317 上右～上左。

不已的傲骨風範，相較之下，王、徐、孫則遜色不少，其避之山野的舉動並非《新唐書》所欲稱道的「隱逸」，而衛、李二人自始至終未曾應官，與三人所受到的道德要求不同，故《新唐書》區別以待。

新增傳主計有九人，分別為朱桃椎、孫思邈、孟詵、武攸緒（？～723）、賀知章（659～744）、秦系、張志和、陸羽、陸龜蒙。朱桃椎於《舊唐書》中附於〈高士廉長孫無忌列傳〉，作為印證高士廉（575～647）鍥而不捨、求訪賢才隱士的例子，敘事聚焦於高士廉身上，《新唐書》則取其事跡錄於〈隱逸列傳〉，是將焦點置於朱桃椎本人，強調其堅不出仕，甚至以手工履換米糧亦「終不與人接」〔註85〕、「（高士廉）屢遣人存問，見輒走林草自匿云」〔註86〕，如此決心自隱的情形，符合《新唐書》隱士三層次的最下者，故列為傳主。孫思邈原為《舊唐書·方伎列傳》傳主，然《新唐書》重視其屢受皇帝召而不出的自隱行為，屬於隱士三層次的上者，故而削弱其方技部分的背景及影響，將之移至〈隱逸列傳〉，孟詵亦屬同樣情形，《新唐書》凸出其澹然辭召的品格，以其符合隱士三層次的中者，歸為「隱逸」一類。武攸緒為武后外甥，原附傳於〈外戚列傳〉，記錄其雖為皇親，卻多次棄官隱居嵩山，併錄中宗、睿宗二則敕書，分別表達徵辟及安撫之意，焦點放在其與皇室往來情形，及與眾外戚截然不同的行為，展現出外戚的不同類型，《新唐書》則刪去敕書，補充其堅心隱居的具體舉措，及再三辭召的詳細過程，昭示其一意隱遁之心，強調其淡泊俗世富貴的品格，應屬於隱士三層次的中者，而歸入〈隱逸列傳〉，是與《舊唐書》因所欲表達意旨之異所展現的裁剪之別。賀知章原為《舊唐書·文苑列傳》傳主，以文華特出而入傳：

> 神龍中，知章與越州賀朝、萬齊融，揚州張若虛、邢巨，湖州包融，俱以吳、越之士，文詞俊秀，名揚於上京。……數子人間往往傳其文，獨知章最貴。（《舊唐書·文苑列傳》，頁2515下右）

《舊唐書》特別藉由其與當代的賀朝、萬齊融、張若虛等文采斐然之輩相較，凸顯出賀知章詞章之出眾，以證其入傳之不虛，《新唐書》則刪去其以文名世的相關事例，保留其晚年狂放舉止、請為道士並以宅為觀等事，然以《新唐書》所取「隱逸」標準視之，其餘生平事例並不相符，而裁汰其文學事跡，弱化其文學特質，亦是去除賀知章本身一重大特色，移之置於此類傳之舉，實值得商

〔註85〕見〔宋〕宋祁、歐陽脩：《唐書·隱逸列傳》，頁2222上左。
〔註86〕見〔宋〕宋祁、歐陽脩：《唐書·隱逸列傳》，頁2222上左～下右。

權。秦系、張志和、陸羽、陸龜蒙等四人，於《舊唐書》中並未記錄，而查核四人的生平事跡，可發現四人符合《新唐書・隱逸列傳》的擇人標準，即「唐興，賢人在位眾多，其遁戢不出者，纔班班可述，然皆下矣者也」〔註87〕之所指，屬於隱士三層次中的最下者，雖張志和曾經出仕、陸龜蒙曾為刺史張摶僚屬，卻皆不久即辭遁不復出，絕非時仕時隱之流。若以《舊唐書・隱逸列傳》取人準則視之，則四人可歸類為縱情山林、無意出處一類，不曾錄入應為疏漏所致。

　　綜上所述，兩《唐書》皆存〈隱逸列傳〉，且對其中人物秉持欣賞的正面態度，然二書所取特質並不完全重合：《舊唐書》看重隱逸人物忠心王室、傷時晦用的特質，亦欣賞無意出處之人，是以政治為思考中樞，《新唐書》則細分為上、中、下三個層次，顯示欣賞程度有輕重之別，並以「身藏而德不晦」、「持峭行」、「使人常高其風」等語，揭示其層次核心為品德，是以二書〈隱逸列傳〉形同質異，雖均讚揚隱士的高風亮節、淡泊名利，然判斷擇取特質的中心思想卻截然不同。

十一、〈列女列傳〉

　　女性於傳統社會、政治舞臺中，多是附屬的配角，其悲喜遭遇、所造成的催化作用均隱藏於各種事件背後，錄入史書時往往只是附傳、附見，能花費篇幅敘寫者，多為后妃、公主，如正史中首次作為傳主出現者，為《史記・呂太后本紀》，以其實質統有天下之故，列入本紀，或如《漢書・元后傳》，以其為王莽入朝終至篡位的索引，列為單傳。至於平民百姓中的女性，以自身能力傑出而側身於眾男性人物間，最廣為人知的是《史記・貨殖列傳》的巴蜀寡婦清〔註88〕，然實屬特例，直至范曄撰《後漢書》，方才為平民女性立〈列女傳〉，記錄當代可取的女性人物事跡，成為後世史書〈列女傳〉的濫觴，但其中究竟何者可取、何者不取，則決斷於編纂史冊的士大夫之手，服膺於父權社會的士人價值觀之下。唐毓麗認為：

〔註87〕見〔宋〕宋祁、歐陽脩：《唐書・隱逸列傳》，頁 2221 上左。

〔註88〕《史記・貨殖列傳》：「秦始皇帝令保比封君，以時與列臣朝請。而巴蜀寡婦清，其先得丹穴，而擅其利數世，家亦不訾。清，寡婦也，能守其業，用財自衛，不見侵犯。秦皇帝以為貞婦而客之，為築女懷清臺。夫保鄙人牧長，清窮鄉寡婦，禮抗萬乘，名顯天下，豈非以富邪？」見〔漢〕司馬遷著，（日）瀧川龜太郎注：《史記會注考證・貨殖列傳》，頁 1357 上右。

> 對中國傳統而言，言語與書寫一直是中國士階層之士份子的獨享專
> 利，很自然的不論文學、史學中所顯示出來的女性特質，幾乎是男
> 權中心社會對女性價值尺度的規範與慾望的投射。(〈唐代的貞節觀
> 及文化建構之探討——以兩《唐書》〈列女傳〉與唐傳奇作品為例〉，
> 頁 113)

這段話很明確地指出歷代〈列女列傳〉的本質——所反映者非當代真實女性形
象，而是書寫時代士人心中針對女性所設立的標準價值觀。因此，透過兩《唐
書·列女列傳》的內文比較，可以探究二書作者群對女性的時代價值觀，了解
其間的變化與差異。

《舊唐書·列女列傳》收錄傳主二十八人、附傳四人，《新唐書》刪去傳
主四人、附傳二人，新增傳主二十四人，其中有二人自附傳提升為傳主。此
中，新增數量遠超其所刪者，透過其刪改比例與新增人物的傳記，可看出《新
唐書》作者群對《舊唐書》女性典範的評判標準是否認同，及其著重點有無
遷改。

《舊唐書·列女列傳》於序言提到其選錄標準：

> 女子稟陰柔之質，有從人之義。前代誌貞婦烈女，蓋善其能以禮自
> 防。至若失身賊庭，不污非義；臨白刃而慷慨，誓丹衷而激發；粉
> 身不顧，視死如歸，雖在壯夫，恐難守節，窈窕之操，不其賢乎！
> 其次梁鴻之妻，無辭偕隱，共姜之誓，不踐二庭，婦道母儀，克彰
> 圖史，又其長也。末代風靡，貞行寂寥，聊播椒蘭，以貽閨壼，彤
> 管之職，幸無忽焉！(《舊唐書·列女列傳》，頁 2564 上左～下右)

依循傳統社會男尊女卑的觀念，作者群認為女性「有從人之義」，強調以往所
以誌貞烈婦女皆因是「以禮自防」之輩，若不幸身陷賊手，為守節不惜慷慨就
義，此其為作者群最讚賞之處，次之則是如孟光之能與梁鴻共貧賤，或如共姜
之能守寡不二嫁，作者群以為唐代末期這類品行事跡已經減少，因此欲藉由史
書的載錄，予以後世女子值得仿效的典範。唐末亂事蜂起，至於五代，亦是戰
爭不斷的亂世，性命際遇如飄蓬難料，男子已難以保命全身，遑論女子！要求
此時女子應守節不屈，顯然是以男性角度出發。傳序的說法亦可解釋何以收錄
人物的年限僅至唐宣宗大中年間，後期闕無，可能不是史料的不足或遺失，而
是沒有符合作者群價值觀的人物出現。

查《舊唐書》所錄三十一人，多符合守貞不屈的入傳條件，少數非此類者，

則是忠義過人，如獨孤師仁的乳母王蘭英，保護幼主逃出賊手，又如魏衡妻王氏，雖身陷造反賊窟，清白不保，卻能見機手刃賊首，獲得高祖加封及夫君免同賊之罪，以及董昌齡母楊氏數次誡子毋背唐等，顯見女子為唐盡忠，可為褒獎入傳的條件之一。此外，尚有如鄧城賈氏撫育幼弟而不嫁，至幼弟為父報仇後又欲替死，與夏侯碎金因父疾而自請離異，奉養終老，及父卒又結廬伴墓等孝悌事跡，故可知孝悌亦為其入傳標準。

至《新唐書》傳序，則直接提煉出《舊唐書‧列女列傳》的精要，表明其以為女子品行的展現，在於孝、節、義而慈：

> 女子之行，於親也孝，婦也節，母也義而慈止矣。中古以前，書所載后、妃、夫人事，天下化之。後形史職廢，婦訓、姆則不及於家，故賢女可紀者千載間寥寥相望。唐興，風化陶淬且數百年，而閭家令姓窈窕淑女，至臨大難，守禮節，白刃不能移，與哲人烈士爭不朽名，寒如霜雪，亦可貴矣。今采獲尤顯行者著之篇，以緒正父父、子子、夫夫、婦婦之懿云。（《唐書‧列女列傳》，頁 2325 上右～上左）

作者群認為史書載錄的后妃故事，是天下女子表率，因女官記事制度廢失，使事跡闕漏，無法教化百姓，以致賢淑可紀者寥少，至唐代盛世文化大興，倫理秩序重建，貞烈女子頻出，甚為可貴，故採之著錄，以正父子夫婦之倫。儒家講究名位，人人各安其位、各擅其事，則天下秩序井然，可安享太平，而由其傳序末尾強調「緒正父父、子子、夫夫、婦婦之懿」，可見儒家思想影響作者群之深，及其賦予此類傳能序正人倫、推崇節義的期許。其所謂「婦婦之懿」，由傳序內容亦可知所指為「臨大難，守禮節，白刃不能移」，與《舊唐書》「以禮自防」有異曲同工之意。查察《新唐書》所錄四十八人，均符合其「於親也孝，婦也節，母也義而慈」的入傳標準，其中新增為傳主者，以守貞不移為大宗，次之為孝德彰顯者，數量最少的是義而慈者及忠義見錄者，各有二人，顯見作者群大加表彰的是女子的守節不改。

衣若蘭於其論文《史學與性別：《明史‧列女傳》與明代女性史之建構》〔註89〕中，比較各朝代女性入史的情形，以為：

> 對照前述各朝之〈列女傳〉，我們可以發現《唐書‧列女傳》選錄的女性傳記，比起十世紀以前所編之女性傳記類型，已較為窄化。例

〔註89〕見衣若蘭：《史學與性別：《明史‧列女傳》與明代女性史之建構》，國立臺灣師範大學歷史研究所博士論文，林麗月教授指導，2003 年 6 月出版。

> 如賢妻良母與才識之女入傳者大幅減少，……母親的形象，至兩《唐
> 書》轉變為以教子盡忠取代《後漢書》的慈母與《魏書》裡的勸善
> 之母。再者，兩傳皆將賢妻的典範，全部轉換為忠義的類型，尤以
> 新傳最為明顯，……新傳還編入妻子義勇救夫的例子，……在在展
> 現了新傳重視「義」的態度。……相較之下，新傳比舊傳增加更多
> 與貞節義烈相關的例子。（《史學與性別：《明史·列女傳》與明代女
> 性史之建構》，頁 138～139）

衣若蘭自女性入史的歷史談起，歸納各代史書女性入傳的特性，發現至兩《唐
書》時期女性傳主的形象逐漸窄化，不復強調女子的才識、美貌賢慧、勸人向
善等，而是著重在貞節、忠義、淒烈的行動上。細查二書〈列女列傳〉所取傳
主，《舊唐書》中為守節而暴亡者計有七人，自殘者無；《新唐書》中為之暴亡
者有十一人，附見中又另有一人，共計十二人，自殘者一人，自汙顏色終身者
四人，相較之下，《新唐書》中行為極端的比例確實明顯提高，且其新增人物
事跡中，孝道感人者如李妙法、山陽女趙，亦是作法激進一類：

> 李孝女者，名妙法，……聞父亡，欲間道奔喪，一子不忍去，割一
> 乳留以行。既至，父已葬，號踊請開父墓以視，宗族不許。復持刀
> 刺心，乃為開。見棺，舌去塵，髮治拭之。（《唐書·列女列傳》，頁
> 2329 下右）

> 山陽女趙者，父盜鹽，當論死，女詣官訴曰：「迫飢而盜，救死爾，
> 情有可原，能原之邪？否則請俱死。」有司義之，許減父死。女曰：
> 「身今為官所賜，願毀服依浮屠法以報。」即截耳自信，侍父疾，
> 卒不嫁。（《唐書·列女列傳》，頁 2331 上左～下右）

李妙法為奔父喪，不惜割乳離子，又因趕到時父已下葬，以性命要脅宗族掘土
開墓，見到棺木後竟以舌頭舔去塵土，以頭髮擦拭棺木，在在皆非常人所能為，
而《新唐書》錄之以為至孝至純所致。山陽女趙獲得官員同情，減免父刑，官
員未有任何要求，趙女卻許下出家奉佛以報的諾言，並立即截耳示誠，亦非常
人之舉，《新唐書》亦取而載之。凡此種種，顯見為守節、孝順而不惜自殘自
毀，甚至死亡，是符合其作者群「好奇」觀點的行為，如其〈孝友列傳〉羅列
不少奇特的自然異象一般。

　　此一觀點的偏好亦表露於文字書寫中，透過對慘烈行動的細緻描寫，表達
對其舉措的激賞，如：

> 有王泛妻裴者，亦俘賊中，欲污之，罵曰：「吾，衣冠子，豈愛生受
> 汙邪！」賊臨以兵，罵不止，乃支解焉。（《唐書・列女列傳》，頁2328
> 上左～下右）
>
> 周迪妻某氏。迪善賈，往來廣陵。會畢師鐸亂，人相掠賣以食。迪
> 飢將絕，妻曰：「今欲歸，不兩全。君親在，不可并死，願見賣以濟
> 君行。」迪不忍，妻固與詣肆，售得數千錢以奉。迪至城門，守者
> 誰何疑其紿，與迪至肆問狀，見妻首已在杅矣。迪裹餘體歸葬之。
> （《唐書・列女列傳》，頁2331下右）

《新唐書》中，王泛妻裴氏因守節不屈而遭支解，自賣救夫的周迪妻某氏頭首、
肢體如豬肉吊橫樑般地懸掛售賣，如此情景歷歷如繪，教人印象深刻。此類描
寫於《舊唐書》雖較少，亦可見到：

> 奉天縣竇氏二女伯娘、仲娘，……賊徒擬為逼辱，……行臨深谷，
> 伯娘曰：「我豈受賊污辱！」乃投之於谷。賊方驚駭，仲娘又投於谷。
> 谷深數百尺，姊尋卒；仲娘腳折面破，血流被體，氣絕良久而蘇，
> 賊義之而去。（《舊唐書・列女列傳》，頁2568上左～下右）

伯娘、仲娘投谷而死，死前傷勢慘重、血流遍體的情形被著重描述，以其慘烈
撼動人心，作為守貞女子的模範。

　　綜上可知，二書作者群對女子典範的觀點，不脫傳統社會男子為尊的看
法，以婦女貞節與否為主要訴求，次之孝順，然後忠義。擇取人物時，因價
值觀相似，故出入不大，然《新唐書》比《舊唐書》更偏好記錄作法極端的
案例，並詳細描述細節，所錄人物約為後者的兩倍，其新增者亦主要以守貞
不屈者為主。

十二、小結

　　透過對兩《唐書》類傳重合篇章的比較，可發現《舊唐書》類傳取人標準
較為寬鬆，《新唐書》取人標準多建立於原傳基礎上，卻更為嚴謹，刪去些許
不合該傳的人物，別作處置，並新增符合其標準的人才，或因所蒐史料較齊全，
補入不少《舊唐書》未見姓名的人物，部分人物則因二書對其個人特質有不同
的認定，而配入不同類傳。整體而言，《新唐書》類傳的排序、擇人準則等皆
明顯為作者群的內在價值觀服務，突出地表現出其好惡，《舊唐書》則依循前
代史書舊例，較為中規中矩，並未特別於序位、類目上作出新意來表示心旨。

第三節 《新唐書》新增類傳

　　《新唐書》類傳中，除卻襲改《舊唐書》原有的十一篇類傳外，又新增〈卓行列傳〉、〈諸夷蕃將列傳〉、〈宗室宰相列傳〉、〈姦臣列傳〉、〈叛臣列傳〉、〈逆臣列傳〉等六篇，共計十五篇。其中，「諸夷蕃將」、「宗室宰相」、「卓行」為全新的類傳名稱，前二者側身於一般人物列傳之際，須由人物事跡、傳贊去發掘其深意，後者位序排於類傳第二，顯現出作者群尊崇讚揚的態度。至於「姦臣」、「叛臣」、「逆臣」等三類，則是《新唐書》由《舊唐書》〈許敬宗李義府列傳〉、〈回紇列傳〉、〈安高孫史朱黃秦列傳〉等合傳、四夷傳中，抽取目標人物一一歸類所形成的，是《舊唐書》原本即有傳旨類似的傳記，而《新唐書》將之擴大為一類，輯錄符合其心旨的人選，又置於全書卷末，以示唐朝敗亡實因這些姦臣、叛臣、逆臣紊亂朝綱所致，達到唾棄此三類人群、警惕後人的目的。

　　自類傳的標目及序位始，可窺知《新唐書》作者群亟欲表達看法的明顯野心，然其特別以「卓行」為標題，以別「忠義」、「孝友」等類傳，其間差異究竟為何？另立一傳是否必要？「諸夷蕃將」、「宗室宰相」有何特別之處？「姦臣」、「叛臣」、「逆臣」皆國之逆亂根由，其義是否有所重疊？是否有細分三類的必要？入傳人選是否恰當？若所改原傳仍在，其抽取人物及調動是否合適？皆為此節所欲探知之事，且此六類傳十分特別，不同於其他類傳，竟均無傳序，無由得知史家對各類的定義，須由入傳人物身上總結，方可得窺一二。透過探討此六類傳的設置與內容，應能更深入了解《新唐書》作者群的別識心裁。

一、〈卓行列傳〉

　　卓行之謂，所指的是卓越出眾的品行，傳中所錄則為由此中發出的行為事跡。此前史書類傳名稱直指品行、處世態度的類目頗多，如《後漢書》「獨行」、「逸民」、《梁書》「孝行」、「處士」、「止足」，及《魏書》「孝感」、「節義」、「逸士」、《隋書》「誠節」、「孝義」、「隱逸」等，名目不一而足，均代表史家為之讚歎不已、欲後世效法的一項美德或處世之道，其中訴求的多是「忠誠」、「義勇」、「孝悌」、「進退有據」等。《舊唐書》中，與此相類的有「忠義」、「孝友」、「隱逸」，已大致涵蓋以往史書所提出的項目，《新唐書》則除沿襲此三類外，更新增一類「卓行」，顯然是因其有別於其他三類，故

而另作一傳。

《新唐書‧卓行列傳》無有傳序，僅傳末有贊：

> 節誼為天下大閑，士不可不勉。觀皋、濟不污賊，據忠自完，而亂
> 臣為沮計。天下士知大分所在，故傾朝復支。不有君子，果能國乎？
> 德秀以德，城以鯁峭，圖知命，其志凜凜與秋霜爭嚴，真丈夫哉！
>
> （《唐書‧卓行列傳》，頁2210下右）

作者群於此直言持節守義為天下讀書人所應共勉，因此雖國家傾危，仍能仰賴
節義君子匡正、保全，並分別讚揚權皋、甄濟、元德秀、陽城、司空圖（837
～908）的作為與品性，以為其如同松柏般無畏霜雪，是真正有擔當的人物。
觀其傳內所述，元德秀品德高潔，崇尚簡樸，吸引不少推崇其行的士人，權皋
亦屬此情形，同樣吸引不少人欽慕不已，甄濟則是「遠近伏其仁」[註90]，又
不畏叛軍，堅不同流，名實相稱，世人以為與權皋同類，並錄元稹、韓愈言論
以表當代觀點，陽城亦有「遠近慕其行，來學者跡接于道。閭里有爭訟，不詣
官而詣城決之」[註91]的影響力，其原為《舊唐書‧隱逸列傳》傳主，《新唐
書》改置〈卓行列傳〉後補入其撫養外甥、教化其奴等事，又增錄柳宗元文，
指出其德可化育百姓。由上述可知，元、權、甄、陽四人共通點為德化四方，
在士人及百姓間均具有影響力，然以此標準衡量第五位傳主司空圖，卻極不相
符。

司空圖為唐末人物，遇黃巢（835～884）作亂及柳璨（？～906）在朝為
禍，遂隱而不出，作亭名為休休，自為文稱：

> 休，美也，既休而美具。故量才，一宜休；揣分，二宜休；耄而瞶，
> 三宜休；又少也惰，長也率，老也迂，三者非濟時用，則又宜休。
>
> （《唐書‧卓行列傳》，頁2210上左）

其文一方面解釋亭名由來，另一方面則是藉以言志，其自度才幹不足、年紀已
長，不足用以經世濟民，應休退山林方為適宜，顯然是隱遁型的人格，傳贊中
又稱「圖知命」，其志向與作為均符合《新唐書‧隱逸列傳》隱士三層次的下
者，即「資槁薄，樂山林，內審其材，終不可當世取捨，故逃丘園而不返，使
人常高其風而不敢加訾焉」[註92]一類。司空圖並未與元、權、甄、陽四人一

[註90] 見〔宋〕宋祁、歐陽脩：《唐書‧卓行列傳》，頁2207上右。
[註91] 見〔宋〕宋祁、歐陽脩：《唐書‧卓行列傳》，頁2207下左。
[註92] 見〔宋〕宋祁、歐陽脩：《唐書‧隱逸列傳》，頁2221上右～上左。

般，有德化百姓的紀錄，唯一較接近的紀錄是其隱居於王官谷，「時寇盜所過殘暴，獨不入王官谷，士人依以避難」〔註93〕，凜然而賊寇不敢侵犯，可視為德行感人至深，雖惡徒亦不敢輕慢的證據，《新唐書》或據此將其歸為「卓行」，而非「隱逸」一類，然其隱逸特質十分明顯，因而此歸置安排終不如上述四人事跡來得有說服力。

傳贊中提到「皋、濟不污賊，據忠自完」，讚二人不與賊同流合汙，忠誠潔身，其情形似與〈忠義列傳〉傳主相類，然仔細辨別《新唐書》對「卓行」、「忠義」二類傳主擇取的差異，可發現「卓行」的入傳要求是德化百姓，權皋與甄濟的忠不從賊，只是其品德外顯的一項表現，而非其最重要的特質，「忠義」一類則是標榜勇於捨身取義的精神，所錄入者面臨危難皆取義忘死，為唐效忠，如李育德（？～619）、李公逸（？～619）、張善相遇王世充（？～621）亂軍，堅不投降，城破人亡，雖未能得到朝廷援助，仍無怨尤，為唐死節，或如張伾遇田悅作亂圍城，糧盡援絕，仍與軍士死戰不已，終得解圍，雖未身死，其精神亦與殺身成仁者等同，故而能歸入「忠義」一類，從根本上來說，《新唐書》於擇取「卓行」、「忠義」二類人物時的內在準則是判然二分，絕無混淆的情形。

唐末以來，藩臣掌有土地及軍政大權，時有叛亂，中央無力制衡，朝廷內又有宦官、權臣恣意弄政，造成社會秩序紊亂，人民朝不保夕，遑論維持傳統的倫理綱常，因而造成唐末至五代以來倫常失序、道德淪落的現象。北宋學者對此多有評論，如歐陽脩曾於《新五代史》中針對此等風氣大加抨擊：

> 五代之亂，其來遠矣。自唐之衰，干戈饑饉，父不得育其子，子不得養其親。其始也，骨肉不能相保，蓋出于不幸，因之禮義日以廢，恩愛日以薄，其習久而遂以大壞，至於父子之間自相賊害。五代之際，其禍害不可勝道也。（《新五代史·卷五十一·雜傳》，頁331下右～下左）

> 五代之亂，君不君，臣不臣，父不父，子不子，至於兄弟、夫婦人倫之際，無不大壞，而天理幾乎其滅矣。（《新五代史·卷三十四·一行傳》，頁213上右）

其感嘆五代道德風氣衰微，已到達天理人倫無不敗壞崩毀的地步，究其源頭則

〔註93〕見〔宋〕宋祁、歐陽脩：《唐書·卓行列傳》，頁2210下右。

是起於唐代晚期戰亂頻仍，人逢亂世，為求保命而不擇手段，浸淫日久，積重難返之故。司馬光（1019～1086）對此情形亦有細緻論說：

> 至於有唐之衰，麾下之士有屠逐元帥者，朝廷不能討，因而撫之，拔於行伍，授以旄鉞。其始也，取偷安一時而已；及其久也，則眾庶習於聞見，以為事理當然，不為非禮，不為無義。是以在上者惴惴焉畏其下，在下者睽睽焉伺其上，平居則酒肉金帛、甘言屈體以相媚悅，得間則鋸鋒利刃、狠心詭計以相屠僇，成者為賢，敗者為愚，不復論尊卑之序、是非之理，陵夷至於五代，天下蕩然莫知禮義為何物矣。是以世祚不永，遠者十餘年，近者四三年，敗亡相屬，生民塗炭。（《資治通鑑後編·卷七十·宋紀》，頁8左～9右）

司馬光明晰解說唐代晚期亂象是如何浸淫世道，甚至影響後世朝代的興亡，是禍源之始，其中亦指明這種上下失序、毫無禮義的狀態，已延伸至五代時期。宋人馬令亦於《南唐書》中對五代失序的情形有所評點：

> 五代之際，霸據角立，君無世臣，臣無定主，而視神器為蘧廬，則士之全節者無幾。（《南唐書·卷十六·義死傳》，頁107）

其以為五代朝代更替頻繁，君主無世代效忠之臣，臣子同樣亦無可長久效忠之主，即使能踐登皇位亦猶如過客，在位時間非常短暫，故而臣子幾乎沒有能不改事新主者。馬令由世道之紊亂引申至讀書人忠誠氣節的移改，然風骨氣節的高潔不屈卻又是歷來儒者所讚賞追求的。因此，表露出一種否定的態度，如司馬光亦曾嚴苛批評五代馮道（882～954）轉事多主的作為：

> 臣愚以為正女不從二夫，忠臣不事二君。……為臣不忠，雖復材智之多，治行之優，不足貴矣。何則？大節已虧故也。道之為相，歷五朝、八姓，若逆旅之視過客，朝為仇敵，暮為君臣，易面變辭，曾無愧怍，大節如此，雖有小善，庸足稱乎！……臣愚以為忠臣憂公如家，見危致命，君有過則彊諫力爭，國敗亡則竭節致死。智士邦有道則見，邦無道則隱，或滅迹山林，或優遊下僚。今道尊寵則冠三師，權任則首諸相，國存則依違拱嘿，竊位素餐，國亡則圖全苟免，迎謁勸進。君則興亡接踵，道則富貴自如，茲乃奸臣之尤，安得與他人為比哉！（《資治通鑑·卷二百九十一·後周紀》，頁22左～23右）

司馬光將忠臣比之好女，有不二嫁之義，認為身為臣子應忠心為主，君主有過

失則要竭力勸諫，國家危亡則不惜殉節，即非如此，有道治世則出，無道亂世則隱亦是可行，絕不可毫無氣節，專求利祿。其嚴正批評馮道行為是「奸臣之尤」，可見對此類人的不屑，而范仲淹（989～1052）「寧可終身無爵祿，不可一日忘忠義」〔註94〕、歐陽脩「士之不幸而生其時者，不為之臣可也，其食人之祿者，必死人之事」〔註95〕等言，亦展現出相同的價值觀點。

由上可知，宋代士人普遍認為唐末至五代時期道德衰微，至宋朝為大治之世，不可等同，而視重建倫理秩序為己任。陳鐘凡（1888～1982）以為：

> 唐室既衰，兵戈四起，窮理之風，闃無嗣響，講學之涂，泯焉歇絕；
> 世道之蔽，乃不堪言。宋代繼興，暴亂日戢，士大夫傷人心之陷溺，
> 念禍亂之寖尋，乃薄詞翰為末技，思踐德於聖門，由是戚同文、胡
> 瑗、孫復諸儒，群起築室，明倫講學。（《兩宋思想述評》，頁2）

其指出士大夫因有感於世風敗亂而棄文詞、講道德，戚、胡、孫等儒者因之開辦學院，廣傳大道，宋代學院文化即由此興起。《新唐書》作者群與戚、胡、孫等人同處於此一時代，亟思於導正世風之上有所作為，則表現於史書的體例編排之上，最明顯處莫過於類傳部分，除卻以德行為先，特以忠義、孝友、隱逸、循吏等篇章在前，宦者、酷吏、姦臣等在後，以揚善示惡，更獨舉出「卓行」一目，標榜德化，展現其提升社會道德風氣的理念，期以啟示後人尊德重禮。

查二十四史各類傳篇目，可發現標題、內容與〈卓行列傳〉較為相似的有《後漢書‧獨行列傳》及《新五代史‧一行傳》，然〈獨行列傳〉取操行俱佳之人，未特別細分忠義、孝友、隱逸等事跡，全錄於一傳〔註96〕，〈一行傳〉則是以五代難得有不屈於俗者、因忠獲罪不自辯者、孝悌自修聞名者，恐名聲

〔註94〕見〔宋〕施德操：《北窗炙輠錄》，《全宋筆記》第三編。鄭州市：大象出版社。2008年1月初版。頁179。

〔註95〕見〔宋〕歐陽脩：《新五代史‧卷三十二‧死節傳》，頁203下右。

〔註96〕《後漢書‧獨行列傳》：「中世偏行一介之夫，能成名立方者，蓋亦眾也。或志剛金石，而剋扞於強禦，或意嚴冬霜，而甘心於小諒，亦有結朋協好，幽明共心、蹈義陵險，死生等節。雖事非通圜，良其風軌有足懷者，而情迹殊雜，難為條品；片辭特趣，不足區別。措之則事或有遺，載之則貫序無統。以其名體雖殊，而操行俱絕，故總為獨行篇焉。庶備諸闕文，紀志漏脫云爾。」見〔劉宋〕范曄：《後漢書》，冊二（全二冊），《四庫全書》第二五三冊。上海市：上海古籍出版社。據臺灣商務印書館「景印文淵閣四庫全書」重印。1987年初版。頁572下左～573上右。

湮沒而取人入傳〔註97〕，亦是各品類雜處一傳。諸史之中，唯有《新唐書》於細分出忠義、孝友、隱逸等品之外，再標舉出卓行，強調德化百姓的事跡，明顯凸出其中心思想的價值趨向。其設〈卓行列傳〉之旨昭然明示，同時亦深蘊史家作史以鑑古今、警後世的理念，其立傳之舉實令人激賞不已。

二、〈諸夷蕃將列傳〉、〈宗室宰相列傳〉

諸夷蕃將作為傳篇之名，首見於《新唐書》，為的是反映有唐一代長期任用外族將領的情形。查其傳文，可發現所錄將領的事跡起自武德、貞觀時期，迄至貞元年間，亦即由高祖、太宗時期跨至德宗時期，不可不謂之久。德宗以後則未錄一人，應是已與其入傳標準「知義所在」、「諒有餘」相悖離，故未選人入傳。此擇人入傳之準，可由其傳末論贊中得出：

> 夷狄性悍固，其能知義所在者，鷙挺不可遷，蓋巧不足而諒常有餘。觀大奈等事君，皆一其志，無有顧望，用能功績光明，為天子倚信。至渾瑊、跌跌、光顏輩，烈垂無窮，惟其諒有餘故也。瑊、光顏自有傳，今類其人著之篇。（《唐書·諸夷蕃將列傳》，頁 1469 下右～下左）

作者群認為這些外族天性未經矯飾，十分純真固執，而其中能明忠國大義者，更如性情兇猛的鷙鳥一般，性格剛直而不能更改其心志。此類人物雖是機敏巧變不足，但率直、誠信則無可指謫。其選入傳主史大奈、馮盎（？～646）、阿史那社尒（？～655）、執失思力、契苾何力（？～677）、黑齒常之（630～689）、李謹行（619～683）、泉男生（634～679）、李多祚（654～707）、論弓仁（663～723）、尉遲勝、尚可孤（？～784）、裴玢等十三人，是認為此十三人事君皆一心一意，無顧慮怨望，因而能積累功勳，為天子倚重。作者群以渾瑊（736～800）、李光顏（762～826）等人為例，以為其作為能被後人感念，正是因為其正直誠信之故。渾、李二人事跡因與他人牽連而另入他傳，此傳則

〔註97〕《新五代史·一行傳》：「處乎山林而群麋鹿，雖不足以為中道，然與其食人之祿，俛首而包羞，孰若無愧於心，放身而自得，吾得二人焉，曰鄭邈、張薦明。勢利不屈其心，去就不違其義，吾得一人焉，曰石昂。苟利於君，以忠獲罪，而何必自明，有至死而不言者，此古之義士也，吾得一人焉，曰程福贊。……於此之時，能以孝弟自修於一鄉，而風行於天下者，猶或有之，然其事迹不著，而無可紀次，獨其名氏或因見於書者，吾亦不敢沒，而其略可錄者，吾得一人焉，曰李自倫。作〈一行傳〉。」見〔宋〕歐陽脩：《新五代史·一行傳》，頁 212 下左～213 上左。

錄入與渾、李相類者以誌之。由此亦可確知此傳意旨是欲記錄「蕃將諒直」，及其入傳標準。

以此標準檢視傳主十三人，可發現這些人入唐之後皆忠於王事，從唐征戰而不見推拒，頗建戰功。其中，以契苾何力之事最能表現此傳傳意：

> 始，何力母姑臧夫人與弟沙門在涼州，沙門為賀蘭都督。十六年，詔何力往視母。於是薛延陀毗伽可汗方強，契苾諸酋爭附之，乃脅其母、弟使從。何力驚謂其下曰：「上於爾有大恩，且遇我厚，何遽反？」皆曰：「可敦、都督去矣，尚何顧？」何力曰：「弟往侍足矣，我義許國，不可行。」眾執之，至毗伽牙下。何力箕踞，拔佩刀東向呼曰：「有唐烈士受辱賊延邪？天地日月，臨鑒吾志。」即割左耳，誓不屈。毗伽怒，欲殺之，其妻諫而止。何力被執也，或讒之帝曰：「何力入延陀如涸魚得水，其脫必遽。」帝曰：「不然。若人心如鐵石，殆不背我。」會使至言狀，帝泣下。即詔兵部侍郎崔敦禮持節許延陀尚主，因求何力，乃得還。（《唐書·諸夷蕃將列傳》，頁1464上左～下右）

當時薛延陀強盛，契苾部族爭相依附，竟脅持契苾何力之母、弟，逼迫其同附薛延陀。部屬遭契苾何力用以義許唐的理由拒絕後，擄其直往薛延陀可汗帳下。其仍不從，又割耳自誓以表忠貞，險為可汗所殺。當是時，有人向太宗進讒，稱契苾何力必叛，而太宗以為其心剛如鐵石，必不叛唐。俟使者報其慘狀，眾皆知契苾何力未叛，而太宗許公主予薛延陀，換得其回歸。此事足見契苾何力之直與不叛，符合〈諸夷蕃將列傳〉的擇人標準，而其餘諸將事跡所載，雖不若契苾何力之出色，然均戮力效唐，未曾生叛心，則作者群即因此認定諸將的耿直效忠，將之蒐羅入傳。

德宗之後，亦有不少蕃將任職於唐，但隨著德宗對藩鎮施行姑息政策愈久，則將領不論華夷，多生不臣之心，開始謀求私利，而如奚族的李寶臣、沙陀的李克用、高麗的李正己、回鶻的王廷湊等人，身為各路節度使，長期據有州府之地，多已不聽朝廷用命，則不符合此傳入傳條件，是以不錄。由此亦可知初唐至中唐時期，或懾於朝廷之威，或部落內鬥，附唐以存續，故而蕃將多耿直用命，不有異心，至安史之亂、朱泚之亂後，朝廷威嚴掃地，將領擁兵自重之風興起，遂不復忠誠之態。因此，之後出名的蕃將多入各藩鎮列傳，而不入此傳。

　　《舊唐書》雖未名「諸夷蕃將」之篇，卻有合傳同樣載錄諸蕃將，且傳旨與《新唐書》類同，是雖無其名而實有其實。此合傳即〈馮阿史那契苾黑齒二李白列傳〉，其傳贊稱：

> 歷代武臣，壯勇出眾者有諸，節行勵俗者鮮矣，矧蠻夷之人乎！如馮盎智勇守節，社尒廉慎知足，蘇尼失恩惠，史忠清謹。凡用兵破吐蕃、谷渾，勇也；心如鐵石，忠也；不解萬均官，恕也；阻延陀之親，智也；舍高突勃之死，識也。立大功，居顯位，夙夜匪懈者，何力有焉。常之以私馬恕官兵，與將士均賞賜，古之名將，無以加焉。多祚忘身許國，孝德壯勇立功，皆三軍之傑也，豈九夷之陋哉！嗣業力贊中興，終歿王事，未可倫而擬也。（《舊唐書‧馮阿史那契苾黑齒二李白列傳》，頁 1631 下右～下左）

作者群一一點名，以為這些蕃將是武臣中難得「節行勵俗」之輩，更盛讚契苾何力的忠勇智識，黑齒常之則如古之名將、李嗣業（？～759）能力挽安史亂後唐代對外的聲勢等，均給予極高的正向評價。傳末且稱「君子之居，九夷無陋」[註98]，讚美諸將雖出身外族，仍可得君子之稱。由此可發覺，此合傳的傳旨與擇人標準與《新唐書》十分相似，而特別的是《舊唐書》只選錄至肅宗時期，約安史之亂平定為止，應是作者群以此亂為限，認為其後武將多有二心，不復忠誠可愛之故。

　　至於《新唐書‧宗室宰相列傳》，其「宗室宰相」的標目，同樣首見於《新唐書》，選入傳主共七人，分別為李適之（694～747）、李峴（709～766）、李勉（717～788）、李夷簡（756～822）、李程、李石、李回。由其命篇可知，此七人均出身於李唐宗室而為宰，有別於同樣以宰相世系為立傳關鍵的〈蕭瑀列傳〉，後者是以異姓蕭氏為相且與唐相始終。其傳末論贊稱：

> 周之卿士，周、召、毛、原，皆同姓國也。唐宰相以宗室進者九人。林甫姦諛，幾亡天下。李程和柔，在位無所發明。其餘以材稱職，號賢宰相。秦、隋棄親侮賢，皆二世而滅。周、唐任人不疑，得親親用賢之道，饗國長久。嗚呼！盛歟！（《唐書‧宗室宰相列傳》，頁 1666 下右）

作者群以西周的周公、召公等宗室輔政作為類比，以為唐宗室為相者九人，除李林甫為奸人、李程表現平平無功績外，餘者皆能稱職。《新唐書》認為皇帝

能用宗室為相，是深得「親親用賢」的真意，用人不論親疏血脈，而在於能否真誠效國，相較於秦朝、隋朝不信任宗親、苛待賢才，兩代即滅，周朝與唐朝的用人之法才是能享國長久之道。作者群是以此傳示親親用賢之道，以為後世之範，則傳旨深意即在於此。論贊中稱「唐宰相以宗室進者九人」〔註99〕，此傳僅選入七人，餘下二人分別為李林甫（683～753）、李麟（694～759），前者因獲玄宗寵信而紊亂朝政，為促發安史之亂的遠因，置之於〈姦臣列傳〉，後者則為玄宗出奔四川時所任用，總理百官事務，然時間過於短暫，亦未能有所創建，故而亦未入〈宗室宰相列傳〉，另置之於〈李楊崔柳韋路列傳〉。

　　《舊唐書》雖未如《新唐書》般特地聚集宗室宰相為一類傳，然亦有類似篇旨的合傳，即〈五李列傳〉。其傳主為李暠、李麟、李國貞（715～762）、李峘（？～763）、李巨（？～761），皆李唐宗室出身，而以「宗室賢良」為旨貼合成傳。其傳末稱：

> 暠孝友清慎，居官有稱；齊物貞廉整肅，復節制權謀；國貞清白守法，皆神通之曾玄，宗室之翹楚。……麟修整，峘循良，匪躬立事，始終無玷者，皆宗室之英也。峴之剛正才略，有足可稱。……庶幾乎仲山甫之道焉！巨以剛銳果決，亦可嘉焉，終以贓賄貪殘，良可痛也。（《舊唐書·五李列傳》，頁1656下右）

作者群點出五位傳主之所以入傳，是因為其作為足有可稱，且為宗室，可展現宗室人才濟濟之貌，而以「宗室賢良，枝葉茂盛。最尤者誰？峴獨守正」〔註100〕之句，讚美其中以李峴為最佳，顯示出作者群對五人評價有高低之差。

　　綜上可知，《新唐書》列〈諸夷蕃將列傳〉、〈宗室宰相列傳〉，其篇名皆為首見，內容形式與一般合傳相同，而冠以類傳之名，以所錄人物出身、職業性質、內在本質均高度相似之故，然側身於一般人物列傳之間，不入類傳排序之列，或為成書之際的疏漏。至於《舊唐書》，雖未有諸夷蕃將、宗室宰相之傳，然有與之相對應的合傳篇章，則可知《新唐書》此二類傳實由《舊唐書》合傳重整而出，非全然新篇創製。

三、〈姦臣列傳〉、〈逆臣列傳〉及〈叛臣列傳〉

　　歷來造成王朝覆滅的人物事跡，史書常將之置於全書末端，一方面是順著

〔註99〕見〔宋〕宋祁、歐陽脩：《新唐書·宗室宰相列傳》，頁1666下右。
〔註100〕見〔後晉〕劉昫：《舊唐書·五李列傳》，頁1656下右。

時間順序排列而下，另一方面亦象徵著一個朝代完結的句點及原因，如《漢書》以王莽為諸傳最末、《隋書》置宇文化及等人合傳於最後，或如《明史》將流寇放在人物列傳之尾、四夷傳之前。《舊唐書》以安祿山、史思明、朱泚、黃巢等人的合傳為全書最末，諸人雖非同時期人物，因其所發之事而歸結為唐室覆滅之因，故貼合為一傳，作者群藉此一合傳，於傳末論贊中探討唐朝走向滅亡的三個轉捩點：

> 我唐之受命也，……否泰之無恒，故夷險之不一。三百算祀，二十帝王。雖時有竊邑叛君之臣、乘危徼倖之輩，莫不才興兵革，即就誅夷。其間沸騰，大盜三發，安祿山、朱泚、黃巢是也。……然盜之所起，必有其來，且無問於天時，宜決之於人事。……必若玄宗採九齡之語，行三令之威，不然使祿山名位不高，委任得所，則羣黎未必陷於塗炭，萬乘未必越於岷、峨。德宗能含垢匿瑕，不佳兵尚勇，不然則取李承之言，不委希烈伐叛，不然則取公輔之諫，早令朱泚就行，如此則未必有涇原之亂兵，未必有奉天之危急！僖宗能知人疾苦，惠彼困窮，不然則從鄭畋之謀，赦羣偷之罪，如此則黃巢不必能犯順，鑾御未必須省方。蓋差之毫釐，失之千里。蛇螫不能斷腕，蟻穴所以壞隄。後之帝王，足為殷鑒！（《舊唐書·安高孫史朱黃秦列傳》，頁2703下右～2704上右）

其以為玄宗、德宗、僖宗三位皇帝是關鍵，若玄宗能防患未然、德宗不好兵且接受諫言、僖宗能體貼民生疾苦，則不會出現安史之亂、朱泚叛變、黃巢之亂等使唐朝國力大傷的戰亂，終致群凶亂舞，欺凌皇室。作者群藉此合傳總結致使唐朝敗亡的重大事件，以警惕後世君王謹慎果斷、防微杜漸。至於朱溫篡位情事，則置於本紀而已，顯然其並不以朱溫為亡唐首惡，而是以安祿山、朱泚、黃巢等人為禍亂之源，《新唐書》則不然，針對其認定的禍源亂根，做了截然不同的體例調整與人物配置：改原合傳為類傳，並由眾多合傳中抽取人物另行分類。

　　《新唐書》於列傳中，將其認為導致唐代敗亡的人物剝離出來，聚為類傳三篇，分別為〈姦臣列傳〉、〈叛臣列傳〉及〈逆臣列傳〉。其中，〈姦臣列傳〉錄入傳主九人、附傳四人，〈叛臣列傳〉錄入傳主十三人、附傳無，〈逆臣列傳〉則全收錄《舊唐書·安史朱黃秦列傳》傳主與附傳人物，再新增傳主二人。三類傳所錄人物眾多，其「姦臣」、「叛臣」、「逆臣」之間如何區分，及所取人物

是否服膺於其收錄準則，是值得探究之處。

　　查〈姦臣列傳〉所載傳主，可發現人物活躍時間由太宗時期始，至朱溫篡位止，跨度極長，顯然是縱觀全唐代的局勢所得出的入傳人選，傳主九人生平有共通之處：多為文臣，不曾明示謀反，而是於潛移默化中埋下唐朝敗亂的禍根。其中，許敬宗（592～672）、李義府（614～666）、傅遊藝三人事跡均與武后上位奪權有關：舉朝皆諫高宗不可無故廢立皇后，許敬宗知高宗心意，阿附主張天子換后無不可，導致武后得封，且與武后合謀剷除異己；李義府阿諛主意，上表請廢后立武氏，後又與許敬宗等人誣害大臣，行事類如酷吏，且把持吏部銓選，賣官鬻爵、干擾獄政，背靠武后肆無忌憚，敢對高宗臉色不愉，由此可知武后已奪高宗君權；傅遊藝上書稱符瑞現世，勸說武后自立為帝，予以武后改朝換代的藉口，又誣害宗室、進言派發六道使，於是萬國俊、來俊臣等酷吏橫出，李唐宗室死傷殆盡。《新唐書》於〈睿宗玄宗本紀〉中曾言「女子之禍於人者甚矣！自高祖至於中宗，數十年間，再罹女禍，……玄宗親平其亂，可以鑒矣，而又敗以女子」〔註101〕，指出武后、韋后、楊貴妃等女子對政治的干擾與破壞，顯然其以為「女禍」是初唐至中唐時期無可迴避的政治亂源，而許、李、傅三人即是武后上位、殘殺宗室的關鍵推進人物。

　　次之，李林甫、陳希烈（？～758）二人為玄宗時期人物。李林甫善於揣摩上意，為人陰狠，因薦壽王為太子不成，數次讒毀東宮，又「善養君欲，自是帝深居燕適，沈蠱袵席，主德衰矣」〔註102〕，藉由玄宗年事漸高，喜安逸玩樂，不耐細聽奏對，逐步把持朝政，排除異己，《新唐書》稱：

> 咸寧太守趙奉璋得林甫隱惡二十條，將言之，林甫諷御史捕繫奉璋，劾妖言，抵死；著作郎韋子春坐厚善貶。……林甫居相位凡十九年，固寵市權，蔽欺天子耳目，諫官皆持祿養資，無敢正言者。補闕杜璡再上書言政事，斥為下邽令。因以語動其餘曰：「明主在上，羣臣將順不暇，亦何所論？君等獨不見立仗馬乎？終日無聲，而飫三品芻豆；一鳴，則黜之矣。後雖欲不鳴，得乎？」由是諫爭路絕。（《唐書・姦臣列傳》，頁2598下右～2599上右）

李林甫深得玄宗寵信，瞞上欺下，雖有敢諫上者如趙奉璋、杜璡，卻不得善果，更敢直言威脅眾臣，使之忌憚不敢言，惟恐害己，因而玄宗愈加不知外事，朝

〔註101〕見〔宋〕宋祁、歐陽修：《唐書・睿宗玄宗本紀》，頁93上右。
〔註102〕見〔宋〕宋祁、歐陽修：《唐書・姦臣列傳》，頁2598上右。

政愈發晦暗。此外，更重要的是其對蕃將擔任總攬地方軍政的節度使的影響：

> 貞觀以來，任蕃將者如阿史那社爾、契苾何力皆以忠力奮，然猶不
> 為上將，皆大臣總制之，故上有餘權以制於下。……林甫疾儒臣以
> 方略積邊勞且大任，欲杜其本，以久己權，即說帝曰：「以陛下雄材，
> 國家富彊，而夷狄未滅者，繇文吏為將，憚矢石，不身先。不如用
> 蕃將，彼生而雄，養馬上，長行陣，天性然也。若陛下感而用之，
> 使必死，夷狄不足圖也。」帝然之，因以安思順代林甫領節度，而
> 擢安祿山、高仙芝、哥舒翰等專為大將。林甫利其虜也，無入相之
> 資，故祿山得專三道勁兵，處十四年不徙，天子安林甫策，不疑也，
> 卒稱兵蕩覆天下，王室遂微。（《唐書·姦臣列傳》，頁 2599 上右～
> 上左）

其恐大臣因邊功而任高位，奪己權位，薦以蕃將領節度使，巧言諸蕃將嫺熟弓
馬，任命之則必感恩效死，實則因蕃將雖積邊功，仍不可任宰輔，以之長保己
權，竟因此開啟蕃將掌邊防軍政大權之路，故安祿山等蕃將得可方便聯絡、結
交內外，終導致安史之亂起，唐運中衰，究其因實可溯自李林甫私心自專，謀
固己權，未曾為國計之長遠。陳希烈博學廣識，為官卻矯飾媚上，以謀聖眷，
李林甫引之為同黨，《新唐書》稱其「寵與林甫侔」〔註103〕、「林甫居位久，
其陰詭雖足自固，亦希烈左右焉」〔註104〕，顯見兩人深相結交，互為掩飾，
聯手屏蔽玄宗之況，故而李林甫害國甚深，陳希烈作為同黨，其惡亦無所假
借。李、陳二人謀私專權，實是安史叛亂之因，影響唐運甚巨，其害之深是在
冥冥中潛化，故置於「姦臣」一類，十分適合。

再者，盧杞（？～785）為德宗時期人物，貌醜有口才，善於矯飾，博得
德宗寵信後，嫉能妒賢，暗中排除異己：

> 既得志，險賊寖露。賢者媚，能者忌，小忤己，不傅死地不止。將
> 大樹威，脅眾市權為自固者。……杜佑判度支，帝尤寵禮。杞短毀
> 百緒，訐貶蘇州刺史。李希烈反，杞素惡顏真卿挺正敢言，即令宣
> 慰其軍，卒為賊害。故宰相李揆有雅望，畏復用，遣為吐蕃會盟使，
> 卒於行。……其狙害隱毒，天下無不痛憤，以杞得君，故不敢言。
> （《唐書·姦臣列傳》，頁 2602 上左～下左）

〔註103〕見〔宋〕宋祁、歐陽脩：《唐書·姦臣列傳》，頁 2600 下左。
〔註104〕見〔宋〕宋祁、歐陽脩：《唐書·姦臣列傳》，頁 2600 下左。

盧杞得志則開始嶄露其險刻陰毒，如杜佑（735～812）、顏真卿（709～785）、李揆（711～784）等人皆被殘害，《新唐書》細數其所害者，尚有楊炎（727～781）、張鎰（？～783）、鄭詹、嚴郢（？～783）、李洧（？～782）、崔寧（723～783）等人，然因其得德宗信用，故能屹立朝堂，眾人無可奈何，且藉由朱滔、朱泚接連反叛，大肆斂財，軍隊未得日用之費，百姓怨恨之聲滿載，各處兵變民亂益增。當德宗因朱泚作亂而逃至奉天時，盧杞仍不改其行事，讒毀領兵救駕、打退朱泚的李懷光（729～785），致使李懷光謀反，眾皆沸騰，才使得德宗貶斥謫退。《新唐書》評之曰：

> 始，帝即位，以崔祐甫為相，專以道德導主意，故建中初綱紀張設，赫然有貞觀風。及杞相，乃諷帝以刑名繩天下，亂敗踵及。其陰害矯譎，雖國屯主辱，猶螫然肆為之。（《唐書·姦臣列傳》，頁 2603 下右）

其以為德宗早期賴有賢相崔祐甫（721～780）輔佐，朝政有中興之勢，至任命盧杞為宰，苛細排異，紊亂世風，亂象頻出，然雖國家情勢危亡，盧杞亦未曾悔改，仍肆意作為，亂象則因之加劇。其殘害國政，非一時一事可概括，而陪同帝王離京出奔時仍毫不忌憚，不曾反思或設法解除當前危局，反忙於固寵專權，惟恐他人藉機上位，其品行之偏邪，昭然可見。

其後，有崔胤（854～904）、崔昭緯、柳璨三人，是昭宗時期人物，雖受昭宗重用，卻暗中勾結藩鎮，如崔胤、柳璨與朱溫（852～912）深相結交：

> 胤素厚朱全忠，委心結之。……昭宗至自華，務安反側，而胤陰為全忠地，俾擅兵四討。……（韓全誨）倉卒挾帝幸鳳翔。胤怨帝見廢，不肯從，召全忠以兵迎天子，令太子太師盧渥率羣臣迎全忠。……至是胤為之謀，乃以兵迫行在。……居華時，為全忠數畫醜計。全忠引兵還屯河中，胤迎謁渭橋，奉觴為全忠壽，自歌以醻酒。……帝之在鳳翔，以盧光啟、蘇檢為相，胤皆逐殺之，……帝動靜一決於胤，無敢言者。……是時天子孤危，威令盡去，胤之劫持類如此。（《唐書·姦臣列傳》，頁 2604 上右～2605 上左）

> 朱全忠圖簒殺，宿衛士皆汴人，璨一厚結之，與蔣玄暉、張廷範尤相得。既挾全忠，故朝權皆歸之。（《唐書·姦臣列傳》，頁 2606 下右）

當時藩鎮已成氣候，崔胤為謀權位而與朱溫結交，明裡暗裡皆為其謀畫，使之

有正當藉口四處出兵占地，甚至可以挾迫皇帝，而有朱溫支持，其亦可一一霸除皇帝身邊的大臣、誅殺內外宦官，使皇帝命令無可聯外。於崔、朱二人如此操作之下，朱溫占地愈廣，而皇帝亦徹底被孤立禁閉，難以逃出生天。柳璨則是明知朱溫有弒帝的狼子野心，守衛昭宗者皆其心腹，竟厚相結交，與後來執行弒帝命令的蔣玄暉（？～905）、張廷範（？～905）交情尤佳，以之奪得掌政大權，顯然亦是賣帝求榮之人。或如崔昭緯與王行瑜（？～895）、李茂貞（856～924）、朱溫等皆有聯絡，儼然多方投資，只求利己：

> （崔昭緯）性險刻，密結中人，外連彊諸侯，內制天子以固其權。
> 令族人鋌事王行瑜邠寧幕府。每它宰相建議，或詔令有不便於己，
> 必使鋌密告行瑜，使上書訾訐，己則陰阿助之。方是時，帝室微，
> 人主若贅斿然。始，帝委杜讓能調兵食以討鳳翔，昭緯方倚李茂貞、
> 行瑜為重，陰得其計，則走告之，激使稱兵向闕，遂殺讓能。後又
> 導三鎮兵殺韋昭度等。帝性剛明，不堪忍，會誅行瑜，乃罷昭緯為
> 右僕射。復請朱全忠薦己，又厚賂諸王為所奏。（《唐書·姦臣列傳》，
> 頁 2606 上右。）

崔昭緯擔任顯職的時間略早於崔胤、柳璨，當是時，其向內與宦官結交，向外則聯通掌有重兵的藩鎮，以便挾制天子，所結交者不只一人，顯示其並不忠心於昭宗、不為國思慮，而是汲汲於謀求己身的權力，無疑是國之蠹蟲。當時朝廷內有崔昭緯、崔胤、柳璨等人接踵相繼，外則有諸藩鎮屢屢相逼，昭宗雖有心復振皇權，於此情境下亦無可能。附傳蔣玄暉、張廷範、氏叔琮（？～904）及朱友恭（？～904）四人，則皆為朱溫黨羽，參與軟禁及弒殺昭宗一事，與崔、柳等人所為關係密切，附於此傳亦屬合宜。

　　《新唐書·姦臣列傳》傳主九人，身處大位卻害國不淺，其背後隱隱代表唐朝的三件重大政治事件：武后奪權、安史之亂、藩鎮謀篡，而女禍及藩鎮之害，於本紀的論贊部分亦曾提及為唐代衰亡之因，故此類傳可視為作者群觀點的補充證據，所錄人物則是使唐代國運日漸衰微的關鍵人物，身為人臣，不思報國，卻只想攬權固勢，極端利己，故標之為「姦臣」。

　　這些人於《舊唐書》中分屬不同合傳。如許敬宗、李義府原為二人合傳〈許敬宗李義府列傳〉，其以為許敬宗於太宗時期才高位薄，是因太宗慧眼知其品德不足，而評論高宗時期是「嗣君沖暗，嬖妾姦邪，阿附豺狼，窺圖權軸，人之兇險，一至於斯。仲尼所謂『雖有周公之才，不足觀也』，義府才思精密，

所謂『猩猩能言』，鄙哉」〔註105〕！作者群以為許敬宗確實有才，然其性如同豺狼險惡，故引孔子言論，批評其不可取用，李義府則與之相同，有才而德性淺薄，因而引《禮記》之言，嚴厲批評其心性非人，給予許、李二人負面評價，以之為高宗時期奸險之臣相合。或如李林甫則出自〈李楊張二王列傳〉，與楊國忠等人，以「天啟亂階，甫、忠當國。蔽主聰明，秉心讒慝」〔註106〕繫聯成傳，《舊唐書》以玄宗時期的亂臣貼合諸人，指出李、楊二人是導致安史之亂的根源之一，與《新唐書》對二人評價相同，然《新唐書》置李林甫於〈奸臣列傳〉，而因楊國忠憑藉楊貴妃關係上位，另置之於〈外戚列傳〉，則與《舊唐書》所欲凸顯的繫聯線索不同。或如盧杞，原屬〈盧白裴韋二李韋王程皇甫列傳〉，此傳以「貞元之風，好佞惡忠」〔註107〕為關鍵，黏合德宗時期「矯誕無忌，妒賢傷善」〔註108〕之臣為一傳，是作者群以為此數人秉性相似，合之則可凸顯德宗用人的荒誕，而《新唐書》於此中，獨取盧杞入「奸臣」一類，是其以為盧杞作為害國更甚。原傳其餘傳主大多置於〈白裴崔韋二李皇甫王列傳〉，自傳贊「夫宰相者，乃天下選，彼暫勞一功，烏足勝任哉？中興之不終，有為而然」〔註109〕中「宰相」、「中興」等關鍵詞可知，此傳集結德宗以後擔任宰相之人，揭示朝廷所選非人，藉以窺知中興失敗之因，然諸人所為尚不及盧杞殘害良臣，及在皇帝危難中頻讒諸臣之害，《新唐書》重置諸人物組合，並非無的放矢。

由上可知，《新唐書》立〈奸臣列傳〉是為強調此類人從事職業時所表現出來的特性，而非純粹將宰相或武將等職務分門別類而已，並以宏觀的角度，縱觀全唐興衰，抽取其中推動決策的關鍵人物，另立為類傳，有別於《舊唐書》以人物合傳凸顯各時段特色的手法，是處理人物材料的另一選擇，且有助於漫長歷史、紛雜人事中抓住重點，了悟作者群亟欲傳達的意旨。以之檢視〈叛臣列傳〉，可發現是同樣的呈現方式。

《新唐書·叛臣列傳》收錄傳主十三人，其中僕固懷恩（？～765）、梁崇

〔註105〕見〔後晉〕劉昫：《舊唐書·許敬宗李義府列傳》，頁1351下左。
〔註106〕見〔後晉〕劉昫：《舊唐書·李楊張二王列傳》，頁1608上左。
〔註107〕見〔後晉〕劉昫：《舊唐書·盧白裴韋二李韋王程皇甫列傳》，頁1862下左。
〔註108〕見〔後晉〕劉昫：《舊唐書·盧白裴韋二李韋王程皇甫列傳》，頁1862下右。
〔註109〕見〔宋〕宋祁、歐陽脩：《新唐書·白裴崔韋二李皇甫王列傳》，《景印文淵閣四庫全書·史部》。冊四（全五冊）。臺北市：臺灣商務印書館。1983年。頁344上左。

義（？～781）、李懷光為《舊唐書‧僕固梁李列傳》三人合傳的傳主，周智光（？～767）取自於〈魯裴來周列傳〉，陳少游（724～784）出於〈二李陳盧裴列傳〉，李忠臣（716～784）原為〈劉董陸劉二李吳列傳〉傳主，喬琳（？～784）、高駢（821～887）則分別為〈姚張源喬張蔣洪彭列傳〉、〈二王諸葛高時朱列傳〉傳主，餘者如李錡（741～807）、朱玫（？～886）、王行瑜、陳敬瑄（？～893）及李巨川（？～901），則自各傳附傳、附見提升而來。詳察諸人生平，可發現其中共通處與〈姦臣列傳〉截然不同：均領有軍隊，且有違逆皇權之實，而人物活躍時間為安史亂後至朱溫謀篡，與藩鎮崛起的時程相合，故而可窺知此時期唐朝中型、大型軍隊的亂象不斷之貌。

《舊唐書‧僕固梁李列傳》稱：

> 僕固懷恩、李懷光，咸以勇力，有勞王家，為臣不終，遂行反噬，其罪大矣。然辛雲京、駱奉先、盧杞、白志貞輩，致彼二逆，貽憂時君，亦可謂國之讒賊矣。梁崇義既無令始，又無善終，與妻投泉，何塞其咎。（《舊唐書‧僕固梁李列傳》，頁1734上右）

其以為僕固懷恩及李懷光前期確實有功於唐，惜其雖能善始，卻無法善終，而有叛國之舉，然二人之所以反叛，亦有姦臣讒害之故，而梁崇義於唐無功，占地拒詔且攻江陵等地，則更不可取。《新唐書》則以為：

> 懷恩與賊百戰，闔宗死事至四十六人，遂汎掃燕、趙無餘埃，功高威重，不能防患，凶德根于心，弗得其所輒發，果於犯上，惜哉！……懷光提萬眾，振天子於難，一為讒人所沮，忿戾不自還，身首殊分，然讒人亦可疾矣，所謂「交亂四國」者也。（《唐書‧叛臣列傳》，頁2617下右）

其肯定僕固懷恩、李懷光的功勳，惋惜二人為德不卒，並以「為讒人所沮」、「讒人亦可疾」、「交亂四國」等語，指出其反叛雖有本性凶狠之因，亦有姦臣讒毀之故，與《舊唐書》的觀點相同。周智光因僕固懷恩引吐蕃等入寇作亂，藉機占領同、華、鄜、陝、虢等州，拒不受詔，且截留送往京城的貢奉、稅收等，反象明確，而李忠臣率兵討周智光不成，反大掠華州等地，造成「自赤水至潼關畜產財物皆盡，官吏至衣紙自蔽、累日不食者」〔註110〕，朱泚造反時接受其署官、為其守城等，均非忠心唐室之舉。陳少游出鎮富饒之地，歛聚財寶億萬，於朱泚亂起時，仍強奪軍資財賦、追殺押送稅使，後又結交僭號自立

〔註110〕見〔宋〕宋祁、歐陽脩：《唐書‧叛臣列傳》，頁2613下左。

的李希烈；李錡掌鹽、鐵、漕運，聚財養兵，後又為節度使，憲宗時不敢入朝，起兵欲占江左、謀五州；高駢戰功累累，領兵七萬，遇黃巢亂起時堅不受詔出兵，使兩京淪陷，又上書勸進嗣襄王熅，得偽朝官職，用梁纘、用之等人占據淮南一帶，與畢師鐸（？～888）、楊行密（852～905）、孫儒（？～892）等相互傾軋，使得原本「揚州雄富冠天下，自師鐸、行密、儒迭攻迭守，焚市落，剽民人，兵饑相仍，其地遂空」〔註111〕，唐朝經濟賦稅重地殘破不堪，帝國南半部徹底毀敗，難以復甦；朱玫擁兵至少八萬，與田令孜、王重榮（？～887）、李克用（856～908）等人鬥爭不休，逼僖宗出奔鳳翔，又扶持嗣襄王熅為帝以作為傀儡，盤據京師；王行瑜始從朱玫，後附朱溫，又與李茂貞等合兵圍城，企圖逼宮，絕非唐臣之舉；陳敬瑄先與田令孜挾僖宗奔奉天，後又拒昭宗詔，募兵自占黔中一帶，反象明確。唐代中後期多地方將領擁兵自重，亂象不斷，然此數人除了領有重兵，作亂自據之外，更多有實際挾持、逼迫皇帝之事，或投靠僭號自立的造反勢力，故《新唐書》抽取而出，立為「叛臣」一類。

此外，有李巨川、喬琳二位傳主略不符合其擇人標準：李巨川初為王重榮書記，後為韓建（855～912）幕僚，屬於文官系統，未曾領兵，而其與韓建共謀脅持昭宗，《新唐書》以為「巨川日夜導建不臣，乃請立德王為皇太子，文掩其惡」〔註112〕，是其惡遠甚韓建，《舊唐書》未曾提及此事而著重其文翰，置之於〈文苑列傳〉，實是失之疏漏，然《新唐書》錄其於〈叛臣列傳〉似又不合；喬琳任刺史、御史大夫、宰相、太子少師等職，不曾領兵，然其從德宗出奔奉天時，「詭言馬殆不進」〔註113〕，與帝辭病，後為朱泚所獲，因姻親源休（？～784）、源溥與朱泚深結交，竟不辭署官，俟朱泚亂平後，德宗以為「失節背義，不可赦」〔註114〕。二人生平未曾領兵作亂，《新唐書》或因其事依軍事將領僭越犯上而發，故置之於此。〈叛臣列傳〉末尾頻頻出現韓建之名，有領兵爭地、威脅皇帝等事實，然《新唐書》並未立之為傳主或附傳，似有疏漏。

〈逆臣列傳〉傳主七人及附傳四人，則大致襲用《舊唐書》的最末傳〈安高孫史朱黃秦列傳〉，降高尚（？～759）、孫孝哲（？～759）二人為附傳，另新增傳主李希烈（？～786）、董昌（？～896）二人。檢視七位傳主生平事跡，

〔註111〕見〔宋〕宋祁、歐陽脩：《唐書・叛臣列傳》，頁2628下左～2629上右。
〔註112〕見〔宋〕宋祁、歐陽脩：《唐書・叛臣列傳》，頁2632上左。
〔註113〕見〔宋〕宋祁、歐陽脩：《唐書・叛臣列傳》，頁2621下右。
〔註114〕見〔宋〕宋祁、歐陽脩：《唐書・叛臣列傳》，頁2621下左。

可發現其活躍時間不同，所開展的事件亦不全相聯繫，然細品其經歷，則可發現《新唐書》取人入傳的標準：皆有僭號自立之實。如安祿山、史思明事跡：

> （安祿山）僭稱雄武皇帝，國號燕，建元聖武，子慶緒王晉、慶和王鄭，達奚珣為左相，張通儒為右相，嚴莊為御史大夫，署拜百官。（《唐書·逆臣列傳》，頁 2637 上右）

> （史思明）築壇，僭稱大聖周王，建元應天，以周贄為司馬；……更國號大燕，建元順天，自稱應天皇帝。妻辛為皇后，以朝義為懷王，周贄為相，李歸仁為將；號范陽為燕京、洛陽周京、長安秦京。更以州為郡，鑄「順天得一」錢。（《唐書·逆臣列傳》，頁 2643 上右）

又如朱泚、黃巢：

> 泚僭即皇帝位於宣政殿，號大秦，建元應天。……泚以本封遂寧，漢地也，更號漢，改元天皇。（《唐書·逆臣列傳》，頁 2650 下左～2651 下左）

> 巢齋太清宮，卜日舍含元殿，僭即位，號大齊。……大赦，建元為金統。……其徒上巢號承天廣運啟聖睿文宣武皇帝，以妻曹為皇后，以尚讓、趙璋、崔璆、楊希古為宰相，……其餘以次封拜。（《唐書·逆臣列傳》，頁 2658 下左～2659 上右）

傳中詳細記載其人僭號、建元、封王、署官、置京、改幣等舉措，顯示其逆反實力堅強，擁護者眾，已能進行較細緻的部署、規畫，且朱泚、黃巢分別於宣政殿、含元殿即位，是其盤據京師、占領皇宮的證明。至於秦宗權，《舊唐書》稱「巢賊走關東，宗權逆戰不利，因與合從為盜。巢賊既誅，宗權復熾，僭稱帝號，補署官吏」〔註115〕，指出其有僭號稱帝、署官之實，然《新唐書》僅言其「嘯會逋殘，有吞噬四海意」〔註116〕而已，與其自身入傳標準不甚相侔，而所新增的傳主李希烈、董昌，則符合其標準，有僭號事實的紀載：

> 希烈已據汴，僭即皇帝位，國號楚，建元武成；以張鸞子、李綬、李元平為宰相，鄭賁為侍中，孫廣為中書令；披其地建四節度，以汴州為大梁府治，安州為南關。染石作璽。（《唐書·逆臣列傳》，頁 2648 上右）

〔註115〕見〔後晉〕劉昫：《舊唐書·安高孫史朱黃秦列傳》，頁 2703 上右～上左。
〔註116〕見〔宋〕宋祁、歐陽脩：《唐書·逆臣列傳》，頁 2662 上右。

（董昌）即偽位，國號大越羅平，建元曰天冊，自稱「聖人」，鑄銀
印方四寸，文曰「順天治國之印」。（《唐書・逆臣列傳》，頁 2663 下
左）

李希烈於《舊唐書》中，為〈劉董陸劉二李吳列傳〉合傳傳主，傳在李忠臣之
後，以其為李忠臣心腹出身故。該傳以「古之名將，以陰謀怨望，鮮全其族者」
〔註 117〕為核心，記錄將領前有功勳，後竟叛亂的情形，警惕上位者應謹慎於
御下。傳主七人僅李希烈有僭號事實，《新唐書》獨取李希烈入「逆臣」一類，
餘則棄之，是依其入傳繩準而為。董昌事跡於《舊唐書》，則附見於〈懿宗僖
宗本紀〉、〈昭宗哀帝本紀〉，及〈尚李戴陽李韓賈杜尉遲邢楊張列傳〉之中，
未另立傳，但有「浙東節度使董昌僭號稱羅平國，年稱大聖，用婺州刺史蔣瑰
為宰相，仍偽署官員」〔註 118〕的紀載，故《新唐書》擷取其人事跡，重新歸
置入〈逆臣列傳〉，亦服膺其內在準則之下。透過檢視〈逆臣列傳〉七位傳主
事跡，可知其諸傳主的職業共通點為僭號自立，而秦宗權未載其僭號事實，或
為疏漏。

由上可知，「姦臣」、「逆臣」與「叛臣」三類，於《新唐書》作者群心中
確實判然有別，其間的劃分依準十分明晰：「姦臣」屬文官系統，表面心向皇
室，內則明爭暗鬥、謀固私權，專注己利，不顧大局；「叛臣」擁兵自重，盤
據州府，造成重大經濟損害，使皇朝難以回復元氣，且有脅持皇帝的行為；「逆
臣」興兵作亂，多次攻陷京師，並有僭號自立之實，部署百官，勢力強大，此
三類臣子雖名為臣，實則不臣，《新唐書》將之由各紀傳中抽出重組，以類劃
分，強調其職業表現出來的特性，較《舊唐書》分散各傳、凸顯分期狀態的作
法，更加振聾發聵，使人不禁深思國家何以出現眾多的害蟲，具有深刻的積極
警世效用。

四、小結

《新唐書》於類傳中，增設「卓行」、「姦臣」、「逆臣」及「叛臣」四種類
目，並各有嚴格判定的入傳依準，顯示作者群並非隨興設立，而是有亟欲表露
的意旨，故以此舉展現之，且由「卓行」為類傳標目第一，餘者為全書末三傳，

〔註 117〕見〔後晉〕劉昫：《舊唐書・劉董陸劉二李吳列傳》，《景印文淵閣四庫全書・
　　　　史部》。冊三（全四冊）。臺北市：臺灣商務印書館。1983 年。頁 745 上左。
〔註 118〕見〔後晉〕劉昫：《舊唐書・昭宗哀帝本紀》，頁 414 上右。

即可知作者群的褒貶所在，較《舊唐書》的表現方式，更能傳達其創作理念，表達其品德至上的價值觀。「諸夷蕃將」及「宗室宰相」之篇，雖未與其他類傳同列，然觀其旨意，亦旨在勸善褒賢，同屬傳達良善的道德價值觀之傳。

第四節　結語

　　《舊唐書》有類傳十一篇，至《新唐書》增改為十七篇，而傳次、標目等亦略有更動，是二書作者群所欲凸顯的旨意不同之故，亦是其內在價值觀有所差異造成的情形。《舊唐書》類傳次序循史書舊例，依照人物社會地位高低排序，表露出的是社會性的功利價值觀，《新唐書》則特意將「忠義」、「卓行」、「孝友」等強調品行淳美的篇章置前，而「酷吏」、「宦者」等較負面警世的群類後移，是特為強調品德所設計。至於標目用字的細微差異，則源自其側重之處略有出入所致，如《舊唐書》以「宦官」一詞，指出其權勢如同官員，依次升等，甚可以與重臣比肩，《新唐書》則以「宦者」標明其職業為皇帝近侍；或如《舊唐書》以「文苑」集結以文擅場者，而《新唐書》改以「文藝」一詞，指明文學亦屬技藝之一。

　　經由比較二書的類傳，可發現《舊唐書》取人標準較為寬鬆，或因史料缺失，故部分人物不見其名而《新唐書》補之，《新唐書》擇人入傳時較為嚴謹，且於類傳體例編排上，明顯凸出其好惡，尤以品德高尚為先。

第陸章　兩《唐書》列傳比較研究（四）四夷及藩鎮列傳

　　正史自《史記》始，即有列傳記錄四方外族國家之例，如〈匈奴列傳〉、〈西南夷列傳〉等。其後史書如《漢書》亦有〈匈奴傳〉等、《後漢書》有〈烏桓鮮卑列傳〉及〈東夷列傳〉等，皆記錄王權之外的四方民族與本朝的互動往來。唐代對外征戰頻繁，而突厥、吐蕃等國亦時有寇邊、參與藩鎮內亂的情形，故四夷列傳之立，實有必要。

　　《舊唐書》將此類列傳置於人物類傳與最末傳〈安高孫史朱黃秦列傳〉之間，有〈突厥列傳〉、〈迴紇列傳〉、〈吐蕃列傳〉、〈南蠻西南蠻列傳〉、〈西戎列傳〉、〈東夷北狄列傳〉等共六篇。《新唐書》將之增改為八篇，依序為〈突厥列傳〉、〈吐蕃列傳〉、〈回鶻列傳〉、〈沙陀列傳〉、〈北狄列傳〉、〈東夷列傳〉、〈西域列傳〉，及〈南蠻列傳〉。前三篇為重合《舊唐書》原有篇章，後五篇則有新設的單篇如〈沙陀列傳〉，以及拆分原傳為二傳者如〈北狄列傳〉、〈東夷列傳〉等，且除首傳突厥外，其餘傳次均有調整，顯然二書作者群對各族的重視度輕重有別，繫聯各傳先後的關鍵亦不同，值得探究。

　　此外，《新唐書》增改原有篇章之際，錄入的小國與《舊唐書》略有出入，是其所增者與唐多有往來，所刪者實不緊要？或者時易名遷，或惑於外族音譯，故有同國異名的情形？皆須仔細辨明，了解其增刪是否合理，是否更優於《舊唐書》的配置。此外，二書對四夷列傳篇章的分合，是否有跡可循？是否合適？亦為可探究之處。

　　除四夷之外，《新唐書》針對影響唐代中後期甚巨的藩鎮亦設有新傳，以

表重視，即〈藩鎮魏博列傳〉、〈藩鎮鎮冀列傳〉、〈藩鎮盧龍列傳〉、〈藩鎮淄青橫海列傳〉及〈藩鎮宣武彰義澤潞列傳〉，共五篇。查察傳中人物事跡，可發現該五列傳由《舊唐書》各人物合傳中抽出重整而成，《新唐書》作此調整，所欲表達者何？其人物的抽取及重置是否合適？藩鎮盤據於不同地域卻合於一傳中記載，如〈藩鎮淄青橫海列傳〉與〈藩鎮宣武彰義澤潞列傳〉二傳，前者合淄青、橫海二鎮為一傳，後者合宣武、彰義、澤潞三區為一傳，其間線索為何？組合是否合宜？四篇藩鎮列傳是否意旨各異？或以四篇共旨，表達藩鎮動盪的現象？均值得仔細查索，亦為此章研究重點之一。

第一節　兩《唐書》四夷列傳名稱及編次

《舊唐書》有四夷列傳六篇，《新唐書》增改為八篇，且於篇目名稱與序位上略有調整。於篇名更動的部分，《舊唐書》有〈廻紇列傳〉、〈西戎列傳〉、〈南蠻西南蠻列傳〉，《新唐書》改稱為〈回鶻列傳〉、〈西域列傳〉及〈南蠻列傳〉。

查《舊唐書‧廻紇列傳》傳文，其族為匈奴後裔，其名起自特勒部落叛突厥自立，分為諸多小部落，「號俟斤，後稱廻紇焉」〔註1〕。於《新唐書》中，記敘則更詳盡，細數諸小部落，其一名為袁紇，「亦曰烏護，曰烏紇，至隋曰韋紇。……韋紇乃并僕骨、同羅、拔野古叛去，自為俟斤，稱回紇」〔註2〕，韋、廻韻母相同，皆為齊微韻陽平調合口呼〔註3〕，且廻、回同音異體，而護、紇聲母相同，皆音近之字，故可推知其名為音譯而來，不同時期或有變化。至於「鶻」字，與護同音異調，則是該族於憲宗元和四年（809）「遣使改為廻鶻，義取迴旋輕捷如鶻也」〔註4〕，有意識地選擇「鶻」字來象徵自身族群形象，故自元和四年後，應皆改稱「廻鶻」才是。然依此條紀錄來檢視《舊唐書》，可發現於元和四年前後，皆有「廻紇」與「廻鶻」的混用現象，而《新唐書》於篇名採用「回鶻」，內文亦是「回紇」、「回鶻」混用，顯見二書作者群編纂

〔註1〕見〔後晉〕劉昫：《舊唐書‧廻紇列傳》，頁2595上左。
〔註2〕見〔宋〕宋祁、歐陽脩：《唐書‧回鶻列傳》，頁2480上左～上右。
〔註3〕見〔元〕周德清：《中原音韻》，《四庫全書》第一四九六冊。上海市：上海古籍出版社。據臺灣商務印書館「景印文淵閣四庫全書」重印。1987年初版。頁655下左。
〔註4〕見〔後晉〕劉昫：《舊唐書‧廻紇列傳》，頁2603下左。

之時，認為二詞同義，故隨寫隨用，並無特別分辨及注意「鶻」字出現的時間點。二書篇名採用元和之前的「迴紇」，或之後的「回鶻」，皆是同義，無對錯、好惡之別。

　　《舊唐書・西戎列傳》中所錄國家，《新唐書・西域列傳》全囊括之，惟略新增未見名《舊唐書》的數小國，可知二傳所傳述的地域相同，非因所述地區不同而更名。其名之別，則在於主詞所關注的對象之異。戎，原為兵器之義，後引申為游牧民族之義〔註5〕，如西周末年的犬戎，曾攻入周朝都城鎬京，造成平王東遷雒邑，開啟東周時代。「西戎」一詞，意為西方少數民族，最早見於《詩經・小雅・出車》，提到「赫赫南仲，薄伐西戎」〔註6〕，是讚美南仲威風凜凜，前去討伐西戎的情景，《詩經・魯頌・閟宮》亦有「烝徒增增，戎狄是膺」〔註7〕之語，戎狄指的即是西方及北方的游牧民族，「戎」、「狄」均可以單獨表義，故可推知「西戎」一詞的重點在於「戎」，聚焦於少數民族之義，「西」字則為限定詞，用以劃定所指範圍。名之為〈西戎列傳〉，則意為載錄西方少數民族小國之傳。

　　「西域」一詞的主語為「域」，為地區之義，「西」同樣是限定詞，合其義則指西方一帶的地區。《史記》曾提及「西域」一詞，但並未作更多敘說，西域諸小國多附錄於〈大宛列傳〉，而《漢書》特別設立〈西域傳〉，則於開篇傳序中介紹其地界範圍：

> 西域以孝武時始通，本三十六國，其後稍分至五十餘，皆在匈奴之西，烏孫之南。南北有大山，中央有河，東西六千餘里，南北千餘里。東則接漢，阸以玉門、陽關，西則限以蔥嶺。其南山，東出金城，與漢南山屬焉。其河有兩原：一出蔥嶺山，一出于闐。于闐在南山下，其河北流，與蔥嶺河合，東注蒲昌海。蒲昌海，一名鹽澤者也，去玉門、陽關三百餘里，廣袤三百里。其水亭居，冬夏不增減，皆以為潛行地下，南出於積石，為中國河云。（《漢書補注》，頁5431～5435）

〔註5〕《說文・戈部》：「戎，兵也。」段玉裁注：「兵者，械也。……又引申為戎狄之戎。」見〔漢〕許慎撰，〔清〕段玉裁注：《說文解字注》，頁630上左。

〔註6〕見〔漢〕毛亨傳，〔漢〕鄭玄箋，〔唐〕孔穎達疏，〔清〕阮元校勘：《毛詩正義》，頁339下左。

〔註7〕見〔漢〕毛亨傳，〔漢〕鄭玄箋，〔唐〕孔穎達疏，〔清〕阮元校勘：《毛詩正義》，頁780下左。

其詳細描述當時漢朝所以為的西域，介紹其大致界定範圍，及其地界上的山河湖海與平原，東西範圍約略為今日帕米爾高原以東至玉門關之間，南北範圍約為天山以南至崑崙山，之後才繼續敘寫人情習俗與諸小國。唐代的西域範圍則更加擴大，東西範圍約由甘肅、新疆至中亞、西亞一帶，南北範圍則約由阿爾泰山以南至尼婆羅，其中諸國皆在兩《唐書》的紀錄範圍內，而以〈西域列傳〉為名，則是指記錄西方地域上諸國所發生之事。

「西戎」與「西域」，僅一字之差，聚焦點即因此有別，而由二書傳贊，亦可知作者群的關注點亦分別在於人及地域：

> 大蒙之人，西方之國。與時盛衰，隨世通塞。勿謂戎心，不懷我德。貞觀、開元，薰街充斥。（《舊唐書‧西戎列傳》，頁 2660 下左）

> 西方之戎，古未嘗通中國，至漢始載烏孫諸國。後以名字見者寖多。唐興，以次修貢，蓋百餘，皆冒萬里而至，亦已勤矣！然中國有報贈、冊弔、程糧、傳驛之費，……視地遠近而給費。……地廣則費倍，此盛王之鑒也。（《唐書‧西域列傳》，頁 2559 上右～上左）

《舊唐書》關注於唐與諸小國的往來情形，《新唐書》則重視地域拓展與經濟支出間的關係，反映出二書時代價值觀的相異之處：《舊唐書》作者群強調修德、安定國家以悅近來遠，顯示晚唐至五代時期的動盪不安，使之抱持如此期許；《新唐書》作者群則因北宋長期冗兵、冗官，及輸送遼國、西夏的大量歲幣所造成的國家經濟壓力，故而特別在意地域及經濟的互動問題，此一關注點之異即反映於二書的命篇之上。

此外，篇名有異者尚有〈南蠻西南蠻列傳〉與〈南蠻列傳〉。查《舊唐書‧南蠻西南蠻列傳》錄為傳主的族國，計有十五國，與《新唐書‧南蠻列傳》所載數目相同，然族國名稱差異甚巨。深究其中，可發現《舊唐書》所錄者，《新唐書》除東女因地域較近吐谷渾、党項及茂州，被移入〈西域列傳〉外，餘者盡皆保留，然有不少轉為附見，如陀洹國、墮和羅國、墮婆登國，以及東謝蠻、西趙蠻與牂柯蠻等，另新增《舊唐書》未見者，如投和、瞻博、室利佛逝、名蔑及兩爨蠻，則《舊唐書》以地域稱當地民族為南蠻、西南蠻，而《新唐書》將名稱合併為一南蠻而已，而非大加裁減或另獨立出西南蠻。

至於二書四夷列傳的編次之異，則詳見下表：

表 6-1：兩《唐書》四夷列傳序位比較表

書名 序位	《舊唐書》四夷列傳篇目	《新唐書》四夷列傳篇目
1	〈突厥列傳〉	〈突厥列傳〉
2	〈廻紇列傳〉	〈吐蕃列傳〉
3	〈吐蕃列傳〉	〈回鶻列傳〉
4	〈南蠻西南蠻列傳〉	〈沙陀列傳〉※新增
5	〈西戎列傳〉	〈北狄列傳〉
6	〈東夷北狄列傳〉	〈東夷列傳〉
7		〈西域列傳〉
8		〈南蠻列傳〉

　　由上表可發現，二書皆將突厥排為首位，回鶻及吐蕃則屬第二或第三位置。隨後《舊唐書》以南蠻西南蠻為第四、西戎第五，東夷北狄置於最末，《新唐書》則新增〈沙陀列傳〉，列為第四位，且將西南蠻概括入南蠻之中，分合傳〈東夷北狄列傳〉為二傳，重新調整次序，形成北狄第五、東夷第六、西域第七、南蠻最末的序位。

　　位次先後的關聯，往往是最重要者在前，之後依序次之，最末尾者則常因其寓意而被作者特意殿後，如《史記》以〈伯夷列傳〉為列傳首位，強調揖讓求仁的精神，及如《漢書》特以〈外戚傳〉、〈元后傳〉、〈王莽傳〉為列傳最末三傳，以誌西漢滅亡主因，其編列方式但憑作者心旨，以表其訴求為首要，因而傳次之間，應有脈絡可循。

　　《新唐書》襲改《舊唐書》而來，有意查闕補漏、改進其缺陷，不僅於內容上作修改，於體例編排上亦特意設計，其於四夷列傳開篇之首〈突厥列傳〉傳序中直言：

> 夷狄為中國患，尚矣。在前世者，史家類能言之。唐興，蠻夷更盛衰，嘗與中國亢衡者有四：突厥、吐蕃、回鶻、雲南是也。……凡突厥、吐蕃、回鶻以盛衰先後為次；東夷、西域又次之，迹用兵之輕重也；終之以南蠻，記唐所繇亡云。（《唐書·突厥列傳》，頁 2432上右～2434 上左）

作者群概述唐代開國以來能與之抗衡的四大外患，即突厥、吐蕃、回鶻三族，與雲南地域的部落小國，並於傳序最後直接說明四夷排序的第一條件是盛衰

的先後次序，第二再以唐朝用兵多寡排列，最後以南蠻為唐末亂階由來，以之結尾誌唐亡之因，條述分明，可見作者群的用心安排。

檢視突厥、吐蕃、回鶻三族事跡，可發現突厥與中原地區發生頻繁接觸的時間點為隋末大亂，其「控弦且百萬，戎狄熾彊，古未有也」〔註8〕，直到太宗成功以武力鎮壓，突厥殘部四散，接觸次數才逐漸緩和；吐蕃的紀載起自太宗貞觀八年（634），即有「勒兵二十萬入寇松州，命使者貢金甲，且言迎公主」〔註9〕的紀錄，顯示當時吐蕃首領弄贊對自身實力的自信，企圖以武力脅迫來求娶公主，其後往往一面請和，一面偷襲寇邊，未有平息，以蠶食鯨吞的方式奪取地盤，往來紀錄僅至懿宗咸通二年（861）吐蕃叛軍首領尚恐熱亡為止，後略敘沙州、甘州等地為回鶻所併；回鶻事跡的載錄起自隋朝大業末年，實力之強已能與突厥爭地，與唐接觸則是貞觀三年（629）來朝進貢，隔年又入朝請封，且稱「突厥已亡，惟回紇與薛延陀為最雄彊」〔註10〕，武宗時因內亂而勢衰，至懿宗、昭宗時期已是「王室亂，貢會不常，史亡其傳。……其國卒不振，時時以玉、馬與邊州相市云」〔註11〕，呈明顯衰敗之象。三族中，最先強盛者無疑是突厥，然吐蕃及回鶻紀錄的時間起點相彷彿，當是時二者實力皆有雄強之謂，內亂衰微時間亦相近，則《新唐書》何以認為盛衰先後是吐蕃在前，而回紇在後？顯然另有判斷依歸，不僅以紀錄時間點為準。

重新審視唐朝與三族往來事跡，則可發現雙方時戰時和，相互利用的情形頗多，而三族強盛之時，甚至能進犯京師，如高祖武德九年（626）突厥頡利可汗（？～634）直逼長安、玄宗開元二年（714）及敬宗寶應元年（825）吐蕃攻陷臨洮〔註12〕、秦州〔註13〕，或如代宗大曆十三年（778）回紇入侵太原〔註14〕掠殺萬人，均一度造成危急的情勢，然「進逼京師」亦非評判依準，而應是以其強盛使唐朝必須用懷柔政策對待來作為判斷標準。

以之查察三篇傳文內容，可發現突厥於隋朝大業末年已是實力非常強盛，當時各路起義軍隊皆企圖與之交好，除了可借力反隋，亦防備其從北方突襲，

〔註8〕見〔宋〕宋祁、歐陽脩：《唐書‧突厥列傳》，頁2434下右。
〔註9〕見〔宋〕宋祁、歐陽脩：《唐書‧吐蕃列傳》，頁2459上左。
〔註10〕見〔宋〕宋祁、歐陽脩：《唐書‧回鶻列傳》，頁2480下右。
〔註11〕見〔宋〕宋祁、歐陽脩：《唐書‧回鶻列傳》，頁2492上左～下右。
〔註12〕約今甘肅省岷縣，距西安不到五百九十公里。
〔註13〕約今甘肅省武山縣，距西安不到四百五十公里。
〔註14〕約今山西省太原市，距西安約六百公里。

高祖李淵亦為其中一員：

> 隋大業之亂，始畢可汗咄吉嗣立，華人多往依之，契丹、室韋、吐
> 谷渾、高昌皆役屬，竇建德、薛舉、劉武周、梁師都、李軌、王世充
> 等偶起虎視，悉臣尊之。控弦且百萬，戎狄熾強，古未有也。高祖
> 起太原，遣府司馬劉文靜往聘，與連和。（《唐書‧突厥列傳》，頁 2434
> 下右）

當是時，契丹、高昌等族皆為突厥臣屬，起義的竇建德（573～621）、劉武周
（？～622）、王世充等亦尊其為君，而高祖自太原起兵，前為隋朝，後為突厥，
未免受前後夾擊之險，派劉文靜（568～619）前往求結聯盟。游牧民族人數原
為少數，卻能強大如斯，被人深刻忌憚，此為唐朝對突厥的第一次示好、拉攏。
其後唐朝雖已確立，高祖對突厥仍然抱持著警惕、示好的態度：

> 武德元年，骨咄祿特勒來朝，帝宴太極殿，為奏九部樂，引升御
> 坐。……二年，始畢自將度河，……將侵太原。會病死，帝為發哀
> 長樂門，詔羣臣即館弔其使，遣使者持段物三萬賻之。（《唐書‧突
> 厥列傳》，頁 2434 下左）

武德元年（618），突厥可汗來訪，高祖以最高規格招待，隔年可汗企圖入寇太
原時病死，還為其在京城舉辦追思悼會，遣使前往致禮。這些舉動已不能簡單
以懷柔態度來解釋，甚至已顯得有些卑微，正是側面證實當時突厥正處於強盛
之期，高祖方開國，只得避其鋒芒，用這些示好手段來避免突厥有藉口發動戰
爭。

　　吐蕃實力之壯，需要唐朝嚴陣以對，且以和親懷柔方式來處理，於傳文中
可追溯至太宗貞觀八年（634）之時：

> 貞觀八年，……弄贊聞突厥、吐谷渾竝得尚公主，乃遣使齎幣求昏，
> 帝不許。……弄贊怒，……勒兵二十萬入寇松州，命使者貢金甲，
> 且言迎公主，……其大臣請返國，不聽，自殺者八人。至是弄贊始
> 懼，引而去，以使者來謝罪，固請昏，許之。……十五年，妻以宗
> 女文成公主，詔江夏王道宗持節護送。（《唐書‧吐蕃列傳》，頁 2459
> 上左～下右）

當時得尚公主者，有突厥、吐谷渾等國，均實力強盛，是盤據唐朝北方的勁敵。
太宗原本不在意吐蕃這遠在邊陲的國家，但始料未及的是其竟以大軍壓境來
脅迫求娶，後雖稍打退，然其軍解去乃是因吐蕃臣子死諫，方才退兵請罪，因

而之後依舊遣使請婚求公主時，太宗應許之。當時距唐朝開國方十六年，且連年征戰，剛打敗突厥頡利可汗，不宜輕啟戰端，而原不許婚，後又應允，顯然是表達一種柔性安撫的態度，希望藉此緩和雙方的關係，側面顯示出吐蕃之盛，已需要唐朝認真對待。

至於回鶻實力壯盛，可自貞觀三年（629）「突厥已亡，惟回紇與薛延陀為最雄彊」〔註15〕一語得知，此時回鶻入朝進貢，表現出略低於唐的姿態，參加多場對突厥的戰役，以作為唐的好盟友，如：

> （突厥）阿史那賀魯之盜北廷，（回鶻）婆閏以騎五萬助（唐）契苾何力等破賀魯，收北廷；又從伊麗道行軍總管任雅相等再破賀魯金牙山。遷右衛大將軍，從討高麗有功。（《唐書‧回鶻列傳》，頁 2481 上左）

突厥侵奪北方，回鶻則協助唐朝軍隊奪回地盤，不僅接受唐朝的加封，又協助征討高麗，展現聽命於唐的態度。又如：

> 武后時，突厥默啜方彊，取鐵勒故地，故回紇與契苾、思結、渾三部度磧，徙甘、涼間，然唐常取其壯騎佐赤水軍云。……明年，助唐攻殺默啜，於是別部移健頡利發與同羅、霫等皆來，詔置其部於大武軍北。（《唐書‧回鶻列傳》，頁 2481 上左～下右）

武后時期，突厥之勢又起，逼得回鶻及契苾等三部遷徙至甘肅一帶，更加依附唐朝以求庇護，唐朝則以其青壯充入軍隊作為條件。隨後助唐打敗突厥，其餘支部亦同來依附，被安置於今山西省北方。此時回鶻對唐仍呈現較為弱勢的姿態，之後發展愈來愈好，至天寶年間，已是「斥地愈廣，東極室韋，西金山，南控大漠，盡得古匈奴地」〔註16〕。其勢之強盛迫使唐朝須得採用懷柔之策以待，則是在安史之亂時：

> 肅宗即位，使者來請助討祿山，帝詔燉煌郡王承寀與約，而令僕固懷恩送王，因召其兵。可汗喜，以可敦妹為女，妻承寀，遣渠領來請和親，帝欲固其心，即封虜女為毗伽公主。……與子儀會呼延谷，可汗恃其彊，陳兵引子儀拜狼纛而後見。帝駐彭原，使者葛羅支見，恥班下，帝不欲使鞅鞅，引升殿，慰而遣。俄以大將軍多攬等造朝，及太子葉護身將四千騎來，……帝命廣平王見葉護，約為昆弟，葉

〔註15〕見〔宋〕宋祁、歐陽脩：《唐書‧回鶻列傳》，頁 2480 下右。

〔註16〕見〔宋〕宋祁、歐陽脩：《唐書‧回鶻列傳》，頁 2481 下左～2482 上右。

護大喜，使首領達干等先到扶風見子儀，子儀犒飲三日。（《唐書·
回鶻列傳》，頁 2482 上右～上左）

蕭宗於靈武即位，與回鶻相約，召其兵來協助討伐安祿山，為拉攏回鶻，先封
可汗妻妹為公主，同意和親，而大將郭子儀須忍受可汗逼迫拜旗的無禮，招待
回鶻將領等人，蕭宗本人亦對回鶻使者拳拳勸慰，並令太子廣平王李豫見回鶻
太子葉護時，結拜為兄弟。種種舉動的背後，代表的是當時唐朝需仰賴回鶻的
力量去剿滅安祿山，故而蕭宗、太子及郭子儀等人，均不得不對回鶻忍氣吞聲，
堂堂皇帝竟須對一使者勸慰，足見唐與回鶻雙方地位已經**翻轉**。

　　《新唐書》自言以盛衰先後次序突厥、吐蕃、回鶻三族，然其中吐蕃及回
鶻的盛衰次序並不明晰，而以唐用懷柔政策對待為該族強盛的判斷依準，可發
現時間點先後次序為突厥、吐蕃、回鶻，則三族先後之次再無疑處，故可知其
序列三族的關鍵在於唐朝的對外態度。

　　《舊唐書》四夷列傳中並未提及其編序的線索，且《新唐書》襲改時並未
更動太多，二書內容大致無異，則其首列突厥，次之回鶻，再次吐蕃的根由，
或可藉《新唐書·回鶻列傳》傳贊所言而窺知：

> 太宗初興，嘗用突厥矣，不勝其暴，卒縛而臣之；蕭宗用回紇矣，
> 至略華人，辱太子，笞殺近臣，求索無倪；德宗又用吐蕃矣，劫平
> 涼，敗上將，空破西陸。（《唐書·回鶻列傳》，頁 2500 上左）

其指出唐朝三次利用外族弭平中原禍亂之事，分別是高祖及太宗用突厥力壓
隋末群雄、蕭宗用回鶻驅滅安祿山、德宗用吐蕃平朱泚之亂，且三君王惟太宗
能用之，能服之，而蕭宗、德宗則能用而不能服，致使國家因而再受劫掠。唐
代三次借外族之力平中原大亂，是自力不足而倚外援之勢，於中外關係上亦非
常態，實屬特例，足以引起史家注意，而藉以為序列線索，上述《新唐書》等
語，可為《舊唐書》此三族的序次作注解。

　　於三族之後，《新唐書》稱「東夷、西域又次之，迹用兵之輕重也」[註17]，
三族及東夷、西域之間，缺少〈沙陀列傳〉與〈北狄列傳〉的序列原因。〈沙
陀列傳〉為《新唐書》所新增，《舊唐書》未曾因之立傳，沙陀其名僅附見於
本紀、列傳之中，而觀唐代中後期的本紀，可發現唐朝廷對其武力仰賴頗深，
如僖宗乾符六年（879），黃巢攻陷京師，肆虐不已，竟直至中和二年（882），
方賴沙陀李克用（856～908）收復之，功為第一；又如昭宗時，王行瑜、李茂

〔註17〕見〔宋〕宋祁、歐陽脩：《唐書·突厥列傳》，頁 2434 上左。

貞等人聯兵進犯京師，亦賴李克用解圍，而由昭宗當時舉措，可見其欲拉攏示好之意：

> 克用請帝責茂貞罷兵，因削官爵，願與河中共討之。帝詔弟事行瑜，貸茂貞，俾結好。朱詔賜魏國夫人陳氏。陳，襄陽人也，善書，帝所愛，欲急平賊，故予之。（《唐書·沙陀列傳》，頁 2506 上右）

李克用請昭宗下旨責令李茂貞停兵，然昭宗擔憂李克用不敵李茂貞及王行瑜，反下詔令李克用結交李、王，不要激怒二人，且惟恐其不聽令，而賜下自己的愛妾予之，冀其能慢慢化解危局。當時京師淪陷，昭宗出奔至石門鎮〔註18〕，能隨行者必為其所鍾愛，而以所愛賜予李克用，顯然已無計可施，只能寄望於其身上而已。此為唐朝廷對沙陀的懷柔示好之舉，且未曾針對沙陀常用兵力，故〈沙陀列傳〉應屬於《新唐書》所謂「以盛衰先後為次」者，而非「跡用兵之輕重」者。又，沙陀之興，在吐蕃之後，同時亦造成吐蕃勢力的衰滅：

> 吐蕃寇邊，常以沙陀為前鋒。……始，沙陀臣吐蕃，其左老右壯，澗男女，略與同，而馳射趫悍過之，虜倚其兵，常苦邊。及歸國，吐蕃繇此亦衰。（《唐書·沙陀列傳》，頁 2501 下左～2502 下左）

沙陀為西突厥別支，驍勇善戰，因回鶻勢盛而依附吐蕃，然吐蕃雖用其為戰爭先鋒，卻常疑其別有他心、首鼠兩端，故沙陀終離吐蕃，依歸唐朝，而吐蕃資唐悍將，自己亦無替代者，故唐末時勢力漸衰。以唐用懷柔以對的時間點來看，回鶻在肅宗時期，沙陀於昭宗時期，因而《新唐書》置〈沙陀列傳〉於〈回鶻列傳〉之後，十分適宜。

至於〈北狄列傳〉，內含有契丹、奚、室韋、黑水靺鞨、渤海等五族國，皆位於唐朝東北方向。查傳文所述，亦有唐以宗室女為公主和親之事，然即使如契丹為五國最強者，其事亦無礙中原大局，文中亦不見朝廷特意禮下於人之態，均是正常的來朝與詔賜，遠不如面對突厥、回鶻等，因深受威脅而不得不懷柔以對之狀，故應非以「盛衰先後」為排序條件。

以「用兵輕重」為線索檢視，可發現唐朝廷征討契丹者十次，伐奚者九次，擊室韋者二次，而討黑水靺鞨者一、渤海者二，整體比例較〈東夷列傳〉與〈西域列傳〉為高：東夷五國中，伐高麗者九次，討百濟者二次，新羅僅一次，日本及流鬼則無；西域諸國中，擊党項者四次，征吐谷渾者三次，而討高昌、焉耆、龜茲、天竺及附見喝盤陀、小勃律者各一次。相較之下，唐朝征討北狄諸

〔註18〕今陝西省西安市藍田縣湯峪鎮，約於西安市東南四十公里處。

國的頻率較東夷、西域等高出許多。由此可知，《新唐書》論「用兵輕重」者，則確實應以北狄為先，東夷次之，西域殿後。

　　《新唐書》置南蠻為四夷最末，以其能「記唐所繇亡」〔註19〕，而查其傳文，可發現〈南蠻列傳〉所錄族國眾多，其中以南詔為最強盛，而南詔自文宗大和三年（829）起，開始掠奪唐朝西南資源，如：

　　　　嵯巔乃悉眾掩邛、戎、嶲三州，陷之。入成都，止西郛十日，慰賚居人，市不擾肆。將還，乃掠子女、工技數萬引而南，人懼自殺者不勝計。救兵逐，嵯巔身自殿，至大度河，謂華人曰：「此吾南境，爾去國，當哭。」眾號慟，赴水死者十三。南詔自是工文織，與中國埒。（《唐書‧南蠻列傳》，頁2567上左）

南詔王嵯巔藉入寇成都的機會，大肆掠走青年男女及各類技術工人數萬名回國，以發展南詔國內工藝。此後發展愈佳，至宣宗大中時期已自稱皇帝，入寇播州、武州、巒州、嶲州等，而於懿宗、僖宗時期長年侵擾成都及安南一帶。當是時，黃巢之亂方興未艾，且藩鎮勢強，唐朝廷左右支絀，國勢愈下，《新唐書》以為此境況是自「懿宗任相不明，藩鎮屢畔，南詔內侮，屯戍思亂，……兵連不解，唐遂以亡」〔註20〕，指出唐朝後期戰爭連年不停，內亂外患併發，百姓無喘息之機，故耗盡國力而無法復振。其以為「有國者知戒西北之虞，而不知患生於無備。……唐亡於黃巢，而禍基於桂林」〔註21〕，自有唐開國初始，朝廷即十分重視北方、西北方的突厥、回鶻等族，而輕忽西南方的少數民族，當其憂心與回鶻、吐蕃等族的攻防之時，西南民族的勢力已藉機壯大，而於後期造成巨大影響。《新唐書》特意置該傳於最末，是欲藉以警示後世禍患生於不慮之危。

　　《舊唐書》以「唐朝三借外力平內亂」為脈絡，序次突厥、回鶻、吐蕃三傳後，續以〈南蠻西南蠻列傳〉、〈西戎列傳〉，最末為〈東夷北狄列傳〉，後三者間的繫聯並不明確。藉由三傳傳贊的辨析，可發現其中有一共同核心：務先修德，則自然致遠，如〈南蠻西南蠻列傳〉稱：

　　　　西南之蠻夷不少矣，雖言語不通，嗜欲不同，亦能候律瞻風，遠修職貢。但患己之不德，不患人之不來。何以驗之？貞觀、開元之盛，

〔註19〕見〔宋〕宋祁、歐陽脩：《唐書‧突厥列傳》，頁2434上左。
〔註20〕見〔宋〕宋祁、歐陽脩：《唐書‧南蠻列傳》，頁2574上左。
〔註21〕見〔宋〕宋祁、歐陽脩：《唐書‧南蠻列傳》，頁2574上左。

來朝者多也！（《舊唐書·南蠻西南蠻列傳》，頁 2644 上左）

其以為西南民族雖與中原語言、文化不同，亦可使之瞻仰唐朝文化、朝貢采風，朝廷無須擔憂無法招徠遠客，若能如貞觀、開元般的盛世，來朝貢者將絡繹不絕。透過此段話，《舊唐書》舉出能修己德的代表為太宗貞觀年間，以及玄宗開元之時。此二段時期為唐代實力極為強盛之時，無論是文化、兵力，均能強勢展現，顯然其所謂的「德」，即是指自身國家的強大，只要自身足夠強勁，他方小國亦遠來朝貢。又如〈西戎列傳〉所言：

> 有唐拓境，遠極安西，弱者德以懷之，強者力以制之。開元之前，貢輸不絕。天寶之亂，邊徼多虞，邠郊之西，即為戎狄，薰街之邸，來朝亦稀。故古先哲王，務寧華夏，語曰：「近者悅，遠者來。」斯之謂矣！（《舊唐書·西戎列傳》，頁 2660 下右～下左）

其指出對待他國的方式應為扶持弱小、打壓強國，而有唐至開元之時，西域遠方諸小國仍能朝貢不絕，直至安史之亂後，道路為回鶻、吐蕃等勢力阻絕，小國或被吞併，朝貢因此日益稀少。故此，能「悅近來遠」者，則須「務寧華夏」，先安定己方，才能招致遠方慕強而來。

又如〈東夷北狄列傳〉：

> 夷狄之國，猶石田也，得之無益，失之何傷，必務求虛名，以勞有用。但當修文德以來之，被聲教以服之，擇信臣以撫之，謹邊備以防之，使重譯來庭，航海入貢，茲庶得其道也！（《舊唐書·東夷北狄列傳》，頁 2686 上左）

《舊唐書》以為毋須征伐遠方小國，因得之既管理不易，不得亦無損失，不應為虛名而耗費國力，而是應該發展己身文化，使其服膺教化，以忠誠之臣鎮撫，以謹慎之心防備，若能使四方諸國來朝，方能稱撫遠有方。其中，「修文德」所指亦是安寧本朝，使文化蓬勃發展，強化自身經濟軟實力，百姓繁盛。此外，「謹邊備以防之」與前所謂「強者力以制之」，則是指出自身亦須擁有武力，對他國謹慎以對。

由此可知，〈南蠻西南蠻列傳〉、〈西戎列傳〉，及〈東夷北狄列傳〉三傳，所欲傳述者一，即是強調先安定內部、穩固自身發展，而無須勞軍征遠。其核心意旨相同，不若突厥、回鶻、吐蕃等以族為傳目，而以地域範圍為名，不循方向順逆，亦無暗藏用兵先後、輕重程度等脈絡，《舊唐書》或以此三傳地位等同，不分先後，故而隨意排列，呈現如今所見的樣貌。

小結

　　經由上述所論，可知二書四夷列傳傳名小有出入者有三：迴紇、回紇、回鶻三者之異，由歷史音譯變化及有意識擇字而來；西戎、西域，是因作者群所關注的主體不同所致，西戎一詞代表聚焦在族群發展，西域則著重於所劃地區範圍內的變化；南蠻西南蠻則因合併關係，改稱南蠻而已。

　　至於編次之異，《舊唐書》以唐朝廷三用外族平內亂之序，次突厥、回鶻、吐蕃，再以修己德為核心，隨意排列其心中地位等同的南蠻西南蠻、西戎及東夷北狄，《新唐書》則於〈突厥列傳〉傳序闡述己意，指出以盛衰先後為線索，次序突厥、吐蕃、回鶻及沙陀，而盛衰的判定標準為唐朝以其為威脅，採懷柔示好態度為依準，再以用兵輕重，次北狄、東夷、西域，最末為南蠻，以警誌唐朝滅亡的潛因。因而可知，二書四夷列傳的排序，各有其脈絡，而非隨採隨編入，其中隱含作者群的價值取向：《舊唐書》極為重視國家自身的安定，強調應先安內，毋急於攘外，《新唐書》則警惕周遭各國，無論是盛衰先後或是用兵輕重，其實均是以該國對唐朝的威脅程度排序，顯示出作者群身處外強環伺的北宋時代，心中油然激發的危機感。

第二節　兩《唐書》四夷列傳重合篇章

　　《舊唐書》四夷列傳共六篇，《新唐書》增改為八篇，其重合的篇目即有五篇，分別為〈突厥列傳〉、〈吐蕃列傳〉、〈回鶻列傳〉、〈南蠻列傳〉，與〈西域列傳〉。除名稱上略有調整外，《新唐書》保留《舊唐書》傳篇內容，並新增其或因未見而失載者。於體例修整上，較為明顯者是《新唐書》於各篇之首增加傳序，皆先闡敘其族根由，及其風俗與國制，較《舊唐書》直接撰錄諸國為佳，且於為首的〈突厥列傳〉傳序中，載錄唐朝各期對外政策的討論，對了解各時期情勢變化及朝廷態度，助益頗多。

　　二書四夷篇章直接重合者甚多，然其中意旨不盡相同，表現出作者群對對外關係著重點的異同。《舊唐書・突厥列傳》之贊稱「中國失政，邊夷幸災。理亂之道，取鑒將來」〔註22〕，指出中原地區與邊疆諸國為敵對競爭關係，故其見中原動亂則幸災樂禍，更藉以謀求好處，而此傳所寓意的治亂道理，可作為後世借鏡，並詳細述明突厥興亡緣由：

〔註22〕見〔後晉〕劉昫：《舊唐書・突厥列傳》，頁 2594 上右。

中原多事，外國窺邊，……高祖借其力而入平京師，羣賊附其強而迭據河朔。高祖同御榻以延其使，太宗幸便橋以約其和。當其時焉，不其盛矣！竟滅其族而身死於國者，何也？咸謂太宗有馭夷狄之道，李勣著戡定之功。殊不知突厥之始也，賞罰明而將士戮力。遇煬帝之亂，亡命蓄怒者既附之，其興也宜哉！頡利之衰也，兄弟搆隙而部族離心。當太宗之理，謀臣猛將討逐之，其亡也宜哉！……西突厥諸族，遇其理，則眾心悅附而甲兵興焉；遇其亂，則族類怨怒而本根破矣！理亂二道，華夷一途。或質言於盛衰倚伏，未為確論。

（《舊唐書·突厥列傳》，頁 2593 下左～2594 上右）

其描述突厥強盛之景，中原多方勢力皆欲借力，高祖亦為其中一員，當是時，突厥強盛至極，而其族之衰亡，亦不能全歸功於太宗英明與李勣（594～669）善戰之上。《舊唐書》認為興衰必有根由，指出突厥勢力的興盛是因其可汗賞罰有度，而將士戮力效命，遇到隋末大亂即趁時而起，蠶食鯨吞周圍地域，傳至頡利可汗時，因繼承紊亂而親族心結漸生，出現多頭領導以致部族崩解，實力大減，太宗則見機興伐，故亡其族國。因此，上位者是否英明、傳承是否穩定，能窺知一族甚至一國的盛衰。《舊唐書》更進一步舉西突厥諸部為例，指出這些族群若遇到英明首領，則能齊心協力，因而強盛起來；反之，若遇昏昧領袖，則族內紛擾嫌隙不休，從內部開始毀敗，終至於破滅。其以為治亂變換的道理，不分中原、他國，一體適用，且非簡單概述就能破解箇中關竅。《舊唐書》藉由探討突厥興衰，引伸至國家強盛之道，冀以其興滅為借鑑，為此傳意旨。

《新唐書》雖同樣關注突厥的興起與驟衰，卻又與之略有不同，並未特別探究興衰的因由，轉而讚美太宗功勳：

當此時，四夷侵，中國微，而突厥最彊，控弦者號百萬，華人之失職不逞皆往從之，甚之謀，導之入邊，故頡利自以為彊大，古無有也。高祖初即位，與和，因數出軍助討賊，故詭臣之，贈予不可計。虜見利而動，又與賊連和，殺掠吏民，於是掃國入寇，薄渭橋，騎瀁蒙京師。太宗身勒兵，顯責而陰間之，戎始內阻。不三年，縛頡利獻北闕下，霆掃風除，其國遂墟。自《詩》、《書》以來，伐暴取亂，蔑如帝神且速也，秦漢比之，陋矣。然帝數暴師不告勞，料敵無遁情，善任將，必其功，蓋黃帝之兵也。而突厥乃以失德抗有道，

寖衰當始興，雖運之盛衰屬于天，而其亡信有由矣！（《唐書・突厥列傳》，頁 2457 上右〜上左）

隋末天下大亂，中原多方勢力貪圖突厥強盛，引之入邊以借力，然《新唐書》以「自以為」三字暗示突厥自信心已過度膨脹，而對高祖曾聯合突厥之事開脫，認為因突厥曾出兵助陣，故而「詭臣之」，用「詭」字表明此為敵我雙方往來的正常權謀，猶如詐降一般，故意示弱以圖謀後事，再指出太宗用反間計使其內部紛擾，不能同心，迅速掃除突厥勢力，滅其族國，更稱有史以來消滅禍患「蔑如帝神且速也」，秦皇漢武相較不如，贊其用兵如神。其以為盛衰時機屬於天運，不可料測，然其亡滅則確實有因：突厥不辨形勢之變化，誤以「寖衰當始興」，去對抗有明君猛將齊心的唐朝，故而敗亡。

　　就二書傳贊所透露者，可發現《舊唐書・突厥列傳》意欲使人深思國家興衰的根由，以進一步防微杜漸，立意較為高拔，而《新唐書》於傳贊感嘆突厥的興衰、誇贊太宗的功績，與之相較竟略顯平淡，更不若其傳序列諸臣對策的巧思之佳，殊為可惜。

　　《舊唐書・廻紇列傳》同樣試圖解析王朝興亡原因，借唐朝與回鶻間的往來事跡，抒發慨歎，進一步衡量中原內亂與邊疆外患的輕重之害：

蔡邕云：「邊陲之患，為手足之疥；中國之困，為胸背之疽。……。」自太宗平突厥，破延陀，而廻紇興焉。太宗幸靈武以降之，置州府以安之，以名爵玉帛以恩之。其義何哉？蓋以狄不可盡，而以威惠羈縻之。開元中，……不其盛矣！天寶末，奸臣弄權於內，逆臣跋扈於外，內外結釁而車駕遷遷，華夷生心而神器將墜。肅宗誘廻紇以復京畿。代宗誘廻紇以平河朔。戡難中興之功，大即大矣！然生靈之膏血已乾，不能供其求取；朝廷之法令竝弛，無以抑其憑陵。忍恥和親，姑息不暇。僕固懷恩為叛，尤甚阽危；郭子儀之能軍，終免侵軼。比昔諸戎，於國之功最大，為民之害亦深。及勢利日隆，盛衰時變，冰消瓦解，如存若亡，竟為手足之疥焉。僖、昭之世，黃、朱迭興，竟為胸背之疽焉。手疥背疽，誠為確論。（《舊唐書・廻紇列傳》，頁 2606 下左〜2607 上右）

其以為外族興滅不斷，如春風吹發野草，因此太宗採用羈縻策略，示之以威，施之以惠，使之勿擾中原，直到玄宗開元時期，仍能沿用此策。至玄宗天寶時期，朝政昏暗，爆發安史之亂，致使肅宗、代宗須借回鶻之力平亂。然則亂雖

能平，亦無法恢復大亂前的盛世之景，難以應對回鶻恃功自大、頻頻侵擾之舉，只能採姑息策略，暫時容忍。於此期間，更有僕固懷恩引狼入室，所幸仍能依靠郭子儀，化解此危局。回鶻於唐有功，危害亦深，而時移事易，隨世變遷，回鶻自身內亂不已，勢力分散，則無法再對中原產生影響，反而是黃巢、朱溫等人對唐危害更深。由此，《舊唐書》引蔡邕（133～192）之言評論外患與內亂之別，猶如手足疥瘡與胸背癰疽，前者日日癢痛不斷，使人不勝其擾，而後者一旦生發則難以根治，往往致命，並稱「誠為確論」〔註23〕贊同蔡邕論點，顯然作者群以為外族雖為強敵，卻毋須列為首要，而應以自身內部安穩為重。

《舊唐書》作者群之所以發如此慨歎，是因近在眼前的歷史教訓：五代時期的後唐莊宗李存勗（885～926），以勇猛善戰聞名，滅後梁、敗契丹，掃除北方阻礙後，並未亟思發展國家農業及經濟、安定人民生活，反以為大業已立，可安逸享樂，開始荒廢朝政、昏聵行事，導致國家內部叛亂不斷，終因政變而亡。其後莊宗李嗣源（867～933）後期亦因政變而子孫遭戮，國家動盪，而嗣後閔帝、末帝未及三年，即為外戚石敬瑭（892～942）所篡。自莊宗稱帝（923）至末帝自焚（937）僅十四年，已經歷皇位三傳，內部不安，將領人人自危或生私心，更遑論團結兵力，一致向外。晉高祖石敬瑭引契丹為援以平天下，亦導致之後為契丹所掣肘，後患無窮，故此，作者群以為國家政策應是先內後外，未能安內，何談攘外！

《新唐書‧回鶻列傳》所側重者則與《舊唐書》相異，將焦點放在與外族的利用關係之上，同時，盛讚太宗的情形於此傳中亦可見到：

> 夷狄資悍貪，人外而獸內，惟剽奪是視。故湯、武之興，未嘗與共功，蓋疏而不戚也。太宗初興，嘗用突厥矣，不勝其暴，卒縛而臣之。肅宗用回紇矣，至略華人，辱太子，笞殺近臣，求索無倪。德宗又用吐蕃矣，劫平涼，敗上將，空破西陲。所謂引外禍平內亂者也。夫用之以權，制之以謀，惟太宗能之。若二主懦昏，狃而狎之，烏勝其弊哉！彼親之則責償也多，懍而不滿則滋怨，化以仁義則頑，示以法則忿，熟我險易則為患也博而慘，療餒以野葛，何時可哉？故《春秋》許夷狄者，不一而足，信矣。（《唐書‧回鶻列傳》，頁 2500 上左）

其直言邊疆民族生性貪婪強悍，嗜好掠奪，外表雖為人，內裡實如野獸，評價十足尖刻負面，故而前代賢王不曾與之合作，且羅列唐代三用外族平內亂的不

〔註23〕見〔後晉〕劉昫：《舊唐書‧迴紇列傳》，頁 2607 上右。

同結果。外族皆貪婪狡詐，然太宗有能力能降伏突厥，而肅宗、德宗軟懦昏昧，無法阻止回鶻、吐蕃的侵擾，借其力而反受其害，更指出外族極其難纏，親近之則索求無度，不滿足其欲則橫生埋怨，教之仁義則冥頑難化，以法約束則忿恨難平，若使其知本國地勢險要，則入寇為禍時範圍廣而慘烈，最後評論借外族之力平內亂，猶如以毒草止飢，是錯誤的選擇。

　　整體而言，《新唐書》於此雖以「夫用之以權，制之以謀，惟太宗能之」〔註24〕一語，盛讚太宗之能馴突厥，然亦指出朝廷引外為援的弊端，以為絕非良策，意旨深刻，諄諄告誡，足以令人深思。以《新唐書》作者群為代表的北宋士人面對外族，雖已有如此深刻的批判與警惕，然觀其歷史，北宋用「聯金滅遼」之策，導致北宋滅亡，南宋則因「聯蒙古滅金」而王朝終結，均是引外援解困，反受其害的結局，忘前史之鑑，代價實足慘重。

　　至於〈吐蕃列傳〉，二書著重者亦不同，《舊唐書》針對吐蕃反覆的行徑，予以譴責，《新唐書》則於此傳檢討吐蕃肆虐之因，認為應以治內為首要，反與《舊唐書・迴紇列傳》主旨相侔。《舊唐書・吐蕃列傳》傳贊稱：

> 彼吐蕃者，西陸開國，積有歲年，蠶食隣蕃，以恢土宇。高宗朝，地方萬里，與我抗衡；近代已來，莫之與盛。至如式遏邊境，命制出師，一彼一此，或勝或負，可謂勞矣！迨至幽陵盜起，乘輿播遷，戍卒咸歸，河、湟失守，此又天假之也。自茲密邇京邑，時縱寇掠，雖每遣行人，來修舊好，玉帛纏至於上國，烽燧已及於近郊，背惠食言，不顧禮義，即可知也。夫要以神明，貴其誠信，平涼之會，畜其詐謀，此又不可以忠信而御也。孔子曰：「夷狄之有君，不如諸夏之亡也。」誠哉是言！（《舊唐書・吐蕃列傳》，頁2634上左～下右）

傳贊稱高宗朝為「我」，應為唐代史官紀錄痕跡。贊中略述與吐蕃往來情形，以為長期應對吐蕃的試探、侵擾，耗損兵力資財無數，是屬於「勞」的負面支出狀態，而安史亂起，導致河、湟地區為其趁機吞併，則是時機所致，此後其範圍更近京城，時常來犯，且往往一邊遣使致歉，一邊同時侵擾，故以「背惠食言，不顧禮義」〔註25〕作為對吐蕃的評價，認為其不值得以忠信對待。最末又引孔子之言，批評其反覆背信的行徑，顯見作者群對吐蕃觀感極為不佳，且以之為例，警告後人須防範外族的狡詐無信。

〔註24〕見〔宋〕宋祁、歐陽脩：《唐書・回鶻列傳》，頁2500上左。
〔註25〕見〔後晉〕劉昫：《舊唐書・吐蕃列傳》，頁2634下右。

　　《新唐書》則未對唐朝與吐蕃之間的往來多作討論，而是移焦至何以吐蕃可肆虐中國境內的因由，將之歸咎於朝廷內部出現問題：

> 唐興，四夷有弗率者，皆利兵移之，夷其牙，犁其廷而後已。惟吐蕃、回鶻號強雄，為中國患最久。贊普遂盡盜河、湟，薄王畿為東境，犯京師，掠近輔，殘斃華人。謀夫虓帥，圜視共計，卒不得要領。晚節二姓自亡，而唐亦衰焉。夫外撫內寧，惟聖人不讓。玄宗有逸德，而拓地太大，務遠功，忽近虞，逆賊一奮，中原封裂，訖二百年不得復完，而至陵夷。然則內先自治，釋四夷為外懼，守成之良資也。（《唐書·吐蕃列傳》，頁 2478 下右）

唐朝強盛之時，四鄰如有不服者，多以強硬態度征討，然吐蕃、回鶻實力亦強，且依憑地利，長期侵擾中原地區。吐蕃的步步蠶食早有跡象，如高宗時期吐蕃賢相祿東贊死，「自是歲入邊，盡破有諸羌羈縻十二州」〔註26〕，又於咸亨元年（670），「入殘羈縻十八州，率于闐取龜茲撥換城，於是安西四鎮竝廢」〔註27〕，至高宗儀鳳年間，已「并西洱河諸蠻，盡臣羊同、党項諸羌。其地東與松、茂、嶲接，南極婆羅門，西取四鎮，北抵突厥，幅員餘萬里，漢、魏諸戎所無也」〔註28〕，極其強盛，後又趁唐朝陷入安史之亂時，侵占河、湟地區，此後勢力逼近京師，入寇鳳翔、奉天等地，幸有郭子儀、馬璘（721～777）等能抵禦之。其後因繼承問題導致內部分裂自耗，方不復強盛，而此時唐朝亦陷於藩鎮、宦官等問題，走向衰微。《新唐書》並未就吐蕃興衰因由作探究，反轉而議論吐蕃大肆侵擾的背景因素，以為只有賢聖英主才能做到內部安定、四鄰調和，而顯然玄宗未能符合。作者群認為玄宗在施政上有過失，又將注意力放在邊疆外鄰，忽略近處禍患，導致安史之亂發生，最終造成唐朝內部藩鎮裂土割據、國家日漸衰亡的後果。此一觀點是將吐蕃大肆侵擾的原因，歸咎於玄宗時的錯誤施政，並以「內先自治，釋四夷為外懼，守成之良資也」〔註29〕等語作結，強調應以內部安定為先，自身維持穩定強盛，如此則四夷不足為懼，才是能守成的良方。作者群不求務外，而以內部為要的觀點，是因北宋時期外敵環伺，當代士人對於敵我、內外的繫聯多有思考，如宋人蘇洵（1009～1066）

〔註26〕見〔宋〕宋祁、歐陽脩：《唐書·吐蕃列傳》，頁 2460 上左。
〔註27〕見〔宋〕宋祁、歐陽脩：《唐書·吐蕃列傳》，頁 2460 下右。
〔註28〕見〔宋〕宋祁、歐陽脩：《唐書·吐蕃列傳》，頁 2461 下右。
〔註29〕見〔宋〕宋祁、歐陽脩：《唐書·吐蕃列傳》，頁 2478 下右。

曾言：

> 中國內也，四夷外也。憂在內者，本也；憂在外者，末也。夫天下
> 無內憂，必有外懼。本既固矣，盡釋其末以息肩乎？曰：未也。古
> 者夷狄憂在外，今者夷狄憂在內。釋其末可也，而愚不識方今夷狄
> 之憂為末也。……今之蠻夷，姑無望其臣與遁，求其志止於侵掠而
> 不可得也。北胡驕恣，為日久矣，歲邀金繒以數十萬計。……天子
> 不忍使邊民重困於鋒鏑，是以虜日益驕，而賄日益增，……夫賄益
> 多，則賦斂不得不得重；賦斂重，則民不得不殘。故雖名為息民，
> 而其實愛其死而殘其生也。名為外憂，而其實憂在內也。外憂之不
> 去，聖人猶且恥之；內憂而不為之計，愚不知天下之所以久安而無
> 變也。（《嘉祐集・幾策・審敵》，頁 5）

蘇洵認為北宋每年使往契丹、西夏的歲幣，已成為國家的沉重負擔，轉嫁在百
姓身上成為高額稅金，其生活則疲於支應，無法安寧，日久則漸生民變，而原
本所憂懼的外患就成了內禍，若不能察覺內部的隱憂，則絕不可能長治久安。
其觀點為內憂外患間的聯繫作出新的闡釋，指出兩者間是性質轉化的關係，而
非純粹的此進彼退、此消彼長的反向關係。由此可發現，當代士人將外患侵擾
與內亂萌生的關係結合得更緊密，而《新唐書》是藉此篇表達應先守成的觀點，
與《舊唐書・吐蕃列傳》所側重之處相去甚遠。

此外，二書四夷列傳重合者，尚有西域及南蠻的部分，所傳對象雖重合，
然其中傳旨各自不同，不僅蘊藏著作者群所關注的焦點，同時亦表明其價值趨
向。《舊唐書・西戎列傳》傳贊稱：

> 西方之國，綿亙山川，自張騫奉使已來，介子立功之後，通於中國
> 者多矣。有唐拓境，遠極安西，弱者德以懷之，強者力以制之。開
> 元之前，貢輸不絕。天寶之亂，邊徼多虞，邠郊之西，即為戎狄，
> 薰街之邸，來朝亦稀。故古先哲王，務寧華夏，語曰：「近者悅，遠
> 者來。」斯之謂矣！（《舊唐書・西戎列傳》，頁 2660 下右～下左）

其以為唐朝疆土拓展極廣，於極西之處設安西大都護府，以掌控西陲之地，且
扶持其中弱小族國，打壓強力部族，使得境外諸國不敢不敬服，因而直至開元
時期，諸國多長年來朝入貢，然如此勝景卻毀於安史之亂。自此亂後，邊疆、
藩鎮戰事紛起，京城之外即有外族窺境，故而斷絕各國來朝之路，盛況從此不
能復見。究其因，則是內部敗亂，引發邊敵、藩鎮生貪婪私心，作者群因而由

衷慨歎：無怪乎先賢聖王皆以中原安寧為首要！

　　西戎諸國地域不廣，實力遠遜於其周圍環伺的吐蕃、吐谷渾、沙陀、回鶻等，然自漢通西域，即有往來，歷史不可謂不悠久，值得一錄，而其中諸國的生滅，著實飽受周圍強族的威脅，戰敗則土地、人口、牲畜皆沒人手，或被屠族，或淪奴隸，相形之下，唐朝的羈縻撫蕃政策更顯仁慈，故藉由朝貢與唐搭建關係，冀於危難時能向之求援。《舊唐書》指出此一區族國的特色是「與時盛衰，隨世通塞」〔註30〕，其中「時」、「世」所指則為唐的強盛，唐盛時諸國來朝入貢，恃唐扶持，唐衰時則或被吞併，或依附他族，或因道路阻斷而不能來朝，均非其自願，故稱「勿謂戎心，不懷我德，貞觀、開元，藁街充斥」〔註31〕，表達諸小國難以來朝是因唐朝國勢日衰，周圍強敵盤據。作者群以此傳告誡後世宜先穩固自身，自然能近悅遠來，強調內部為先的觀點。

　　《新唐書》以「西域」名篇，與《舊唐書》「西戎」之別，在於關注對象之異，前者著重地域劃限範圍，後者則著眼其中諸小國。由其〈西域列傳〉傳贊中，可得知作者群所關注者乃與之相關的經濟問題：

　　　　西方之戎，古未嘗通中國，至漢始載烏孫諸國。後以名字見者寖多。
　　　　唐興，以次修貢，蓋百餘，皆冒萬里而至，亦已勤矣！然中國有報
　　　　贈、冊弔、程糧、傳驛之費，東至高麗，南至真臘，西至波斯、吐
　　　　蕃、堅昆，北至突厥、契丹、靺鞨，謂之「八蕃」，其外謂之「絕域」，
　　　　視地遠近而給費。開元盛時，稅西域商胡以供四鎮，出北道者納賦
　　　　輪臺。地廣則費倍，此盛王之鑒也。（《唐書・西域列傳》，頁2559上
　　　　右～上左）

其以為自漢通絲路以來，西域諸國來華者漸多，有唐以來，時來朝貢者已有百餘國，皆不辭萬里跋涉而至，而面對諸國來朝，唐朝亦有各種補貼贈予，以昭顯上國風範，除了周邊八蕃，更有八蕃之外的絕域，愈遠者補貼愈多，至開元時期，已需要徵收出入絲路南北道的商稅，以支應安西四鎮招待來國的開支，因而感嘆「地廣則費倍，此盛王之鑒也」〔註32〕，所支配幅蓋的領域愈寬廣，所耗費的資源愈多，冀望英主明君能鑒察到此一關鍵處，毋好大喜功、務求遠地。

　　　　　　　　　　　　　　　　　　　　　　　

〔註30〕見〔後晉〕劉昫：《舊唐書・西戎列傳》，頁2660下左。
〔註31〕見〔後晉〕劉昫：《舊唐書・西戎列傳》，頁2660下左。
〔註32〕見〔宋〕宋祁、歐陽脩：《唐書・西域列傳》，頁2559上右～上左。

　　至於南蠻部分，《舊唐書》認為中原與外夷之別，在於聖王教化，雖然有別，亦可漸行馴染，使之感服受教：

> 禹畫九州，周分六服，斷長補短，止方七千。國賦之所均，王教之所備，此謂華夏者也。以圓蓋方輿之廣，廣谷大川之多，民生其間，胡可勝道，此謂蕃國者也。西南之蠻夷不少矣，雖言語不通，嗜欲不同，亦能候律瞻風，遠修職貢。但患己之不德，不患人之不來。何以驗之？貞觀、開元之盛，來朝者多也！（《舊唐書·南蠻東南蠻列傳》，頁 2644 上左）

作者群簡單劃分出中原華夏的範圍，其外諸國則皆是在「國賦之所均，王教之所備」之外，不曾服膺於聖王教化與統治，是為蕃國，而西南之處有眾多外族，生活風俗均與中原有異，然亦可使之漸馴教化。同時，指出貞觀、開元時期，諸國來朝者眾多，故毋須擔憂聲威不顯、諸國敢不瞻仰，而是應先修己身，使己強盛，則各國自然來朝見上貢。由此可發現此傳意欲傳達者，與〈西戎列傳〉相類，皆強調以安定內部、強盛自身為首要，周邊諸國自然敬畏來朝，語中隱含有毋須追求遠功而忽近憂之意。

　　《新唐書·南蠻列傳》傳贊則以闡述唐代遠征戰功為起首，以為聲威之盛，遠古未有，次及本傳所關注對象，竟一直以來被唐朝以為是弱小而忽略者，而此弱小者，竟為亡唐之因：

> 唐北禽頡利，西滅高昌、焉耆，東破高麗、百濟，威制夷狄，方策所未有也。交州，漢之故封，其外瀕海諸蠻，無廣土堅城可以居守，故中國兵未嘗至。及唐稍弱，西原、黃洞繼為邊害，垂百餘年。及其亡也，以南詔。《詩》曰：「惠此中國，以綏四方。」不以夷狄先諸夏也。（《唐書·南蠻列傳》，頁 2592 下右～下左）

唐代多次向北方、東北方發兵征伐，向西亦曾滅高昌等國，置下都護府，對南方的關注較少，以其地形破碎多山，族群難以壯大之故，然俟唐日漸衰微，威勢減弱，南方諸部則紛紛向外延展、侵擾，長達百年。於此同時，唐朝廷尚須應付回鶻、吐蕃等強勢族國，及藩鎮的不聽使喚、內部朝臣與宦官的鬥爭，國力不足，將士疲於奔命，而南方為農業、經濟重地，受此干擾不斷，則民生無以為繼，國勢更難再起。《新唐書》以為唐亡之由，非來自於北方、西方的邊患，而是肇基於此，更進一步來說，即是朝廷勢弱、民生不寧，導致國家內部動盪，竟生亡唐之恨，故稱：

> 唐之治不能過兩漢，而地廣於三代，勞民費財，禍所繇生。……懿
> 宗任相不明，藩鎮屢畔，南詔內侮，屯戍思亂，……兵連不解，唐
> 遂以亡。……有國者知戒西北之虞，而不知患生於無備。……唐亡
> 於黃巢，而禍基於桂林。（《唐書・南蠻列傳》，頁 2574 上左）

其以為唐朝耗費大量資源，去擴展、維持邊地及藩屬國，實非必須，當政治亂
象漸顯時，邊疆外鄰亦見機入寇搗亂，左支右絀，損耗愈大，而所損愈大，支
應愈難，形成惡性循環，最終拖垮唐帝國。因此，引《詩經》之句，歸結於「不
以夷狄先諸夏」一語，揭示本傳意旨，告誡後世應先治內，方能攘外之意，同
時亦表達不贊同拓地太遠的看法。

小結

　　兩《唐書》四夷列傳中，篇章重合者有五，然傳旨卻未重合，則由此即表
露出二書作者群價值觀點的異同。此其中有共通之處，如《舊唐書》於多篇四
夷列傳中，強調應以內部治安為首重，毋務求遠方，此一觀點於《新唐書》〈吐
蕃列傳〉及〈南蠻列傳〉亦可見到，而相異之趣則更多，如《舊唐書》〈突厥
列傳〉談君主對國家的影響、〈迴紇列傳〉辨內亂之害甚於外患、〈吐蕃列傳〉
警外族之狡詐等意旨，與《新唐書》〈突厥列傳〉盛讚太宗之能、〈回鶻列傳〉
誡引外力平亂、〈西域列傳〉察經濟耗損等，相去甚遠，顯見雖同錄一地之事，
引起二書作者群生發慨歎的焦點卻不同。大致而言，《舊唐書》於此五傳中，
再三強調內重於外的概念，冀後人謹記此緊要關鍵，以此出發去處理對外關
係，《新唐書》則多偏向政策分析，著眼於引入外力、發展邊地及藩屬國等施
政對國家的影響，最終亦發出治內為先的結論。

第三節　《新唐書》拆《舊唐書》四夷列傳為單傳及新增篇章

　　《新唐書》襲改《舊唐書》四夷列傳之際，除保留五篇與之重合外，還拆
分〈東夷北狄列傳〉為〈東夷列傳〉與〈北狄列傳〉，再新增〈沙陀列傳〉一
傳，且東夷與北狄的所錄國家與《舊唐書》略有出入，應是二書認知有異所致，
值得一探。此外，東夷、北狄以區域為限，細數其中諸小國，而沙陀為西突厥
支部，至中唐以後聲勢方興，此三者的勢力與影響，是否具有單獨立傳的價
值？亦為本節所欲探究之處。以下分別討論之。

一、〈東夷北狄列傳〉與〈東夷列傳〉、〈北狄列傳〉

正史中對東夷的載錄，最早可見諸於《後漢書‧東夷列傳》，錄入夫餘、挹婁、高句驪、東沃沮、濊、三韓、倭等七國，且歸為單傳。至《三國志》時，則與烏丸、鮮卑等北方民族合為一傳，東夷部分所錄者仍為此七國。於《舊唐書》之前，較常見以合傳形式處理有關東夷的紀錄，如《晉書‧四夷列傳》、《梁書‧諸夷列傳》、《周書‧異域列傳》、《南史‧夷貊列傳》等傳，皆是直接以該傳合錄四方鄰國，不特分先後或另立別傳，傳達出一視同仁的態度，因此難以直觀了解周邊諸國對當代的影響力。此外，除了《後漢書》，惟有《隋書》將東夷獨立為傳，然其以東夷為首，續為南蠻、西域、北狄，顯然與《後漢書》於東夷之後，序列南蠻西南夷、西羌、西域、南匈奴、烏桓鮮卑的情形相同，均是以東、南、西、北方向位作排次順序而已，非寄寓他意所致。

由上可知，《舊唐書》將東夷與北狄相合之舉，有前例可循，而《新唐書》將東夷、北狄分別成傳，亦非首創，然其以用兵輕重為關鍵，北狄在前，東夷在後，側身二傳於沙陀、南蠻之間，則是特意為之，作者群藉此表達別識心裁之意昭然若揭。

《舊唐書》於東夷部分錄入高麗、百濟、新羅、倭、日本等五國，北狄部分錄入鐵勒、契丹、奚、室韋、靺鞨、渤海靺鞨、霫及烏羅渾，共八國。《新唐書》並未全盤承襲，而是略有更動。於東夷部分，倭與日本為古今異名而合併〔註33〕，並新增流鬼，錄入其遣使入朝事，又附入儋羅、達末婁、達姤等三族國，略錄其由來及入朝事；於北狄部分，刪去鐵勒、霫、烏羅渾等三國，以其與回鶻出於同源，併入〈回鶻列傳〉。

《舊唐書》於傳末稱「北狄密邇中華，侵邊蓋有之矣；東夷隔礙瀛海，作梗罕常聞之。非惟勢使之然，抑亦稟於天性。太平之人仁，空峒之人武，

〔註33〕《舊唐書》將之分為倭國、日本國，稱「日本國者，倭國之別種也。以其國在日邊，故以日本為名。或曰：倭國自惡其名不雅，改為日本。或云：日本舊小國，併倭國之地。其人入朝者，多自矜大，不以實對，故中國疑焉」，表明《舊唐書》作者群對日本國是否為倭國新名，或吞併倭國，佔據其地立國而來，尚持懷疑的態度，故分別記錄。《新唐書》於傳中直接稱「日本，古倭奴」，同時亦錄入日本使者不據實情以告的情態，標明為「咸亨元年」之事，應是得見較詳細的史料，且二國歲貢入唐時間並未重疊，故而認為二者源出同種，是古今名之別而已。見〔後晉〕劉昫：《舊唐書‧東夷北狄列傳》，頁 2673 上左，及〔宋〕宋祁、歐陽脩：《唐書‧東夷列傳》，頁 2531上右。

信矣」〔註34〕，認為北狄距中原較近，自古常有入犯邊境之事，互動頻繁，東夷則距離較遠，許多訊息無法傳遞，不常聽聞作亂侵擾之事。作者群以為此類消息的多寡不僅是因為距離遠近，亦是因為兩方地區之人天性不同，且：東夷較為平和，北狄則相反，較為好武，且引《爾雅》之言為證〔註35〕。然而此二地性質的比較，並非作者群亟欲闡發的焦點，而是在於論述對外關係應如何處理：

> 隋煬帝縱欲無厭，興兵遼左，急斂暴欲，由是而起，亂臣賊子，得以為資，不戰自焚，遂亡其國。我太宗文皇帝親馭戎輅，東征高麗，雖有成功，所損亦甚。及凱還之日，顧謂左右曰：「使朕有魏徵在，必無此行矣！」則是悔於出師也可知矣。何者？夷狄之國，猶石田也，得之無益，失之何傷？必務求虛名，以勞有用。但當修文德以來之，被聲教以服之，擇信臣以撫之，謹邊備以防之，使重譯來庭，航海入貢，茲庶得其道也！（《舊唐書·東夷北狄列傳》，頁2686上右～上左）

首先，作者群遙舉隋煬帝為例，指出隋朝敗亡之源，起於三次遠征高麗，使得竊國賊臣有機可趁，遂至身死國滅。近則以唐太宗之事為例，記述太宗對左右心腹發出的慨歎，反省勞師遠征所帶來的虧失遠大於所得，透露出反對遠征的意旨。最後，提出理想的治外方法，由修文德、被聲教、擇信臣、謹邊防等四個面向入手，即可以良善地調理中外關係。

《舊唐書》藉由此傳傳贊，展現作者群的價值觀點，認為應當治內為先，且對邊疆外族抱持警戒慎重的態度。至於合傳中，東夷列於北狄之前，既非以交戰多寡為要，亦非以往來時間長短為考量，而詳察其傳文，可知此序列或因太宗親征高麗，邀北狄部族同行為助，諸部請命相應所致，以征高麗為隱密線索，連結此二地區之族，而與傳末慨歎征高麗之失的太宗反思相呼應。

同時，傳文中亦載錄太宗與房玄齡針對薛延陀部族的討論，強調此傳意

〔註34〕見〔後晉〕劉昫：《舊唐書·東夷北狄列傳》，頁2686上右。

〔註35〕《爾雅·釋地》：「岠齊州以南，戴日為丹穴，北戴斗極為空桐，東至日所出為大平，西至日所入為大蒙，大平之人仁，丹穴之人智，大蒙之人信，空桐之人武。」指出極東之地、日出之處稱為「大平」，北方沐浴北斗星光之處則稱作「空桐」，至《舊唐書》引用時，則因大、太為古今字，空桐、崆峒為同音關係，而有文字上的出入，於義無礙。見〔晉〕郭璞注，〔宋〕邢昺疏：《爾雅注疏》，《十三經注疏》。臺北市：藝文印書館。1965年6月三版。頁113下左。

旨：

> 太宗謂侍臣曰：「北狄世為寇亂，今延陀崛強，須早為之所。朕熟思
> 之，唯有二策：選徒十萬，擊而虜之，滅除凶醜，百年無事，此一
> 策也；若遂其來請，結以婚姻，緩轡羈縻，亦足三十年安靜，此亦
> 一策也。未知何者為先？」司空房玄齡對曰：「今大亂之後，瘡痍未
> 復，且兵凶戰危，聖人所慎。和親之策，實天下幸甚。」太宗曰：
> 「朕為蒼生父母，苟可以利之，豈惜一女？」遂許以新興公主妻之。
> （《舊唐書·東夷北狄列傳》，頁 2676 上左～下右）

貞觀十六年（642），薛延陀遣使臣來請婚，太宗已預見其部族將崛起，在擊滅
之與同意請婚間擺盪，房玄齡以國內民生尚未復甦，且戰爭無論成敗，將士總
有凶險之故，贊成和親，太宗深以為然，以新興公主和親薛延陀，藉此牽制該
族。此段事跡與太宗之嘆，及贊語「未得無傷，已得何足。宜務懷柔，謂之羈
束」〔註36〕等語，強烈傳達出不贊成主動挑起戰爭，以求遠地的態度，而《舊
唐書》合東夷、北狄之意，則盡在此中。

　　《新唐書》分別此二者，獨立成傳，以交戰多寡列北狄於前、東夷為後，
側身於沙陀、西域之間，自有其脈絡。〈北狄列傳〉傳贊稱：

> 唐之德大矣！際天所覆，悉臣而屬之；薄海內外，無不州縣，遂尊
> 天子曰「天可汗」。三王以來，未有以過之。至荒區君長，待唐靈纛
> 乃能國；一為不賓，隨輒夷縛。故蠻琛夷寶，踵相逮於廷。極熾而
> 衰，厥禍內移，天寶之後，區夏痍破，王官之威，北不踰河，西止
> 秦、邠，凌夷百年，逮於亡，顧不痛哉！故曰：治己治人，惟聖人
> 能之。（《唐書·北狄列傳》，頁 2517 下右）

起首以「唐之德大矣」作引，盛讚唐代曾被尊為「天可汗」的歷史榮光，西北
外族咸服，前所未有，然至安史之亂後，唐代國力轉衰，其勢力的輻射範圍收
縮不少，又不斷為內外亂事侵擾所困，竟至亡國，令人痛惜！內不能修治，即
德之不存，故外能陵之，內外齊亂，左右支絀，方致滅亡。作者群以為只有真
正賢聖的君主，才能修己及外，惠及國家。論贊聚焦於唐中外關係的兩大轉捩
點，且與聖人能治己治人相聯繫，暗藏其讚賞太宗、貶低玄宗的觀點，而與本
紀對二帝一正一負的評價遙遙呼應。

　　至於〈東夷列傳〉，傳贊不在傳尾，而置於新羅事跡之後，引杜牧之言，

〔註36〕　見〔後晉〕劉昫：《舊唐書·東夷北狄列傳》，頁 2686 上左。

以為新羅之張保皋能知人善用，雖略遜於唐之郭汾陽，但仍是不可多得的賢能人才，以之慨嘆邊陲蠻荒之地，亦有賢能之人。其雖未針對東夷全區作評論，然以小見大，新羅有張保皋，則邊陲四域人才有多少？藉以引出不可小覷他族之意。

就四夷列傳排序脈絡而言，《新唐書》線索分明，為求齊整，故北狄、東夷分篇，循序排列，以符合作者群對四夷次序的設定。此外，此二篇各有傳旨，不相重複，因而單獨別立成傳，亦無不可。就傳旨之深遠而言，則《新唐書》將二者分別成傳，遠不如《舊唐書》以征高麗合二者所表達的意涵深刻。《舊唐書》四夷列傳間的串連線索並不明顯，南蠻西南蠻、西戎，與東夷、北狄並陳，以示四域周全而已，然單以東夷、北狄之合篇而論，意旨深刻，主從明確，的確是一佳作。

二、〈沙陀列傳〉

沙陀原為隸屬西突厥的處月部落，自西突厥內鬥頻生後，逐漸分裂出來，自決族事。其得名則是因「居金娑山之陽，蒲類之東，有大磧，名沙陀，故號沙陀突厥云」〔註37〕，於玄宗時期逐漸崛起，因回鶻時常強索資源而依附吐蕃，後又被吐蕃質疑其誠，故舉部依附唐朝，編置為沙陀軍，成為唐朝可用的兵力。

沙陀軍以卓越戰力著稱，至李國昌（？～887）、李克用父子領導時期，開始頻繁出現在唐代後期的歷史舞臺。僖宗黃巢之亂時，李克用討巢有功，而朱玫、李昌符與朱溫結盟，進逼長安時，僖宗出奔，李克用與王重榮聯合，解京師之危，迎僖宗回京。昭宗時，王行瑜、韓建等人圍攻京城，逼昭宗出奔，李克用護衛昭宗返京，追殺王行瑜，得賜號「忠貞平難功臣」。其後，朱溫大肆攻佔地盤，京師附近全部淪陷，李克用與契丹阿保機盟約，欲救昭宗，因昭宗見弒而止。凡此種種，可見沙陀護衛唐皇室之功，於唐末眾藩鎮屢屢逼迫皇室之時，尚能保有忠誠態度，實屬難得。

《新唐書·沙陀列傳》論贊稱：

> 沙陀始歸命天子，仰哺于邊，世喋血助征討，常為邊兵雄。至克用逢王室亂，遂有太原。虜性悍固，少它腸，自負材果，欲經營天下而不克也。兵雖勝，然數敗；地雖得，輒復失，故熟視帝劫邊，縮頸羞汙，

〔註37〕見〔宋〕宋祁、歐陽脩：《唐書·沙陀列傳》，頁2501上左。

偷景待僵，不亦鄙乎！賴其子慓銳，抑而復振。是時，提兵託勤王者
五族，然卒亡朱氏為唐滌恥者，沙陀也。使克用稍知古今，能如齊桓、
晉文，唐遽亡乎哉？（《唐書・沙陀列傳》，頁 2508 上右）

其以為沙陀悍勇，李國昌原本亦有趁唐衰微而自立之心，然才具不足，不能自
據守一方，亦不敢為唐而戰，直至其子李克用下定決斷，護衛唐室，方振奮其
軍，復揚威名。當時唯一能與朱溫勢均力敵、對抗到底的，竟然只有李克用。
為此，《新唐書》感嘆若李克用能多知曉古今史事，知道歷史事件過程與變化，
應該能更懂得如何應對唐末的亂象，倘若能護衛唐室一脈，如齊桓公、晉文公
成就霸業前的沉潛，積累實力，另起爐灶，唐朝就不會急遽滅亡。

　　《新唐書》因唐末時惟李克用能與朱溫相抗，而惋惜其不能存唐於危，故
唐朝遽亡，是將唐之存亡責任置於其一人身上，未免太過求全責備。自安史亂
後，唐朝藩鎮逐漸勢大，且邊患頻生，而內政又長期處於宦官、朝臣相鬥的局
面，皇帝無力壓制，或放任無為，遂使唐朝國勢日漸衰落。至黃巢之亂後，已
是沉痾難起，欲僅憑李克用一人來挽救危局，實屬不可能之事，而《新唐書》
對其寄望太高，故產生憾恨之感。至於其獨立沙陀為一傳，是肯定沙陀於唐代
歷史上有不可取代的地位，且沙陀的作為特出於眾外族，多次拱衛皇室，有別
於回鶻、吐蕃、南蠻等時來侵邊的族國，符合《新唐書》強調品德至上、忠義
為先的核心價值，故其以沙陀單獨立傳之舉，十分適宜。

　　查《舊唐書》紀傳內容，可發現作者群不曾為沙陀立傳，主要事跡直接
附見於〈懿宗僖宗本紀〉，而沙陀最傑出的人才李克用，唐末時能與朱溫分庭
抗禮，一路相鬥，其事跡應有濃墨重彩的撰述，卻亦未被列為列傳傳主，顯
然作者群不認為有特筆書寫的必要。《舊唐書》編纂成書時期距唐未遠，應對
唐末諸事能有較多了解與記錄，然卻忽視如此特出的人物，實屬不合情理，
但考慮到此書為後晉高祖石敬塘下詔編纂，其與李克用家族關係糾葛、情感
複雜〔註38〕，作者群特意不寫，應是有意迴避，而非疏漏，或輕忽沙陀各項
事跡的歷史價值，而是儘量不挑動上位者的敏感神經。若愈加肯定沙陀維護

〔註38〕沙陀李克用之子李存勗（885～926）為五代後唐開國者，諡號唐莊宗，而石敬
　　　塘亦沙陀人，為其侄婿，即唐明宗李嗣源（867～933）的女婿、李克用的孫婿。
　　　其深獲莊宗、明宗的賞識，出任河東節度使，治績頗佳，然二帝在位時間不
　　　長，後唐隨即陷入內鬥紛亂的局面，石敬塘伺機向契丹借兵，成功奪取政權，
　　　建立後晉，而其答應契丹以割讓燕雲十六州為借兵條件，亦造成中原地區長
　　　期無長城護衛的窘境。

正統的功績，則篡後唐的石敬瑭形象豈非愈加負面？為此，即使是錄入本紀的部分，亦持較中正的態度去載錄，反映出當時藩鎮傾軋的情形，指出李克用亦擁兵自重，與其他藩鎮爭鬥不已：

> （乾寧三年春正月）魏博羅弘信擊敗太原軍於莘縣。……六月庚戌，李克用率沙陀、並、汾之眾五萬攻魏州，及其郛，大掠於其六郡，陷成安、洹水、臨漳十餘邑，報莘之怨也。……十二月丁未，李克用縱兵俘剽魏博諸郡邑。(《舊唐書·昭宗哀帝本紀》，頁 416 下左～418 上左）

太原軍指的便是當時佔有太原的沙陀勢力，因魏博節度使羅弘信（836～898）於莘縣打敗沙陀軍，故半年後李克用以五萬大軍攻魏，大加肆掠其屬城，再隔半年又縱兵劫掠魏博屬地，顯見其報復心態，相互爭鋒之勢與其他藩鎮並無二致。

此外，當時李克用是否真心護衛皇室，亦為不定之數，其勢之壯同樣令朝廷驚懼：

> （光啟元年）河中王重榮累表論列，數令孜離間方鎮，令孜遣邠寧節度使朱玫會合鄜、延、靈、夏之師討河中。九月，朱玫屯沙苑。王重榮求援於太原。十月，李克用率太原軍南出陰地關。十一月，河中、太原之師與禁軍對壘於沙苑。……官軍合戰，為沙陀所敗，朱玫走還邠州。神策軍潰散，遂入京師肆掠。乙亥，沙陀逼京師，田令孜奉僖宗出幸鳳翔。(《舊唐書·懿宗僖宗本紀》，頁 398 下左～399 上右）

當時朱玫等人與朱溫結盟，而宦官田令孜與河中節度使王重榮相鬥，聯合朱玫攻河中，王重榮則向李克用求援，戰場擴大，殃及京師，迫使田令孜脅持僖宗出京。王、李二人聯合而能敗朱玫大軍、進逼京城，則如何不能結盟二分天下？甚或再與其他藩鎮結盟，共分天下？李克用護衛皇室之功，須由其作為結合整體歷史走向來看，方能判別，於事件發生的當下，並無法確認其對皇室的態度，而《舊唐書》藉由本紀依年月記事的特點，將其事跡分散隱藏於其中，則可達到不引起上位者注意的目的。

沙陀於唐末時期的確是一大勢力，所參與的戰事、結盟的陣營變換等，在在影響各藩鎮勢力的消長，《舊唐書》未能將之列入四夷列傳之中，亦不曾取其中傑出人物為傳主，實不合常情，應是迴避帝王忌諱所致，殊為可惜。《新唐書》則重視其影響，取之單獨成傳，以〈沙陀列傳〉記錄其特出他族、護衛

皇室的事跡，強調其不自王的態度〔註39〕，以暗合《新唐書》品德為上、忠心皇室的價值觀，是適宜之舉。

三、小結

　　《新唐書》襲改《舊唐書》四夷列傳時，特意拆分〈東夷北狄列傳〉為〈東夷列傳〉與〈北狄列傳〉二傳，並新增〈沙陀列傳〉。相較而言，《舊唐書》以遠征之失作為傳旨，意義較《新唐書》〈北狄列傳〉強調聖王修己及人、〈東夷列傳〉指出不可小覷他國為旨更加深遠。《舊唐書》或因避上位者忌諱，未特錄沙陀之事，而《新唐書》補足此處，特列一傳，且可藉之表達其價值觀點，則是恰當地展現作者群的心裁。

第四節　《新唐書》改《舊唐書》合傳為藩鎮列傳

　　藩鎮之患是唐代中後期一項難纏的政治課題。藩鎮，即方鎮，為軍隊編制的一種，原是為抵禦邊疆外敵而設，其首長即為節度使，原僅主管軍鎮之事，有募兵、調度軍隊的權力，後來逐漸演變成總管當地軍政之事，實際握有軍事、民政、經濟稅收等權責。玄宗時，安祿山深受寵信，領有平盧、范陽、河東三鎮，掌握大量兵力及稅收，故有實力直取長安，而安史亂後，為了快速弭平各地的亂象，又設置更多的節度使，更造成之後朝廷無法收回各地軍政的局面。唐代後期即困於各地藩鎮不死不休的角力，以及皇室直如傀儡、命不由己的狀態，直至覆滅。《新唐書・兵志》對此局勢的演變過程亦有所論述：

> 及范陽節度使安祿山反，犯京師，天子之兵弱，不能抗，遂陷兩京。肅宗起靈武，而諸鎮之兵共起誅賊。……久之，大盜既滅，而武夫戰卒以功起行陣，列為侯王者，皆除節度使。由是方鎮相望於內地，大者連州十餘，小者猶兼三四。故兵驕則逐帥，帥彊則叛上。……天子顧力不能制，則忍恥含垢，因而撫之，謂之姑息之政。蓋姑息起於兵驕，兵驕由於方鎮，姑息愈甚，而兵將愈俱驕。由是號令自出，以相侵擊，虜其將帥，并其土地，天子熟視不知所為，反為和

〔註39〕《新唐書・沙陀列傳》記載：「唐亡，建與淮南楊渥請克用自王一方，須賊平訪唐宗室立之。建請悉蜀工制乘輿御物。克用答曰：『自王，非吾志也。』」此條紀事表明李克用始終無自立為王之意，同時亦表明其唐末時的作為是護衛皇室之舉。見〔宋〕宋祁、歐陽脩：《唐書・沙陀列傳》，頁2508下左。

解之，莫肯聽命。(《唐書‧兵志》，頁 603 上右～下右)

其以為之所以無法收回各地軍政實權，實因中央無武力可以與地方制衡，又恐惹藩鎮不滿，再掀戰端，故僅能採取姑息策略，而姑息政策又使得藩鎮愈加驕逸，朝廷則愈加無法制裁之，形成一種惡性循環。

此外，藩鎮與宦官之間，時有結盟或鬥爭，如宦官田令孜聯合邠寧節度使朱玫，與河中節度使王重榮相爭，最終導致僖宗出奔鳳翔；又如宦官程元振與襄陽節度使來瑱之事：

> 元振常請託於襄陽節度使來瑱，瑱不從。及元振握權，徵瑱入朝。瑱遷延不至。……元振欲報私憾，誣瑱之罪，竟坐誅。宰臣裴冕為肅宗山陵使，有事與元振相違，乃發小吏贓私，貶冕施州刺史。來瑱名將，裴冕元勳，二人既被誣陷，天下方鎮皆解體。(《舊唐書‧宦官列傳》，頁 2384 下右)

程元振有事想請託來瑱，但來瑱不理會，因而心生怨懟，於掌權後誣陷害死來瑱，而裴冕得罪程元振，竟被貶謫。來、裴二人官至高位，頗負聲望，竟因與宦官齟齬而遭遇淒慘，不免使各地藩鎮、官員與中央離心，更加不聽朝廷使喚。

藩鎮對唐代的歷史影響深遠，甚至延續至五代後期，而北宋開國以來，「強幹弱枝」的基本政策、「兵無常帥」的兵制，均是為預防藩鎮的弊病所設，可見其教訓之深刻。雖然如此，《舊唐書》卻僅將特出其中的人物置於合傳中，並未特別提取出「藩鎮」的概念，為之設計篇章，以表藩鎮對唐的特殊性及影響力，殊為可惜。《新唐書》則不然，襲改《舊唐書》時特別抽取合傳人物，另成〈藩鎮魏博列傳〉、〈藩鎮鎮冀列傳〉、〈藩鎮盧龍列傳〉、〈藩鎮淄青橫海列傳〉、〈藩鎮宣武彰義澤潞列傳〉等五篇。其以「藩鎮」為核心概念立傳，有別於其他合傳的價值何在？與「姦臣」、「叛臣」、「逆臣」有何異同？五篇藩鎮列傳的編次是否有特殊意涵？所取人物是否洽當？均為可論之處，以下分別討論之。

一、藩鎮列傳設立的意義及其獨特性

如何處理藩鎮對唐代來說，是一項重要的命題，然多方牽制下缺乏有效的手段，無法早期遏止，導致後期尾大不掉，最終成為唐朝滅亡的主因。《舊唐書》並未針對此點作特別闡述，而須自本紀、列傳等不同篇章的字裡行間去體會，方能察覺其勢力之強橫。《新唐書》則不然，於〈兵志〉中評論唐朝兵制

變化時，注意到朝廷、藩鎮勢力的消長：

> 蓋唐有天下二百餘年，而兵之大勢三變：其始盛時有府兵，府兵後
> 廢而為彍騎，彍騎又廢，而方鎮之兵盛矣。及其末也，疆臣悍將兵
> 布天下，而天子亦自置兵於京師，曰禁軍。其後天子弱，方鎮彊，
> 而唐遂以亡滅者，措置之勢使然也。（《唐書・兵志》，頁 600 上左）

唐代兵制改革由初期寓兵於農的府兵制，改變為募兵宿衛京師的彍騎制，最後
演變至自募邊兵的方鎮制度，而唐末時，地方勢強，皇帝為求自保，亦自有禁
軍，然多掌握在權宦手中〔註40〕，成為宦官挾制皇室及與藩鎮角力的工具，不
能真正發揮護衛皇帝的作用。其以為唐朝之所以滅亡，正是因為天子勢弱、藩
鎮勢強的情勢所致。為此，《新唐書》於列傳之中，特別設立藩鎮列傳，以載
錄當時的特殊情況。與《舊唐書》直接以人相合，無法直觀認知藩鎮群體相
較，其明顯經過精心設計，有意凸顯出唐代與眾不同的歷史現象，是值得讚賞
的安排。

唐代藩鎮繁多，然《新唐書》僅為之設立五篇列傳，錄入八鎮而已，是自
有其選錄標準所致：

> 魏博傳五世，至田弘正入朝，十年復亂，更四姓，傳十世，有州七。……
> 雖然，跡其由來，事有因藉，地之輕重，視人謀臧否歟！今取擅興
> 若世嗣者，為藩鎮傳。若田弘正、張孝忠等，暴忠納誠，以屏王室，
> 自如別傳云。（《唐書・藩鎮魏博列傳》，頁 2379 下左～2380 上右）

《新唐書》於四夷列傳的首篇〈突厥列傳〉開篇時，先錄唐代邊策的廷議討論，
併敘四夷篇次的編排規則，而於藩鎮列傳的首篇〈藩鎮魏博列傳〉中亦如是。
其條列魏博鎮等八鎮自傳其嗣的時間，並指出於眾多藩鎮中，是特意取「擅興
若世嗣者，為藩鎮傳」，表明「自傳其嗣」乃擇取要件，是朝廷對其早已喪失
控制權的象徵。至於仍能一片忠誠向朝廷者，如魏博節度使田弘正，雖以魏博

〔註40〕《新唐書・宦者列傳》：「（德宗奉天之難後）賊平之後，不欲武臣典重兵，其
左右神策、天威等軍，欲委宦者主之。乃置護軍中尉兩員、中護軍兩員，分掌
禁兵，以文場、仙鳴為兩中尉，自是神策親軍之權，全歸於宦者。」唐德宗因
急於撤除藩鎮之患，手段強硬，引起成德、魏博、淄青、山南東道四鎮聯合反
撲，以及淮西、涇原等軍鎮中途背叛，導致德宗不得不出逃奉天。自此之後，
德宗面對藩鎮愈發勢弱，轉而採取姑息策略，同時亦愈加信用宦官，將禁軍親
衛交給心腹宦官竇文場、霍仙鳴等。這一點造成日後宦官能挾持皇帝性命、廢
立皇帝的嚴重後果。見〔宋〕宋祁、歐陽脩：《唐書・宦者列傳》，頁 2380 下
右。

為繫傳脈絡而言，應將其置於〈藩鎮魏博列傳〉，但因其能忠於朝廷，投誠而不復叛，甚至「常欲變山東承襲舊風，故悉遣子姓仕朝廷，帝皆擢任之，朱紫滿門，榮冠當時」〔註41〕，極力擁戴朝廷，故另置於〈令狐張康李劉田王牛史列傳〉，不與不聽命的藩鎮同傳。

由此可知，《新唐書》特取不聽詔命的藩鎮立傳，是有意藉此表達其觀點：處理藩鎮，尤須謹慎。又舉出處置不當的實例，以戒後世：

> 大抵生人油然多欲，欲而不得則怒，怒則爭亂隨之。是以教笞於家，
> 刑罰於國，征伐於天下，裁其欲而塞其爭也。大曆、貞元之間反此，
> 提區區之有，而塞無涯之爭，是以首尾指支，幾不能相運掉也。凡
> 今者不知非此，而反用以為經，將見為盜者非止於河北而已。嗚呼！
> 大曆、貞元守邦之術，永戒之哉！（《唐書·藩鎮魏博列傳》，頁 2379
> 下右～下左）

其引用杜牧（803～852）之論，以為人生而多欲，欲求不得則起紛爭，而家規、國法之所以嚴，皆是為限制欲望、減少紛爭之故。由是，對待藩鎮亦應儘量減低其欲，不可任其肆求，然代宗、德宗卻施以姑息政策，期望以之拖延、安撫藩鎮，無異是白日妄想！若奉二帝做法為圭臬，則作亂之處不限於河北，天下定將大亂。《新唐書》非常反對代、德二帝的姑息策略，引用杜牧之言，嚴屬批評應該「永戒之哉」！顯見其嚴肅告誡的態度。於此同時，《新唐書》透過此五篇藩鎮列傳的設立，欲傳達對待藩鎮應慎而重之的意圖亦十分明晰可見。

《新唐書》藩鎮列傳既以反叛不定者為選取對象，則與同樣作亂造反的群體「姦臣」、「叛臣」、「逆臣」有何區別？其中最明顯的不同，即是這些藩鎮有「自傳其嗣」的事實，如同《史記》中的「世家」以傳世久遠為立篇要素一般，此類藩鎮亦有世代傳承之實，實際領有勢力範圍，且實權早已脫離朝廷派命，多以父子相繼、兄終弟及，或軍中將領相互推立，僅於團體內部自相傳承，具有強烈的排外性。

> 或父死子握其兵而不肯代，或取捨由於士卒，往往自擇將吏，號為
> 「留後」，以邀命於朝。（《唐書·兵志》，頁 603 上左）

〈兵志〉指出此類藩鎮於節度使死去時，常自決繼承人，或為前節度使之子，或為軍鎮中有力將吏，自稱「留後」，直接上報朝廷要求任命詔書，態度囂張，而朝廷對此毫無辦法。軍事勢力的世襲，造成國中有國的窘況，使得唐朝末年

〔註41〕見〔宋〕宋祁、歐陽脩：《唐書·令狐張康李劉田王牛史列傳》，頁 1807 上右。

陷入類似春秋時代諸侯國不敬周天子而各自競爭的情境。

「姦臣」、「叛臣」、「逆臣」等三類，則與「藩鎮」的性質截然有別。其中，「姦臣」一類所取者，為私心害國的文臣，與屬於武將系統的藩鎮差異頗大。「叛臣」與「逆臣」皆有武力，與藩鎮較為相似，然前者所指為盤據州府，有脅持皇帝行為的個別將領，後者則指興兵作亂，有僭號自立、自署百官之實的武臣。兩者皆不若藩鎮有世代傳承的事實。這是藩鎮與此三者最明顯的分野。

此外，藩鎮列傳的命名，以軍鎮之名命之，猶如《史記》世家錄春秋時期的封國般，以所傳承的地域名之，如〈陳世家〉、〈楚世家〉、〈齊世家〉等。藩鎮的傳承中最首要者乃手中的兵權，有軍隊方有勢力範圍，且隨著兵力的強盛與否，勢力範圍亦時大時小，因此不以屬地命篇，而以實際承載著傳承的軍鎮名號來標目，較符合實際狀況。

觀察五篇藩鎮列傳，可發現所取藩鎮皆在河朔一帶，即今河北、河南、山東地區的軍鎮勢力。魏博節度使領有今河北地區至山東之間；鎮冀節度使即成德節度使，領有今河北正定一帶；盧龍節度使即幽州節度使，領有今河北幽州一帶；淄青節度使即平盧節度使，領有現今山東一帶；橫海節度使即為滄景節度使，領有今天津至山東之際；宣武節度使領有今河南開封一帶；彰義節度使即淮西節度使，領有今河南汝南一帶；澤潞節度使即昭義節度使，領有今河南洛陽一帶。此八藩鎮皆落於黃河中下游地區，原為唐朝重要的軍事重地，擁有「東濱海，南控三齊，西阻太行，北屆沙漠」[註42]的地勢之利，安祿山即因身兼盧龍、淄青、河東三鎮的節度使，財政、大軍均在其手，方有顛覆唐朝的野心與能力。安史之亂後，曾參與平叛的安史叛將又被分發至該處，如田承嗣為魏博節度使、李寶臣為鎮冀節度使等，原本就追從安祿山叛亂，後又背叛安祿山以干祿，本性趨私利，則其後叛附無常可想而知。

唐人杜牧曾評論河北、山東、河南等地的戰略地位，及處置藩鎮時應有的先後次序：

> 山東，王者不得，不為王，霸者不得，不為霸。猾賊得之，足以致天下不安。……若欲悉使生人無事，其要先去兵。不得山東，兵不可去。……魏於山東最重，於河南亦最重。魏在山東，以其能遮趙也。既不可越魏以取趙，固不可越趙以取燕。是燕、趙常取重於魏，

〔註42〕見〔清〕顧祖禹：《讀史方輿紀要・卷十・直隸一》。臺北市：洪氏出版社。1981年初版。頁442。

魏常操燕、趙之命。……河南、山東之輕重在魏,非魏彊大,地形
使然也。(《唐書‧賈杜令狐列傳》,頁 1970 下左～1971 下右)

其以為山東為兵家必爭之地,必取之以安天下,若不能被朝廷控制,則將為天
下亂源之始,若山東不安,則朝廷不可鬆懈兵事。至於魏地,因地理位置的關
係,屏障燕、趙之地,故而取魏則可扼山東、河南之要。換言之,若要征撫河
朔地區,必先取下魏地,方能談後續的山東、河南,與更北方的河北。以藩鎮
而論,則必先下魏博,方可謀其北的鎮冀、澤潞、盧龍、河東等軍鎮,以及其
東的淄青與其東北的橫海,無須借道,免除腹背受敵之慮。

〈藩鎮魏博列傳〉傳末以「建中之際,三將軍持銳蹀血,功無成者。四叛
連勢,兵結難作,天子不能守宗廟。傳及弘正,去汙入朝,數年復亂,唐終不
得魏」[註43] 等語,表明唐朝一直想收回魏地,但徒勞無功的情形。其反叛接
連不斷,天下震動,朝廷難以施力,即使有短暫的回歸,亦很快陷入叛亂。《新
唐書》以「終不得魏」感嘆朝廷未能收復重地,同時亦側面表明魏之重要性。

由上述論說,可發覺《新唐書》藩鎮列傳的設置脈絡:(一)排序以兵家
要地、作亂害國之重輕為條件,如以魏博為首,次之以鎮冀、盧龍等;(二)
以地域相近、互動密切者相合,如淄青與橫海同領山東附近,故而同傳,又如
宣武、彰義、澤潞皆據河南,故為一傳。

二、《新唐書》改《舊唐書》合傳為藩鎮列傳的取材與立意

《新唐書》藩鎮列傳是由《舊唐書》合傳刪改而來,為表河朔地區藩鎮影
響唐代興衰之深而設立,其人物的剪取是否恰當?與原傳意旨有何異同?均
值得一探,以求對此五篇藩鎮列傳有更多的了解。以下即就人物擇取、立意異
同二方面出發,分別討論之。

(一)〈藩鎮魏博列傳〉

《新唐書‧藩鎮魏博列傳》傳主共四人,分別自《舊唐書‧二田張列傳》
取傳主田承嗣(705～779),及〈史何韓樂羅列傳〉取傳主史憲誠(?～829)、
何進滔(?～840)、羅弘信(836～898)三人組合而成。

田承嗣於原傳,是與其堂侄田弘正(764～821)、鎮冀節度使張孝忠(730
～791)二人相合成傳。田承嗣為安史舊部,大亂之後得任魏博節度使,於代
宗大曆年間頻頻作亂,死前將權位交給侄子田悅(?～784),為藩鎮自嗣其世

〔註43〕見〔宋〕宋祁、歐陽脩:《唐書‧藩鎮魏博列傳》,頁 2390 上右。

的首例，可謂藩鎮叛首的代表。田弘正雖為田氏親族，於田悅等人之後接掌魏博，但卻是親近朝廷一派，奉旨領軍討伐時皆盡心盡力，所得州府皆獻於朝。張孝忠原為鎮冀節度使李寶臣舊部，於李寶臣之子李惟岳（？～782）聯合田悅等人叛亂時，轉而歸附朝廷，此後皆是忠於唐室。其贊曰：

> 臣觀開元之政舉，坐制百蠻；天寶之法衰，遂淪四海。玄宗一失其勢，橫流莫救，地分於羣盜，身播於九夷。河朔二十餘州，竟為盜穴，諸田兇險，不近物情。而弘正、孝忠，頗達人臣之節，泝國力善無報，殆天意之好亂惡治歟！茂昭忠梗有禮，明禍福大端，近代之賢侯也！（《舊唐書・二田張列傳》，頁 1924 下右～下左）

《舊唐書》以為玄宗開元時期政治清明，眾人敬服，而天寶時期政衰法亂，因此天下動盪，皇室喪失其地位所帶來的威嚇，不得不分封官爵，以利誘撫，然而人欲永無止境，讓利相誘，只會豢養出貪婪與野心。河朔重鎮皆淪叛將之手，作亂不斷，惟田弘正、張孝忠特出其中，投效朝廷，而其子張茂昭深明大義，可稱之為賢侯。此合傳顯然以藩鎮的正反人物代表作對比，田承嗣與田弘正源出一脈，卻不同道，且田承嗣得以安然病終，不死於戰，田弘正則被埋伏暗殺，善惡果報竟然無應？天命之理何在？二人關係密切而矛盾，合為一傳亦無不可。

　　「泝國力善無報，殆天意之好亂惡治歟」〔註44〕、「謂天輔仁，胡覆弘正」〔註45〕的慨歎，則傳達出《舊唐書》作者群對天命安排的悲觀與質疑，隱隱反映出其悲觀且退縮的潛意識。

　　至於張孝忠，則曾經擋住田承嗣亂軍侵略冀州的腳步，使之無法拿下整個北方。其後投效朝廷，受命為義武節度使，兼易、定、滄州觀察使等，亦不曾出爾反爾：

> 及朱滔、王武俊謀叛，將救田悅於魏州，慮孝忠躡後，滔軍將發，復遣蔡雄往說之。……滔又啗以金帛，終拒而不從。易、定居二兇之間，四面受敵，孝忠脩峻溝壘，感勵將士，竟不受二兇之熒惑，議者多之。（《舊唐書・二田張列傳》，頁 1921 上左～下右）

其周旋於深具野心的鎮冀、盧龍二鎮之間，擁有被人忌憚的實力，竟能不被誘惑，保持效忠朝廷的初心，實在難能可貴！張孝忠作為實際對抗田承嗣的能

〔註44〕見〔後晉〕劉昫：《舊唐書・二田張列傳》，頁 1924 下左。
〔註45〕見〔後晉〕劉昫：《舊唐書・二田張列傳》，頁 1924 下左。

人，品行、作為無一不與之相反，合為一傳作對比，亦無不可。其與田弘正關係較疏離，故三人合傳主要核心應為田承嗣，傳末稱「田宗不令，禍淫無應」〔註46〕，即為本傳傳旨所在。

《舊唐書·史何韓樂羅列傳》則以「逆守必亡」為傳旨，錄史憲誠、何進滔、韓允中等人為傳主。傳末稱：

> 魏、鎮、燕三鎮，不能制之也久矣。兵彊地廣，合從連衡。爵命雖
> 假於朝廷，羣臣自謀於元帥。如史憲誠等五家，其初皆因此而得之，
> 其後亦因此而失之。蓋不知取之以權，守之以仁，則遠矣。若善繼
> 者，史氏、羅氏之二子有焉，其餘不足觀也。（《舊唐書·史何韓樂
> 羅列傳》，頁2350上右）

其以為魏博、鎮冀、盧龍三軍鎮脫離朝廷掌控已有一段不短的時間，表面上是朝廷詔命所封，實際上卻是內部自行決定統帥。史憲誠等五家皆是軍鎮中奪權成功者，而最終亦因內部的傾軋而被害，《舊唐書》認為這是史憲誠等人不知逆取順守的道理，獲得權勢之後應要順撫所治，安定地方應為第一要事，其勢力方可長久存續。五家族中，竟只有史憲誠子史孝章（？～838）、羅弘信子羅紹威（877～910）能承繼父輩勢力，而不死於軍隊譁變，顯見軍鎮中勢力變換之無常。作者群以魏博軍為例：

> 魏之牙中軍者，自至德中，田承嗣盜據相、魏、澶、博、衛、貝等六
> 州，召募軍中子弟置之部下，遂以為號。皆豐給厚賜，不勝驕寵。
> 年代寖遠，父子相襲，親黨膠固。其兇戾者，彊買豪奪，踰法犯令，
> 長吏不能禁。變易主帥，有同兒戲，如史憲誠、何進滔、韓君雄、
> 樂彥禎，皆為其所立。優獎小不如意，則舉族被害。（《舊唐書·史
> 何韓樂羅列傳》，頁2349上左）

自田承嗣據六州、不聽上命，愈發驕橫以來，其部下亦隨之驕縱放肆。長時間下來，雖軍中將吏亦難禁麾下士兵之變橫，稍有不如意，輒譁變換主帥，如史憲誠等人皆因此得立為節度使，亦因此而族亡。此一現象不僅只發生於魏博而已，其他軍鎮亦存在這種現象，而《舊唐書》即是藉本合傳對此現象發論。其以為：

> 逆取順守，古亦有之。如其逆守，滅亡必隨。史、何、韓、樂，世數
> 盛衰。足以為鑒，念茲在茲。（《舊唐書·史何韓樂羅列傳》，頁2350

〔註46〕見〔後晉〕劉昫：《舊唐書·二田張列傳》，頁1924下左。

上右）

造反奪權、循理安民，是自古以來就有的事，若得到領地卻不撫順安民，無法壓制躁動的情緒，則滅亡亦速至，如史憲誠「素懷向背，不能以忠誠感激其眾」〔註47〕，而死於軍眾之手。又如樂彥禎「志滿驕大，動多不法。一旦徵六州之眾，板築羅城，約河門舊堤，周八十里，月餘而畢，人用怨咨」〔註48〕，過度勞役群眾，造成群體不滿，以及其子「召亡命之徒五百餘輩，……委以腹心。軍人籍籍，各有異議」〔註49〕，亦使軍眾躁動不滿，最終導致軍鎮內鬥，樂氏敗亡。《舊唐書》以為上位者應引史憲誠等傳主為鑑，故以「逆守必亡」為旨，警惕後人毋蹈覆轍。

　　田承嗣與史憲誠等人接連成為魏博節度使，卻非直接承繼關係，其嗣傳的時間亦有長短，而《新唐書》取之人合成一傳，是看中其鏈結核心——藩鎮魏博，並以之為題，錄此四人入傳。傳贊稱：

> 田承嗣幾禽矣，李寶臣怒承倩而釋魏。建中之際，三將軍持銳躪血，功無成者。四叛連勢，兵結難作，天子不能守宗廟。傳及弘正，去汙入朝，數年復亂，唐終不得魏。與夫豎刁亂齊，孰為輕重？（《唐書‧藩鎮魏博列傳》，頁 2390 上右）

其以為朝廷曾有機會自田承嗣手中奪回魏博軍，因李寶臣記恨朝廷宦使無禮，而故意與田承嗣結盟，遂失剿滅田承嗣之機。魏地之重，可扼燕、趙之喉，故其地作亂之害，絕不下春秋時期豎刁作亂、操控齊國傳嗣之禍。魏博自田承嗣始，至羅弘信子羅紹威為朱溫牽制，不得擺脫新立後梁的控制為止，傳承更迭四姓，時間超過百年，《新唐書》以此傳表明魏地之重，及驕橫藩鎮之難除。「一寇死，一賊生，訖唐亡百餘年，卒不為王土」〔註50〕，正是藩鎮割據的真實寫照。

　　《舊唐書》〈二田張列傳〉、〈史何韓樂羅列傳〉各有意旨，前者以三人合傳見田承嗣的驕橫，並感嘆天命報應的禍福難料，後者則以逆守必亡為旨，告誡後人引以為鑑。二者篇旨雖可有深意，卻不如《新唐書》特以藩鎮為核心概念，凸出魏博實乃藩鎮自嗣之首，及其連年叛亂帶來的影響力。至於《新唐書》所取傳主，亦完整表明魏博傳承更迭的譜系，十分恰當。

〔註47〕見〔後晉〕劉昫：《舊唐書‧史何韓樂羅列傳》，頁 2346 下左。
〔註48〕見〔後晉〕劉昫：《舊唐書‧史何韓樂羅列傳》，頁 2348 上右～下左。
〔註49〕見〔後晉〕劉昫：《舊唐書‧史何韓樂羅列傳》，頁 2348 上左。
〔註50〕見〔宋〕宋祁、歐陽脩：《唐書‧藩鎮魏博列傳》，頁 2379 上右。

（二）〈藩鎮鎮冀列傳〉

鎮冀軍即成德軍，設立於平定史朝義（？～763）之後，所轄為恆、趙、深、定、易、冀等六州，為河北三鎮之一，首任節度使即為李寶臣。《舊唐書》以之與王武俊、王廷湊相合成傳，以三人率其子弟，接連執掌成德軍，合之則可見其軍鎮傳嗣的更迭，故以此為脈絡，繫聯成〈李二王列傳〉。其傳末稱：

> 土運中微，羣盜孔熾。寶臣附麗安、史，流毒中原，終竊土疆，為
> 國蠹賊。加以武俊之狠狡，為其腹心，或叛或臣，見利忘義，蛇吞
> 蝮吐，垂二百年。哀哉！王政不綱，以至于此！若使明皇不懈於開
> 元之政，姚崇久握於阿衡，詎有柳城一胡，敢窺佐伯，況其下者哉！
> 觀此無君，可為太息。（《舊唐書・李二王列傳》，頁 1940 上左）

《舊唐書》以為唐運中衰，亂象叢生，李寶臣原為安史舊部，見勢不可為即歸附朝廷，最終竟得據六州，其心腹王武俊亦狡詐陰狠之輩，時附時叛，蠶食鯨吞，侵奪州府，而朝廷竟無力制衡，顯見唐室國力之遽衰。若玄宗能維持開元之治，賢相姚崇能久居相位，如何會有安祿山之事呢！更何況田承嗣、李寶臣等。天下竟有如此目無君長之人，令人不禁掩面嘆息。其言下之意對玄宗執政的失職頗有微辭，而評之以「人君失政，為盜啟門」〔註51〕，以此為本合傳旨意，以見藩鎮興起的根本原因。

《新唐書・藩鎮鎮冀列傳》中，傳主及附傳人物完全重合《舊唐書・李二王列傳》，顯然是以不同概念出發，提取這群人物的關係與歷史影響性。《舊唐書》以「盜國者」糾集李寶臣等人，揭示國君失格所致的後果，警惕後人；《新唐書》則以「藩鎮鎮冀」糾合三人，表藩鎮叛亂之勢，及德宗不賞忠臣之昏。〈藩鎮鎮冀列傳〉傳末稱：

> 朱滔、王武俊南面稱王，地聯交昵。及泚僭天子，滔將應之，當時
> 危矣！賈林以一語窞武俊，軋兵相仇，折幽、薊之銳，泚失其朋，
> 不出孤城，終底覆夷。用林之功，賞不及身，德宗為不明哉！（《唐
> 書・藩鎮鎮冀列傳》，頁 2401 下右～下左）

其以為鎮冀王武俊、盧龍朱滔差點結盟南向，與身在京城起事的朱泚聯合造反，唐室之危，迫在眉睫，全賴賈林從中周旋，破壞王、朱聯盟，使之反目。朱泚倉促起兵，又得不到外援，故招致速亡，而唐室危機得以解除。憑賈林一己之力，有此大功，事後卻不見封賞，《新唐書》認為是德宗昏聵的表徵，直

〔註51〕見〔後晉〕劉昫：《舊唐書・李二王列傳》，頁 1940 上左。

接表示對德宗的負面觀感。

　　由此觀之，兩《唐書》此二篇傳雖傳主重合，然傳旨及對其中事件的關注點卻頗有差異：《舊唐書》聚焦於玄宗的失職與群盜蜂起的關係，《新唐書》則批評德宗的昏昧，感嘆功臣未得到良善的對待。雖然如此，二書對鎮冀軍的觀感卻是相同，均認為猶如蛇蝮在側，陰邪狡獪：

> 或叛或臣，見利忘義，蛇吞蝮吐，垂二百年。（《舊唐書·李二王列傳》，頁 1940 上左）

> 鎮冀自惟岳以來，拒天子命，然重鄰好，畏法，稍屈則祈自新。至廷湊資凶悖，肆毒甘亂，不臣不仁，雖夷狄不若也。（《唐書·藩鎮鎮冀列傳》，頁 2399 上左）

二書作者群指出其特質是時叛時臣，習以結盟為助力，勢強則欺朝廷，勢弱則哀求原諒，私利至上，《新唐書》甚至評論其不如夷狄，鄙薄之意溢於言表，可謂嚴厲至極。《舊唐書》以李寶臣等人合傳，與《新唐書》以鎮冀獨傳，雖概念提取上略有參差，關注點亦有所異，但傳主重合，且皆表達出藩鎮鎮冀的重要性與譜系，及其領導者所具特質，警示後人不可不慎，實無高下之分。

（三）〈藩鎮盧龍列傳〉

　　《新唐書·藩鎮盧龍列傳》傳主計有十人，乃是取《舊唐書》〈二李朱劉程列傳〉傳主李懷仙（？～768）、朱滔（？～785 年）、劉怦（727～785）等三人，與〈朱三李楊三張列傳〉傳主朱克融（？～826 年）、李載義（788～837）、張仲武（？～849）、張允伸（785～872）、李全忠（？～886）等五人，及其附見李茂勳、劉仁恭（？～914）二人，略加刪改而成。

　　〈二李朱劉程列傳〉原有傳主五人，除李懷仙、朱滔、劉怦三人外，尚有程日華（？～788）、李全略（？～826）二人，前三者曾接連成為盧龍節度使，後二者則與盧龍無關，而是均擔任過橫海節度使。此五人事跡交疊處不多，關聯性並不高，然細察其事跡，可發現《舊唐書》是以「父子、將士相殘以求利」為線索，貼合李懷仙等五人。其傳末稱：

> 國家崇樹藩屏，保界山河，得其人則區宇以寧，失其授則干戈勃起。若懷仙之輩，習亂河朔，志深狡盡，忠義之談，罔經耳目；以暴亂為事業，以專殺為雄豪，或父子弟兄，或將帥卒伍，迭相屠滅，以成風俗。斯乃王道寖微，教化不及。惜哉蒸民，陷彼虎吻！其間劉總，粗貯臣誠，然而殺父兄以圖榮，落鬢髮而避禍；未旋踵而暴卒

他境，斯謂報應之驗與！（《舊唐書‧二李朱劉程列傳》，頁 1947 下右）

作者群以為設立藩鎮本意為屏衛皇城，此重責託付得當則中外安寧，所託非人則戰端頻啟，如李懷仙等人即此類野心滿溢、毫無禮義之輩。其為求上位，雖父子兄弟血脈之親、上下提挈關係之深，亦陰謀相殘，更遑論對遠在京城的天子忠誠！其相殘之勢如：

懷仙大曆三年為其麾下兵馬使朱希彩所殺。希彩自稱留後。⋯⋯七年，孔目官李瑗因人之怒，伺隙斬之，軍人立其兵馬使朱泚為留後。（《舊唐書‧二李朱劉程列傳》，頁 1941 上左～下右）

（劉）濟在鎮二十餘年，雖輸忠款，竟不入覲。又謀殺其弟瀠，瀠歸國為信臣。及濟疾，次子總與濟親吏唐弘實通謀酖殺濟，數日，乃發喪。（《舊唐書‧二李朱劉程列傳》，頁 1943 下左）

總，濟之第二子也，性陰賊險譎。⋯⋯濟自朝至日晏不食，渴索飲，總因實毒而進之。濟死，繩行至涿州，總矯以父命杖殺之，總遂領軍務。（《舊唐書‧二李朱劉程列傳》，頁 1944 上左～下右）

於軍鎮之中，以下位篡奪上位，復為下位所篡，對上位者毫無感激尊敬之情，而家族之中，上一代兄謀殺弟，下一代子弑父殺兄，已毫無倫理道德可言，更遑論孝順友悌！《舊唐書》認為這是因為世道衰微、王室不振，無法發揮教化作用的緣故，而將亂象因由歸結為朝廷勢弱所致。

此外，於傳贊中特別提及劉總（？～821），以為其雖「欲盡更河朔舊風。長慶初，累疏求入覲，兼請分割所理之地，然後歸朝」[註52]，曾主動提出削減領地、分與諸將，以助朝廷解除幽州軍鎮問題，但卻是殺父殺兄上位的狠人。劉總後期作為雖可稱裨益於唐，然其不孝不悌，晚年恐父兄鬼魂作祟，落髮為僧，不久即猝死於易州。《舊唐書》以「斯謂報應之驗與」[註53]稱之，感嘆其作為應得惡報，表露出作者群的儒家道德價值觀，及因果循環的果報觀念。

〈朱三李楊三張列傳〉則以幽州為提取關鍵，貼合朱克融、李載義、張仲武等八人成傳，並評點幽州風氣、臧否傳中人物：

大都偶國，亂之本也。故古先哲王建國，公侯之封，不過千乘，所以彊幹弱枝，防其悖慢。彼幽州者，列九圍之一，地方千里而遙，

[註52] 見〔後晉〕劉昫：《舊唐書‧二李朱劉程列傳》，頁 1944 下左。
[註53] 見〔後晉〕劉昫：《舊唐書‧二李朱劉程列傳》，頁 1947 下右。

其民剛彊，厥田沃壤。遠則慕田光、荊卿之義，近則染祿山、思明
之風。二百餘年，自相崇樹，雖朝廷有時命帥，而土人多務逐君。
習苦忘非，尾大不掉，非一朝一夕之故也。若李載義、張仲武、張
允伸因利乘便，獲領旌旗，以仁守之，恭順朝旨，亦足多也。如朱
克融、楊志誠、史元忠、張公素、李可舉、李全忠，以不仁得之，靡
更曩志。或尋為篡奪，或僅傳子孫，咸非令終，蓋其宜也。（《舊唐
書・朱三李楊三張列傳》，頁 2344 下左～2345 上右）

其以為國家之亂，根由在於國中有國，因此自古以來，「強幹弱枝」之策是防
止國中有國的良方。幽州地處偏遠，資源豐富，民風強悍，向來欽慕田光、荊
軻的俠義，後又為安祿山轄地，沾染其桀敖不馴之風，故安史亂後兩百餘年間，
不聽朝廷詔命的現象，其來有自。幽州軍即盧龍軍，節度使李載義、張仲武、
張允伸三人在其位忠其職，值得嘉許，而朱克融、楊志誠等人非以正道得位，
又不改其風，因此皆不得善果。

　　《舊唐書》以此傳綜合品評幽州歷任節度使，並強調「仁」的作用，認為
李載義等三人因時機之利而得任節度使，不用歪邪詭計，又能安撫其鎮，對朝
廷恭順，深得忠恕之義；朱克融等人則以「不仁」得位，且不改其不仁，因此
上行下效，後來者亦以不仁爭位，故不能傳世久遠。此間之別，皆因仁德與否
所致，是此合傳欲傳示後人的提醒，亦為篇章旨意之所在。

　　《新唐書・藩鎮盧龍列傳》則以盧龍為關鍵，糾集李懷仙、朱克融等十人，
而舉朱滔、朱克融為例，以為「驕橫必亡」：

朱滔脅其兄泚入朝，及引兵東嚮，稱帝以自尊，名雖助泚，志可知
矣。至克融再得幽州，朱氏無遺種，其禍與泚鈞，而族夷有先後為
間也。（《唐書・藩鎮盧龍列傳》，頁 2413 上右）

其以為朱泚入朝非自願，後又受到引誘，在京起事，其實背後都是朱滔的操控，
而朱滔打著入京助兄之名，糾合兵力向東進發，其野心不問可知，然朱泚、朱
滔之事皆未成。穆宗時，其孫朱克融趁幽州軍亂，奪得盧龍軍權後，日漸驕橫，
妄自尊大，對敬宗語出威脅：「聞陛下東幸雒，願率匠丁五千助營宮室，迎乘
輿，且請帛三十萬，備一歲費。」[註54] 暗示要以五千兵迎襲敬宗往洛陽的車
隊，並勒索財帛，敬宗忍之。不久幽州軍亂，朱克融死，其子延齡為留後，暴
虐待人，為其將李載義所殺，並夷滅其族。朱氏家族經此二役，應無後嗣遺存。

[註54] 見〔宋〕宋祁、歐陽脩：《唐書・藩鎮盧龍列傳》，頁 2408 上右。

藩鎮自嗣者多驕橫，而《新唐書》藉朱氏血脈之不存為例，揭示驕橫孳生野望所帶來的慘烈後果，以誡後人。

　　《舊唐書》〈二李朱劉程列傳〉、〈朱三李楊三張列傳〉，與《新唐書・藩鎮盧龍列傳》傳旨並不相同。〈二李朱劉程列傳〉傳主雖均為藩鎮，然分屬盧龍、橫海，是《舊唐書》以父子、兄弟、將士相殘此種隱於事跡的線索，擷取人物相合而來。〈朱三李楊三張列傳〉傳主皆曾任幽州節度使，人物表面共同點明確，然內在性質卻不盡相同：李載義等人能善治所轄，朱克融等則不以正道得位，又不改其風，不得善果，此合傳是利用這兩組人作映襯，得出仁德得善的結論。《新唐書》則是以藩鎮盧龍糾合眾人，明其譜系，並指出藩鎮驕橫必敗的下場。

　　整體而言，《舊唐書》此二傳人物組合已隱隱有藩鎮的概念在內，但仍不脫人物合傳的固有模式，以人命篇，因而有盧龍、橫海混雜之貌，不若《新唐書》直接以藩鎮標目，直截了當地展示此概念的重要性，更良好展現出作者群所重視之處。

（四）〈藩鎮淄青橫海列傳〉

　　《新唐書・藩鎮淄青橫海列傳》是取《舊唐書》〈薛令狐田侯李列傳〉傳主李正己（733～781）、〈二李朱劉程列傳〉傳主程日華、李全略合為一傳。其中，李正己為淄青節度使，程、李二人為橫海節度使。

　　淄青節度使之職非僅李正己一人擔任過，然安史之亂後，自李正己始，父傳子、子傳孫，視淄、青一帶為私有，即《新唐書》所謂「擅興若世嗣者」〔註55〕，因此僅取李正己家族而已，並稱「淄青傳五世而滅，有州十二」〔註56〕，是直接將藩鎮據地視若諸侯封國而論。相同情形亦出現於《新唐書》擇取橫海節度使代表上。其僅取程日華、李全略，是因「滄景傳三世，至程權入朝，十六年而李全略有之，至其子同捷而滅，有州四」〔註57〕，二人均傳嗣於子之故。此外，淄青、橫海所轄之地均為今山東一帶，地域緊密相鄰，自嗣時間皆不長，作亂規模亦小，因此《新唐書》以二者合為一傳，誠然相宜。

　　《舊唐書・薛令狐田侯李列傳》傳主為薛嵩（？～773）、令狐彰、田神功（？～774）、侯希逸（704～765）、李正己等五人，主要事跡均發生於安史之

〔註55〕見〔宋〕宋祁、歐陽脩：《唐書・藩鎮魏博列傳》，頁2380上右。
〔註56〕見〔宋〕宋祁、歐陽脩：《唐書・藩鎮魏博列傳》，頁2379下左。
〔註57〕見〔宋〕宋祁、歐陽脩：《唐書・藩鎮魏博列傳》，頁2379下左～2380上右。

亂後，於唐朝藩鎮亂象初顯時期擔任藩鎮，而李正己為五人中活躍年代最晚者。其傳贊評李正己家族云：

> 自安、史亂離，河朔割據，雖外尊朝旨，而內蓄姦謀。……師道祖父弟兄，盜據青、鄆，得計則潛圖兇逆，失勢則偽奉朝旨，向背任情，數十年矣。或問曰：師古之前，三帥而不滅；師道繼立，數年而亡者，何哉？答曰：納與師古，自運姦謀，躬臨戎事；朝廷任盧杞，以私妨公，致懷光變忠為逆，李納父子，宜其苟延。洎憲宗當朝，裴度為相，君臣道合，中外情通；師道外任諸奴，內聽羣婢，軍民攜貳，家族滅亡，不亦宜乎！假息數年，猶為多矣，何所疑焉？
> （《舊唐書‧薛令狐田侯李列傳》，頁1759上右～上左）

其以為安史之亂後，藩鎮多是表面恭敬，實則包藏禍心，而李正己與其子孫即屬此類，盜據淄青一帶數十年。作者群亦藉李氏事跡側證朝廷政治的良窳。其認為李正己、李納（？～792）、李師古皆勇悍非常，能親自領兵作戰，且當時朝廷聽用專謀私利的奸臣盧杞，故未能拔除李氏三人，至李師道昏庸無謀，而憲宗信用賢相裴度，因而能滅其家族。《舊唐書》以為朝廷政治清明，便能翦除藩鎮，理所當然，是將藩鎮作亂的根本原因歸咎至朝廷本身，尤其是皇帝與宰相身上。

　　此外，〈薛令狐田侯李列傳〉傳主五人中，薛嵩、令狐彰、田神功等三人所獲評價為正面，如薛嵩「守土奉職，終身一心，果有令人，克全餘慶」[註58]、令狐彰「中外善政，終始令名，……時稱能善始善終者也」[註59]，及田神功「神功忠勇，竟著勛名」[註60]等，與侯希逸、李正己所獲的負面評價不侔，則五人非已同質性之故相合。查察《舊唐書》五人事跡，可發現皆曾任平盧節度使[註61]，應是以此合五人為傳，以見朝廷內部治亂對藩鎮的影響。

〔註58〕見〔後晉〕劉昫：《舊唐書‧薛令狐田侯李列傳》，頁1759上左。
〔註59〕見〔後晉〕劉昫：《舊唐書‧薛令狐田侯李列傳》，頁1759上左。
〔註60〕見〔後晉〕劉昫：《舊唐書‧薛令狐田侯李列傳》，頁1759上左。
〔註61〕平盧所轄原為今遼寧一帶，肅宗時侯希逸得推為平盧軍節度使，然因向潤客、李懷仙等人時相侵擾，及外族奚的不斷侵略，因而「希逸拔其軍二萬餘人，且行且戰，遂達於青州。……青州遂陷於希逸，詔就加希逸為平盧、淄青節度使。自是迄今，淄青節度皆帶平盧之名也」。此後，平盧所轄即淄青所轄。及平定李師道之後，則以淄州、青州、齊州、登州、萊州等五州為平盧軍所領，即今山東一帶。見〔後晉〕劉昫：《舊唐書‧薛令狐田侯李列傳》，頁1754上左～下右。

　　《舊唐書・二李朱劉程列傳》以「父子、兄弟、將士相殘」為旨，繫聯諸傳主，而檢視程日華、李全略生平事跡，可發現雖鬥爭程度不如劉怦等人，然亦有私心奪權之事，如程日華為張孝忠手下將領，因滄州軍亂而駐守滄州，遭朱滔、王武俊圍攻，以固守為功勞，遣使請功，而滄州等地遂別為一軍，以其為橫海節度使。張孝忠所轄地原有易、定、滄三州，至此僅餘易、定二州。又如李全略擔任橫海節度使時：

> 全略乃陰結軍士，潛為久計，外示忠順，內畜姦謀。棣州刺史王稷
> 善撫眾，且得其心，全略忌而殺之，仍孥戮其屬。凡所為事，大率
> 類此。(《舊唐書・二李朱劉程列傳》，頁 1946 下右)

因其深懷野心，故翦除異己，甚至戮滅其部屬妻兒，十分陰狠。《舊唐書》以「凡所為事，大率類此」一語，指出其平日作風如此，顯然非常符合該合傳擇人標準。

　　《新唐書・藩鎮淄青橫海列傳》取淄青、橫海節度使擅權自嗣者為一傳，傳末無論贊，無法得以直接觀知作者群評價，然由形式而言，與其他藩鎮列傳同列，確實較《舊唐書》體例齊整。

（五）〈藩鎮宣武彰義澤潞列傳〉

　　《新唐書・藩鎮宣武彰義澤潞列傳》將宣武、彰義、澤潞三軍鎮合於一傳，是與合淄青、橫海於一傳的道理相同：地域相近、自嗣時間較短、作亂規模及影響力度較小。此傳是由《舊唐書》〈劉董陸劉二李吳列傳〉中取傳主劉玄佐（735～792）、吳少誠（750～809）二人，及〈李烏王二李董楊二劉石列傳〉中取傳主劉悟（？～825）一人相合而成。其中，劉玄佐為宣武節度使，吳少誠為彰義節度使，劉悟為澤潞節度使。

　　《舊唐書・劉董陸劉二李吳列傳》傳主共七人，劉玄佐、董晉（724～799）、陸長源（？～799）、劉全諒（？～799）皆曾任宣武節度使，而李忠臣（716～784）、李希烈（？～786）、吳少誠曾為彰義節度使，主要活躍時間為代宗至憲宗時期。查其傳末論贊，可發現此合傳是以「君主宜慎治」為旨，貼合七人成傳：

> 治亂，勢也，勢亂不能卒治。長源以法繩驕軍，禍不旋踵，則董公
> 之寬柔不無謂。古之名將，以陰謀怨望，鮮全其族者。董秦始奮忠
> 義，多長者言，宜其顯赫，及失意挾邪，俄被淮陰之戮，惜哉！吳
> 少誠為希烈之亂胎，雖謀奪其軍，及嗣而滅。而元濟效希烈之狂悖，

謂無天地，人之兇險，一至於斯！是知王者御治之道，其可忽諸！

（《舊唐書·劉董陸劉二李吳列傳》，頁 1970 上右）

其以為國家政治的清明或敗壞是一種情勢、走向，情勢已亂之時要扳回正道、重回政通人和，是不可能的，並舉陸長源嚴法治軍而遭烹為例，點明董晉寬緩以治是勢不得不然。再者，作者群認為自古以來武將若陰謀犯上、心怨朝廷，則少有能全身保族者，如董秦（即李忠臣）、吳少誠、吳元濟、李希烈等人，更由此引申，強調帝王治下御臣時不可不慎。

《舊唐書·李烏王二李董楊二劉石列傳》則有傳主十人，分別為朔方、忠武、彰義、夏綏、太原等軍節度使，這些軍鎮所在地多在京城的西北方向，主要負責抵擋吐蕃、回鶻等外族，間或奉詔征伐作亂的河朔三鎮，僅忠武軍在東南方向，起到阻隔宣武、橫海等軍的作用。作者群以為：

> 古所謂名將者，不必蒙輪拔拒之材，拉虎批熊之力；要當以義終始，好謀而成。而阿跌昆仲，稟氣陰山，率多令範，讓家權於主婦，拒美妓於姦臣，章武恢復之功，義師之效也。重胤忠於事上，仁於撫下，淮、蔡之役，勳亞光顏；殷邦之臣也，不可多得。王沛之擒僚婿，李祐之執賊渠，皆因事立功，轉禍為福。智則智矣，仁者不為！而劉悟自恃太尤，世邀纘襲，至於赤族，報亦晚耶！雄、沔負羽邊城，聲馳沙漠，奉迎貴主，摧破昆戎，不亦壯乎！雄能感於知己，不為無義，美哉！（《舊唐書·李烏王二李董楊二劉石列傳》，頁 2117 上右～上左）

其認為所謂名將，應是能貫徹忠義之人，如李光進（759～815）、烏重胤（761～827），實為不可多得之輩，而如王沛（？～827）、李祐，則較為投機，是見勢而動，並非真正忠義。至於劉悟，自視甚高，竟圖謀傳嗣於子孫，終至滅族，作者群則以「報亦晚耶」表達對其不忠的鄙棄。石雄感於劉沔的勸說，與之共同護衛唐之西北，亦為美談。《舊唐書》以此傳表明忠義乃是名將的必要條件，而劉悟即為傳中特舉的反例。

由上可知，吳少誠、劉悟皆符合《新唐書》擇藩鎮擅嗣者入傳的標準。至於劉玄佐，其「性豪侈，輕財重義，厚賞軍士，故百姓益困。是以汴之卒，始於李忠臣，訖于玄佐，而日益驕恣，多逐殺將帥，以利剽劫」[註62]，造成整個軍鎮風氣更加敗壞，其子以厚財賂軍而得擁立，嗣其後為宣武節度使，實非

〔註62〕見〔後晉〕劉昫：《舊唐書·劉董陸劉二李吳列傳》，頁 1959 下右。

朝廷所遣立,故亦符合《新唐書》擇人標準。

其〈藩鎮宣武彰義澤潞列傳〉傳末稱:

> 《傳》稱:「作《易》者其知盜乎!」然則盜之情,非聖人不能知。
> 唐中衰,姦雄睨眈而奮,舉魏、趙、燕之地,莽為盜區,挈叛百年,
> 夷狄其人,而不能復。昏上庸佐,惟不知盜故也。引妖就瞑,以奪
> 厥明,寧蕭俛、崔植等謂耶!(《唐書・藩鎮宣武彰義澤潞列傳》,
> 頁 2431 上右〜上左)

《新唐書》引《周易・繫辭傳》之語,表達其以為非聖人不能覺察小人盜國的
情形。作者群認為唐代中期國勢已然中衰,有心裂國而治者蜂起,竊據魏、
趙、燕等地,蠶食鯨吞,時間長達百餘年,而朝廷茫然無舉措,是因為處於上
位的皇帝與宰臣等均不能察明其情。舉如穆宗時,宰相蕭俛(?〜842)提出
銷兵之議,引得河朔地區再次叛亂,或如宰相崔植(772〜829)未能落實盧龍
節度使劉總分裂據地以封將領的推恩策略,導致原本可削藩的好計策,成為盧
龍叛變的導火線,更延燒至魏博、鎮冀皆叛,均是上位者不明形勢所致,白白
錯過穆宗時期兩個或可收回河朔三鎮、扭轉國勢的轉捩點,唐朝整體情勢愈加
惡化。

《新唐書・藩鎮宣武彰義澤潞列傳》取劉玄佐、吳少誠、劉悟三人,作為
宣武、彰義、澤潞三鎮代表,是以其自傳其嗣,有別於其他任的節度使之故。
此傳表明上位者昏昧所帶來的後果,與《舊唐書・劉董陸劉二李吳列傳》「君
王宜慎治」之旨有類似之處,均以為藩鎮之橫而不能治,主要責任在於朝廷主
政者身上,或昏昧無道,或囿於私利,故使河朔三鎮的情勢愈加險峻。由此可
知,兩《唐書》面對藩鎮問題,皆以為是朝廷處置不當,造成後期尾大不掉的
苦果。

三、小結

經由對《新唐書》藩鎮列傳與《舊唐書》相關合傳的比對,可發現《舊唐
書》雖未以「藩鎮」為直接命題,然隱隱已含有以藩鎮分類的影子,其合傳所
相合者均為藩鎮節度使,如〈薛令狐田侯李列傳〉傳主薛嵩、令狐彰、田神功、
侯希逸、李正己等五人,皆曾為平盧節度使,或如〈二李朱劉程列傳〉傳主李
懷仙、朱滔、劉怦、程日華、李全略等五人,前三人曾為盧龍節度使,後二人
則曾擔任過橫海節度使。《舊唐書》各依心裁將這些人貼為合傳,然可明顯察

覺到其常用對比手法，故傳中常見忠奸雜處、善惡同傳的情形。

　　相較之下，《新唐書》直接以藩鎮為標題概念，依其懲惡警世的心旨，由諸藩鎮中擇取反叛朝廷、自嗣其世者，並依處理的難度、作亂次數與規模、地域鄰近等條件排序，是將擇取對象作同質性的分類處理，於凸顯主題方面，顯得較為簡潔明確，較《舊唐書》佳善。

第五節　結語

　　透過對二書四夷列傳與藩鎮列傳相關篇章的比較，可發現《新唐書》明顯十分用心於篇傳的編排之上，如排序、命篇等。在四夷列傳方面，《新唐書》於編排上確實經過精心設計，且直覺明快，於四夷首篇〈突厥列傳〉傳序中即說明其脈絡。相形而言，《舊唐書》於此部分較為隱晦，需仔細尋覓，方可得知。內容上，二書四夷列傳中，篇章主旨均曾指明內政為先的重要性，認為只要國家安定富強，毋須求遠，遠國將自然臣服朝拜。於藩鎮列傳方面，《新唐書》全用《舊唐書》合傳人物，重新編排貼合為藩鎮列傳，而《舊唐書》雖未命名藩鎮之篇，卻已隱隱以藩鎮人物為同傳，有以藩鎮為提取概念之意。又，二書均以為藩鎮之害雖在地方，然根源起於朝廷內部的敗壞，因政治敗壞而無力控制地方，地方作亂需鎮壓則任命藩鎮，藩鎮勢大蠻橫則朝廷需鎮壓、處置，形成惡性循環，愈加耗損國力，後世之人不可不慎！

　　整體而言，於四夷及藩鎮列傳的表現上，《新唐書》較《舊唐書》為佳。

第柒章 結 論

　　兩《唐書》同為記錄唐代史事的史書，卻成書於不同時代，《舊唐書》成於晉出帝開運二年（945），《新唐書》則於宋仁宗嘉祐五年（1060）成書，中間相隔百又一十五年，而透過本論文第二至六章，分別針對本紀、列傳中的單傳、合傳、類傳、四夷及藩鎮列傳進行探討，可發現二書作者群確實表現出不同時代的價值觀點，如對於單傳人物的擇取、對人事興衰的看法等，以及《新唐書》作者群有意識的體例編排之上。這些觀點的差異其實深受二書作者群思想中的基調影響，以下就其中異同之處分別述說之：

一、《舊唐書》命運由天的天命觀

　　《舊唐書》成書於五代後晉末年，翌年即朝代覆滅，其編纂時間僅有短短五年，而由內文敘述觀之，可發現殘留唐代史官紀錄的痕跡，顯然是作者群直接襲用史料、未及更動的證據，因而此書雜揉唐代至五代時期的士人看法，反映出此一時期的價值觀點。

　　唐朝自安史之亂後，各地即陷入連年不斷的戰亂，規模或大或小，或為藩鎮據地爭鬥，或為外寇侵擾，地方上百姓無法休養生息，生命安全沒有保障，而朝廷內有黨爭激烈、宦官弄權等，即使為官作宰，亦不能掌握自己的命運，甚至皇帝亦頻頻出奔奉天等地，以求保命，無分士庶，人民群體的安全感與對未來的期待感，即於一次又一次的事件中不斷下降，轉而產生朝不保夕、人生無常的負面感受。五代承繼唐末藩鎮分據各地、屢屢鬥爭的局面，國家的建立與覆滅，往往僅在十數年之間，如朱溫篡唐建立後梁，開國十七年即滅，後唐僅維持十五年，後晉亦只存續十二年，中原政權的頻繁更迭，與四周外族的不

斷侵擾、擴張，不論貴賤，人民的生活依然籠罩在無助與恐懼之中，而命運任憑天意捉弄的無奈感油然而生，形成當代群體潛意識的基調。

　　《舊唐書》作者群立身此亂世裡，不免深受影響，轉而表露於文字之中，故對於紀傳中各種人事變遷，表現出一切歸因於天命時運的思想傾向。因此，其展露的興衰觀、君臣觀等，相較於《新唐書》而言，更強調天命的安排。如透過本紀論贊，可發現作者群將朝代興衰變化歸因為「時運」，而以高祖開國、武后執政等事件為例，認為因為二人能把握住天運之故，方得以趁時而起，開展局面。至於武后殘害宗室、天寶安史之亂等事件未使唐朝覆滅的原因，則是因為國勢未盡，故僅使之開始衰微而已。

　　或如君臣是否遇合，亦視雙方是否能「遭時」，若時機不適合，或賢臣遇惡主、奸臣遇賢君，雙方不能匹配時，則無法獲得共鳴，創造如魚得水、君臣相得的狀態，如惋惜李晟之不遇，以為「德宗皇帝聽斷不明，無人君之量，俾功臣困讒慝之口，奸人秉衡石之權」〔註1〕，又如評論陸贄時，感嘆「堯咨禹拜，千載一時，攜手提耳，豈容易哉」〔註2〕，及論李德裕時，稱「是時天子神武，明於聽斷；公亦以身犯難，酬特達之遇，……君臣之分，千載一時」〔註3〕等語，皆是慨歎君臣遭遇的得時與否，隱含作者群心中亦深藏著時不我予的怨嘆，但又難以從中窺見其主動性，因此表露出的即是命運隨天命所左右的被動且悲觀的態度。

二、《新唐書》品德至上的尚德觀

　　《新唐書》編修的起訖時間為宋仁宗慶曆五年（1045）至嘉祐五年（1060），共計十六年，是《舊唐書》編纂時間的三倍，所得史料亦較為豐富，故能補《舊唐書》所未見者，而其作者群生長於較為安穩無戰爭的北宋中期，對人生與政治理想的追求，不再以保命全身為難題，而是追求更高層次的自我實現，對現世事務提出改善訴求，找尋達成理想世界的道路，為此，提出以德為先的尚德理念，並透過對《新唐書》人物配置的調整、紀傳論贊的評點，以及有別於以往史書的編次方式等，有意識地表達其價值觀點，用力傳達其理念，冀能發揮淑世的作用，此即為此書作者群撰書的核心目標。

〔註1〕見〔後晉〕劉昫：《舊唐書·李晟列傳》，頁1832上右
〔註2〕見〔後晉〕劉昫：《舊唐書·陸贄列傳》，頁1901下左。
〔註3〕見〔後晉〕劉昫：《舊唐書·李德裕列傳》，頁2268上右。

其尚德價值觀的展現，最明顯的是類傳傳次的更動。《舊唐書》類傳的排序以社會地位的高低先後排次，以外戚居首，次之宦官、良吏、酷吏，而以方伎、隱逸、列女為最末，隱含其功利的社會價值觀，《新唐書》則以忠義、卓行、孝友在前，而以酷吏、姦臣、叛臣、逆臣在後，明顯以道德高尚者在先，道德低劣者為後，藉先後次序明示褒貶，表達其以德高為佳的道德價值觀。

再者，面對國家興衰根由的探究，《新唐書》作者群提出「有德則興，無德則絕」〔註4〕的觀點，並舉商湯、西漢劉邦等人為例，興起之前沒沒無聞，然上位者失德、失民心，而湯、劉邦等人能以其德服眾，聚集眾望，故能創建新朝，而於〈王竇列傳〉傳贊中稱「煬帝失德，天醜其為，生人幸，群盜乘之，……本夫孽氣腥焰，所以亡隋，觸唐明德，折北不支，禍極兇殫，乃就殲夷，宜哉」〔註5〕！以為隋煬帝與諸路義軍德行不備，故遇唐則潰敗不敵，以「明德」稱許唐德鮮明、得人望，此亦是以相同的觀點去檢視隋朝滅亡、唐代興起，及更替之際諸義軍，肯定品德高尚的價值。

「德」為儒家思想中重要的一環，向來為士人自我要求的至高點，引申至國家，則與朝代興亡、外邦往來相關，如《舊唐書》於〈南蠻西南蠻列傳〉中，稱「但患己之不德，不患人之不來」〔註6〕等語，同樣強調德的重要，雖然，卻不若《新唐書》於體例、內容中，常見其刻意地昭示其崇尚德高的價值觀點。

三、士人仕宦的共同難題──君臣之際

自古以來，用世與否、進退時機，一直是士人縈繞心懷的難題。經由探查兩《唐書》本紀、列傳的傳贊，可發現二書作者群均曾為君臣之間的進退應對進行過思考，然因其生活時代背景相異，而有不同的關注點。

《舊唐書》作者群因成長於亂世之中，面對時局隨時將風雲變換，則有深層的不安全感，故而對立足於同樣紊亂世代的隋末唐初之臣特感興趣，亟欲從中學習、找到即使改朝換代亦可屹立不倒的方法。

作者群於傳篇中，不時因傳主遭遇而感歎君臣相得的時機之難，並將之歸因於天命的幸與不幸，而對成功立身於亂世者如屈突通等，發出「事兩國而名愈彰者，何也？」的問句，經由分析其事跡，然後得到「立身須純誠」、「遭時

〔註4〕見〔宋〕宋祁、歐陽脩：《唐書・高祖本紀》，頁41下左。
〔註5〕見〔宋〕宋祁、歐陽脩：《唐書・王竇列傳》，頁1251上左～下右。
〔註6〕見〔後晉〕劉昫：《舊唐書・南蠻西南蠻列傳》，頁2644上左。

遇明主」的答案。能不能得帝王青眼，臣子的本身還是比較偏向於被動。

　　因此，《舊唐書》對有從龍之功，或由隋入唐者特別感興趣，花費眾多篇幅將之分門別類，如〈溫皇甫二李姜崔列傳〉、〈唐長孫二劉殷柴武列傳〉、〈屈任丘許李姜列傳〉、〈二李鄭楊皇甫列傳〉、〈封蕭裴列傳〉等傳，皆為該時期人物，表露出作者群的關注之情。

　　《新唐書》作者群則生活於北宋較為平穩的時代，此一時期外患暫緩、內憂未顯，則士人最在乎者為如何晉身高位，以一展抱負，而最期盼者莫過於君臣相得，上懷信於下，下懷忠以報。因此，於《新唐書》紀傳篇章中，有不少語句與之相關，如「君臣之際，顧不難哉」、「堯咨禹拜，千載一時，攜手提耳，豈容易哉」等慨歎。

　　此其中，《新唐書》作者群提出臣子應能掌握的主動性，即「退可免禍」。當不遇明主、小人當道時，若自度不敵，可以退身保命，另待時機；當功高震主，為帝王忌疑時，更應該表現謙抑退讓的態度，可免禍患及身，據此而提出其心目中為臣之道最為完滿者為郭子儀。相較之下，《舊唐書》面對君臣遇合的態度則只求先抱持誠意，等待明主賞識，較為消極被動。

引用文獻

壹、專書

一、古籍（依四部分類後再依朝代編序）

（一）經部

1. 〔春秋〕孔子門生編撰，〔魏〕何晏注，〔宋〕邢昺疏，〔清〕阮元校勘：《論語注疏》，《十三經注疏》。臺北市：藝文印書館。1965 年 6 月三版。

2. 〔戰國〕孟軻著，〔漢〕趙岐注，〔宋〕孫奭疏，〔清〕阮元校勘：《孟子正義》，《十三經注疏》。臺北市：藝文印書館。1965 年 6 月三版。

3. 〔漢〕毛亨傳，〔漢〕鄭玄箋，〔唐〕孔穎達疏，〔清〕阮元校勘：《毛詩正義》，《十三經注疏》。臺北市：藝文印書館。1965 年 6 月三版。

4. 〔晉〕郭璞注，〔宋〕邢昺疏：《爾雅注疏》，《十三經注疏》。臺北市：藝文印書館。1965 年 6 月三版。

5. 〔漢〕許慎撰，〔清〕段玉裁注：《說文解字注》。高雄市：高雄復文圖書出版社。2000 年 9 月初版二刷。

6. 〔元〕周德清：《中原音韻》，《四庫全書》。上海市：上海古籍出版社。據臺灣商務印書館「景印文淵閣四庫全書」重印。1987 年初版。

7. 〔清〕皮錫瑞：《經學歷史》。北京市：中華書局。2008 年 8 月第二版。

8. 〔清〕永瑢：《四庫總目提要》，《萬有文庫薈要》。臺北市：臺灣商務印書館。1965 年。

（二）史部

1. 〔漢〕司馬遷著，（日）瀧川龜太郎注：《史記會注考證·太史公自序》。高雄市：麗文文化事業股份有限公司。2000 年 9 月二印。

2. 〔漢〕班固著，〔清〕王先謙注：《漢書補注》。臺北市：藝文印書館。據清乾隆武英殿刊本影印。1972 年初版。

3. 〔漢〕班固著，〔清〕王先謙注：《漢書補注》，《國學基本叢書四百種》。臺北市：臺灣商務印書館。1968 年 3 月臺一版。

4. 〔北齊〕魏收：《魏書》。臺北市：藝文印書館。據清乾隆武英殿刊本影印。1972 年。

5. 〔劉宋〕范曄撰，〔唐〕李賢注，〔清〕王先謙集解：《後漢書集解》。臺北市：藝文印書館。1972 年。

6. 〔劉宋〕范曄：《後漢書》，《四庫全書》。上海市：上海古籍出版社。據臺灣商務印書館「景印文淵閣四庫全書」重印。1987 年初版。

7. 〔唐〕房玄齡：《晉書》。臺北市：藝文印書館。據清乾隆武英殿刊本影印。1972 年。

8. 〔唐〕劉知幾著，〔清〕浦起龍釋：《史通通釋》。臺北市：里仁書局。1980 年 9 月初版。

9. 〔後晉〕劉昫：《舊唐書》。臺北市：藝文印書館。據清乾隆武英殿刊本影印。1972 年。

10. 〔後晉〕劉昫：《舊唐書》，《景印文淵閣四庫全書·史部》。臺北市：臺灣商務印書館。1983 年。

11. 〔宋〕王溥：《五代會要》，《國學基本叢書四百種》。臺北市：臺灣商務印書館。1968 年 3 月臺一版。

12. 〔宋〕王應麟：《玉海》。臺北市：華文書局。據國立中央圖書館藏元後至元三年慶元路儒學刊本影印。1967 年再版。

13. 〔宋〕司馬光：《資治通鑑》，《四部備要·史部》。臺北市：臺灣中華書局。據鄱陽胡氏仿元本校刊。1966 年 3 月臺一版。

14. 〔宋〕司馬光：《資治通鑑》。臺北市：臺灣中華書局。1966 年 3 月臺一版。

15. 〔宋〕吳縝：《新唐書糾謬》，《叢書集成初編》。北京市：中華書局。1985 年北京新一版。

16. 〔宋〕宋祁、歐陽脩：《唐書》。臺北市：藝文印書館。據清乾隆武英殿刊本影印。1972 年。

17. 〔宋〕宋祁、歐陽脩：《新唐書》，《景印文淵閣四庫全書・史部》。臺北市：臺灣商務印書館。1983 年。

18. 〔宋〕孫甫：《唐史論斷》，《叢書集成初編》。北京市：中華書局。1985 年北京新一版。

19. 〔宋〕馬令：《南唐書》，《叢書集成初編》。1985 年北京新一版。

20. 〔宋〕歐陽脩：《新五代史》，《四庫全書》。上海市：上海古籍出版社。據臺灣商務印書館「景印文淵閣四庫全書」重印。1987 年初版。

21. 〔元〕脫脫：《宋史》。臺北市：藝文印書館。1972 年。

22. 〔明〕李東陽：《新舊唐書雜論》，《叢書集成初編》。北京市：中華書局。1985 年北京新一版。

23. 〔清〕王鳴盛：《十七史商榷》，《叢書集成初編》。北京市：中華書局。1985 年北京新一版。

24. 〔清〕沈炳震：《唐書合鈔》，《續修四庫全書・史部・正史類》。上海市：上海古籍出版社。1995 年。

25. 〔清〕沈德潛：《舊唐書考證》，《國立中央圖書館善本圖書微捲》。臺北市：國立中央圖書館。據烏絲闌舊鈔本製作。1975 年。

26. 〔清〕徐乾學：《資治通鑑後編》，《四庫全書珍本》二集。臺北市：臺灣商務印書館。據國立故宮博物院所藏文淵閣本影印。1971 年初版。

27. 〔清〕趙紹祖：《新舊唐書互證》，《叢書集成初編》。北京市：中華書局。1985 年北京新一版。

28. 〔清〕趙翼：《廿二史箚記》。北京市：中國書店。1990 年 4 月初版二刷。

29. 〔清〕趙翼：《陔餘叢考》。新北市：華世出版社。1975 年 10 月初版。

30. 〔清〕顧祖禹：《讀史方輿紀要》。臺北市：洪氏出版社。1981 年初版。

（三）子部

1. 〔宋〕宋敏求：《春明退朝錄》，《叢書集成初編》。北京市：中華書局。1985 年北京新一版。

2. 〔宋〕李昉：《太平廣記》，《景印文淵閣四庫全書・子部》。臺北市：臺灣商務印書館。1983 年。

3. 〔宋〕施德操：《北窗炙輠錄》，《全宋筆記》第三編。鄭州市：大象出版

社。2008 年 1 月初版。

4.〔宋〕葉夢得:《石林燕語》,《四庫全書珍本別輯》。臺北市:臺灣商務印書館。據國立故宮博物院所藏文淵閣本影印。1975 年。

5.〔宋〕歐陽脩:《集古錄跋尾》,《石刻史料新編第一輯・目錄題跋類》。臺北市:新文豐出版社。據光緒丁亥校刊行素艸堂藏版印。1977 年初版。

6.〔宋〕蘇洵:《嘉祐集》,《人人文庫》。臺北市:臺灣商務印書館。1977 年臺一版。

二、專書（依姓名筆劃寡多排列）

1.〔美〕倪豪士:《美國學者論唐代文學》,《海外漢學叢書》。上海市:上海古籍出版社。1994 年 12 月初版。

2. 向燕南、李峰編:《新舊唐書與新舊五代史研究》,《20 世紀二十四史研究叢書・第七卷》。北京:中國大百科全書出版社。2009 年 1 月初版 1 刷。

3. 李斌城主編:《唐代文化》。北京市:中國社會科學出版社。2002 年 2 月初版。

4. 查金萍:《宋代韓愈文學接受研究》。安徽省合肥市:安徽大學出版社。2010 年 3 月初版。

5. 陳鐘凡:《兩宋思想述評》。上海市:商務印書館。1933 年 10 月初版。

6. 輔仁大學中國文學系、中國古典文學研究會主編:《建構與反思——中國文學史的探索學術研討會論文集》（上）。臺北市:臺灣學生書局。2002 年 7 月初版。

貳、學位論文

一、博士學位論文（依出版後先順序排列）

1. 柳卓霞:《《新唐書》列傳敘事研究》,上海大學中國古代文學專業博士論文,董乃斌教授指導,2010 年 6 月出版。

2. 田恩銘:《兩《唐書》中的中唐文學家傳記研究》,陝西師範大學中國古代文學專業博士論文,霍松林教授指導,2008 年 5 月出版。

3. 劉傳鴻:《兩《唐書》列傳部分詞彙比較研究》,南京師範大學語言文字學專業博士論文,董志翹教授指導,2006 年 4 月出版。

4. 衣若蘭:《史學與性別:《明史・列女傳》與明代女性史之建構》,國立臺灣師範大學歷史研究所博士論文,林麗月教授指導,2003 年 6 月出版。

5. 孫曉暉：《兩《唐書》樂志研究》，揚州大學中國古代文學專業博士論文，王小盾教授指導，2001 年 10 月出版。

二、碩士學位論文（依出版後先順序排列）

1. 陳鳳秋：《《後漢書・文苑傳》研究》，私立東海大學中國文學系碩士在職專班論文，李建崑教授指導，2015 年 6 月出版。

2. 王繼新：《兩《唐書・忠義傳》比較研究》，華中師範大學歷史文獻學專業碩士論文，李曉明教授指導，2013 年 5 月出版。

3. 林綏傑：《《舊唐書・文苑傳》研究》，國立政治大學中國文學研究所碩士論文，曾守正教授指導，2011 年出版。

4. 王吉清：《兩《唐書》詩人傳記研究》，陝西師範大學中國古代文學專業碩士論文，吳言生教授指導，2009 年 5 月出版。

5. 彭菊媛：《《新唐書》「本紀」研究》，吉林大學歷史文獻學專業碩士論文，張固也教授指導，2008 年 4 月出版。

6. 唐鳳霞：《《新唐書》的編纂及其學術成就》，安徽大學歷史文獻學專業碩士論文，張金銑教授指導，2006 年 4 月出版。

7. 郝至祥：《兩《唐書》書法暨筆法比較研究——兼論《新唐書》闢佛刪史》，私立逢甲大學中國文學系碩士班碩士論文，李時銘教授指導，2001 年出版。

8. 楊果霖：《新舊唐書藝文志研究》，私立中國文化大學中國文學研究所碩士論文，王三慶教授指導，1994 年出版。

參、期刊論文（依出版後先順序排列）

1. 李珺平：〈《舊唐書》作者群的思想性格及其他〉，《嶺南師範學院學報》，第三十七卷第一期，2016 年 2 月。頁 42～50。

2. 楊治平：〈宋代理學「禮即是理」觀念的形成背景〉，《臺大文史哲學報》第八十二期，2015 年 5 月。頁 43～82。

3. 陳維：〈《兩唐書》文苑與儒林的歷史書寫及其關係〉，《中州學刊》2015 年第 3 期。頁 115～119。

4. 方堅銘：〈劉蕡對策案和對策文之考索及其思想溯源〉，《浙江工業大學學報》〈社會科學版〉第十二卷第三期，2013 年 9 月。頁 246～251。

5. 田恩銘：〈兩《唐書》「文人傳」的書寫理念與唐宋思想轉型的關係〉，《文

藝評論》2012 年第八期。頁 153～158。

6. 刑香菊、郭慧麗：〈由人物改傳看《新唐書》的尚德傾向〉，《河北工程大學學報》〈社會科學版〉，第二十六卷第三期，2009 年 9 月。頁 81～83。

7. 曾守正：〈歷史圖像與文學評價的疊合──兩《唐書》文學類傳「時變」思想的落差〉，《政大中文學報》第四期，2005 年 12 月。頁 29～58。

8. 曾守正：〈《舊唐書‧文苑傳》的文學思想〉，淡江大學《中文學報》第十二期，2005 年 6 月。頁 121～144。

9. 黃潔潔：〈從宋人對韓愈的評價看宋人的價值觀〉，《社會科學家》，2005 年 5 月增刊。頁 461～462。

10. 唐毓麗：〈唐代的貞節觀及文化建構之探討──以兩《唐書》〈列女傳〉與唐傳奇作品為例〉，《靜宜人文學報》第十五卷第二期，2003 年 12 月。頁 83～118。

11. 徐玲：〈價值取向及其在價值觀念形成和轉變中的作用〉，《中共浙江省委黨校學報》，1999 年第 3 期（6 月 15 日）。頁 22～26。

12. 柯金木：〈兩《唐書》儒學傳儒史雜混之探析〉，《孔孟學報》第六十九期，1995 年 3 月。頁 91～113。

13. 黃清連：〈兩《唐書》酷吏傳析論〉，《輔仁歷史學報》第五期，1993 年 12 月。頁 119～166。

14. 謝保成：〈關於《新唐書》思想傾向的考察〉，《社會科學戰線》，1993 年第四期。頁 178～183。

15. 簡福興：〈宋代春秋學特色形成之探討〉，《高雄工商專校學報》第二十二期，1992 年 12 月。頁 327～337。

16. 吳彩娥：〈兩《唐書》文苑傳之比較〉，《輔仁國文學報》第四期，1988 年 6 月。頁 257～275。

17. 吳彩娥：〈兩《唐書》文苑傳之比較──文學觀之部〉，《輔仁國文學報》第三期，1987 年 6 月。頁 315～332。

18. 曹仕邦：〈《舊唐書》立僧傳之暗示作用〉，《中國學人》第六期，1977 年 9 月。頁 119～130。